高等院校"双碳"教育系列教材

CARBON NEUTRALITY ECONOMICS

# 碳中和经济学

穆献中　胡广文　编著

清华大学出版社
北京

## 内 容 简 介

本书以碳中和经济发展脉络、理论架构及实际问题为主线,共分4个部分。第一部分介绍碳循环学科和低碳经济相关学科知识点,包括碳循环原理、碳循环科学认知、碳循环失衡影响、低碳能源、低碳产业、低碳经济等;第二部分阐释碳中和经济理论渊源、理论架构、经济系统运行机制、重点研究领域及碳中和经济发展形态等;第三部分在梳理碳中和政策变迁、政策利益主体、政策工具基础上,阐述碳交易、碳税、碳定价、低碳金融、碳核算、绿色溢价、合同能源管理、绿色供应链等经济运行模式和管理机制;第四部分以大学生实践教学为目标,介绍碳中和实践教学目标过程、与碳中和经济学有关科技竞赛,以及碳中和常用数据库等,并以教学案例形式介绍碳减排预测、碳评估与优化、碳金融,以及综合评价等数学模型及具体应用,以满足大学生素质教育、科研能力培养及参加科技竞赛要求。

本书可作为资源环境、经济管理及碳中和未来技术等本科专业课教材或研究生学习用书,也可作为高等院校、不同层级政府管理部门、科研人员及相关领域从业者的培训教材或自学参考资料。

本书封面贴有清华大学出版社防伪标签,无标签者不得销售。

版权所有,侵权必究。举报:010-62782989,beiqinquan@tup.tsinghua.edu.cn。

**图书在版编目(CIP)数据**

碳中和经济学 / 穆献中,胡广文编著. -- 北京:清华大学出版社,2024.8. -- (高等院校"双碳"教育系列教材). -- ISBN 978-7-302-67437-5

Ⅰ．F124.5

中国国家版本馆 CIP 数据核字第 2024AU1323 号

| | |
|---|---|
| 责任编辑: | 胡　月 |
| 封面设计: | 钟　达 |
| 版式设计: | 方加青 |
| 责任校对: | 宋玉莲 |
| 责任印制: | 宋　林 |

出版发行:清华大学出版社
网　　址:https://www.tup.com.cn,https://www.wqxuetang.com
地　　址:北京清华大学学研大厦A座　　邮　编:100084
社 总 机:010-83470000　　邮　购:010-62786544
投稿与读者服务:010-62776969,c-service@tup.tsinghua.edu.cn
质 量 反 馈:010-62772015,zhiliang@tup.tsinghua.edu.cn
印 装 者:三河市龙大印装有限公司
经　　销:全国新华书店
开　　本:185mm×260mm　　印　张:18　　字　数:421千字
版　　次:2024年9月第1版　　印　次:2024年9月第1次印刷
定　　价:69.00元

产品编号:103557-01

# 《碳中和经济学》审读专家

| | |
|---|---|
| 潘家华 | 中国社会科学院　学部委员 |
| | 中国社会科学院大学　教授 |
| 徐　明 | 清华大学　教授 |
| 刘　刚 | 北京大学　教授 |
| 王兆华 | 北京理工大学　教授 |
| 董秀成 | 对外经济贸易大学　教授 |
| 唐　旭 | 中国石油大学（北京）　教授 |
| 刘志彬 | 清华大学出版社　编审 |

# 序言
## PREFACE

21世纪以来，应对气候变化危机、探索绿色可持续的经济发展模式已成为全球前沿热点，也在全球范围内引发了能源产业链和科学技术的颠覆式革新。这对高校的相关学科建设和人才培养提出了更高要求。为此，教育部在制定的《高等学校碳中和科技创新行动计划》中明确指出，要开展碳中和人才培养提质行动，推动碳中和相关交叉学科与专业建设，加快制定碳中和领域人才培养方案，并提出要加强能源碳中和、资源碳中和、信息碳中和等相关教材建设。国内诸多高校和研究机构相继以"碳中和"为主题成立了学院和研究院所，围绕碳中和学科建设和人才培养开展工作。中国高等教育学会碳中和与清洁能源教育专业委员会正是在这个背景下应运而生，通过上百家会员单位定期研讨"双碳"和能源转型背景下的高等教育问题，研究探讨如何更好地开展满足"双碳"战略目标需求的人才培养工作。

中国高等教育学会碳中和与清洁能源教育专业委员会首届理事会理事穆献中教授等编著的《碳中和经济学》是面向碳中和相关专业的本科和研究生教材。本书充分考虑了碳中和学科交叉特征，也兼顾了基础性、科学性和前瞻性，从地球系统碳循环的基本原理等基本知识点出发，由浅入深对碳循环科学认知、碳循环失衡、低碳能源及低碳产业等相关内容进行了系统性介绍。在此基础上，结合自然系统中碳元素的物质代谢规律与社会系统中人类经济生产活动的关联，阐释了碳中和经济系统运行机制、重点研究领域以及碳中和经济发展形态等，讲述了能源、工业、管理等重点领域碳中和技术前沿和发展趋势。同时本书结合政策变迁、政策利益主体、政策工具等，介绍了碳交易、碳税、碳金融、碳核算及绿色供应链等碳中和目标下涌现出的系列新理论、新知识。最后，本书以引导大学生开展实践教学为目标，对碳中和相关课程的课堂教学、课后科研实践和科技竞赛等进行了讲解，并以案例形式对碳减排、碳评估与优化等数学模型工具及具体应用进行了详细介绍，以满足大学生素质教育、科研能力培养等方面的要求。

本书作者长期在石油高校和能源央企研究部门工作，有多年低碳经济本科、研究生教学工作经验以及高水平学术研究成果积累，本书是一本优秀、全面的高等院校碳中和相关专业教材，相信能够为相关领域师生及研究人员提供重要参考。

中国工程院院士

中国高等教育学会碳中和与清洁能源

教育专业委员会理事长

张来斌

2024 年 6 月 27 日

# 前言
## PREFACE

　　进入 21 世纪以来，低碳经济一直是国际社会最大的热点问题之一，而且在一定程度上，低碳化发展也在主导着全球经济的战略走向，并有持续引领世界未来社会经济格局的发展趋势。"碳达峰""碳中和"国家战略的实施，更是把这场经济社会变革提到了前所未有的战略新高度。国内诸多高校和研究院所相继成立了碳中和未来技术学院，以及相应的研究院所，搭建了碳中和学科建设和人才培养体系，而编写出版碳中和相关教材则是碳中和学科建设和人才培养体系最基础工作之一。基于碳中和学科属性，碳中和经济学已然成为时代需求且不可或缺的重要一环，但如何开展碳中和经济学学科建设，以及如何有效开展碳中和经济学教学及实践活动，目前仍是一个需要认真思考的问题。

　　2006 年，笔者离开中国能源央企科研工作回归高校教书，有幸承担了石油石化产业领域的低碳发展课题研究任务，相关研究成果获得"第十六届全国石油石化企业管理现代化创新科技成果"一等奖。2008 年，笔者开始给本科生和研究生讲授中国低碳经济发展、低碳经济学等相关专业课程。2009 年，笔者获得中国石油出版基金特别赞助，编写出版了《中国低碳经济与产业化发展》（穆献中编著，石油工业出版社，2011 年）一书。转眼 10 多年过去了，该书一直作为给本科生授课的试用教材，其间也积累了诸多低碳产业经济方面的教研资料和实践教学案例，依托课程教学指导了 20 余项本科生团队科技竞赛项目。2019 年，笔者主讲的"中国低碳经济发展"课程获批北京工业大学本科重点建设课程，从而为改编《中国低碳经济与产业化发展》一书打下了较好的工作基础和必要的资料储备。2011 年至今，中国低碳经济学科建设快速发展，相应本科教学内容和试用教材也必须与时俱进，以跟上碳中和国家战略时代发展需要，这也是我们编写新版教材的主观意愿所在。

　　2022 年笔者申请主持编写《低碳经济学》本科教材，有幸入选北京工业大学本科教学改革教材编写计划，从而开启了本教材的编写工作进程。需要说明的是，原本计划把

《中国低碳经济与产业化发展》一书改编为《低碳经济学》本科课程教材，但在编写提纲研讨过程中，笔者接受了有关专家提出的工作建议，即为适应"碳达峰""碳中和"国家发展战略及本科教学需求，将本教材名称由《低碳经济学》改为《碳中和经济学》，编写计划、提纲框架及章节内容也需要做较大幅度的调整，尤其要回答低碳经济学与碳中和经济学有机关联和发展脉络的问题，工作量及困难程度自然也增加不少。经过近一年时间努力工作，我们克服诸多困难，不揣冒昧完成了本教材的编写工作。

本书专业定位不仅是一本碳中和经济学教材和创新型人才培养的科普读物，某种程度上也是一部致力于碳中和经济学理论探索的学术著作。针对本教材框架体系及章节内容安排作如下几点说明：

（1）碳中和经济学教学切入及专业定位问题。本书教学定位于碳中和相关本科或研究生专业课程教材，选学学生专业基础没有太多局限，但侧重于与高中课程接轨，以及与碳中和经济学科背景的有机融合。为此，本书第一章和第二章分别阐述碳循环和低碳经济学科基本概念及相关知识点，包括"碳"的基本知识、碳循环基本原理、碳循环的科学认知、碳循环失衡影响及低碳经济相关概念等，以期通过自然"代入"高中课程知识点、融合低碳经济相关概念，启迪大学生对碳中和经济学课程的系统学习兴趣，其实碳循环本身也是科学认知碳中和必由之路、学习了解碳中和经济学的必要知识储备。

（2）强化碳中和经济学科内涵、基础理论及系统运行机制学习。就学科理论而言，笔者认为碳中和经济是基于碳达峰、碳中和时代发展战略，致力于碳中和社会经济问题研究探索和实践过程，而碳中和经济学则是指导碳中和经济发展的应用经济学学科，也是低碳经济学目标所在和气候变化经济学的自然延伸。基于此，本教材试图梳理从低碳经济学到碳中和经济学历史必然性及其发展脉络，进一步阐释碳中和经济基本内涵、属性特征、理论架构、经济运行机理及研究领域，并基于文献检索方法，以教学案例形式归纳当今碳中和经济学研究热点，同时介绍碳减排预测、碳评估与优化、碳金融及综合评价等数学模型及具体应用，而不过度诠释其学科体系异质性。

（3）深度解析碳中和经济学发展形态及蕴含的思政要素认知。近年来，国内低碳经济学、气候变化经济学以及其他相关课程教材出版了不少，但对其发展形态的深层次影响和蕴含的思政要素阐释远远不够。本教材第三章和第六章分别以碳中和经济学理论及发展形态为题，深度解析碳中和经济与中华文化、马克思主义，以及政治经济、人文道德、低碳学术等诸多思政要素内容，系统诠释碳中和经济"硬发展"与"软发展"，进一步强化碳中和经济学教学与"四个自信"的有机关联，这也是本教材基于"立德树人"教学理念的初步探索。

（4）碳中和经济学为何强化实践教学和科技竞赛内容。多年来，笔者开展低碳经济本科和研究生教学工作，特别强化两个教学目标：第一，为更多学生传授低碳经济学专业知识，进一步培养学生的低碳行为意识，而不是局限于经济学单一学科知识；第二，通过课程实践教学，强化现实社会经济问题认知、文献检索、资料收集、数学建模及科研能力培养，进一步提高学生的科研素养，具体包括团队组织、学术文献阅读、专业知识综合运用、学术答辩和临场应变等多方面能力，这也是编写教材第三章第五节及第七章、第八章的目的所在。

（5）碳中和经济学专业词汇及知识点归纳。碳中和经济学作为一个新兴交叉学科，涉及诸多不同学科知识点及专业名词，需要从"源头"查阅学习，尽管现代网络信息查阅非常方便，但对来自不同专业、不同层级的本科生或研究生阅读学习仍是一种负担，尤其是少许名词在本书中某些章节有其特定语境和具体内涵的细微差别。基于此，本书对涉及所有专业名词或稍显生疏的语汇，都尽可能给出较详尽的名词释义，包括正文和页注，并以附录形式列出专业名词索引和对应页码，其实这也是学术研究之道，细微之处见真谛。另外，在每章结尾列出课后思考题和推荐文献阅读，以方便大学生或研究生读者作为课程教材学习的同时，也希望作为科研文献引导性研读。

本教材可作为本科生专业课或研究生相关课程教材，建议授课教学 48 学时或 64 学时，教学计划及学时安排建议如下：

（1）针对低年级本科生，建议以掌握碳中和经济学基础知识、引导低碳行为和生态环境保护意识为教学目的，最低授课教学 48 学时，以讲授前六章内容为主。根据课程教学安排，选择性讲授第七章、第八章以及第三章第五节内容。

（2）针对高年级本科生或研究生，建议以系统学习碳中和经济学理论、提高碳中和数学建模、专业知识综合运用能力为学习目的，授课教学 64 学时或更多，在系统讲授教材前六章基础上，结合选课学生专业背景讲授第七章、第八章以及第三章第五节内容，强化实践教学环节实效。

限于教学学时和专业层次，本书不少章节内容不能深度展开，或仅能直观描述而无法量化分析，比如碳循环原理及科学认知、碳中和经济学基本内涵、碳中和经济理论架构、碳中和经济系统分析、碳中和经济政策演化、碳交易和碳金融、碳资产管理及碳中和经济发展形态等，而碳中和经济数学模型及应用更是学无止境，建议有学习愿望的读者，根据具体章节所附推荐文献资料研读学习。

本教材主体框架以及章节大纲由笔者构思完成，章节内容主要由笔者和胡广文完成编写工作，李凯、张政、李明伟、谢亮、涂闯、李国昊、吴剑、徐鹏参与相关章节内容编写或提出修改意见，研究生曾臻、张蕾参与了图表制作和资料整理工作，最后由笔者完成通稿及再修改，在此向他们表示感谢。

在编写这本教材过程中，我们查阅参考了大量文献资料和数据信息，不仅包含已公开出版的学术论文资料，也包括百度百科、微信公众号以及相关自媒体发布的文献资料。尽管在书中我们已尽可能详细注解和说明，但难免在个别地方出现遗漏，在此对本书参考引用到的所有文献资料、数据信息作者以及网络信息发布者表达最崇高的敬意和感谢。笔者也衷心感谢北京工业大学和谐的工作环境以及教材出版经费的支持，使笔者能够全身心开展编写工作并能及时出版这本教材。饮水思源，笔者也深深怀念已故中国工程院院士、著名石油工程专家韩大匡教授对笔者早年开展低碳经济研究的无私帮助与扶持。

本书初稿交付出版之后，邀请全国政协常委、中国工程院院士、中国高等教育学会碳中和与清洁能源教育专业委员会理事长张来斌教授，中国社会科学院学部委员、著名碳中和经济学家潘家华教授，清华大学环境学院副院长徐明教授，北京理工大学经济学院院长王兆华教授，对外经济贸易大学中国国际碳中和经济研究院执行院长董秀成教授，北京大学城市环境学院刘刚教授，中国石油大学（北京）经济管理学院原院长唐旭教授，清华大学出版社经管分社刘志彬编审对本书进行了专业评审和学术推介，在此表达衷心的感谢。

我们也感谢清华大学出版社经管与人文分社的领导及编辑给予本教材出版提供的帮助。

时值本教材出版之际，笔者审慎期望本书对碳中和经济学教学工作以及碳中和科学知识普及有一些助益，也希望对大学生参加科技竞赛有所帮助，也算是笔者历经多年磨砺从事低碳经济本科和研究生教学工作的一个交代，"心安即是归处"。然而，基于对碳中和经济学科理论认知存在不足以及本科和研究生教学经验的局限，同时笔者也深知编写一本合格教材必须在博采众长、集思广益基础上细嚼慢咽、字斟句酌，在不足一年的时间里编写这本教材是有诸多实际困难和巨大风险的，如有不当和错误认知。

敬请广大读者给予批评指正！

穆献中<br>
2024 年 7 月于北京

# 第一章 如何认知碳循环

## 第一节 "碳"的基本知识 … 2
一、碳 … 2
二、碳的分布 … 3
三、碳的用途 … 5

## 第二节 碳循环的基本原理 … 6
一、碳循环 … 6
二、碳循环的基本形式与属性特征 … 7
三、碳循环类别及层次划分 … 8
四、碳循环对人类可持续发展的重要性 … 10

## 第三节 碳循环的科学认知 … 11
一、碳循环的生物学认知 … 11
二、碳循环的地球化学认知 … 12
三、碳循环的古地理学认知 … 13
四、碳循环的物理学认知 … 13

## 第四节 碳循环失衡原因及不利影响 … 15
一、碳循环失衡原因及机制 … 16
二、碳循环失衡自然环境及社会影响 … 17

# 第二章 碳中和经济学基础知识

## 第一节 低碳经济知识回顾 … 22
一、低碳 … 22
二、低碳能源 … 24
三、低碳产业 … 26
四、低碳经济 … 27

## 第二节 碳中和相关概念 … 29
一、碳源与碳汇 … 29
二、碳排放与碳吸收 … 30
三、碳达峰与碳中和 … 31
四、碳抵消、净零排放与气候中性 … 33

## 第三节 碳中和经济（学）基本内涵 … 34
一、从低碳经济到碳中和经济 … 34
二、碳中和经济学内涵演化及发展脉络 … 36
三、碳中和经济（学）属性特征 … 37
四、碳中和经济行为主体 … 39

## 第四节 碳中和经济学发展历程 … 43
一、碳中和经济学的诞生 … 43
二、碳中和经济学的演进 … 44
三、碳中和经济学的逐渐完善 … 45

# 第三章 碳中和经济学理论体系

## 第一节 碳中和经济理论渊源 … 50
一、马克思主义唯物史观和经济理论 … 50
二、中国古代文化朴素哲学思想 … 52
三、当代生态文明建设思想 … 53

## 第二节 碳中和经济基础理论 … 55
一、碳中和经济理论核心要素 … 55
二、碳中和经济与相关学科理论关联 … 59

## 第三节 碳中和经济系统运行解析 … 63
一、碳中和经济系统概述 … 63

二、碳中和经济系统构成　　66
　　三、碳中和经济系统运行机制　　70

**第四节　碳中和经济专业认知及学科研究　　72**
　　一、碳中和经济学科定位及经济学专业新认识　　73
　　二、碳中和经济研究问题及研究展望　　74

**第五节　碳中和经济学研究热点案例　　77**
　　一、国内外碳中和经济学术研究热点　　77
　　二、碳减排研究热点检索分析　　79

## 第四章　碳中和经济政策演化及市场体系

**第一节　碳中和经济制度演化和政策工具　　84**
　　一、国际碳中和经济制度变迁　　84
　　二、碳中和经济政策利益主体需求　　85
　　三、碳中和经济政策理论工具　　87

**第二节　世界碳中和经济政策体系　　89**
　　一、技术促进政策　　89
　　二、税收价格激励和管制政策　　91
　　三、信贷政策　　93
　　四、政府管制政策　　95
　　五、国际社会低碳政策归纳　　96

**第三节　碳排放权交易　　97**
　　一、碳排放权交易概念及发展　　97
　　二、碳排放权交易机制及市场体系　　98
　　三、碳配额和CCER　　101

**第四节　碳税和碳定价　　104**
　　一、碳税　　104
　　二、碳定价　　109

**第五节　碳金融及衍生体系　　112**
　　一、碳金融体系　　112
　　二、碳市场融资工具　　115
　　三、碳金融衍生品　　116
　　四、碳市场支持工具　　119

# 第五章 碳中和经济核算及管理模式

## 第一节 碳排放核算标准 … 124
一、何谓碳核算 … 124
二、碳盘查、碳核查及预核查 … 125
三、不同范围的碳核算标准 … 126
四、不同尺度的碳核算标准 … 129
五、不同视角的碳排放核算 … 131

## 第二节 碳足迹和碳标签 … 133
一、碳足迹 … 133
二、碳标签 … 137

## 第三节 绿色溢价 … 140
一、绿色溢价的产生 … 140
二、绿色溢价的分析框架 … 142
三、绿色溢价的应用 … 144

## 第四节 合同能源管理 … 146
一、合同能源管理的基本概念 … 146
二、合同能源管理的特点和分类 … 146
三、合同能源管理流程 … 148
四、合同能源管理的发展 … 148

## 第五节 绿色供应链管理 … 150
一、绿色供应链管理概念 … 151
二、碳中和视角下绿色供应链管理途径 … 151
三、绿色供应链管理步骤 … 152
四、碳中和绿色供应链管理创新趋势 … 154

# 第六章 碳中和经济发展形态

## 第一节 碳中和政治经济发展形态 … 160
一、碳中和经济引发政治"碳博弈" … 160
二、碳中和引发全球经济发展新形态 … 161
三、碳中和经济引发行政契约式管理 … 162
四、碳中和时代的技术经济发展形态 … 163

## 第二节　碳中和产业经济发展形态　　164
一、碳中和产业体系　　164
二、零碳工业　　166
三、零碳电力和零碳非电能源产业　　168
四、零碳服务业　　169
五、碳捕集利用与封存（CCUS）产业　　170
六、碳汇、生态恢复和保护产业　　172

## 第三节　碳中和区域经济发展形态　　173
一、零碳城市建设　　173
二、零碳产业园区　　175
三、零碳生活社区　　178
四、零碳建筑建设　　180
五、零碳乡村发展　　183

## 第四节　碳中和社会—经济—生活形态　　185
一、零碳社会　　185
二、零碳生活　　187
三、低碳消费　　189
四、低碳旅游　　190
五、低碳环保　　191

## 第五节　碳中和人文道德发展形态　　191
一、低碳文化的发展形态　　192
二、国际低碳道德的发展形态　　192
三、碳中和引发低碳学术的思考　　194

# 第七章　碳中和经济学数学模型及应用

## 第一节　碳预测模型　　198
一、线性回归模型　　198
二、Logistic方程　　200
三、灰色预测模型　　202

## 第二节　碳评估与优化模型　　205
一、产品生命周期评价　　205
二、投入产出模型　　209

| | |
|---|---|
| 三、线性规划模型 | 212 |
| **第三节　碳金融模型** | **215** |
| 一、PSO-BP 神经网络模型 | 215 |
| 二、GED-GARCH 模型和 VAR 模型 | 220 |
| **第四节　综合计算模型** | **226** |
| 一、CGE 模型 | 226 |
| 二、综合评估模型 | 237 |

# 第八章　碳中和经济实践教学

| | |
|---|---|
| **第一节　碳中和经济实践教学简介** | **246** |
| 一、实践教学培养目标 | 246 |
| 二、实践教学过程及方式 | 246 |
| 三、实践教学的"教"与"学" | 248 |
| **第二节　课程实践教学为何与科技竞赛关联** | **250** |
| 一、课程实践教学与科技竞赛认知 | 250 |
| 二、大学生为何参加科技竞赛 | 250 |
| 三、大学生科技竞赛类别 | 251 |
| **第三节　与碳中和经济有关的科技竞赛** | **252** |
| 一、"挑战杯"中国大学生创业计划大赛 | 252 |
| 二、全国大学生节能减排社会实践与科技竞赛 | 253 |
| 三、全国青少年零碳科技竞赛 | 254 |
| 四、全国大学生能源经济学术创意大赛 | 255 |
| 五、与碳中和经济学相关的大学生竞赛 | 255 |
| **第四节　碳中和经济实践教学常用数据库** | **256** |

# 参 考 文 献

# 专业名词释义索引

# 第一章
# 如何认知碳循环

伴随"碳达峰""碳中和"国家战略实施，碳中和经济学已然成为碳中和相关专业人才培养体系不可或缺的重要一环，但如何基于不同专业背景、不同人才培养层次，开展碳中和经济学教学，仍是一个需要认真思考的问题。本章首先阐述"碳"的基本知识，包括碳的内涵、碳的分布、碳的用途等。在此基础上，介绍碳循环基本内涵、属性特征、演化理论及碳循环过程等，同时解析不同专业学科视角下对碳循环的科学认知。最后，探讨碳循环失衡原因及其对诸多方面的重要影响，这也是考虑碳循环是科学认知碳中和、学习了解碳中和经济学的必要知识储备。

# 第一节 "碳"的基本知识

地球给人类创造了"浑然天成"且相对适宜的自然生态环境,其中适合人类生存的温度、舒适气候条件是人类得以生存繁衍、代代不息的最基本条件。然而,地球本身物质新陈代谢和人类生命自身的周期循环也给人类生存和发展提供了一种微妙的状态平衡,这种人类永续发展的状态平衡与一种碳元素的存在关系非常密切。

## 一、碳

碳是一种非金属元素,位于化学元素周期表的第二周期ⅣA族,其原子序数是6,相对原子质量为12.01。碳是地球上最常见的化学元素之一,英文名称Carbon。碳以多种物质形式广泛存在于大气层、地球地表及地壳之中。在常温状态下,碳是一种固体,且具有化学稳定性,其中金刚石和石墨很早就被人们认识和利用,碳的一系列化合物——有机物更是地球生命体的根本。

根据科学资料记载,原始地球本不富含碳元素,但在漫长的地球形态演化过程中,碳元素以尘埃、颗粒、天体的形式被地球捕获,成为地球物质复合体的一部分。世界权威科学统计数据库Statistica公布资料的保守估计[①],地球碳储量[②]超过470 000亿吨,此处未考虑大陆地壳和上地幔中的碳储量,其中大气中的二氧化碳约为8 600亿吨,植物和土壤中的有机碳约为25 000亿吨,海洋中的溶解碳和沉积碳超过400 000亿吨。其中,如果不考虑地壳和地幔中短期内难以被利用的碳,绝大部分的碳元素都存在于水圈中(86%),其次是陆地生态系统(9%)和岩石圈(3%),如图1-1所示。

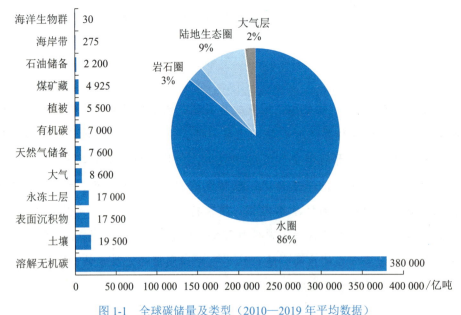

图1-1 全球碳储量及类型(2010—2019年平均数据)

① 尽管目前没有官方统计数据,学术界认为全球碳储量的理论估计值远超这个数字。根据Statistica估计,如果考虑岩石圈(大陆地壳和上地幔)和大气层之间所有的碳,全球碳储量将超过1.2亿吨。
② 碳储量(carbon stock)指碳的储备量,通常指一个碳存储系统(森林、海洋、土地等)中碳的数量。

自然界中,存在单质碳和碳化合物两种形式,而人类使用的更多的是碳化合物,其中人们目前赖以发展的化石燃料基本为含碳化合物。将含碳化合物燃烧时,碳的形式会发生变化,一部分会仍以固态形式存在,另一部分会以二氧化碳、一氧化碳或其他气态碳化合物形式存在。

## 二、碳的分布

从全球的角度讲,碳元素以不同物质赋存形态分布于地球各圈层若干主要的碳储库[①]中,不同碳储库的碳储量以及碳密度[②]差异很大,如图1-2所示。

图1-2 地表系统的碳储库示意图

### (一)大气圈

大气圈是指因地球的引力而聚集在地表周围的气体圈层,同时这也是地球各圈层中最活泼的圈层之一。大气圈中的碳物质主要以两种碳化合物气体形式存在,即二氧化碳和甲烷。

碳储库中的碳物质,以不同的方式、途径进入大气圈,具体包括:

(1)植物和动物的呼吸作用——此过程消耗氧气,有机分子(如葡萄糖)被分解并释放出能量,产物则为二氧化碳。

(2)动植物尸体的腐败——动植物死亡后,细菌、真菌等微生物会将它们的尸体分解,其中的含碳化合物也发生降解,有氧条件下产生二氧化碳,无氧条件下产生甲烷。

(3)有机材料的燃烧——最值得关注的是煤炭、石油、天然气等化石燃料的燃烧,这个过程将曾经深埋于地下的化石燃料中的"碳"最终释放出来。

(4)海水中溶解的二氧化碳重新回到大气。

(5)火山活动等释放的气体,主要包括水蒸气、二氧化碳和二氧化硫。

### (二)水圈

水圈是指由地球表面上下,以液态、气体和固态的水形成一个几乎连续但不规则的圈

---

[①] 碳储库是指在碳循环过程中,地球系统各个所存储碳的部分,包括地质碳储库、海洋碳储库、土壤碳储库、生态系碳储库等。

[②] 碳密度即为单位面积的碳储量,大多文献碳密度指有机碳含量,或以单位经济产出碳排碳量作为衡量指标。

层,其中水圈主体是地球大洋,占全球面积约71%。水圈中的水,上界可达大气对流层顶部,下界至深层地下水的下限,包括大气中的水汽、地表水、土壤水、地下水和生物体内的水等。

二氧化碳可直接从大气中溶解到水体中,并随着雨滴从大气中落下而溶解在降水中。大气中的二氧化碳溶解在水中生成碳酸,碳酸可进一步电离生成氢离子和碳酸氢根离子化合物。在广袤的海洋中,大部分碳以碳酸氢根离子的形式存在。溶解在海水中的二氧化碳可被海洋生物利用,进入生物圈,亦可在一定条件下重返大气圈。

通常大洋碳储库被分为表层和深层两个储库。

(1)表层碳库。表层海水与大气圈存在活跃的交换,广阔的大洋水体中溶解了大量的二氧化碳,浮游生物可通过制造自身的骨骼壳体而将碳元素固定下来,即表层碳库。表层碳储库较之深海储库储量较小,但它的重要性不容小觑,它不仅是海—气相互作用的主要场所,还是碳进入深海碳库的通道。

(2)深海碳库。深海碳库得益于大洋表层水的"泵"作用,即生物泵——海水表层溶解的二氧化碳被浮游生物利用制造成有机质和碳酸钙质的骨骼,生物死亡后沉到海底进入海洋沉积,退出海洋和大气的碳循环;碳酸盐泵——表层海水对碳酸盐过饱和,不断地有碳酸盐矿物晶体形成,在沉入深海的过程中随着压力的升高和温度的降低逐渐溶解,至碳酸盐补偿深度(CCD)[①]全部消失。资料显示,深层碳库的有机碳约为38 000亿吨,而无机碳则约为39 000亿吨,深海碳库碳储量相当于全球陆地和大气中有机和无机碳储量的两倍以上。

### (三)陆地生物圈

陆地上的生物圈是地球所有生物体及其生存环境组成的地球生态系统,指陆地表面及其下方一定深度内的所有植物、动物及微生物等。陆地生物圈核心部分厚度为20~30千米,但有正常生命活动能力的生物不是遍布生物圈上下各处,而是集中生存于距离地球表面不远的范围内。这个部分也是地球上最大的生态系统,更是人类诞生和生存的基础。

陆地生物圈是二氧化碳主要通过光合作用从大气层中去除,并转化进入陆地生物圈。2000年联合国有关机构发表报告估计,全球陆地生态系统碳储量约24 770亿吨,其中植被4 660亿吨、土壤20 110亿吨。值得一提的是,森林生态系统是陆地生态系统中最大的碳储库,森林植被的碳储量约占全球植被的77%,森林土壤的碳储量约占全球土壤的39%,而单位面积的森林储存的碳是农田的20~100倍。

### (四)岩石圈

岩石圈是地球上部相对于软流圈而言的坚硬的岩石圈层,包括地壳的全部和上地幔的顶部,主要由花岗质岩、玄武质岩和超基性岩组成。

---

① 碳酸盐补偿深度(carbonate compensation depth)是指海洋中碳酸钙(生物钙质壳的主要组分)输入海底补给速率与溶解速率相等的深度面,也称碳酸钙补偿深度。

在岩石圈中，碳以碳酸钙的形式存在于石灰石、大理石、白垩等天然矿物中。储量最大的岩石圈储库包括大陆碳酸盐岩、海床碳酸盐岩、有机碳油母质及地幔物质，与其他圈层碳交换较少。地幔中有大量溶解于橄榄岩等熔岩里的碳，"地下海洋"看似波澜不惊，一旦发生大规模的岩浆喷发，蕴藏于地幔中的碳酸盐类将以二氧化碳的形式进入地表的大气与海洋，其所造成温室效应的规模将远超过我们的想象。

## 三、碳的用途

人类对碳的认识和利用可追溯至远古时候人类对火的使用。从北京周口店所发掘的距今约 50 万年的"北京人"化石中发现，当时的人类已经能进行生活、狩猎和使用火。从化石遗迹中的燃烧灰烬中发现，"北京人"已经懂得使用含碳有机物作为燃料。

在自然界，90% 以上的各类化合物中都含有碳元素，碳存在的形式多种多样，且广泛分布在地球的各个领域。在现代社会，含碳元素的物质在我们的日常生活中更是非常重要的矿物资源，扮演着非常重要的角色，从人类发展的"无所不在"，到现代工业"血液"和"刚柔并济"，从地球生命繁衍生息，到我们吃的食物、穿的衣服、燃烧的大多数化石燃料及使用的其他许多材料中，含碳资源[①]都有着诸多重要应用。

现代人类社会经济发展过程中，含碳资源的用途大致归纳如下：

### （一）碳能源

碳不仅在一定时期内，以动植物形态成为人类生活的必需品或生物质能源，更可以历经长期地质沉积和构造演化，在化学上自我结合形成大量不同种类的碳基化石矿物能源，统称为碳能源。

随着近代科学进步和社会经济发展的需要，人类开采消耗了巨量的碳基化石矿物能源，这种开采消耗好似一匹脱缰野马不停剧增。碳基化石矿物能源亦称为化石能源，主要泛指碳氢化合物或其衍生物，包括煤炭、石油和天然气等。化石能源的运用使现代工业大规模快速发展，把人类从传统的农耕生活方式中解放了出来。

### （二）碳原料

碳在化学上可以形成大量化合物，在现代工业中作为原料和燃料有着广泛的应用。例如，碳可以用于制造钢铁、铝、铜等金属的冶炼过程中，还可以用于制造石墨、炭黑、活性炭等材料，这些材料是电池、电解槽、电极等领域的重要原材料。化石能源燃料可以产生大量的能量，推动涡轮机产生动力。区别是旧式的发电机是使用传统蒸汽来推动涡轮机，现代的火力发电站都已采用燃气涡轮引擎直接来推动涡轮机。

碳在生命科学中扮演着非常重要的角色，是生命结构中非常重要的元素之一，也是构成有机生命体的基本元素，地球生物体内大多数分子都含有碳元素，如葡萄糖、脂肪、蛋白质等都是由碳元素组成的。此外，碳元素还是 DNA 和 RNA 的基本组成部分，这些分

---

[①] 广义的碳资源概念界定应该是指对人类有广泛用途的含碳元素物质，狭义理解碳资源是指在地球表面（如动植物）或固结在地下岩石圈中，以单质碳或碳基化合物以不同物质形态储存的自然资源。

子是生命体中的遗传物质，控制着生命体的生长和发育。碳在医学中也有着重要的应用，如碳元素可以用于制造人工心脏瓣膜、人工骨骼等医疗器械。此外，碳元素还可以用于制造药物，如阿司匹林、维生素C等药物都是由碳元素组成的。

（三）碳环保

碳元素在当代自然环境保护中也有着重要的应用。例如，碳元素可以用于制造过滤器，用于净化空气和水。此外，碳元素还可以通过生物质废弃物的循环再生用于制造生物燃料，如生物柴油、生物乙醇等，这些燃料再利用可以减少对常规化石能源燃料的依赖，以减少二氧化碳的排放。无定形碳由于具有极大的表面积，常被用来吸收毒气、废气。富勒烯和碳纳米管则对纳米技术极为有用，由于石墨的分子间只有微弱的范德华力，所以它们容易滑动，适合用作润滑剂，而石墨处于高温时不容易挥发，所以适合在挖掘隧道时使用。

碳资源除了用作化石能源、生产原料，以及用于环境保护之外，在人类社会中还有其他开发利用形式。例如，测量古生物化石中C-14的含量，可以得知其历史年代，这叫作C-14断代法；石墨可以直接用于制作炭笔，也可以与黏土按一定比例混合做成不同硬度的铅笔芯；金刚石是硬度极大的碳单质，除了可以制作装饰品外，还可用于工业切削。

总而言之，碳对于现有已知的所有生命系统都是不可或缺的，也是地球生命有机体生生不息、代代延续的根本，也是人类身体的最基本组成部分，没有碳，生命不可能存在。

## 第二节　碳循环的基本原理

如本章第一节所述，碳与其他化学元素结合形成不同种类的碳基化合物，因此碳可以在活的有机体和死亡的有机体中巨量赋存，并在大气层、深海大洋、岩石和土壤不同层系之间进行自然交换。比如，我们人体的每一次呼吸，都会从肺部呼出二氧化碳并释放到空气中，而我们身边的植物再通过光合作用，把空气中的二氧化碳转化为固态的碳物质，这些含碳元素物质形态不断循环往复变化的过程就是我们日常所说的"碳循环"。

### 一、碳循环

据科学研究资料分析，地球上碳元素在不同碳储库之间通过物理的、化学的和生物的过程相互交换，保持了一种长期的动态平衡。

基于学术研究角度，碳循环表示在生态系统内碳的变化，它指的是碳在不同地理环境之间的流动，从碳源到碳汇动态地在大气中、水体中、土壤中、植物体内及生物体内来回流动的过程，这个概念解释涉及生态系统、碳源、碳汇等关键词，后续章节再做具体阐释。

碳循环是一个复杂的物理、化学、生物转化过程，通过植物、动物、土壤和大气之间的相互作用，碳元素在不同环境中转移和转化，这个循环过程在维持地球生态系统的稳定和平衡中起着重要的作用。

## 二、碳循环的基本形式与属性特征

### （一）碳循环的基本形式

碳在自然界中的流动构成了碳循环，碳循环过程极其复杂而周密，它保证了生物圈乃至整个地球生命物质的平衡与发展。

碳的主要循环形式是从大气中的二氧化碳库中开始，经过生产者的光合作用，把碳固定，生成糖类，然后经过消费者和分解者，在呼吸和残体腐败分解后，再回到大气蓄库中。碳被固定后始终与能量流动密切结合在一起，生态系统的生产力的高低也是以单位面积中碳的含量来衡量。植物通过光合作用，将大气中的二氧化碳固定在有机物中，包括合成多糖、脂肪和蛋白质，贮存于植物体内。食草动物吃了以后经消化合成，通过一个一个营养级，再消化再合成。在这个过程中，一部分碳又通过呼吸作用回到大气中；另一部分成为动物体的组分，动物排泄物和动植物残体中的碳则由微生物分解为二氧化碳，再回到大气中。

自然界中的碳循环，包括碳固定与碳释放两个交互变化阶段，其基本形式包括以下五个方面，如图1-3所示。

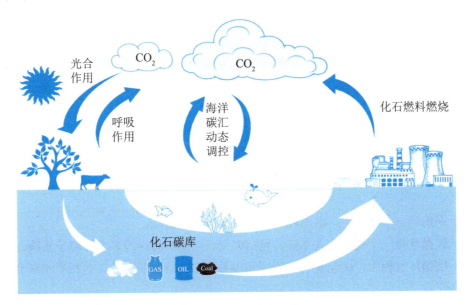

图1-3　碳循环基本形式

#### 1. 大气中的二氧化碳吸收

大气中的二氧化碳通过光合作用被植物吸收。植物利用光能、水和二氧化碳进行光合作用，将二氧化碳转化为有机物质，如葡萄糖，同时释放氧气。

#### 2. 碳的固定和储存

通过光合作用，植物将二氧化碳固定在有机物质中，这些有机物质被储存在植物的组织中，如根、茎、叶和果实。部分碳可能被储存在土壤中，形成有机质，或进一步形成化石燃料，如煤、石油和天然气等。

#### 3. 碳的释放和分解

当植物和动物死亡或呼吸时，它们的有机物质会被分解，并释放出二氧化碳。这个过程称为呼吸作用。此外，有机物质也可以通过腐烂和分解过程中的微生物活动转化为二氧化碳。

#### 4. 碳的交换和循环

通过植物的呼吸作用和有机物质的分解，二氧化碳再次释放到大气中，形成一个碳的交换循环。这种循环在大气、陆地和海洋之间发生。

#### 5. 碳的储存和吸收

部分二氧化碳被大气吸收并溶解在水中，形成碳酸盐，并进入海洋。海洋中的生物，如浮游植物和浮游动物，也通过光合作用和呼吸作用参与碳循环。此外，一部分二氧化碳也可以在土壤中被吸附和储存。

### （二）碳循环的属性特征

根据有关文献资料，碳循环的属性特征可从系统结构分析和系统动态演化两个视角进行梳理。

#### 1. 基于系统结构分析视角

基于系统结构分析，碳循环是在地球生物圈中，碳以不同物质形态周而复始地动态循环变化的闭环变化过程，具有全球性和循环性两个基本特征。

（1）全球性。碳循环范围是生物圈，自然界碳循环的基本过程为：大气中的二氧化碳被陆地和海洋中的植物吸收，然后通过生物或地质过程及人类活动，又以二氧化碳的形式返回大气中，即碳循环发生在生物圈各个环节中。

（2）循环性。在碳的生物循环中，大气中的二氧化碳被植物吸收后，通过光合作用转变成有机物质，通过生物呼吸作用和细菌分解作用，又从有机物质转换为二氧化碳而进入大气。碳的生物循环包括了碳、植物及环境之间的迁移。

#### 2. 基于系统动态演化视角

基于系统动态演化视角，碳循环系统结构具有以下特点：

（1）碳循环是一个复杂的大系统，包括大气、陆地、海洋等多个环境子系统。

（2）碳循环过程中，碳元素会在不同环境系统中进行物质转化，包括有机碳和无机碳之间的转化。

（3）碳循环过程中，生物和非生物过程相互作用，相互影响，相互制约。

（4）碳循环可有效控制气候变化、维持生态系统平衡等。

## 三、碳循环类别及层次划分

### （一）碳循环类别

碳是构成生物体的基本元素之一，也是构成地壳岩石、煤炭、石油、天然气等化石矿物的主要元素，而碳元素的循环主要通过二氧化碳排放和吸收来进行。按照碳循环对全球气候所产生的影响来看，可以将碳循环分为可再生的、正常的碳排放，以及不可再生的、非正常的碳排放。

### 1. 可再生的、正常的碳排放

可再生碳循环，即非常的碳排放，是指大自然原始的生态碳循环系统，具体包括：

（1）植物经光合作用将大气中的二氧化碳和水化合生成碳水化合物（糖类），在动物的呼吸中又以二氧化碳返回大气中被植物再度利用。

（2）植物被动物采食后，糖类被动物吸收，在体内氧化生成二氧化碳，并通过动物呼吸释放回大气中又可被植物利用。

科学家们在《京都议定书》[①] 中强调地球表面的碳循环，是一个亿万年来不断演变而成的正常的碳循环系统，这个系统中，地球自身的任何碳排放、转换都应该是基本平衡的，并且由于"自然碳汇"的存在，正常的碳循环不会导致地球大气中碳含量发生巨大变化，也不会对地球温度产生重大影响。

### 2. 不可再生的、非正常的碳排放

不可再生碳循环，即非正常的碳排放，是指煤炭、石油和天然气等不可再生物质燃烧时生成的二氧化碳，其返回大气中后重新进入生态系统的碳循环，这也是本书所关注的碳循环。

伴随现代工业的迅速发展，人类大量使用煤炭、石油等化石燃料，使地层中经过千百万年积存的已经脱离碳循环的碳元素，在短时间内释放出来，打破了生物圈中碳循环的平衡，使大气中的二氧化碳含量迅速增加，导致气温上升，形成"温室效应"，此类碳循环是决定全球气候的关键。

由于当今这种碳排放在短时间内大规模爆发，导致大气中温室气体积累过多，超出了地球自身的循环能力，因此要消解这种碳循环对气候变化的影响需要的时间就会更长，这也是不可再生的碳排放最显著特征之一。

## （二）碳循环的层次

地球上的碳循环至少有 3 个层次：第一层次是生物圈与大气圈间的二氧化碳循环，以季节到百年尺度为周期；第二层次涉及深海的碳酸盐沉积与溶解，碳循环以万年尺度为周期；第三层次是板块运动中岩石圈的碳循环，以千万年以上尺度为周期。

### 1. 第一层次碳循环（以百年尺度为周期）

生物圈与大气圈间的碳循环主要表现为地面绿色植物通过光合作用将大气和水中的二氧化碳固定，生产有机碳化合物。有机碳化合物通过食物链和食物网传递，生物圈中的动物、细菌、真菌等通过呼吸作用再将有机物分解成二氧化碳等物质，其中二氧化碳会重新回到大气和水。

具体而言，生物圈的生产者会通过光合作用将二氧化碳转化为含碳有机物，此时这些

---

[①] 《京都议定书》于 1997 年在日本京都召开的《联合国气候变化框架公约》第三次缔约方大会上通过，旨在限制经济发达国家温室气体排放为主，以抑制全球气候变暖的全球性国际性公约。

有机物一方面被生产者自身使用，另一方面被生物圈的其他生物所利用，消费者直接或间接以生产者为食，有机物中的碳元素开始通过食物链和食物网传递，消费者通过呼吸作用产生二氧化碳和水，此时存在于有机物的碳变为气态二氧化碳，而动物和植物排出的部分废物和遗体则会被分解者分解，分解者通过呼吸作用将动植物遗体中的有机物分解为二氧化碳，此时碳元素进一步传递并开始循环。

### 2. 第二层次碳循环（以万年尺度为周期）

海洋碳酸盐沉积是大洋碳储库演变历史最直接也是最简便的分析依据。不同时期碳酸盐沉积的特征，反映了海水化学的演变历程。海洋碳酸盐沉积的演变历程，记录了碳循环转型的历程，这种转型正是生物圈演化的反映。

深海大洋碳酸盐最初属于化学沉积，至多只有原核类的微生物参与其化学过程，然后发展到真核生物骨骼组成的生源沉积，生源沉积又从浅水底栖生物转到深海浮游生物。这是地球系统中水圈和生物圈共同变化的经历，也是碳酸盐补偿深度在显生宙逐步加深的过程。这种生源碳酸盐沉积由浅海型向深水型的转折，是大洋碳循环的转型。

### 3. 第三层次碳循环（以千万年以上尺度为周期）

碳循环是维持地球表层生命活动的主要物质循环，其中地球表层系统中的碳，绝大部分以沉积物的形式储存在岩石圈中的储存库里，只有少量的碳物质可以被不同生物种类吸收和利用。储存库中的碳，以碳水化合物的形式存在于有机物质中，如岩石中的石油、天然气、煤炭等，或以无机物的形式存在于矿物碳酸盐中，如碳酸钙等。

储存库里的碳，一般情况下是不参加碳循环的，除非岩石被风化、化石燃料被利用，或火山活动将其以二氧化碳和一氧化碳的形式带到大气中。大气活性库中的碳，不到全部碳的2%。它主要是通过生物的呼吸作用来补充的，火山喷发、人类燃烧化石燃料也是其重要来源。

## 四、碳循环对人类可持续发展的重要性

碳循环对人类生态系统及可持续发展有着十分重要的意义，它不仅可以改善生态系统环境，也可有效保持生态系统演化的稳定性和可持续性，进而形成并改善地球生态系统的生物多样性。

碳循环对生态系统的影响可以归纳为以下几个方面：

### （一）碳循环可以改善生态系统的环境

在碳循环过程中，大气中的二氧化碳能够进入植物体内，经过光合作用将二氧化碳转化为有机物质，从而提高生态系统的空气质量。此外，植物体在光合作用过程中产生的氧气也可改善生态系统的水质。

### （二）碳循环可以帮助保持生态系统的稳定性

碳循环可以帮助释放有机物质到自然环境中，这些有机物质可以提供给生物体所需的营养，从而稳定生态系统的生物量和营养水平，从而有助于维系环境的稳定性。

## （三）碳循环可以促进生态系统的生物多样性

碳循环能够提供大量的水分、能量和营养物质，使生态系统里的所有生物都能获得良好的生长条件，从而促进生态系统的生物多样性。

# 第三节 碳循环的科学认知

基于不同学科研究视角，我们可以将对碳循环所有研究认知汇聚成一个诸多学科交叉演化的"同心圈"，科学研究和学术进步便推动了不同学科碳循环研究"圈边界"的融合和发展。碳循环"同心圈"以外的学科区域探索是无穷的，这意味着地球乃至广阔宇宙碳循环的科学研究认知也是无限的。

基于此，在当今人类所拥有诸多科技创新推动下，人类改善碳循环失衡造成的气候环境变化付出的诸多努力也将变得更加现实。如图1-4所示，我们可以从生物学、化学、地理学、经济学、哲学等传统基础学科视角认知碳循环科学。然而，伴随全球气候变化和自然环境问题的日趋严峻，资源科学、环境科学、生命科学、能源科学、信息科学等诸多学科领域专家学者相继开展了碳循环的科学探索和技术研发，与碳循环相关的新兴交叉学科，甚至传统学科集成也应运而生。

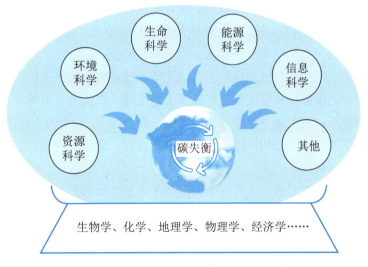

图1-4 碳循环学术认知及学科支撑体系示意图

## 一、碳循环的生物学认知

众所周知，碳是人类身体的基本组成部分，它也存在于我们吃的食物、穿的衣服、燃烧的大多数燃料，以及使用的其他许多材料中，而且90%以上的化合物中都含有碳。这并不奇怪，因为碳很容易与其他元素结合，也很容易与自身结合。碳可以在活的有机体和死亡的有机体、大气、海洋、岩石和土壤之间进行交换。我们每一次呼吸，都会从肺部呼出二氧化碳并释放到空气中，这些气体包含我们所食用的动植物中的碳原子。

在碳的生物循环中，大气中的二氧化碳被植物吸收后，通过光合作用转变成有机物质，然后通过生物呼吸作用和细菌分解作用从有机物质转换为二氧化碳而进入大气。碳的生物循环包括了碳在动、植物，以及环境之间的迁移。

植物扮演类似生物"厨师"的角色，采取阳光，然后从空气中吸入二氧化碳，将它们混合在一起，接着在碳水化合物中创造出一种共存形式的能量，如葡萄糖、蔗糖等。这个过程叫作光合作用。温室气体是动物将食物转化为所需能量过程的一个副产品，并且借由废物被释放。如果这些植物死了，它们会腐烂，小小的微生物会分解这些碳水化合物，然后再次释放其副产品——温室气体。

碳在大气层、有机生物体、陆地和海洋之间的分布会随着时间的推移而不断发生变化。根据有关文献资料，距今6.35亿年前形成的石灰岩和白云岩当中的同位素发现，当时地球大气中的二氧化碳浓度至少为12 000ppm①，2009年地球大气圈的二氧化碳浓度仅为380ppm，仅为6.35亿年前的二氧化碳浓度约三十分之一。大气中的这些碳都跑到哪儿去了呢？它们大部分都转移到了沉积岩（如石灰岩）中，其发生方式是碳循环的一部分。因此，碳循环是许多生物经过复杂化学和物理过程的结合，碳在这些过程中发生大规模的物质形态循环转移。

## 二、碳循环的地球化学认知

碳的地球化学循环控制了碳在地表或近地表的沉积物和大气、生物圈及海洋之间的迁移，而且是对大气二氧化碳和海洋二氧化碳的最主要的控制。沉积物含有两种形式的碳：干酪根和碳酸盐。

在风化过程中，干酪根与氧反应产生二氧化碳，而碳酸盐的风化作用却很复杂。白云石和方解石矿物中的碳酸镁和碳酸钙受到地下水的侵蚀，产生出可溶解于水的钙离子、镁离子和重碳酸根离子，其由地下水最终带入海洋。在海洋中，浮游生物和珊瑚等海生生物摄取钙离子和重碳酸根离子来构成碳酸钙的骨骼和贝壳。这些生物死亡之后，碳酸钙就沉积在海底而最终被埋藏起来。

就碳循环的科学认知而言，人类对于自然与生态系统对未来气候反应的预测能力十分有限，尤其对陆地碳蓄积还缺乏一致性的估算数据，包括碳通量和净碳通量②；全球模式比较分析中对全球净第一生产力（NPP）③的估算值相差15%左右。土地利用变化的时间序列以及砍伐后森林和废弃农田再生长造成的碳吸收以及人类活动对碳循环的影响机理和未来动态变化等问题有待进一步研究。

基于此，提高对碳循环、水循环及多圈层相互作用的认识改善对整个气候系统的预测能力，对进行有效的生态与环境保护具有重大意义。1992年启动的全球变化与陆地生态

---

① ppm是浓度单位，即一百万份喷洒液中有效成分，根据国际规定现统一用毫克/升来表示。
② 碳通量是指碳循环过程中，在单位时间、单位面积内二氧化碳从一个库向另一个库的转移量，如某森林生态系统碳通量是单位时间和单位面积碳循环总量，海洋碳通量则是单位时间和单位面积内碳增减数量。
③ NPP（Net Primary Priductivity，净初级生产力），具体指绿色植物在单位时间、单位面积内所累积有机物数量，是由植物光合作用所产生的有机质总量中减去自养呼吸后的剩余部分，也称净第一生产力。

系统（GCTE）及其他研究表明，大气中较高的二氧化碳含量不仅导致气候的变化，而且二氧化碳的施肥效应和大气氮沉降会提高陆地生态系统的NPP，因此失汇可能为陆地生态系统吸收。

## 三、碳循环的古地理学认知

碳元素主要存储在岩石和沉积物中，只有小部分以变化的形式存在于大气、海洋、土壤和陆地生物圈中。大气中主要的含碳化学成分有二氧化碳、一氧化碳和甲烷，其中二氧化碳是大气中最重要的部分。就物质循环来说，碳循环的主要环节是二氧化碳的循环。

二氧化碳是光合作用的最基本成分，其总量多少对气候和生物圈有重要的影响。占大气总量98%的$N_2$、$O_2$、$Ar$不吸收红外辐射，而二氧化碳、水汽、甲烷则吸收来自地面的长波辐射，加热大气同时发射长波辐射加热地面。正是此物理过程才使地球保持了目前的温度。

通过对过去$4\times10^5$万年间气候极端事件的研究表明，在此期间地球经历了冰期和间冰期的巨大气候变化，但是大气中的二氧化碳的变化量始终在平均值240μg/g[①]的上下20%范围内变化。取自冰芯和深海沉积物的记录显示，最近几十万年以来冰期-间冰期气候激烈变化的同时伴随着温室气体（二氧化碳、甲烷、$N_2O$等）浓度的变化。

## 四、碳循环的物理学认知

二氧化碳是导致气候变化的主要温室气体，那么二氧化碳是如何进入我们的大气层呢？碳元素是碳循环的一部分，但碳循环的原始动力来自太阳。太阳光使地球表面的热度提高，其一小时所产生的能量比整个世界一年所使用的还要高。

我们可以动手感受一下这个现象的原理，首先打开一瓶苏打水，分别倒入两个玻璃杯中。将一杯放入冰箱中冷藏，另一杯置于室温环境中，1小时后拿来品尝一下，你会发现放入冰箱的那杯液体的气泡较多。大气中的二氧化碳的浓度在寒冷时期开始后才会降低。

在冰河时代结束后，二氧化碳的低浓度可能会保持一段时间，直到进入温暖期。这说明二氧化碳浓度的变化并不是重大气候变化的推动力。但是当气候变冷时，二氧化碳的浓度会下降，导致产生一个不断加强的冷却效果。而当气候变暖时，更多的二氧化碳被释放，进入到大气中，因而又进一步提升了全球气温，这就是正向反馈循环。

我们能做些什么呢？希望阻止全球气温进一步升高，已经太迟而且不可能成功。当前大气中的二氧化碳的含量，一定会促使全球气温进一步升高。但是我们可以通过几种方法来稳定并改善局面：更高效使用能源，以降低二氧化碳的排放；使用不会排放二氧化碳的其他能源，如太阳能、风能、核能、地热能和水力电能；使用矿物燃料时，收集和存储产生的二氧化碳，而不是将其排放到大气中。

---

① 质量单位，1μg等于一百万分之一克。

## 知识专栏 1-1　碳循环经济的理解

随着人类经济活动的不断发展，环境污染、能源短缺等问题日益突出，碳循环经济作为一种新型经济发展模式，备受世人关注。那么，什么是碳循环经济呢？

### 一、碳循环经济的定义

碳循环经济就是通过对碳素的循环利用，实现经济的可持续发展。它是一种以低碳、零排放为基础的经济模式，旨在充分利用碳素资源，减少碳排放，实现经济、环境和社会的协调发展，其核心发展理念是"碳素是资源，而非垃圾"。简单来说，碳循环经济概念可以用4个"R"概括，即减少碳排放（Reduce）、碳的再利用（Reuse）、碳的再回收（Recycle）以及碳消除（Remove）。

### 二、碳循环经济的原理

碳循环经济的原理是在碳素循环利用的基础上，实现经济的可持续发展。具体来说，碳循环经济的实现需要遵循以下原则：

（1）循环利用碳素资源。碳素是一种重要的资源，包括煤、石油、天然气、木材等。通过回收利用碳素资源，可以减少资源浪费，提高资源利用效率。

（2）减少碳排放。碳排放是造成环境污染和气候变化的主要原因之一。通过采用低碳技术和清洁能源，减少碳排放，可以保护环境，促进经济可持续发展。

（3）推动碳循环经济的全面发展。碳循环经济的实现需要政府、企业、社会各方面的共同努力。政府需要制定相关政策，鼓励企业投资碳循环经济，促进碳循环经济的全面发展。

### 三、碳循环经济的实现途径

碳循环经济的实现途径主要包括以下几个方面：

（1）发展清洁能源。清洁能源是碳循环经济的重要支撑，包括太阳能、风能、水能等。通过发展清洁能源，可以减少对传统能源的依赖，降低碳排放。

（2）推广低碳技术。低碳技术是实现碳循环经济的重要手段，包括节能技术、清洁生产技术、循环经济技术等。通过推广低碳技术，可以减少碳排放，提高资源利用效率。

（3）加强碳素回收利用。碳素回收利用是碳循环经济的核心内容，包括废弃物回收利用、生物质能回收利用等。通过加强碳素回收利用，可以减少资源浪费，提高资源利用效率。

### 四、碳循环经济的意义

碳循环经济的实现对于经济、环境和社会的发展都具有深远的意义：

（1）促进经济可持续发展。碳循环经济可以提高资源利用效率，减少资源浪费，降低能源消耗，从而促进经济可持续发展。

（2）保护环境。碳循环经济可以减少碳排放，降低环境污染，保护生态环境。

（3）推动能源转型。碳循环经济可以推动能源转型，从传统能源向清洁能源转型，以应对能源短缺和环境污染等问题。

（4）增强国际竞争力。碳循环经济是世界各国共同关注的问题，通过推动碳循环经济的发展，可以增强国家的国际竞争力。

### 五、结语

碳循环经济是一种新型经济发展模式，具有广泛的应用前景和深远的意义。通过推广低碳技术、发展清洁能源、加强碳素回收利用等途径，可以实现碳循环经济的全面发展，促进经济、环境和社会的协调发展。

## 第四节 碳循环失衡原因及不利影响

在人类历史发展过程中，碳循环过程复杂而周密，它保证了地球生物圈乃至整个地球的平衡发展。在过去的几千年中，海洋和陆地生态系统等自然碳资源排入大气的大量二氧化碳已通过光合作用和海洋吸收等自然过程清除，几乎处于完全平衡状态。据研究资料（Martin 等，2014）显示，世界工业革命以前，大气中的二氧化碳浓度平均值约为 280ppm，变化幅度在 10ppm 以内，平均而言，这一时期的自然碳收支处于很好的碳平衡状态。碳循环过程复杂而周密，它保证了生物圈乃至整个地球的平衡发展。

如前所述，碳资源具有十分广泛的用途，其过度开发利用造成了大自然碳循环状态非正常加快。尤其是在世界工业革命之后的短短 200 多年时间里，人类的生产和生活方式逐渐改变了地球的生态平衡，二氧化碳浓度快速增加，碳收支失衡不断增长、积累。碳循环平衡的严重破坏，造成了大量自然环境污染和异常气候变化[①]，其中最突出的问题就是碳循环失衡造成的人类生存危机（邹才能等，2022）。

所谓碳循环失衡是指在地球大气和生物圈中的碳循环过程中，碳的输入和输出之间出现不平衡的现象。具体而言，碳循环失衡是指地球上的二氧化碳、甲烷等温室气体在陆地、海洋、大气等各个领域之间的流动出现异常状态，这种异常状态导致大气中多余二氧化碳的累积"冗余"。与此相对应的则是碳平衡，碳平衡是现代人为减缓全球变暖所作的努力之一。利用这种碳平衡环保方式，人们或企业计算自己日常活动直接或间接制造的二氧化碳排放量，并计算抵消这些二氧化碳所需的经济成本，然后通过"排放多少碳就做多少抵销"措施，来达到原排放者的碳平衡。

---

① 气候变化指气候平均状态统计学意义上的巨大改变或者持续较长一段时间的气候变动。气候变化不但包括平均值的变化，也包括变率的变化。

# 一、碳循环失衡原因及机制

全球碳循环失衡机制如图 1-5 所示。

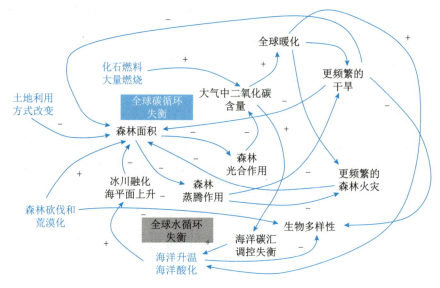

图 1-5　全球碳循环失衡机制

## （一）化石燃料大量燃烧

就碳基化合物储存形态而言，化石燃料是地球上碳氢化合物的主要储存之一。但是工业革命以来，世界各国，尤其是西方国家经济的飞速发展，是以大量消耗能源资源为代价的，并且造成了生态环境的日益恶化。统计资料显示，1950 年全球排放量上升到每年 60 亿吨二氧化碳，1990 年这一数量翻了近两番，达到每年超过 220 亿吨，2020 年全球每年排放近 340 亿吨二氧化碳。大量化石矿产能源和生物质能源燃烧会导致大量二氧化碳进入大气中，形成温室效应，导致全球气候变化，进而影响全球生态平衡，因此化石矿产能源和生物质能源的大量燃烧是地球碳循环失衡的主要原因之一。

## （二）土地利用方式变化

除了化石能源燃料和生物质能源的大量燃烧之外，土地利用变化也是导致地球碳循环失衡的原因之一。随着城市化进程的不断推进和高密度城市地区的发展，当今世界一半以上的人口居住在城市地区，土地利用模式发生了很大改变，这种土地利用方式对城市区域的植被生长产生着复杂的影响。据统计，相对于 2000 年，2015 年在世界 4 256 个城市地区中，有一半以上城市因面积增加导致植被覆盖面积减少。由于土地的破坏和改造，植被覆盖率下降，植物吸收二氧化碳的能力受到限制，导致二氧化碳大量留存于大气中。

## （三）海洋升温和海洋酸化

海洋升温和海洋酸化也是导致地球碳循环失衡的重要原因之一。随着全球气候的变化，海洋环境也开始受到严重影响，不仅直接导致海洋表面的温度不断升高，也导致了海洋生物死亡数量的增加。据 2019 年 9 月 10 日的新闻消息，在太平洋地区，美国西海岸又出现大面积水温升高。在此期间，该海域死亡的太平洋鳕鱼数量达到 1 亿多条，海鸟死亡数量近 50 万只，座头鲸数量减少了 30%，还有其他大量海洋生物出现数量骤减。此外，由于二氧化碳的溶解导致海洋酸化，造成了珊瑚礁和有机物质的严重损失，影响了海洋生态系统。

### （四）森林砍伐和荒漠化

森林是地球上吸收二氧化碳的主要地方之一，但是由于人类的砍伐活动和大面积的森林荒漠化，森林面积不断减少，二氧化碳吸收能力严重下降。据 2020 年《全球森林资源评估》报告指出，1990 年以来全球共有 4.2 亿公顷森林遭到毁坏。据巴西国家空间研究所（INPE）的数据显示，2010 年至 2021 年间，巴西年度砍伐地球"绿肺"亚马孙森林量从 2010 年的约 7 000 平方千米增加到 2021 年的超过 1.3 万平方千米，增幅约 86%。这种森林砍伐和荒漠化趋势既给全球生态系统造成了巨大压力，也对全球气候变化产生了不可忽视的影响。

## 二、碳循环失衡自然环境及社会影响

人类进入 21 世纪，大气圈中因过度消费高碳化石能源造成过多二氧化碳"冗余"。这些二氧化碳"冗余"造成碳循环严重失衡让人越发担心，它成为我们头顶挥之不去的"乌云"，其对人类生存环境、身体健康以及社会经济等一系列深层次影响已为社会大众所关注（张桂华等，2006）。

### （一）碳循环失衡对自然环境的影响

碳循环失衡对自然环境产生了诸多不可逆的严重影响，也极大破坏了地球生命的自然生存条件、有限的生存空间以及环境承载力。比如，碳循环失衡直接导致全球气候变暖和平均气温升高，让地球南北两极及高寒区域冰川大量融化，冰川融化就会导致海平面的升高。海平面上升、气候异常、极端天气会给人类的生活带来很多负面影响。

地球气温升高所带来的热能，会提供给空气和海洋巨大的动能，从而形成大型，甚至超大型台风、飓风、海啸等严重自然灾害。同时，气温升高不仅会从海洋直接吸取水分，还会从陆地吸取宝贵的淡水资源，使得内陆地区出现大面积干旱，从而造成粮食减产，动物饲料也同样减产。

近年来，极端天气条件造成的地球气温异常和区域性极端降水，已导致自然灾害、农业产量减少、水资源短缺等严重问题。同时，世界沿海地区的大片陆地未来也将逐渐被海水所淹没，居住在沿海地区的居民的人，生命安全受到严重影响。

### （二）碳循环失衡对生态系统的影响

随着气候变暖，全球生态系统面临崩溃的压力，植物和动物的生态圈被破坏，种群数量减少、物种消失、生物多样性减少，人类将会面临长期的影响和风险，甚至可能失去一部分食物来源和药物来源。

气温升高所融化的冰山，正是我们赖以生存的淡水最主要的来源，碳循环失衡使得自然界食物链逐渐断裂。同时，大气中二氧化碳含量上升，会导致海洋中二氧化碳含量上升，使海洋碳酸化，杀死大量微生物。海洋温度上升也会破坏大量以珊瑚为中心的生物链。

地表温度的升高还会使水分蒸发的速度加快，从而导致降雨量增加，降雨时长也会随之变长。气候变化对地球产生的影响也是非常明显的，比如，冰川消融、极端气候、粮食减产、海平面上升、物种灭绝、空气污染等。

### （三）碳循环失衡对社会经济及人类生命健康的影响

全球碳排放量的增加可能会导致资源的短缺，特别是与能源有关的。据统计，全球碳排放量的增加会导致酸雨增加、空气污染加剧、能源供应不足等一系列问题，这些问题必然会对社会经济和人类生命健康造成负面影响。

城市降雨量增加会导致城市内涝，并对交通带来很大的影响。而农村的田地也会因为降水过多影响产量，还有一些山区，还会引发泥石流、山洪等自然灾害。全球变暖最可怕的地方是它会让全球的气候随之改变，而我们人类是没有办法脱离大自然的环境的，因为我们人类的生活离不开工业化，无论在交通还是在生产上，每天都在释放大量的有害气体。

全球变暖将会对整个地球的气候产生影响，生活在这个星球上的所有动植物都会被影响到，我们人类的生活和身体健康自然也会受到很大的影响。仅就身体健康来说，长期暴露在大量的温室气体中，人们可能会患上健康问题，如呼吸系统和皮肤疾病、心脏病等，另外大气污染和热带气旋的影响可能使空气呼吸感染病变频发。

### （四）碳循环失衡对当代国际政治的影响

碳循环失衡不纯粹是生态环境问题，而是牵涉广大发展中国家发展道路和经济发达国家历史责任的问题，也是牵涉几乎世界上所有国家切身利益的问题。碳循环失衡是过多二氧化碳排放造成的人类生存危机，而对二氧化碳排放采取限制措施则是缓解碳循环失衡的最有效手段。

多年来，碳循环失衡一直是无法回避的国际政治经济问题，因为限制二氧化碳排放就等于限制了对传统化石能源的消耗，这必将对世界各国发展产生制约性影响。对经济欠发达的广大发展中国家而言，减排二氧化碳在短期内会影响经济增长速度，处理不好会产生致命性影响，而对经济高度发达的国家来说，减排二氧化碳同样影响其经济发展，且会在一定程度上降低国民生活质量。因此这种减排二氧化碳的分歧和争议不仅在发展中国家存在，在经济发达国家内部，也是一个非常棘手且充满争议的问题。

近年来，发展中国家和经济发达国家虽然在气候变化的历史责任、所承担责任和义务等诸多现实问题上存在比较大分歧，但由于事关全人类命运和共同发展利益。尽管全球气候谈判过程不太顺利，但在世界诸多国家及相关国际组织的积极努力下，在科学界、舆论界的大力呼吁推动下，全球二氧化碳减排事业还是取得了很大的进展。

## 推荐文献阅读

[1] 邹才能等. 碳中和学 [M]. 北京：地质出版社，2022.

[2] 付东，王乐萌，齐立强等. 碳循环与碳减排 [M]. 北京：冶金工业出版社，2022.

[3] 周广胜. 全球碳循环 [M]. 北京：气象出版社，2003.

## 课后思考题

1. 简述碳循环基本内涵，以及碳循环类别、过程和属性特征。

2. 简述碳元素内涵、空间分布及碳资源主要用途。

3. 结合所学专业，试述碳循环学术认知及学科支撑体系。

4. 思考碳循环失衡基本原因及对自然环境和社会影响。

# 第二章
# 碳中和经济学基础知识

近年来,碳达峰、碳中和已经成为非常时尚的"热词",但不可否认的是,碳达峰、碳中和诸多理论问题与低碳经济学和气候变化经济学学科本身有着密不可分的关联性。与之相应地,本书认为碳中和经济学可理解为低碳经济发展目标或气候变化经济学理论架构的自然延伸。基于此,本章在回顾低碳经济学基本知识、阐释碳中和相关概念的基础上,对如何认知从低碳经济学到碳中和经济学,碳中和经济学科内涵、属性特征及其发展历程进行初步探析,意图明晰碳中和经济学学科属性及其发展脉络,也为后续章节内容学习做好铺垫。

# 第一节 低碳经济知识回顾

低碳经济作为学术术语,在20世纪90年代后期的研究文献资料中就曾经出现过。然而,直至2003年英国政府在《我们未来的能源——创建低碳经济》能源政策白皮书中,系统阐述低碳经济基本内涵、发展方式及其重要性之后,才正式引起了世人的真正关注。

随着全球气候变化问题日益突出,绿色低碳越来越成为全球共同关注的焦点,不仅低碳社会、低碳生产、低碳能源、低碳环保、低碳生活、低碳消费等发展理念,日益成为当代经济发展主流和人们社会行为准则,相应地,低碳经济学科内涵更是不断得到系统完善,并逐渐形成一门新的应用经济学科。

因篇幅所限,本节仅简要回顾低碳经济学科几个重要概念,后续章节内容也会涉及一些相关的低碳经济概念及其学科知识点,详细可参阅低碳经济学相关文献资料。

## 一、低碳

### 1. 低碳问题由来

19世纪以来,随着世界经济,尤其是现代工业技术的快速发展,人口数量剧增,当代人类生活欲望的上升及生产生活方式的无节制消费,使得地球上碳基化合物的新陈代谢"状态平衡"基本态势被打破。以碳基化合物为主要成分的有害气体和烟尘持续排放到大气层中,不仅改变了空气中原有的成分和"清洁性",而且造成了空气的严重污染和大气臭氧层[①]的破坏。这种被污染了的空气和臭氧层的破坏严重损害了人们身体健康,影响了自然作物生长,造成对自然资源以及建筑物等损毁的同时,也造成了地球表面和大气层温度的反常性升高。这种地表和大气层温度反常性升高的自然现象就是人们常说的"温室效应"[②],而造成这种"温室效应"的气态排放物就是人们常说的"温室气体"[③]。根据1997年联合国通过的《京都议定书》,把二氧化碳（$CO_2$）、氧化亚氮（$N_2O$）、甲烷（$CH_4$）、六氟化硫（$SF_6$）、氢氟碳化物（HFCs）、全氟碳化物（PFCs）等六种温室气体列入管制[④]。不同组织和机构对温室气体排放管制的范围有所差别,主要体现在含氟化合物的种类上,为统一表述,本书将$SF_6$、HFCs等一系列含氟的温室气体统称为含氟气体（F-gas）。其中二氧化碳、甲烷、氢氟碳化物等三种气体对温室效应影响最为显著,但对全球气候变化贡献率而言,大气层中二氧化碳含量较多,所占比例约为76%（如表2-1所示）。

---

① 臭氧层是指大气层的平流层中臭氧浓度相对较高的部分,其主要作用是吸收短波紫外线。
② 温室效应（Green House Effect）,又称"花房效应",是大气保温效应的俗称。大气能使太阳短波辐射到达地面,但地表向外放出的长波热辐射线却被大气吸收,这样就使地表与低层大气温度增高,因其作用类似于栽培农作物的温室,故名温室效应。
③ 温室气体（Green House Gas, GHG）指的是大气中能吸收地面反射的太阳辐射,并重新发射辐射的一些气体,如水蒸气、二氧化碳、大部分制冷剂等。它们的作用是使地球表面变得更暖,类似于温室截留太阳辐射,并加热温室内空气的作用。
④ 根据《工业企业温室气体排放核算和报告通则》（GB/T 32150—2015）,明确二氧化碳、氧化亚氮、甲烷、六氟化硫、三氟化氮、氢氟碳化物、全氟碳化物等七种气体为温室气体。

表 2-1　温室气体主要成分表

| 气体 | 大气浓度（ppm） | 年增长（ppm） | 生存期（年） | 贡献率（%） | 主要来源 |
| --- | --- | --- | --- | --- | --- |
| $CO_2$ | 417 | 2.4 | 50～200 | 76 | 化石燃料、森林砍伐 |
| $CH_4$ | 1.89 | 0.009 | 12 | 16 | 湿地、稻田、化石燃料、牲畜 |
| F-gas | 各不相同，一般在 ppt（$10^{-12}$）量级 | 变化较大 | 数年到数千年不等 | 2 | 制冷剂、绝缘泡沫、工业保护气 |
| $N_2O$ | 0.33 | 0.00085 | 114 | 6 | 化肥、土壤微生物、森林砍伐 |

注：ppm（parts per million）：百万分之一，ppt（parts per trillion）：万亿分之一。
数据来源：IPCCAK6、NOAA、EPA、WMO 报告中 2022 年数据。

随着"温室气体"在大气层中的含量不断上升，全球范围内的"温室效应"现象持续加剧。人类赖以生存的地球正遭受前所未有的生态环境危机，全球灾难性气候变化屡屡出现，已经严重危害到人类社会安全和可持续发展。在全球性"温室效应"危害日益严重的形势下，就出现了减排"温室气体"这一全球性大难题，"低碳"这个概念就是在这种背景下提出的。有识之士研究预言"过度的碳排放将引起地球表面温度上升，并将给人类生存环境带来严重灾难"成为全球热议的焦点以来，越来越多的人开始关注低碳问题，同时也出现了关于低碳现象的诸多争议，这就需要人们在逐步探索中对"低碳"概念以及由此引发的深层次问题有更加明晰的认识和理解。

2. 低碳基本内涵

低碳（low carbon）指在人类生存发展过程中，通过采取提升能源效率、推动能源结构转型、改进生产工艺等一系列措施实现温室气体排放水平保持在较低的水平。从广义上讲，低碳涵盖了所有降低温室气体排放的活动和行为，因此本质上低碳是一种相对"定性"的行为，判断"低碳"的依据在于是否通过采取措施相较于未采取措施（基准情景）实现温室气体排放量的降低。从狭义上讲，低碳通常限定了时间和空间，例如在规定时间内、特定区域内实现温室气体排放量的降低。值得注意的是，无论广义还是狭义上的低碳，对于温室气体降低的程度并没有"定量"的"强制性"约束，因此对于实现低碳而采取的措施多为所涉及主体的意愿行为，而非强制的约束。故在将碳排放指标内化为经济决策模型的过程中，碳排放指标的优先级会由于主体差异而变化，且通常会低于经济性指标。

低碳的实现途径主要包括减少浪费、提升能源效率、推广清洁能源、植树造林等，既包含工业生产过程，也包含社会消费过程，因此低碳是一项覆盖全社会的行动。

3. 世界低碳发展理念认知

基于这一认识，低碳发展的理念不断受到重视，世界各国政府、组织等号召减少温室气体排放，相继成立了多个针对气候变化、与低碳相关的国际性机构或组织，为倡导全球低碳发展、制定低碳发展纲领提供引领性方案。其中，代表性的国际性机构或组织包括：

联合国气候变化框架公约（UNFCCC）：联合国大会于 1992 年 5 月 9 日通过的一项公约，致力于协调全球应对气候变化的政策和行动，目标是将大气温室气体浓度维持在一个稳定的水平，包括实施《京都议定书》和《巴黎协定》等国际气候协定。

国际可再生能源机构（IRENA）：于2009年1月26日在德国波恩成立，是全球领先的促进可再生能源和可持续发展的国际组织，致力于加速可再生能源的研发和技术创新。

国际能源署（IEA）：1974年11月成立，旨在促进全球能源安全、经济性和可持续性的国际组织，向政策制定者提供能源市场分析和政策建议。

联合国环境规划署（UNEP）：1973年1月成立，是联合国系统中主要的环境机构之一，致力于推进全球环境保护和可持续发展。

联合国政府间气候变化专门委员会（IPCC）：是世界气象组织（WMO）及联合国环境规划署于1988年联合建立的政府间机构，主要任务是对气候变化科学知识的现状，气候变化对社会、经济的潜在影响，以及如何适应和减缓气候变化的可能对策进行评估。

1988年以来，IPCC已针对全球气候变化先后开展六次系统性综合"评估报告"和若干专题性"特别报告"。此外，针对温室气体排放的核算以及影响评估，IPCC还编写了一系列方法学报告，为联合国气候变化框架公约缔约方编制温室气体清单有关报告提供了实际指导。

IPCC形成的主要结论包括：

（1）人类对气候系统的影响是明确的。

（2）人类对气候环境的干扰越大，人类面临严重、普遍和不可逆转影响的风险就越大。

（3）人类有能力遏制气候变化，建立一个更加繁荣、可持续的未来。

## 二、低碳能源

### 1. 能源

能源是人类赖以生存发展的重要物质基础之一，也是社会发展和经济增长的最基本驱动力。关于能源的定义，目前有20余种。比较代表性的有英国《大英百科全书》对能源的解释为："能源是一个包括所有燃料、流水、阳光和风的术语，人类采用适当的转换手段，给人类自己提供所需的能量。"《科学技术百科全书》的定义是："能源是可从其获得热、光和动力之类能量的资源。"《日本大百科全书》对能源的解释为："在各种生产活动中，我们利用热能、机械能、光能、电能等来做功，可利用来作为这些能量源泉的自然界中的各种载体，称为能源。"中国《能源百科全书》的能源定义为："能源是可以直接或经转换提供人类所需的光、热、动力等任一形式能量的载能体资源。"《能源词典》（第二版）对能源的解释是："能源是可以直接或通过转换提供人类所需的有用能的资源，世界上一切形式能源的初始来源皆是核聚变、核裂变、放射性源以及太阳系行星的运行。"综合上述各种能源定义，有一个共同点就是，能源是一种呈多种形式的，且可以相互转换能量的源泉。

煤炭、石油、天然气等常规化石能源的工业化开发利用一直与人类社会发展密切关联，也与人们的日常生活需求息息相关，同时也对自然环境和人类可持续发展产生了严重的制约和影响。高消耗、高排放、能源效率低、不可再生一直是传统化石能源开发利用的重要特征，这给人类社会带来了自然环境污染压力和可持续发展障碍的同时，也极大地激发了人们开拓低碳排放、高效清洁利用而且可再生能源的巨大动力。

## 2. 低碳能源内涵认知

"低碳能源"的概念就是当今这一时代背景下诞生的,低碳能源的理论界定是相对于高碳能源而言的,目前国内还没有统一的认识和定义。就其实质来说,低碳能源的概念是以温室气体排放为基本内涵的,其评价标准也是温室气体的排放强度。

一般认为低碳能源有广义和狭义之分。狭义上来看,低碳(或无碳)能源是指含碳分子量少或无碳分子结构的能源;广义上来看,低碳能源是顺应人类发展方向、适应未来经济发展模式的一种可持续利用而且节能减排的能源。

不同类别的能源呈现形式或单位热值所含碳的数量相去甚远。从矿物化石能源按分子式的相对碳含量来看,常规化石能源可分为高碳含量、中碳含量、低碳(或无碳)含量能源,其中煤的分子式碳是135,当然是高碳含量能源,石油的分子式碳是5~8,可归为中或低碳含量能源,天然气的分子式碳是1,为低碳含量能源。氢能及一些清洁可再生能源基本无碳,则称为无碳含量能源。

需要特别强调的是,按能源碳含量进行的分类与现实中的碳排放有很密切的联系,但并不是等价的关系。比如,单从分子结构和直接消费角度来看,天然气作为低碳能源是无可厚非的,但从整个生产工艺流程角度来看,就有很大的争议[①]。

## 3. 低碳能源属性特征

在现实世界中,低碳能源一般应该具备以下属性特征。

(1) 可再生、可持续应用的能源

传统化石能源大多是不可再生的,人类必须考虑传统化石能源枯竭以后的能源供应问题。除了天然气和核能以外,低碳能源大多是可再生能源,未来低碳能源应该具备可再生的这一关键特征。

(2) 高效且环境适应性能好的能源

能源开发利用和环境保护是一把"双刃剑",尤其是煤炭、石油等常规化石能源大规模开发利用给自然环境承载造成了严重威胁。因此,在现代化发展经济体系中,能源的高效利用和环境适应的良好性是其可持续使用的基本条件。

(3) 尽可能实现大规模化产业应用的能源

一种能源的规模化开发利用是其得以进入现代低碳能源系列的最基本的"物质"保证。低碳能源相对于传统能源,具有污染少、储量大的特点,对于解决当今世界严重的环境污染问题和资源(特别是化石能源)枯竭问题具有重要意义。

根据能源消费利用的碳排放来看,低碳能源一般包括风能、太阳能、核能、生物能、水能、地热能、海洋能、潮汐能、波浪能、洋流和热对流能、潮汐温差能、可燃冰等,但这也不是绝对的,需要满足上述低碳能源的三大基本特征。这些低碳能源通过低碳技术的集成和应用,就构成了低碳能源系统,从而实现替代煤炭、石油等化石能源以减少二氧化碳排放的目的。

---

① 美国环保署最新分析认为,由于管道阀门未拧紧所造成的天然气泄漏量为早前估计的两倍,美国每年都有数十亿立方英尺的温室气体因此排入大气中。水力压裂法所排放到空气中天然气量也比早前的统计报道高出9 000多倍。如果这些温室气体排放量也算进去,那么天然气也只比煤炭清洁25%,甚至更低。

低碳能源与人们广为熟知的清洁能源和可再生能源含义上有一定程度的类似。清洁能源是指对环境无污染或只有较少污染的能源，如水能、太阳能等；可再生能源泛指可以循环再生、人类历史时期内不会耗尽的能源，如水能、太阳能、风能、生物质能等非化石能源。低碳能源则是更加突出减少温室气体对全球性的排放污染，同时兼顾对社会性污染排放的减少的清洁能源。

从更广阔的视角看，低碳能源内涵拓展及产业化实践也代表经济增长方式的转变，从而在低碳能源的推动下进一步实现经济、社会、环境的和谐与可持续发展。

## 三、低碳产业

### 1. 何谓低碳产业

在现代市场经济体系作用下，任何产业的兴起和发展都要建立在现实存在的市场需求之上。20世纪90年代以来，低碳产业的市场需求主要来源于国际社会对引发全球气候变化的温室气体（以二氧化碳为主要成分）过度排放的高度关注，从而推动了二氧化碳减排技术和碳排放权交易市场的快步发展，并进一步推动了与此相关联产业的诞生，由此开启了人类社会低碳产业化时代的到来。

狭义上来看，低碳产业是指提供以减少二氧化碳排放为目的的产业管理部门和产品生产行业门类。广义上来看，低碳产业是指有助于节能减排的所有行业和管理部门类别，这就把通过提供节能技术服务间接减少二氧化碳排放的行业包含了进来，如清洁生产技术，处理已经产生二氧化碳的行业，如森林碳汇等，还有服务于碳排放权交易市场的所有行业门类。概括而言，低碳产业是指以碳减排量或碳排放权为资源载体，以节能减排技术为发展基础，从事节能减排产品研究、开发、生产的综合性产业集合体，它是低碳经济时代发展的基础，也是国民经济的基本组成部分。

### 2. 低碳产业分类

基于不同专业视角和不同产业领域，当前对低碳产业内涵的理解也许有较大差异，并且以不同的判别标志和评价标准，针对低碳产业进行各种不同的分类也会有一定的差异存在。以英国和美国低碳产业分类比较为例，英国政府在其发布的低碳和环保产品与服务产业分析报告中，将新兴低碳产业、可再生能源产业和传统环保产业进行比较，新兴低碳产业包括替代燃料行业、汽车替代燃料行业和建筑节能技术行业，而美国则没有将低碳产业单独提出来，而是将低碳产业的内容含在了环保产业当中，大致分为三个门类，即污染治理、清洁能源与技术以及能源管理等。

由于低碳产业化本身是一项庞大的复杂系统工程，必须从经济和社会大系统的基本结构进行系统剖析，并努力构建低碳产业化发展的总体架构和产业体系。目前，低碳产业化的内涵研究和外延拓展才刚刚开始，常规产业低碳转型、新兴低碳产业以及相应的产业技术还有待规范化。随着人们对低碳发展节能减排事业的关注加深，减碳技术的不断创新和发展，一定会有更多新兴的低碳行业加入其中。同时，低碳产业发展的实际经济效应也尚未形成，在不同产业经济体系下，低碳产业的经济体系和盈利模式也是有待深入探究的（崔奕等，2010）。

### 3. 我国低碳产业发展特征（卢晓彤，2011）

判断一个产业是否低碳产业，不能仅考虑这个产业的低碳技术先进性和产业层次的高低性，还要从该产业在我国未来发展全局中的发展特征去考察。

（1）要看该产业是否由一种全新的低碳产品形成，且这种低碳产品具有广泛的市场前景，同时已经出现了独立从事此种低碳产品生产的企业。

（2）要看该产业是否具备前瞻性和可持续发展性。

（3）要看该产业是否能带动和促进我国低碳经济产业结构中其他产业的快速低碳化。

（4）要看相对于我国的总体低碳技术水平，该产业是否具有较高的低碳技术层次。

（5）要看该产业是否能保持长期稳定的持续低能耗和低污染率，尤其是化石资源的消耗率及碳排放率。

当然，具备以上特征的产业很多，究竟选择哪些产业作为我国低碳经济发展中重点关注的战略性低碳产业，还要从我国低碳经济发展的定位、目标及我国自然资源能源要素赋存等条件进行综合权衡。

## 四、低碳经济

### 1. 低碳经济发展内涵

2003年以来，世界上提出的"低碳经济"概念基本上是指通过人为手段和政策措施来促进"在某一个时间阶段达到较低的温室气体排放目标"，如澳大利亚、日本和英国等经济发达国家就制定了相关低碳政策和实质措施来实现温室气体减排目标。对广大发展中国家来讲，低碳经济应是在自身可持续发展的前提下，尽自己可能实现低碳排放目标。

低碳经济作为一个现代的经济发展理念已经广为人知，其基本内涵一直是一个动态发展演化的过程。然而，究竟什么是低碳经济，在当今学术界尚无非常明确的权威定义，因为不同学术界别的认知目标和理解角度都还有一定的差异，但发展低碳经济已成为应对气候变化的必由之路是毋庸置疑的。为此，国内外学者基于低碳经济发展过程、发展目标、技术创新等不同专业视角，对低碳经济的基本内涵部分科学认知，在此仅列出部分低碳经济内涵释义（表2-2），但笔者在此不作深度诠释和评述。

表2-2 低碳经济内涵释义表

| 视角 | 定义 |
| --- | --- |
| 英国政府能源白皮书（2003） | 低碳经济是低碳发展、低碳产品、低碳技术、低碳生活等一类经济形态的总称。它以低能耗、低排放、低污染为基本特征，以应对碳基能源对于气候变暖影响为基本要求，以实现经济社会的可持续发展为基本目的 |
| 金涌等（2008） | 从全球碳库及碳循环角度，低碳经济就是要努力减少化石燃烧和碳酸盐（岩石）分解导致的大气碳库藏量的增加，同时通过气体交换及光合作用增加海洋碳库和陆地碳库的藏量，通过人工二氧化碳矿化过程（地质存贮）及二氧化碳再利用过程减少大气碳库的藏量，鼓励使用海洋生态系统及陆地生态系统中的可再生碳替代化石资源消耗 |
| 庄贵阳（2009） | 低碳经济是指人文发展水平和碳生产力（单位碳排放的经济产出）同时达到一定水平下的经济形态，旨在实现控制温室气体排放的全球共同愿景，向低碳经济转型的过程就是低碳发展的过程 |

续表

| 视角 | 定义 |
|---|---|
| 中国环境与发展国际合作委员会（2009） | 低碳经济是一个新的经济、技术和社会体系，与传统经济体系相比，在生产和消费中能够节省能源、减少温室气体排放，同时还能保持经济和社会发展势头 |
| 何建坤等（2010） | 从技术层面来认知，低碳经济含有降低重化工业比重，提高现代服务业权重的产业结构调整升级的内容；其宗旨是发展以低能耗、低污染、低排放为基本特征的经济，降低经济发展对生态系统中碳循环的影响，实现经济活动中人为排放 $CO_2$ 与自然界吸收 $CO_2$ 动态平衡，维持地球生物圈的碳元素平衡，减缓气候变暖的进程、保护臭氧层不致蚀缺 |
| 张坤民等（2010） | 低碳经济的本质是在市场经济基础上，通过制度与政策的制定与创新，形成长期稳定的引导与激励机制，促进高能效的技术，推动可再生能源利用技术和温室气体减排的创新，以缓解气候变化带来的不利影响，并构建新的、真正可持续发展的经济 |
| 薛进军（2011） | 低碳经济不仅限于低碳产业、新能源和技术，而是应当包括低碳生产、低碳能源、低碳技术、低碳交通、低碳消费与生活方式、低碳建筑、低碳农村、低碳城市等八个方面 |
| 周宏春（2012） | 低碳经济追求在生产和生活中能源的利用效率更高，新能源和可再生能源在能源生产和消费中的比例更大，二氧化碳等温室气体的人为排放量更少；摒弃早期工业化过程中化石能源消费高、温室气体排放强度大的增长模式，形成以低能耗、低碳排放为基础的经济增长模式 |
| 厉以宁等（2018） | 低碳经济是碳生产力（单位碳排放的经济产出）达到一定水平的经济形态，它是以低排放、高增长为目标，并着眼于未来几十年的国际竞争力和低碳技术产品市场 |

### 2. 低碳经济的学术认知

低碳经济基本内涵是人文发展水平和碳生产力（单位碳排放的经济产出）同时达到一定水平下的经济形态，旨在实现控制温室气体排放的全球共同愿景[①]。因此，低碳经济绝对不是一个简单的技术或经济问题，而是一个涉及经济社会、环境系统的综合性问题。其实质是能源效率和清洁能源结构问题，核心是能源技术创新和制度创新，目标是减缓气候变化和促进人类的可持续发展。因此，低碳经济指的是依靠技术创新和政策措施，实施一场能源革命，建立一种较少排放温室气体的经济发展模式，以减缓气候变化。

由于研究角度和专业认知上的不同，中国学者在低碳经济的学术认知上还有诸多观点不同和理论争议，但在低碳经济以下发展内涵上达成了一些基本的研究共识，即低碳经济是以低能耗、低排放、低污染为基础的经济发展模式，其核心是在市场机制基础上，通过管理制度框架和政策措施的制定和创新，推动提高能效技术、节约能源技术、可再生能源技术和温室气体排放技术的开发和应用，促进整个社会向高能效、低能耗和低碳排放的模式转型。

尽管国内外对低碳经济概念的理解差异较大，部分媒体和专家的讨论也是仁者见仁、智者见智，但发展低碳经济是国际大背景的历史必然，尤其是中国低碳经济发展的内涵与建设资源节约型、环境友好型社会，走新型工业化道路基本上是一致的。

---

① 共同愿景是《巴厘行动计划》公约长期合作行动中列出的要素之一，也是国际气候谈判中一项重要议题，其核心是 2050 年温室气体的长期减排目标。

## 第二节 碳中和相关概念

2015年以来，伴随全球绝大多数国家签署《巴黎协定》，并正式颁布和实施以来，碳达峰、碳中和逐渐成为更多人关注的热词，某种程度上甚至已成为诸多与"碳"相关工作的全部。然而，殊不知碳达峰碳中和只是解决碳循环失衡发展过程中的阶段目标。本节基于碳循环生命周期发展视角，介绍几个与碳中和相关的基本概念，主要包括碳源与碳汇、碳排放与碳吸收、碳达峰与碳中和、碳抵消、净零排放及气候中性等，以更加系统了解碳中和这个时代命题。

### 一、碳源与碳汇

#### 1. 何谓碳源与碳汇

碳源（Carbon Source），即碳排放源，是向大气排放二氧化碳的源头，指将碳释放到大气中的过程、活动或机制，因此碳源既可以来自自然界，也可以来自人类生产和生活过程。其中，自然界中的碳源主要是海洋、土壤、岩石与生物体；人类活动的碳源主要指工农业生产和居民生活，工农业生产是最主要的碳源，是导致全球气候变暖的主要因素。

碳汇（Carbon Sink），是指通过植树造林、森林管理、植被恢复等措施，利用植物光合作用吸收大气中的二氧化碳，并将其固定在植被和土壤中，减少温室气体在大气中浓度的过程、活动或机制。随着技术的发展，碳汇概念的边界逐渐扩大到社会系统，包括通过生产活动中的捕集利用以及废弃物的循环利用等，"工业碳汇""城市碳汇"等概念也逐渐被提出。

简而言之，碳源与碳汇是两个相对的概念，碳源是指自然界中向大气释放的母体，碳汇是指自然界中碳的寄存体。减少碳源一般通过二氧化碳减排来实现，增加碳汇则主要采用固碳①技术。

#### 2. 碳汇的主要类型

主要的碳汇类型包括：

（1）森林碳汇。森林是陆地生态碳汇系统中最大的碳库，在降低大气中温室气体浓度、减缓全球气候变暖等方面具有独特作用。森林面积尽管只占陆地总面积的1/3，但森林植被区的碳储量几乎占陆地碳库总量的一半。

（2）草地碳汇。草地将吸收的二氧化碳固定在地下的土壤当中。草地生态系统植被循环转换较快，地表凋落物积累量较少，因此草地碳汇碳储量较低。多年生草本植物的固碳能力相对更强。

（3）耕地碳汇。耕地固碳主要涉及农作物秸秆还田固碳部分，大部分耕地固碳伴随粮食消耗及用作燃料以二氧化碳等形式返回到大气中，因此只有作为农业有机肥的部分将二

---

① 所谓固碳，又称碳封存，指的是增加除大气之外的碳库的碳含量措施，包括物理固碳和生物固碳技术。其中物理固碳是将二氧化碳长期储存在开采过的油气井、煤层以及深海里，生物固碳是利用植物的光合作用，通过控制碳通量以提高生态系统的碳吸收和碳储存能力。

氧化碳固定到了耕地的土壤中。

（4）海洋碳汇。海洋碳汇是将海洋作为一个特定载体吸收大气中的二氧化碳，并将其固化的过程和机制，地球上超过一半的生物碳和绿色碳是由海洋生物（浮游生物、细菌、海草、盐沼植物和红树林）捕获的。海洋是除地质碳库外最大的碳库，也是参与大气碳循环最活跃的部分之一。

（5）城市碳汇。城市排放及污染源主要是能源转换（即火力发电厂）和汽车燃烧排放及生活排放源所释放的一氧化碳、二氧化碳、碳氢化合物、氮氧化合物等。近年来，伴随循环经济的快速发展，工业固废、城市固废成为资源再生的重要原料，这一过程一方面替代了原生资源矿石的开采，另一方面极大地消耗了废弃物，避免了原生资源开采、废弃物处置和降解带来的温室气体排放，将碳固定到了再生资源产品中，形成重要的新型碳汇。

（6）人工碳汇。通过捕获化石燃料和生物质能燃烧释放的二氧化碳并将其存储在地下的负碳技术，或加以再利用技术。

## 二、碳排放与碳吸收

### 1. 何谓碳排放与碳吸收

碳排放与碳吸收是当前有关全球气候变化讨论最热门的话题。狭义上理解，"碳排放"是单指二氧化碳排放；广义上理解，所有的温室气体排放都可以归结为"碳排放"。之所以所有温室气体排放统称为"碳排放"是因为二氧化碳在所有的温室气体中占比最大，也是导致温室效应最主要的"罪魁祸首"。碳吸收是指大自然通过植物、海洋等方式吸收二氧化碳等温室气体转化为有机质的过程。碳排放和碳吸收这两个指标的平衡关系对于全球气候变化的控制至关重要。

### 2. 碳排放与碳吸收来源及途径

碳排放是当前全球气候变化的主要原因之一。人类活动所产生的二氧化碳等温室气体的排放量不断增加，导致大气中温室气体浓度不断上升，从而引发全球气候变化。例如，工业生产、交通运输等活动主要使用化石能源，都会产生大量的二氧化碳等温室气体排放，如表2-3所示。这些排放不仅会导致全球气温升高，还会引发极端天气事件、海平面上升等问题，对人类社会和自然环境造成严重影响。

表2-3 主要化石能源碳排放参考系数表

| 能源名称 | 平均低位发热量 | 折标准煤系数 | 单位热值含碳量(t C/TJ) | 碳氧化率 | 二氧化碳排放系数 |
|---|---|---|---|---|---|
| 原煤 | 20 908kJ/kg | 0.7143kgce/kg | 26.37 | 0.94 | 1.9003kg.$CO_2$/kg |
| 焦炭 | 28 435kJ/kg | 0.9714kgce/kg | 29.5 | 0.93 | 2.8604kg.$CO_2$/kg |
| 原油 | 41 816kJ/kg | 1.4286kgce/kg | 20.1 | 0.98 | 3.0202kg.$CO_2$/kg |
| 燃料油 | 41 816kJ/kg | 1.4286kgce/kg | 21.1 | 098 | 3.1705kg.$CO_2$/kg |
| 汽油 | 43 070kJ/kg | 1.4714kgce/kg | 189 | 0.98 | 2.9251kg.$CO_2$/kg |

续表

| 能源名称 | 平均低位发热量 | 折标准煤系数 | 单位热值含碳量(t C/TJ) | 碳氧化率 | 二氧化碳排放系数 |
|---|---|---|---|---|---|
| 煤油 | 43 070kJ/kg | 1.4714kgce/kg | 19.5 | 0.98 | 3.0179kg.CO$_2$/kg |
| 柴油 | 42 652kJ/kg | 1.4571kgce/kg | 20.2 | 0.98 | 3.0959kg.CO$_2$/kg |
| 液化石油气 | 50 179kJ/kg | 1.7143kgce/kg | 17.2 | 0.98 | 3.1013kg.CO$_2$/kg |
| 炼厂干气 | 46 055kJ/kg | 1.5714kgce/kg | 18.2 | 0.98 | 3.0119kg.CO$_2$/kg |
| 油田天然气 | 38 931kJ/m$^3$ | 1.3300kgce/m$^3$ | 15.3 | 0.99 | 2.1622kg.CO$_2$/m$^3$ |
| 气田天然气 | 35 544kJ/m$^3$ | 12 143 kgce/m$^3$ | 15.3 | 0.99 | 1.9741kg.CO$_2$/m$^3$ |

说明：1. 低（位）发热量等于 29 307 千焦（kJ）的燃料，称为 1 千克标准煤（1kgce）

2. 前两列来源于《综合能耗计算通则》（GB/T2589—2020）

3. 后两列来源于《省级温室气体清单编制指南》（发改办气候 [2011]1041 号）

4. "二氧化碳排放系数"计算方法：以"原煤"为例，1.9003=20 908×0.000000001×26.37×0.94×1 000×3.66667

碳吸收是控制全球气候变化的重要手段之一。大自然通过植物、海洋等方式吸收二氧化碳等温室气体，从而减少大气中温室气体的浓度，控制全球气候变化。例如，植物通过光合作用吸收二氧化碳，同时释放氧气，起到净化空气的作用。海洋则通过吸收二氧化碳，调节海洋酸碱度，维持海洋生态平衡。因此，保护植被、保护海洋生态环境等措施都是增加碳吸收量的有效途径。

平衡碳排放量和碳吸收量是控制全球温室气体排放和气候变化的关键。当前，全球碳排放量远远超过碳吸收量，导致大气中温室气体浓度不断上升，全球气候变化和生态环境恶化加剧。因此，减少碳排放、增加碳吸收量是控制全球气候变化的重要措施。例如，推广清洁能源、加强森林保护、加强海洋保护等措施都是增加碳吸收量的有效途径。

## 三、碳达峰与碳中和

### 1. 何谓碳达峰、碳中和

碳中和概念问世于 20 世纪 90 年代末期，最初主要是指个体及组织通过购买碳汇、植树造林等方式实现个体行为及组织活动的"净零碳排放"。目前国际社会热议的、在全球及国家层面提出的碳中和目标，与全球气候治理进程密切相关，直接起源于2015 年的《巴黎协定》和联合国政府间气候变化专门委员会（IPCC）相关报告。近年来，碳达峰、碳中和这两个"热词"已如前几年的低碳一样在社会迅速传播开来。

碳达峰（Peaking Carbon Emissions）是指二氧化碳排放量达到历史最高值，即峰值，然后经历平台期进入持续下降的过程，是二氧化碳排放量由增转降的拐点。

碳中和（Carbon Neutrality）的定义可以分为狭义和广义。狭义碳中和是指国家、企业、产品、活动或个人在一定时间内直接或间接产生的二氧化碳或温室气体排放总量，通过植树造林、节能减排等形式，以抵消自身产生的二氧化碳或温室气体排放量，实现正负抵消，达到相对"零排放"；广义碳中和还包含净零排放和气候中性等。

### 2. 碳达峰与碳中和的关系

碳达峰与碳中和是有机衔接、相辅相成的紧密关系，其中碳达峰是碳中和的发展基础和重要前提，碳达峰时间的早晚和峰值的高低直接影响碳中和实现的时长和实现的难度，而碳中和又对碳达峰具有紧约束作用，要求碳达峰行动方案必须在实现碳中和战略目标引导下制订。另外，需要说明的是，碳中和是一个净值的概念，并不等同于零排放，其主体不仅限于国家和地区，也包括行业、企业、社区乃至个人，核心是经济活动全生命周期和影响范围内的净碳排放为零。例如，由于国际贸易隐含碳、碳转移问题的存在，即使一国领土范围内净排放量削减至零，也不等同于碳中和（庄贵阳，2022）。

就践行碳达峰、碳中和发展方式而言，碳达峰的主要实现手段，包括能源系统优化、碳减排市场机制以及能源改革等政策驱动；而碳中和的主要实现手段，则包含了碳达峰的主要手段，且更加依赖技术创新、涉及领域更加广泛，几乎覆盖了温室气体排放活动的方方面面，包括碳中性工艺与材料、生物质、碳捕集/利用与封存（CCUS）等。碳达峰是碳中和的基础和前提，碳达峰时间与峰值水平应在碳中和愿景约束下确定：峰值水平越低，减排成本和减排难度就越低；从碳达峰到碳中和的时间越长，减排压力就会越小。

### 3. 中国碳中和四个发展阶段

基于碳达峰、碳中和发展视角，碳排放量的变化趋势可分为四个阶段：达峰期、稳中有降期、深度减排期、中和期。其中达峰期是指碳排放仍处于快速增长阶段；稳中有降期是指碳排放量在一定范围内波动并出现峰值的阶段，又称平台期；深度减排期是指碳排放量达峰后进入下降的阶段；中和期是指实现碳排放量净值达到零的阶段。

综上分析，世界各国碳排放发展，英国、法国和美国等经济发达国家在20世纪70—80年代已实现碳达峰，目前正处于下降阶段。而广大发展中国家则处于"达峰期"或"稳中有降期"，如印度处于达峰期，中国正在进入"稳中有降期"（见图2-1），还有大量发展中国家伴随经济社会的快速发展碳排放依然处于更早先的"启动期"[①]。（丁仲礼，2021）

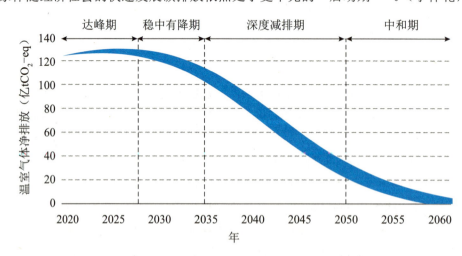

图 2-1　中国温室气体排放从达峰到中和的四个阶段

---

[①] 《中科院"碳中和"框架路线图研究：提出"三端发力"体系》，中国新闻网，2021年5月30日。

以中国为例，作为全球最大发展中国家，实现碳达峰、碳中和目标面临巨大挑战。一方面，我国温室气体排放总量大（全球占比约29%）、碳排放强度①高（是美国的2倍、欧盟的3倍）、排放结构高碳特征显著（煤电占比超过70%）、碳达峰到碳中和时间远短于经济发达国家平均时间（50～60年），实现高效碳减排挑战性巨大；另一方面，我国仍处于经济发展上升期，未来传统化石能源需求不可避免将继续增长，且我国区域资源禀赋、产业结构特征及经济发展水平等时空差异巨大，碳减排过程中保障社会稳定与经济发展要求更高，高质量减排压力巨大。

## 四、碳抵消、净零排放与气候中性

### 1. 何谓碳抵消、净零排放与气候中性

碳抵消（Carbon Offsetting）是指排放单位使用核算边界以外所产生的温室气体排放的减少量及碳汇，以碳信用②、碳减排额或（和）新建林业项目等产生碳汇量的形式补偿或抵消边界内的温室气体排放。

净零排放（Net-zero Emissions）是将狭义碳中和的定义，拓展到所有温室气体的中和。

气候中性（Climate-neutral）具有更加广泛的定义，其含义是当一个组织的活动对气候系统没有产生净影响时，就是气候中性（或气候中立）。在气候中性的定义中，还必须考虑区域或局部的地球物理辐射效应，如对来自飞机凝结轨迹的辐射效应等。

显然，碳抵消只与二氧化碳有关，而净零排放包括所有温室气体，气候中性也考虑其他影响，如辐射效应等。碳抵消、净零排放与气候中性三者关系如图2-2所示。

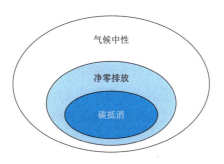

图 2-2　碳抵消、净零排放与气候中性

### 2. 碳抵消管理机制及运行方式

针对碳抵消管理机制，需要强调三点原则：

（1）碳抵消机制基于自愿原则，只要减排指标代表真实的、永久的和额外的碳减排，

---

① 碳排放强度是指单位国内生产总值碳排放总量。碳排放强度指数 =1-（碳排放强度－区域碳排放强度平均值）÷区域碳排放强度平均值，碳排放强度指数大于或等于1者以1计。

② 碳信用（Carbon Credits），是碳信用市场的交易物，是通过自愿实施的碳减排活动减少的碳排放量，每个碳信用额度代表从空气中减少或消除1吨二氧化碳当量。按发起和管理机构，碳信用机制分为国际、国家/区域、独立等三类，其中国际碳信用机制是指受国际气候公约制约的机制，通常由国际机构管理；国家/区域碳信用机制是指国家、地区或各级政府建立的信用机制；独立碳信用机制是独立非政府组织管理的标准和信用机制，主要存在于自愿减排市场。

碳抵消将不会对总体排放控制结果产生净影响。

（2）碳抵消机制的核心内涵是利用可再生能源、碳捕获利用与封存技术等手段，或通过吸收大气中的二氧化碳来减少排放量。

（3）碳抵消使用的减排量来源于碳交易市场覆盖范围以外排放源产生的碳减排或碳封存。也就是说，碳抵消必须具有"额外性"，所使用的任何减排量或清除量都必须是"额外的"。换句话说，如果不存在该减排机制，这些减排量或清除量就不会发生。

根据产生方式和管理机制，碳抵消可分为国际性碳抵消、独立性碳抵消，以及区域、国家、地方碳抵消等三个类别。

碳抵消主要运行方式，包括但不限于：

（1）购买碳信用：购买来自减排项目的碳信用，这些项目通过推广可再生能源、能源效率改善等方式减少碳排放。

（2）支持可再生能源项目：投资或捐赠给可再生能源项目，帮助扩大可再生能源的应用和发展。

（3）保护森林和植树造林：通过保护现有森林或者植树造林，增加碳吸收量，以抵消碳排放。

（4）能源节约和减排措施：通过减少能源消耗和改善能源效率，来降低碳排放。

## 第三节　碳中和经济（学）基本内涵

随着碳中和发展进程的不断推进，全社会的各个领域、各个方面都相继开展了与碳中和相关的转型，不同学科与碳中和的结合也不断深入。作为人文社会科学领域的代表学科之一，经济学与碳中和的结合也是人们关注的热点。如何认知从低碳经济到碳中和经济？什么是碳中和经济？为什么要把经济学引入到碳中和问题的研究中？碳中和经济研究主体是什么？本节首先阐释为何要在低碳经济学科基础上，强化碳中和经济学科发展，再对碳中和经济内涵演化、内在关联、属性特征以及发展脉络进行系统探讨。

### 一、从低碳经济到碳中和经济

#### 1. 低碳经济学的发展约束

2003年低碳经济为世人所关注，目前已成为当代经济发展主流，然而在发展低碳经济，积极倡导低碳生活、低碳发展的同时，各国也对全球气候变化环境治理无法协调一致以及低碳经济发展弱势感到无奈。以2009年哥本哈根世界气候大会为例，当时被视为人类共同遏制全球变暖的"最后一次机会"，但遗憾的是，本次大会仅达成了不具法律约束力的协议，其失败的根源在于无法细化"共同但有区别的责任"。也就是说，应对气候变化是全球共同的责任，但世界各国由于国情不同，在具体担负的责任上应有区别，一旦涉及谁应减排多少温室气体，谁应该出多少钱时，就难以达成共识了。

基于2009年时代背景，哥本哈根世界气候大会谈判失败原因非常复杂，更不能归结于低碳经济学科本身。然而需要反思的是，低碳经济虽然从外部触动了传统工业经济发展模式，但客观上低碳经济仍属于在保护既得利益前提下的外生解决方案。在学术层面，则表现为面对公平和效率、技术和资源、资金和市场、政治和社会以及国际合作等"强约束"问题时的力不从心。

国内有学者曾就哥本哈根谈判提出了低碳经济发展的三个悖论和局限性，简称低碳经济悖论，即：①从经济学原理讲，低碳经济要求在公共产品框架内来实现，而低碳经济却是由追求本国私利最大化的主体来实施的，这将使低碳经济的有效实施大打折扣；②全球温室效应来自成本外化的工业化模式，而低碳经济的解决方案是期望在不触动这个模式的前提下，消除外化的成本，这是不可能的；③经济发达国家是造成全球温室效应的最大责任者，但按照低碳经济延伸出的低碳交易模式，经济发达国家又会成为低碳贸易的最大获利者，这是不公平的（张孝德，2009）。

综上所述，全球气候环境不断恶化的新形势给低碳经济学和气候变化经济学这两门新兴学科带来了诸多有待深入研究的问题。

### 2. 碳中和经济时代的发展使命

2015年，全球195个国家在巴黎通过了《巴黎协定》①，其最大贡献在于明确了全球共同追求的排放目标，即只有全球尽快实现温室气体排放达到峰值，在21世纪下半叶实现温室气体净零排放，才能降低气候变化给地球带来的生态风险以及给人类带来的生存危机。《巴黎协定》还制定了"只进不退"的棘齿锁定（Ratchet）机制，即各国提出的行动目标建立在不断进步的基础上，建立从2023年开始每5年对各国行动的效果进行定期评估的约束机制；同时要求针对国家自定完整、透明的贡献（NDC）机制、资金机制、可持续性机制（市场机制）等以促进其执行，所有国家都将遵循"衡量、报告和核实"的同一体系，但会根据发展中国家的能力提供灵活性。

《巴黎协定》基于科学评估全球温控目标及其量化硬指标，以及为实现这些目标所做的核心制度安排，不仅给世界各国制定碳达峰、碳中和发展目标和量化时间表提供了"强约束"的政策依据，也促使人们进一步探究其中蕴含的诸多现实经济问题及其理论方法和技术支持，这也是在已有低碳经济学基础上，演化出碳中和经济学的时代必然和历史使命。

对中国而言，伴随国家生态文明建设，尤其碳达峰、碳中和战略目标制定实施，碳中和经济及其碳中和经济学理论已然成为当今中国社会经济的重要发展模式和理论依据。具体来说，碳中和经济是基于碳达峰、碳中和时代战略视角，在马克思主义、现代生态文明以及经济科学理论指导下，辅之以现代科学和信息技术手段，致力于碳中和社会经济问题研究探索、社会实践的所有努力过程和发展成就。碳中和经济学则是指导碳中和经济有序、健康、科学发展的一门新兴应用经济学学科，这也是碳达峰、碳中和战略实施的理论保障。也就是说，碳中和经济一般指的是碳中和社会经济发展模式，而碳中和经济学在涵盖碳中和经济基本内涵基础上，更多强调"学"，即学科理论和方法。

---

① 《巴黎协定》是由联合国195个缔约方（包括观察员国巴勒斯坦及梵蒂冈）于2015年12月12日在2015年联合国气候峰会中通过的气候协议。

## 二、碳中和经济学内涵演化及发展脉络

碳中和经济学本质上仍然是一门应用经济学科,因此脱离不开经济学体系的基本架构和研究视角。经济学是研究资源稀缺性和资源优化配置的应用科学,而碳中和经济学是以"未来碳排放容量是有限的"为基本前提,研究碳中和目标以及目标实现过程中的相关问题。在这一研究视角下,碳中和经济学可以理解为把碳排放容量(抑或碳排放的权力)视为一种稀缺资源,并对其进行优化配置,实现全社会以及代际间效用最大化的学科。

碳中和经济学的内涵的发展经历了自然生态观、经济增长观,以及系统可持续观三个阶段,如图 2-3 所示。

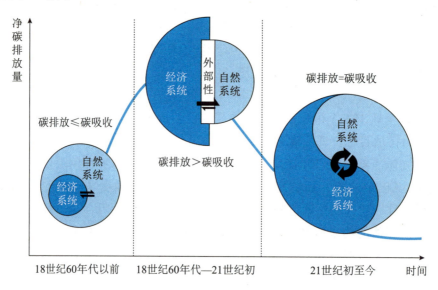

图 2-3　碳中和经济内涵的发展历程

**自然生态观阶段**主要是人类经济社会形成的农业社会早期和初期到第一次工业革命之前(18 世纪 60 年代以前)。在这一时期,人类从事生产活动效率相对较低、经济水平较低、物质交换水平较低,经济活动对自然系统产生影响较小,主要表现为能源需求以取暖、照明、烹饪、预警等为主,主要利用形式是植物秸秆、木材、油脂等的燃烧,能源的需求、利用形式和种类等都比较简单,商品贸易和经济发展理论尚处于萌芽阶段,人为温室气体排放水平低于自然生态系统消纳能力。此时,社会经济系统仅作为地球生态系统中众多子系统之一,其影响并不显著,经济、生态矛盾并不突出,因此属于自然碳平衡或"碳中和"的状态。

**经济增长观阶段**主要是工业革命以来到 21 世纪初(18 世纪 60 年代—21 世纪初)。在这一时期,伴随工业革命推动科技进步和生产效率快速提升,人类需求、生产效率和经济产值飞速增长,以经济增长为核心目标的社会经济系统规模持续扩大,经济增长理论日趋完善。然而,由于此时经济增长理论与环境保护理论尚未有效融合,引发一系列环境污染等"外部性"问题,具体表现为化石能源等自然资源大量消耗、环境污染矛盾日益突出、人类活动板块不断侵占自然生态版图、全球暖化、生物多样性受到严峻威胁等,社会经济子系统对自然生态系统的负面影响被暴露出来。

在这一发展阶段，经济增长理论与环境保护理论不断碰撞，融合产生了环境经济、资源经济、低碳经济等一系列经济理论，探索通过一系列经济手段减缓日益突出的环境矛盾，然而绝大多数探索均以失败告终。导致这一问题的根源在于，传统经济增长理论框架下，环境这一典型的"公共物品"难以与经济利益最大化目标通过市场机制实现完全匹配，从而产生"低碳经济悖论"。

从经济学视角看待气候变化问题时，总是绕不开两个最基本的经济学概念：外部性和公共物品。由于大气本身属于典型的全球公共品，市场无法为之配置正确的类型和数量，因此关于温室气体排放极易产生"公地悲剧"[①]和"搭便车"等问题，陷入集体行动困境，这与其他污染物的排放具有相似的机理。而全球变暖是由部分国家过度排放温室气体导致的，但它的影响跨越国境波及了其他国家，属于经济学中的外部性问题。

围绕气候变化的争议核心问题是经济学和科学伦理的联系（代内和代际存在潜在的重大取舍），显然这是一个道德问题，因此对于每一个经济主体而言，基于道德的手段通常缺乏必要的约束力。然而随着具有法律效力的《巴黎协定》的提出，这一问题得到了有效解决，在各个国家积极制定和提出碳中和目标的同时，应对气候变化的经济学内涵也逐渐转向新的领域：技术创新。

系统可持续观阶段主要是 21 世纪以来随着气候变化问题的日渐突出，学者们逐渐意识到将社会系统与自然生态系统视为独立的或者弱连接的系统难以解释经济发展过程中出现的诸多环境问题，因此开始探索基于系统视角解释经济发展与环境保护间的互动关系，经济发展理论进入系统可持续观的新阶段，即碳中和经济学。

相比于任何一个与气候变化相关的经济学分支，碳中和经济学都具有更强的技术创新需求、驱动力和导向性，其根源在于温室气体排放具有法律效力约束成为既定事实的情况下，如何提升有限且日趋减少的"碳排放配额"的利用效率，将成为企业必须面对问题，而技术创新成为最有效的手段。

碳中和的实现过程，即经济社会发展与化石能源/资源消耗，从开始脱钩到完全摆脱依赖的过程。纵观人类发展历史，历次工业革命都伴随着能源体系、产业结构和社会发展模式的重大变革。人类进入 21 世纪，在碳中和目标的驱动下，社会将迎来一场以"去化石能源/资源"为特征的经济社会系统性变革，其意义不亚于三次工业革命，背后的核心驱动力便来自技术创新。而如何形成配套的市场机制和政策体系，最大化支撑相应的技术创新，也成为碳中和经济学的重要研究课题。

因此，碳中和经济实质是能源高效利用、清洁能源开发、追求绿色 GDP（国内生产总值）的问题，核心是能源技术和碳减排技术创新、产业结构调整、制度创新，以及人类生存发展观念的根本性转变。

## 三、碳中和经济（学）属性特征

综上所述，碳中和经济学是碳中和经济发展的必然产物和理论提升，两者具有相辅相

---

① 公地悲剧是一种涉及个人利益与公共利益对资源分配有所冲突的社会陷阱。这种情况的发生源自每一个个体都期望扩大自身可使用的资源，然而资源耗损代价却转嫁所有可使用资源的人们。

成、互为主体的紧密关系，也可以看作碳中和经济问题的两个不同研究视角。其主要区别是，碳中和经济可以理解为一种或多类型新型社会经济发展模式，碳中和经济学则是一门新兴应用经济学学科。

### 1. 碳中和经济发展属性及行为特征

早年作者针对低碳经济发展特征进行过较系统的归纳梳理，在此结合碳中和经济基本内涵，针对国务院发展研究中心应对气候变化课题组（2009）研究成果，对碳中和经济发展属性及行为特征进行简单归纳梳理。

（1）经济性

碳中和经济是当代人类社会经济发展的必由之路和有效模式。首先，碳中和经济应该按照市场经济的基本原则和管理机制来发展，其次，碳中和经济的发展不应导致人们生活条件和各项福利水平的明显下降。就中国而言，以往的粗放型增长方式造成了资源能源过快消耗和生态环境严重破坏，迫切需要转型到依靠知识、技术、治理提高效率、支撑增长的发展阶段。加强应对气候变化、尽快实现绿色低碳直至碳中和发展转型，不仅符合我国自身发展利益，更能够形成国内低碳行动与全球气候治理的良性互动。

（2）技术性

碳中和的实质内涵是将经济发展增量与碳排放（增量）剥离开，即通过产业优化、技术进步，使社会经济发展不依赖于碳排放的同比增加，反而有效降低当前全球的二氧化碳量。从产业技术层面来看，碳中和是一场全球性经济社会文明形态的转型，既需要颠覆性的科学技术革命，也需要社会性的软技术变革。实现这一目标，关键在于"技术为王"，进行一场颠覆性的碳中和技术革命，实现零碳能源生产、供给和消费。除了颠覆性碳中和技术，还必须有体制性和社会性的软技术变革来压缩总需求。

（3）目标性

碳中和经济实质是能源高效利用、清洁能源开发、追求绿色 GDP 的问题，核心是能源技术和减排技术创新、产业结构调整、制度创新，以及人类生存发展观念的根本性转变。其关注点在于能源转型和温室气体的减排，聚焦于全球的气候变化。发展碳中和经济的目标应该是将大气中温室气体的浓度保持在一个相对稳定的水平上，避免全球气温上升影响人类的生存和发展，从而实现人与自然的和谐发展。

### 2. 碳中和经济学的学科属性

由于本书侧重基于系统科学动态演化视角（穆献中等，2020），认知碳中和经济学这门新兴学科，即碳中和经济系统，其属性特征大致归纳如下：

（1）系统性

碳中和经济学的系统性特征，是由碳达峰碳中和时代发展大势及学科自身特征决定的，即碳中和经济本身是由资源系统、环境系统与经济系统相结合而成的时代经济复杂大系统，而碳中和经济学则是基于这个时代经济复杂大系统和系统科学理论视角，从及资源、环境与经济关联性出发，揭示资源、环境与经济问题本质，探讨从高碳经济、低碳经济直至零碳经济的发展模式，寻求解决资源环境与经济对立统一问题的有效途径。需要指出的是，碳中和经济系统并不是经济系统动态演化的终点，未来也会随着新环境、新需求、新技术的出现产生出新形态。

（2）递阶性

碳中和经济学是指导碳中和经济有序健康、科学发展的一门新兴应用经济学学科，其学科理论以及所涉及的研究对象不仅与现代经济学、资源环境科学直接关联，而且与资源环境经济学、低碳经济学、气候变化经济学、生态经济学以及循环经济学具有明显的理论代际"递阶"和学科交叉特征。因此在研究碳中和经济问题时，既要重视现实经济问题的内在规律以及学科递阶所引发深层次研究，也要探讨资源环境经济学、气候变化经济学、生态经济学、循环经济学等相关学科理论方法的互适性。

（3）动态性

伴随碳中和时代发展需要，碳中和经济学作为一门新兴应用经济交叉学科，其研究对象、学科边界、学科领域与气候变化经济学、低碳经济学以及其他相关经济学科呈现不断融合的同时，相应的学科理论、研究方法以及相应技术支撑体系也在不断完善和动态变化中。就系统演化视角看，环境、技术、市场作为碳中和经济学核心要素，也伴随时代发展而持续动态变化，并基于自身需求以及所处环境而不断调整自身行为从而提高自身的"效用"。这一过程中通过不同经济主体间复杂的交互关系，推动了经济系统也随之形成动态的演化行为，碳中和经济系统正是以适应气候变化为目标而进行的动态演化。

（4）应用性

与低碳经济学、气候变化经济学类似，碳中和经济学主要运用现代经济学理论与方法，研究协调经济发展与资源消耗和环境保护的关系，为基于碳中和战略视角下制定科学的社会经济发展、资源综合利用以及生态环境保护政策提供依据，为国家碳达峰碳中和国家战略实施提供技术、方案依据。因此，碳中和经济学一门应用性、实践性很强的经济学科。

## 四、碳中和经济行为主体

碳中和经济是人类社会和产业经济发展历程中，降低碳排放量、改善自然生态环境、力争经济及社会经济成本最低的经济发展模式，甚至可以说碳中和经济是一种能够改善地球生态系统，具有资源－环境－生态－经济复合系统之间的互适调节能力以及可持续性很强的经济发展形态。表面来看，碳中和经济只是为了应对全球温室气体过度排放的经济活动而已，但实际上包含着诸多非常急迫的、严肃的社会现实问题和经济行为。

### （一）碳中和经济发展目标是能源的使用效率最大，生态环境优化与人民生活福利最大

全球碳中和现实目标是指在未来某一时期内，全球温室气体净排放量降低到零，而降低碳排放已成为人类社会发展的新标识，且已构成经济增长和发展的硬约束。经济发达国家都在积极行动向"碳中和"推进，其主要目的是明显的，即在未来的绿色经济[①]中，不仅要抢占优势高地，在新的经济环境中取得自己的竞争力而立于不败之地，同时也要不极

---

① 绿色经济是指以市场为导向、以传统产业经济为基础、以经济与环境的和谐为目的而发展起来的一种新的经济形式，是产业经济为适应人类环保与健康需要而产生并表现出来的一种发展状态。

大损害当代人及后代人的利益，从而保障经济发展和环境保护的可持续性。

然而，如何正确处理碳排放量与经济发展的关系已成为当前经济学界重大的理论问题，而碳中和经济的提出则是源于该问题的有效解决（林伯强，2022）。目前，高质量发展①是我国经济发展重要目标和首要任务，而推进碳达峰碳中和战略目标则是加快形成绿色经济新动能和可持续增长极，显著提升经济社会发展质量效益，体现了中国经济发展和现代化建设的本质要求。

碳中和经济作为与碳达峰碳中和战略伴生的新兴经济发展模式，其核心也是要权衡资源环境和经济发展的关系，即在实现碳达峰碳中和的过程中，需要通过技术创新、产业升级等手段，推动经济结构的转型和升级。这将促进经济可持续发展，提高经济竞争力，同时也能够改善环境，提高人民生活水平，最终实现能源的使用效率最大，生态环境优化，人民生活福利最大化的发展目标。

## （二）碳中和经济系统的目标，本质上仍然是不断提升效率

碳中和经济是自然资源稀缺且过度利用、自然生态环境承载不断变化与经济发展共同作用下的必然产物。当今时代，资源约束、生态承载、环境恶化等因素越来越成为经济增长的关键要素，而且在很大程度上已经成为经济发展的制约因素和短板因素。因此不断提升效率在很长一段时期内仍然是碳中和经济系统的目标之一。这里需要明确的是，效率的内涵也在随着发展而不断地丰富，而非简单的能源效率、碳排放效率等。

纵观人类社会发展，温室气体排放与经济增长间势必要经过一个"低收入－低排放、收入增加－排放增加、高收入－排放稳定甚至降低"的过程，这一过程和整个人类社会的演进有着密切关系，但核心都是效率的提升。

### 1. 农业经济社会（低收入－低排放）

在过往的农业经济社会，人们生产和生活处于较低的水平之上，对自然环境基本不会造成太大的污染，即使存在温室气体，也能被地球上"生态循环系统"所消化和吸纳，当时的社会处于一个低收入、低排放的低碳经济阶段。这一阶段，由于生产水平的低下以及环境承载力远大于人类活动影响，生产效率整体偏低，物质和能量的投入产出是影响效率的主要因素。

### 2. 近代工业社会（高收入－高排放）

以十九世纪欧洲工业革命为标志，人类进入了近代工业社会。这个时期是以大量投入、大量消耗化石能源以及大量排放工业废弃物为特征的社会，经济增长方式粗放，能源利用效率和碳生产率②均处较低水平，并且化石能源消费结构占较大比例，温室气体排放骤然增加，此时的社会处在高收入、高排放的高碳经济发展阶段。这一阶段下，由于生产规模的快速扩张，温室气体及其他污染物大量排放，迅速逼近环境承载率阈值，造成环

---

① 高质量发展是全面建设社会主义现代化国家的首要任务，指能够满足人民日益增长的美好生活需要的发展，是体现新发展理念的发展，是创新成为第一动力、协调成为内生特点、绿色成为普遍形态、开放成为必由之路、共享成为根本目的的发展。

② 碳生产率，又称为"碳均GDP"，指单位碳排放量所带来的GDP产出水平，可较直观地反映省域投入产出视角下的排放效率，被广泛采用，计算公式碳生产率=GDP/碳排放量。

境约束的负反馈。因此尽管生产效率快速增长，但在纳入环境影响、碳排放等因素后，生产效率被碳排放等环境因素中和，并由于边际效率递减原则，甚至出现整体效率下降的情况。

### 3. 现代低碳经济社会（高收入－排放稳定甚至降低）

在当代人类发展进程中，当人们认识到自然环境是稀缺资源时，就逐步加大了自然环境治理和温室气体减排投资力度，于是就出现了一个高收入、碳排放基本稳定甚至逐渐下降至碳中和经济发展新时代。在这一发展阶段，随着增加物质能量投入以提升经济收入的策略逐渐失去成本优势，同时环境等外部性要素被纳入经济产出指标体系，通过强化投资提升能源效率、碳生产率的重要手段逐渐转向通过技术创新提升生态效率。因此，构建全要素生产效率[①]指标以指导效率提升在这一阶段愈加重要。

由此可见，实际上碳中和经济并不是现代社会的标志，早在农业社会，碳中和经济发展模式就已经存在，只不过当时的资源和环境问题尚未如此突出，而且是一种低水平、低效率的碳中和经济发展模式。但显然这并不符合当今发展的原则和目的，不断提升效率才是碳中和经济系统发展的重要目标。

### （三）碳中和经济目标实现的主体是企业

人类社会进步的主要表现形态是精神文明建设和经济有序稳步发展[②]，其经济有序发展的主要载体就是企业自身的扩大再生产。企业作为社会经济发展主要载体，也承担着重要的社会责任，主要表现两个方面：一是企业对社会产生影响的正面性；二是解决社会自身所具有的问题。

为实现碳中和发展目标，企业则必须承担一定社会环境保护责任，这不仅会增加高碳行业的生产成本，也会削弱相关企业的竞争力和生产规模，进而对投资、就业和经济增长造成不利影响。企业社会环境责任建立的经济学理论基础是外部的不经济性，而环境从免费物品转变为稀有商品是环境经济学产生的重要理论基础。如何应对气候变化这一全球公共物品，需要科学的环境政策规制，这在经济学中对公共物品外部性、市场失灵的解决方案有大量的文献资料可以参考。

具体到企业自身的生产过程，则应该在产品的生态设计、清洁生产、资源再生等方面融入碳中和经济发展理念。在生态设计时，要把握产品原料、能源投入的低碳化，确保从源头上进行碳中和经济技术设计；在产品的生产过程中，确保清洁生产顺利进行，保证产品生产过程中的碳中和。不断提高碳中和技术研发能力，充分利用清洁生产技术、碳中和技术等，在产品的整个生产过程保证碳中和生态化设计顺利实现。

### （四）碳中和经济目标实现的手段构建碳中和产业以及碳中和区域发展模式

碳中和产业发展模式就是按照碳中和经济的发展理念和产业发展模式，对现有的产业结构进行改造，从而使传统的产业结构得到优化与升级，并进一步实现建立产业结构优化

---

① 全要素生产率（total factor pro-ductivity，TFP）是指生产单位作为系统中的各个要素的综合生产率。全要素生产率指产出与综合要素投入之比，综合要素指资本、劳动、能源及其他要素等两种或多种要素的组合。
② 经济有序稳步发展的含义是指不包括扭曲经济结构、外部经济硬性补充的经济发展。

式碳中和发展的模式。根据传统产业结构的基本形态和构成，按照不同产业结构与能源消耗以及碳排放的关系进行碳中和的有序发展。

一般而言，按照经济发展和 GDP 持续增长的发展逻辑，传统产业结构应该经过一个"一二三"到"三二一"的转换过程。由于第三产业是服务型产业，能源消耗、碳排放比第二产业低得多，再加上第一产业中的农、林、牧、渔等产业又具有增加碳汇的功能，所以，第三产业所占比重越多，绿色低碳经济发展的状态就会越好。另外可以根据不同产业间产品、废弃物不同的联系，通过构建循环经济产业链，来达到节能和碳减排的目的，进一步实现碳中和经济发展模式。

碳中和区域发展模式主要包括以下两个方面：

### 1. 低碳型园区至碳中和发展模式

从区域发展的角度而言，产业园区是发展碳中和经济最小的生产单位，建立碳中和型园区发展模式就是依据城市工业园中各个企业在园区中所处不同的地位和角色，建立起各个企业间能源利用和废弃物排放以及资源综合利用的稳定联系，以期实现能源的综合利用和废弃物排放的减量。

### 2. 低碳型城市至碳中和发展模式

碳中和城市发展模式就是通过在城市中发展碳中和经济，创新碳中和技术，改变居民不良的生活方式，以最大限度减少城市的温室气体排放，彻底摆脱以往大量生产、大量消费和大量废弃的社会经济发展模式，形成结构优化、循环利用、节能高效的经济运行体系，进一步形成健康、节约、绿色低碳生活方式和消费模式，最终实现城市的清洁发展、高效发展、低碳直至碳中和可持续发展模式。

## （五）节能减排是实现碳达峰碳中和目标的关键支撑

化石能源消耗是我国二氧化碳排放最主要的来源，要如期实现国家"碳达峰""碳中和"战略目标，必须坚定不移坚持节约优先方针，把节约能源资源放在首位，进一步形成有效的碳排放控制阀门。

目前我国经济已由高速增长阶段转向高质量发展阶段，这对节能减排工作提出了更高要求，即坚决遏制高耗能、高排放、低水平项目盲目发展，坚决拿下不符合要求的高耗能、高排放项目，有利于形成节约资源和保护环境的产业结构、生产方式、生活方式，加快发展方式绿色低碳转型，促进高质量发展。然而，我国能源资源利用效率与世界先进水平相比仍有一定差距，污染物排放总量依然较高，节能减排仍有巨大潜力。

节能减排依靠能源结构调整、加强管理及技术进步这三种途径来实现，其中能源结构调整是一项长期而艰难的任务，加强管理也要靠日积月累，从某种意义上讲，技术进步更具有实效性。具体而言，在产业结构和能源消费结构一时没有重大变化的情况下，技术进步、技术创新显得尤为重要，只有在技术、工艺、设备和材料的创新与应用上取得重大突破，才能在较短的时间内推进节能降耗减排工作再上新台阶。

需要强调的是，碳中和目标的实现不仅需要企业和个人日常注意节能减排，更重要的是企业积极配合产业改革，向低耗能、低排放企业转型，需要更多具有社会责任感的新能源企业进行新能源产业的研发，彻底改变现有的能源结构才能实现碳中和的伟大目标。

## 第四节 碳中和经济学发展历程

碳中和经济学尚属于比较新的领域，诸多研究理论和方法仍处于探索阶段。然而纵观碳中和经济学的起源与演进过程，会发现其基本理念和研究历程有着丰富的历史，与低碳经济一脉相承，且其主体脉络与气候变化经济学有诸多重合的地方。这是因为早期碳中和理念尚未提出，无论在技术上，还是认知上上都不具备独立成为一门经济学的条件，然而与之关联密切的化石能源消费、代际资源配置，以及温室气体排放等相关内容却有着丰富的研究历史，因此碳中和经济发展的起源与演进脱离不了气候变化经济学。

### 一、碳中和经济学的诞生

低碳经济学、气候变化经济学不仅是碳中和经济学理论先驱和共同起源，而且其研究对象、理论方法也具有很大的交叉融合性和学术继承，尤其是温室效应、极端气候、生物多样性等诸多与全球大气生态相关且对人类社会活动有着重要作用的问题，其中最主要的便是温室气体排放。

全球应对气候变化发展史，可以追溯至1987年世界环境与发展委员会（WCED）发表的《我们共同的未来》报告，该委员会提出两个重要观点：环境危机、能源危机和经济发展危机三者密不可分；地球上的化石资源和能源远不能满足人类发展的需求。这两个观点的提出拉开了全球范围内的能源节约、环境友好与可持续发展的序幕，更成为气候变化全球治理的重要思想来源。21世纪以来，伴随化石燃料的使用导致全球大气中人为二氧化碳浓度的不断升高引发温室效应的科学认知不断得到普及，以及越来越多科学研究表明气候变化造成的诸多破坏性生态和社会损害都是不可逆的，对于气候变化成因、潜在社会和环境经济影响，以及可能的应对策略研究变得十分迫切，这也成为碳中和经济学诞生的起源。

碳中和经济学发展，或者更准确地说，气候变化经济学发展的初期，由一批气候变化研究的学者提出了围绕二氧化碳排放、温室效应及气候变化治理等研究，其中包括诺贝尔经济学奖获得者托马斯·谢林（Thomas Crombie Schelling）和埃莉诺·奥斯特罗姆（Elinor Ostrom）等著名的学者。例如，谢林在担任美国经济学联合会会长期间发表了主题演讲《全球变暖的若干经济学问题》，对温室效应成因、气候变化及经济后果的不确定性、降低碳排放的全球治理手段等方面的分析，成为该领域的奠基性文献之一；奥斯特罗姆在《公共事物的治理之道：集体行动制度的演进》一书中探讨了"公地悲剧""囚徒困境"和"集体行动逻辑"理论模型的局限性，提出了自主组织和治理公共事务的新模式，为此后提出全球气候治理的多中心模式奠定了理论基础。

早期气候变化经济学研究的核心问题便聚焦到了"全球变暖"这一主题，探讨基于经济视角的问题解读和应对措施,这也为碳中和经济学的发展奠定了基础。不难看出,尽管气候变化经济学的研究边界要远远大于碳中和经济学,但二者的起源和早期发展脉络是几乎重叠的,都是以全球变暖为主要研究对象。

## 二、碳中和经济学的演进

随着全球变暖问题的突出,以及相关研究进展的深入,碳中和经济学也逐渐发展和演进,但发展至此时仍与气候变化经济学的主要研究脉络基本重合。尽管此时学界对于温室气体减排已经形成相对一致的看法,对于温室气体减排的策略在这一时期也经历了较大的波折和较快的发展。

### 1. 快速发展的转折点:《气候变化经济学:斯特恩报告》

气候变化产生的不利影响具有不确定性,难以全面和准确地量化其经济代价。2005年,由英国政府资助,著名经济学家尼古拉斯·斯特恩(Nicholas Stern)领衔对气候变化的经济学问题进行综合评估。2006年底,斯特恩小组提交《气候变化经济学:斯特恩报告》,从气候变化的经济代价入手,认识减缓气候变化的经济理性。该报告从成本收益角度比较了减缓气候变化对自然和人类社会经济系统的贴现收益与减缓成本之间的关系,从而得出"早减排、少受损"的结论,同时该报告提出了税收、贸易和法规等政策手段,以实现长远的低成本、高回报气候减缓目标。

该报告关于气候变化的经济分析是综合、全面和长期的,得到学术界一定程度的认同,但也存在较为尖锐的经济学论争,引发人们对气候变化经济学问题的深层次思考。美国三位诺贝尔经济学奖得主索洛、斯蒂格利茨和森对报告给予了高度评价,认为报告中采用低贴现率,重视代际公平,具有经济学理性。阿罗通过对贴现率的实际运算,认为《斯特恩报告》通过了成本收益检验。英国国内的一些学术研究机构,如廷达尔(Tyndall)中心和皇家科学院,也对报告内容积极予以肯定。但也有一些著名的经济学家对该报告的研究方法和结论提出了质疑。欧洲大陆的一些经济学家批判的方面主要包括量化分析中采用偏低的贴现率、过于简化的经济学分析模型、没有考虑人类采取的有效适应举措等。英国剑桥大学经济系主任达斯古帕塔教授从公平的伦理学角度指出,报告中模型设定了0.1%这一几乎为零的极低贴现率不符合现实,质疑报告的政治性高于学术性。美国耶鲁大学教授、2018年诺贝尔经济学奖得主诺德豪斯更是直接质疑《斯特恩报告》提出的"立即大幅度减排"结论,提倡温室气体减排的"政策斜坡理论",即前期开始小幅度削减,中后期待经济和技术进一步发展后再较大幅度削减。

### 2. 碳中和经济学科的交叉融合

基于气候变化的复杂性和结果的不确定性,哈佛大学马丁·魏茨曼(Martin Weitzman)等经济学家指出,气候变化温升分布应服从"厚尾分布"[①];而西方主流经济学家模拟气候变化所采用的传统的成本收益方法都是基于瘦尾的概率分布(如正态分布),因而大大低估了气候灾难发生的可能性及其严重程度。2007年,马丁·魏茨曼据此对传

---

① 厚尾分布是一种具有尾巴的连续型概率分布,其样本统计量随样本大小而变化。

统的建模思路提出了批评，提出需要根据厚尾分布修正气候敏感系数、效用函数和损失系数。马丁·魏茨曼的研究为不确定性条件下气候变化的公共决策研究开辟了一条新的道路，对气候变化的经济分析和政策决策产生了重大影响。随后，理查德·托尔（Richard Tol）、西蒙·迪茨（Simon Diet）和弗兰克·艾克曼（Frank Ackerman）等学者基于厚尾分布理论估算得出的结果颠覆了诺德豪斯所提倡的采取渐进式减排行动的"气候政策斜坡"建议，支持"立即大幅度减排"的政策选择。

面临各种不同的声音，斯特恩在已有经济学评估的基础上进行了相关经济理论梳理，于2008年在《美国经济评论》发表长篇文章回应各种质疑与批评，明确提出气候变化经济学的概念，成为一篇开创性的经典文章。相比于2006年的评估报告，斯特恩在《美国经济评论》的论文中，理论和方法探讨较为系统规范。斯特恩认为，气候变化经济学问题涉及范围非常宽泛，包括金融、法律、伦理、福利经济学、公共经济学和环境经济学等领域。这篇文章初步刻画出气候变化经济学的理论构架，具有划时代的意义（潘家华等，2021）。

### 三、碳中和经济学的逐渐完善

随着气候变化经济学的不断发展和完善，对于细分领域的细化导致了气候变化经济学的分支发展，衍生出诸如适应气候变化经济学、减缓气候变化经济学以及碳中和经济学等。尤其在经历了1997年《京都议定书》和2009年哥本哈根气候大会的前期探索后，近200个缔约方终于于2015年在《联合国气候变化框架公约》下达成《巴黎协定》，形成了自下而上的弱约束制度安排，形成了以公平合理、全面均衡、持久有效、具有法律约束力的管控气候变化的共同协议。

在近年来各国相继承诺碳达峰碳中和目标的驱使下，以温室气体减排为代表的研究内容逐渐从气候变化经济学中正式独立出来，形成碳中和经济学。碳中和经济学旨在解决三方面的问题：

（1）自然系统和社会系统的耦合问题，即以碳为关键指标和研究对象，分析自然系统与社会系统之间的物质能量交换过程及影响，探究两系统间的协同耦合机制。

（2）高碳向零碳的动态迭代，即聚焦能源系统、经济系统和环境系统的协同演化过程，探究三者间的交互机制，探索以经济手段干预和引导经济增长与碳排放脱钩、驱动经济系统零碳转型的实现路径。

（3）碳治理机制的研究，即基于共同但有区别的责任原则和各自能力原则，明确发达国家和发展中国家需要承担的责任和义务。

#### 知识专栏2-2 碳中和经济发展的"里程碑"

18世纪60年代工业革命以来，人类经济活动向地球大气中排放巨量温室气体，对地球气候系统产生了显著影响并引发了灾难性后果。诸多有识之士持续发声疾呼，推动了人类环境保护意识逐渐觉醒，让人类踏上环境治理及碳中和经济发展之旅。

## 1. 碳中和经济发展的启蒙者：联合国政府间气候变化专门委员会报告

1988年，为了更深入地了解并应对气候变化，联合国环境规划署（UNEP）和世界气象组织（WMO）共同成立了一个名为联合国政府间气候变化专门委员会的科学评估组织，专门整理、汇集并评估有关气候变化的科学研究成果。联合国政府间气候变化专门委员会的一个最重要职责，组织全世界的科学家进行关于气候变化研究进展的讨论和评估，并向全世界的政治家、企业家、媒体和公众发布报告结果。

1990年，联合国政府间气候变化专门委员会第一次评估报告出炉，首次向全世界系统揭示了人类在工业革命以后温室气体排放对地球气候系统产生的显著影响，进而引发了更广泛讨论和关注。这也促成了一个具有里程碑意义的国际公约——《联合国气候变化框架公约》（UNFCCC）诞生。

1992年，联合国大会通过了由150多个国家，以及欧洲经济共同体共同签署的公约。该公约目标是，将大气中温室气体浓度维持在一个稳定水平，以避免人类活动对气候系统的危险干扰。根据"共同但有区别的责任"原则，公约要求发达国家采取具体措施限制温室气体排放，并向发展中国家提供资金以支付它们履行公约义务所需费用，而发展中国家只承担提供温室气体源与温室气体汇的国家清单义务，不承担有法律约束力的减排义务。

自1994年生效以来，全世界每年召开一次缔约方会议，对该公约进行讨论和修订，所有缔约方的重要首脑和相关部门负责人会聚在一起，探讨人类应对气候变化的解决方案，众所周知的哥本哈根气候大会和巴黎气候大会都归属于这个一年一度的大会。

## 2. 碳中和经济发展的试验者：京都气候大会及《京都议定书》

1997年《联合国气候变化框架公约》缔约方召开第三次气候大会。经过艰苦谈判，与会方最终通过《京都议定书》，首次设立了具有法律效力的温室气体强制限排额度。

这份具有里程碑意义的协议对主要发达国家在2012年前减排温室气体的种类、减排时间表和额度等作出了具体规定。虽然发达国家确实是碳排放大户，但是这些国家始终持有"不患寡而患不均"心态。同时，《京都议定书》限排指标被认为离延缓气候变暖必须的减排指标差距很大。此外，美国、俄罗斯和日本等国在议定书生效和实施等方面表现消极，让该协议逐渐名存实亡。1997年至2011年，全球温室气体的排放量增长了25%。

虽然2007年的巴厘岛气候大会仍以推动《京都议定书》下一步计划作为目标，但各缔约方之间的分歧已经产生，《京都协议书》对于全球减排、阻止气候变暖的作用已经减弱。《京都议定书》仍然是富有雄心的尝试，世界各国和地区在此后也相继出台了针对区域内的政策法规。

**3. 碳中和经济发展的奠定者：巴黎气候大会及《巴黎协定》**

2015年12月，在巴黎气候大会上，《巴黎协定》获得通过。这是一份具有法律约束力的协定，并且吸取了《京都议定书》经验教训，对更多的成员具有约束力。该协定中具有法律约束力的条款是：①各国主动提交减排目标，并至少每五年定期评估审查目标；②发达国家有义务继续为发展中国家提供气候资金。

经过艰苦谈判，包括中国在内的众多国家已经向联合国提交了国家自主贡献NDCs(Nationally Determined Contributions)。2015年《中美气候变化联合声明》中，中国明确的NDCs包括：①中国将在2030年左右达到二氧化碳排放峰值；②计划到2030年，非化石能源占一次能源消费比重达到20%。其他很多发展中国家也第一次主动向世界提出减排承诺。

《巴黎协定》第一次正式地将"把全球平均气温增幅控制在低于2℃的水平，并向1.5℃温控目标努力，以降低气候变化风险设定为全世界减缓气候变化工作的目标"，这是一项跨越国界的长期合作，也标志着人类由低碳经济发展向碳中和经济发展转型。

## 推荐文献阅读

[1] 周宏春. 低碳经济学：低碳经济理论与发展路径 [M]. 北京：机械工业出版社，2012.

[2] 陈迎等. 碳达峰、碳中和100问 [M]. 北京：人民日报出版社，2021.

[3] 潘家华，张莹. 气候变化经济学导论 [M]. 北京：中国社会科学出版社，2021.

## 课后思考题

1. 何谓碳中和？简述我国实现碳中和的几个发展阶段。
2. 试述碳抵消基本内涵、分类及运行机制。
3. 结合低碳经济发展约束，简述碳中和经济时代发展使命。
4. 碳中和经济学系统基本内涵以及核心驱动力是什么？
5. 了解碳中和经济学发展历程以及时代"里程碑"。

# 第三章
# 碳中和经济学理论体系

　　伴随国家碳达峰碳中和战略发展需求,碳中和经济学作为一门新兴交叉学科应运而生,但其学科定位、理论架构以及与相关学科的关联有待探究。就学科发展而言,碳中和经济学可理解为低碳经济目标所在或气候变化经济的自然延伸,或可理解为新时代的低碳经济学。基于此,本书试图基于低碳经济和气候变化经济学科理论架构,结合本科生专业基础,简要阐释碳中和经济理论渊源、理论基础、经济运行机理及相关研究领域。

## 第一节　碳中和经济理论渊源

随着科技的发展和人们环保意识的提高，碳中和逐渐成为一个重要的环保目标。仅就碳中和的认知而言，大致可追溯到 20 世纪 70 年代，因为当时人们开始意识到二氧化碳的排放对气候变化的影响。然而，追根溯源，碳中和经济作为与低碳经济学、气候变化经济学关系密切的新兴应用经济学科，其理论渊源与中国古代文化朴素哲学思想、马克思主义哲学理论以及当代生态文明建设思想有着必然的联系。本节在参阅相关文献资料基础上[①]，从源头梳理对碳中和经济理论探索有参考价值的学术思想，以期对碳中和经济理论的学习有所帮助。

### 一、马克思主义唯物史观和经济理论

碳中和经济是人类为响应当今时代要求，应对全球气候变化生态危机、维持社会可持续发展而提出的一种经济发展模式，同时也是人类社会的未来走向。马克思主义唯物史观、经济思想以及生态哲学思想对于人与社会及自然的关系、人的发展等问题进行了深入探讨，其中所蕴含的唯物辩证思想和价值观对于探索和解释社会发展的客观规律具有重要的指导作用。因此，马克思主义哲学中唯物辩证思想、生态哲学和经济思想是碳中和经济学重要的理论渊源。

#### （一）唯物辩证思想

传统发展方式的主要缺陷在于，人类盲目追求生产力水平的提高和物质财富的增长，却割裂了人与自然之间的关系，忽略了地球生态系统对人类活动的承载能力。发展碳中和经济，就必须以唯物辩证法，尤其是物质世界普遍联系的观点作为理论基础与行为指南。

##### 1. 唯物主义自然观

人与自然是社会发展的两个主要要素，两者之间的关系是讨论社会发展问题必须涉及的话题。同样，正确处理人与自然的关系是人类社会发展的必要前提，因为人与自然的关系将影响人类对待自然的态度以及人类在自然中的活动要遵循怎样的原则。对此，马克思主义哲学进行了科学的解读，并建立了符合辩证唯物主义要求和准则的自然观理论体系。

之所以面临全球气候变暖危机，是由于人类未能正确处理人与自然的关系。具体而言，我们将自然看作是征服与改造的对象，从中肆意索取自然资源，最终破坏了我们自身赖以生存的环境。人类在发展碳中和经济时，应该认识到人与自然之间的唯物辩证关系。在人类历史长河中，人与自然是相互依赖的，人是自然界的一部分，而自然界是人无机的"身体"，我们当代发展碳中和经济，不仅是在还人类近代工业文明以来的历史旧账，也是内在要求实现"人的自然化"与"自然的人化"之间的有机统一。

---

① 本节参考穆献中. 中国低碳经济与产业化发展[M]. 石油工业出版社，2011. 廖良辉. 低碳经济的伦理审视[D]. 湖南师范大学，2015.

### 2. 唯物主义历史观

人类社会发展具有自然性和社会性，也就是说人类个体发展既不能脱离自然环境，也不能脱离社会环境。个人发展只是社会大环境发展的一个有机组成部分，自然符合社会发展的客观规律。唯物主义历史观认为，与自然界一样，人类社会有其不以人的主观意志为转移的客观规律，其在本质上是一个自然历史发展过程。人类历史发展证明，人们不能根据其主观意愿而与某种社会形态分离开，其所存在的社会形态是一种既定的客观存在。人的主观动机与实践活动，只有符合社会发展的必然趋势，才能得到最大限度的实现，取得预想的结果，才能对社会历史发展起到积极的推动作用。当前阶段，各种危及人类生存与发展的危机业已证明：以"三高一低"为典型特征的传统发展方式已经不符合人类社会发展的客观规律，它必然被可持续的、与自然和谐相处的发展方式所替代。

同时，人类社会是不断发展、不断优化改进的融合过程。从发展方式角度来看，人类社会历史是一个先进生产方式取代落后发展方式的过程。新的发展方式与生产方式的交替出现，其目的是满足人类社会更高层次的需求。随着自身发展水平的不断提升，人类社会的发展理念也将不断更新和完善，这正是从农林经济、工业经济向生态经济、绿色低碳经济，直至当今的碳中和经济等转变的根本原因。在社会发展的过程中，人类通过自己的主观能动性使得社会发展更加符合自身的需要，即"环境创造人，同时人也创造环境"。因此，在发展碳中和经济的过程中，一方面要遵循社会发展的客观规律，另一方面要重视人的主观能动性，使得碳中和经济的发展符合人的需要，从而实现人与自然、人与社会的共同发展。

### （二）马克思主义生态哲学和经济思想

从表面上看，碳中和发展理念不过是要降低人类经济活动以达到降低碳排放量、维持生态环境平衡的目的，但其实质则是人类经济发展方式、能源消费方式及生活方式的一次新变革，是联结工业文明与生态文明的绿色通道，因此，发展碳中和经济既是技术经济问题，也是政治伦理和价值观问题。

马克思主义从阐述人和自然的属性入手，到人与自然是如何建立起联系，再到人与自然的辩证统一关系，最后由人与自然的关系阐述人与人、人与社会之间的关系，形成了马克思主义以人与自然关系为核心的生态哲学思想。马克思主义生态哲学和经济思想具有丰富的伦理意蕴，其中的人道观、自由观、正义论科学地揭示了人文和谐与经济发展的必然目标、根本途径与基本保障，从而为今天人们深刻认识碳中和经济的伦理意蕴，积极寻求碳中和经济发展的必然之途提供了伦理价值的理论依据与实践指导。

首先，从《资本论》人道观看，碳中和经济是人类应然且必然的选择，但碳中和经济不应以牺牲经济增长和人类福祉为代价，因此经济活动的碳排放量并非越低越好，更不是无碳最好，而且碳中和发展理念未必就是人道的经济发展思想。

其次，从《资本论》自由观看，经济活动碳排放量的高低变化反映了人类自由不断实现的过程，发展现代社会的碳中和经济，科技发展是关键，量力而行是基本原则。

最后，从《资本论》正义论看，资本主义制度下高碳经济的高速发展从根本上讲不是源于其制度的正义性,而是源于其制度的不正义性。

## 二、中国古代文化朴素哲学思想

人类的基本特性就是认识世界,并依靠现代知识技术文明和先进的系统信息,改变传统的生产方式、发展方式以及利益分配方式,以达到人类个人和群体的发展目标。当今时代发展背景下,碳中和发展理念对人类自身的生产方式、生活方式以及对教育的改革都提出了要求。如果无法满足这些基本的条件,就永远谈不上碳中和,其实这也是中国古代最朴素的低碳哲学思想体现(成中英,2010)。

现代人们一谈起绿色低碳经济、碳中和发展理念,大多会认为当代西方工业文明和科技发展历程产生了绿色低碳经济以及碳中和的文化理论基础。其实在中国古代朴素文化的历史沉淀中,也能搜寻到碳中和经济思想的理论基础和发展内涵,甚至可以毫不夸张地说,现代碳中和发展理念本身就蕴含着深厚的中国古代文化哲学底蕴。

### (一)道家的生态伦理思想

作为中国古代哲学的主要流派之一,以老子和庄子为代表的道家先哲们为我们留下了十分宝贵的思想财富。古代道家文化也提出了"天人合一",或称"天人一体、天人合德、天人相参"[①]的哲学思想,即人和自然是一个有机的整体。现代工业化社会发展违反了这种自然一体的生存之道,就产生了很多人文、自然、生态、环境之间不和谐的发展状态。为实现人与自然环境的和谐共生,人类自然就需要超脱当今现代工业社会的发展模式,以发展成为一个既自然,又有为的社会生活模式。中国古代的这种生态保护观念不仅体现在古代的哲学思想和人文伦理道德,同时也诉诸一些外在的制度安排。

综上所述,道家主张人与自然和谐发展,对于当代建设绿色低碳经济、实现碳中和可持续发展具有重要的启示意义。道家哲学以"天人合一"为理论基础,以"道法自然"为方法论,并以此提出了一系列至今仍然具有广泛适用性的人类生态伦理思想。

### (二)儒家的生态伦理思想

儒家是先秦诸子百家之一,公元前5世纪由孔子创立,由孟子发展,由荀子集其大成,之后延绵不断,为历代文化儒客所推崇。作为中国传统文化的主流哲学思想之一,儒家学派自汉代时期就开始长期在中国的传统思想领域占据统治地位,对中国乃至东亚人民的思想与行为产生了极为深刻的影响。荀子最早提出的"天有其时,地有其财,人有其治",意思是"天、地、人"并立在一起而存在。当前人类的生态环境危机、气候变化危机,其实就与人类消费自然的生活方式大大超出了这种"天、地、人"和谐共生的生态平衡状态有关,或者说与人类的生活目标和生活方式同大自然生态不协调有关。

追根溯源,人与自然的关系也是儒家学派极为关注的问题之一。儒家学者认为人是自然界的一个有机组成部分,人们应当对自然持友善态度。同时,儒家学者既看到了人对自然界有依赖的一面,也肯定了人是万物之灵,可以"制天命以用之"。以此为基础,儒家

---

① 这里的"参"即"叁"的意思,指"天、地、人"和谐共存的意思。

学者阐述了大量的生态伦理思想,对于我们解决当前所面临的碳中和,以及其他生态环境问题具有重要借鉴意义。

## 三、当代生态文明建设思想

20世纪90年代至今,在低碳经济学、气候变化经济学相继诞生并得到快速发展的基础上,推动碳中和经济理论形成的直接原因及重要抓手是什么?毋庸置疑,古代中华文明哲学思想、当代马克思主义理论对碳中和经济学科建设具有极其重要的理论指导意义。然而,基于当代碳中和时代发展背景,碳中和经济不仅是当代全球性生态文明建设的必然产物和理论拓展,也是构建人类命运共同体的战略性成果和重要"抓手"(周媛等,2010)。

### (一)碳中和经济是新视角下的生态文明形态

生态文明建设的核心就是推动经济发展方式的转变,倡导低碳环保、循环经济、绿色发展等理念,这些理念的实现需要借助于碳中和的技术和经验。反过来看,实施碳中和可以保护环境,促进可持续发展,提高人民福祉,这些不仅是生态文明所追求的目标所在,也是碳中和经济发展的重要理论支撑。从更广阔的全球性视角来看,碳中和经济是当今碳中和战略背景下的必然产物,其超越了现代工业文明,已成为更高级的生态文明形态。

人类文明史就是人与自然关系变化的历史,人与自然之间彼此影响并相互作用,他们的关系变化推动着人类文明的演进。工业革命以来,人类与自然的关系从最开始的原始和谐到关系破裂,再到要实现新的和谐关系,这个过程的演变体现了文明形态的变迁,其中也伴随着人类生存环境的碳平衡、碳失衡不断循环往复的发展过程。生态文明时代以绿色低碳发展为特征,包含物质、精神以及政治等层面的文明状态,它还立足于系统发展的角度,确保生态系统的平衡,以满足人类最大限度的需求,使整个生态系统实现动态平衡。

碳中和经济超越了现代工业经济发展模式,实现了更大的人类生态文明进步,也更加接近可持续发展目标。碳中和经济是现代生态文明的重要组成部分,它是更高层次的生态文明内容,拥有更广阔的研究视野。基于全球生态文明视角,生态环境问题是全球性问题,必须依赖世界各国联手才能得到解决。然而,碳中和经济突破了"一国论"发展观点,体现了"人类命运共同体"意识,突破了国家壁垒,以更新的视角看待生态环境问题,是新视角下的生态文明形态。

### (二)碳中和经济契合生态文明和谐共生理念

生态文明强调人与自然和谐共处,追求经济、社会和环境的持续发展,而实施碳中和则需要遵循生态文明的理念,采用低碳技术、提高能源利用效率等方式减少温室气体排放,并通过植树造林等方式增加二氧化碳等温室气体吸收量。

生态文明的本质是人与自然和谐共生。"共生"首先体现为斗争,没有斗争也就没有"共生",强调两者关系的互利共赢。自然世界是有机联系的整体,人类与自然无法离开彼此而独立存在。一直以来,人与自然的"共生"关系是一直存在的,但由于人的实践活动受生产力水平的影响,局限了人类的理性认知水平,因而没有认识到人与自然的"共生"

关系，导致忽视了自然环境的重要性，从而带来一系列的全球生态环境问题。

实现碳中和目标、发展碳中和经济，必须厘清人与自然的关系问题。在人类社会早期，人类认为自然有强大的力量，因而人类会受到自然的约束。但随着人类认识的不断增加，在人的意识中，自然的权威性在下降，人类开始想要征服自然，凌驾于自然之上，于是人与自然的和谐关系出现破裂。在工业文明产生之后，人类生态环保意识逐渐觉醒，开始意识到自然和人应当是和谐的关系。实现碳中和目标、发展碳中和经济，标志人类更加注重人与自然的和谐共生，归根结底还是为了人类长远发展，确保人类生活更加幸福。

人与自然和谐共生要求人类的实践活动在地球自然系统的承载范围之内。当人类认识到人的长远发展必须依靠自然资源时，人类就尽可能地避免破坏环境，以确保自然资源可以持续不断地供应人类的生产和生活，并且不超越自然环境的承载范围。碳中和作为生态文明建设的一种新文明形态，也体现出生产力水平的提高，在生产力水平较高的时代，不仅表现为经济快速发展，还表现为生态环境自然和谐。人类在碳中和经济生产生活条件下，基本能实现科学理性地利用资源，确保生产、生活、生态环境的良性循环发展。可见，碳中和经济学是突破现有束缚，以更广阔的视角寻求发展的可持续的文明，它的本质是实现人与自然的和谐共生。

### （三）碳中和经济是与全球化共同参与的生态文明建设

碳中和经济是人类新的文明形态的重要内容，碳中和经济模式可以追溯到工业文明以前，其生产生活形态还没出现严重碳失衡的生态危机，但当时的人们只关心个人财富、个人生活水平，没有体会碳失衡对个人生活水平影响，更不会关心对个人财富积累损失。工业革命后，资本主义国家大多崇尚"个人中心主义"价值观，很难自觉建设生态文明思想，更无法考虑碳失衡问题。

生态文明建设需要全社会的理念转变和实践支持，而碳中和经济发展也需要全社会的共同努力。在全球环境问题如此严峻的生态形势下，碳中和经济发展必须与全球经济发展大环境相适应的生态文明相适应，而不仅仅是单一国家的经济行为，这也是推动碳中和经济全球化发展进程的必然。单就中国而言，尽管社会主义制度为生态文明建设、碳中和经济发展提供了制度保障，但也要基于复杂多变的全球地缘政治、内外部经济大环境对生态文明建设和碳中和经济发展影响。在全球化大背景下，人与自然和谐、融洽的生态关系是对碳中和经济学稳定发展的表现与延伸，反之则会影响人与自然和谐的发展进程。对于全球而言，全人类应当团结起来共同应对生态危机，联合国积极发动号召，强化碳中和经济发展体系建设，最大效能地抑制消极因素，促进生态环境保护，推动碳中和经济全球化发展。

### （四）碳中和经济是践行"人类命运共同体"发展理念

人类命运共同体是一个"共同体"，它的构成主体是人类，它涵盖了整个地球的地理区域，是指国与国之间联系起来的"地球村"。在工业化与全球化的推动下，世界各国的联系逐渐加深，尤其全球气候变化、生态环境破坏等风险形成了"你中有我，我中有你"的客观共存状态，这些生态环境风险存在无法让一个国家独善其身，反而将使各国联系更加紧密，人类的共同命运感知更加强烈。人类命运共同体的内容包含政治、经济、安全、文化和生态五个层面，其中生态与全球气候治理关系更为密切，最终就是要建设一个清洁美丽的世界。

碳中和经济学作为应对全球生态环境恶化具体实践，与"人类命运共同体"发展理念高度契合。当今面对气候变化危机，全人类是一荣俱荣、一损俱损的关系，而践行全球生态文明发展理念，有助于构建碳中和形态下的"人类命运共同体"。基于当代生态文明思想，碳中和经济发展和"人类命运共同体"可以看作是和谐共生的统一体，这不仅是碳中和经济发展的时代必然趋势，也是碳中和经济发展的理论保障。

## 第二节  碳中和经济基础理论

碳中和经济产生背景是基于人类生态环境和谐前提下实现自然资源合理配置的可持续发展，因此碳中和经济理论渊源与可持续发展、资源环境产权等理论密切相关，当然资源环境经济学、可持续发展理论、循环经济理论及绿色经济与碳中和经济也有较多的理论渊源和学科交叉。尽管碳中和目标是近年来提出的，但其奠基性的理论由来已久。资源环境经济学、可持续发展理论、循环经济学等经济学的发展为碳中和经济学理论奠定了扎实的基础，其中尤以低碳经济学最能突出碳中和经济相关的理论认知和观点。

就目前来看，碳中和经济理论体系研究还只是集中在一些专家学者个人的研究成果和学术认识中，甚至对碳中和经济发展本身也还存在诸多观点争议甚至误解，还有待我们对其进行系统阐述和理论剖析。基于此，本节将基于一些专家学者观点和认识，对碳中和经济理论四个核心要素，以及与相关学科理论关联性进行初步归纳和总结。

## 一、碳中和经济理论核心要素

### （一）碳中和经济学的"资源优化配置"理论[①]

从经济学的角度来看，碳达峰碳中和的基本原理是通过市场经济机制，优化配置能源生产消费，减少温室气体排放量，以实现碳达峰、碳中和战略目标。这就意味着碳排放容量成为一种稀缺性资源，碳中和经济学就是从优化配置碳排放容量这一稀缺资源入手的。优化配置碳排放容量的过程，是一个不断明晰和分配全球温室气体容量资源产权的过程。具体而言，通过对碳中和涉及的供给与消费、成本与收益、贴现与代际、制度与路径、产业与技术、国内与国际等关系的研究，阐释了自然资本与社会资本在资源配置中的作用机制，对于解决当今世界存在的气候危机问题具有指导意义。

碳中和经济学通过资源优化配置，主要解决以下三个方面的问题。

（1）基于人类活动的自然系统和社会系统有机耦合机制。通过研究人与自然之间的物质与能量交换，以"碳"作为一种通用指标，以生态价值的形式将自然资本体现在经济和社会发展的全过程。

---

① 参考"光明青年论坛：碳达峰、碳中和的经济学解读 [N]. 光明日报，2021 年 6 月 22 日第 11 版"改写。

（2）实现由高碳向零碳的动态迭代，将带来能源系统、生产与消费系统和环境系统相关资源的重新配置，以价格信号为主的碳交易机制和以碳税为导向的财税机制共同发挥作用，能够积极引导整个社会向低碳化方向发展。

（3）对国家治理机制的研究。基于共同但有区别的责任原则和各自能力原则，明确经济发达国家和广大发展中国家需要承担的责任和义务。同时，也要考虑当代人与后代人利益均衡，当代人有义务为下一代人创造更可持续的发展空间。

## （二）碳中和经济学的"外部性治理"理论

碳中和经济的出现必然有着传统经济学原理作为其重要的理论支撑，其中碳中和的经济理论基础以外部性治理为核心，具体包括庇古税与碳税、科斯定理与碳排放权交易，以及诺德豪斯包含碳约束的一般均衡模型。

### 1. 庇古税是环境税的起源，是碳税的理论基础

校正负外部性传统上主要依靠政府的力量来实现，一种是由政府直接管制，即规定企业的排污量，另一种是政府征收"庇古税"。

庇古税（Pigouvian Tax）由英国福利经济学家阿瑟·庇古（Arthur C. Pigou）名字而得名。1920年庇古在《福利经济学》（*Welfare Economics*）一书中建议"根据污染所造成的危害程度对排污者征税，用税收来弥补排污者生产的私人成本和社会成本之间的差距，使两者相等"，即"庇古税"。庇古税是环境税的起源，环境资源税、环境污染税或排污收费等其实都是它在实际中的灵活应用，碳税利用市场的无形之手引导市场参与者走向低碳未来，提供了具有成本效益的杠杆。

庇古在马歇尔的理论基础上对外部经济、外部性概念进行正、负外部性的划分，并由此提出"对外部性进行征税和补贴"的经济理念，被后人称为"庇古税"，由此成为碳税的理论基础。设置碳税的意图是通过税收手段，抑制向大气中排放过多二氧化碳，从而减缓气候变化和温度上升进程。作为一种直接环境税，庇古税被许多国家所接受并实施。

### 2. 科斯定理是碳排放权交易的理论基础

高污染排放、低效益的经济发展模式是外部不经济导致市场失灵的一种具体表现形式，解决环境污染问题可以从科斯定理入手。罗纳德·科斯（Ronald H. Coase）提出，在一个产权界定明晰、交易成本近乎为零的市场中负外部性会得到行为体的自动治理，因此对污染的治理应当建立一个尽可能降低交易成本的市场，对环境污染指标进行买卖、转让，进而成为碳排放权交易的理论基础。

这一由科斯提出的学术观点，即科斯定理（Coase theorem）[①]，认为在交易费用为零和对产权充分界定并加以实施的条件下，外部性因素不会引起资源的不当配置。科斯观点还认为在某些条件下，经济的外部性或非效率可以通过当事人的谈判而得到纠正。在现实世界中，科斯定理所要求的前提往往是不存在的，财产权的明确是很困难的，交易成本也不

---

① 科斯在《论社会成本问题》中认为只要产权界区不清，交易成本不为零，市场机制就会由于外在性的存在而失灵。后来，斯蒂格勒将科斯的上述思想概括为科斯定理，这一概括被许多经济学家所承认，并将其与19世纪提出的萨伊定理相提并论。

可能为零，有时甚至是比较大的。因此，依靠市场机制矫正外部性是有一定困难的。

科斯定理毕竟提供了一种通过市场机制解决外部性问题的新思路和方法。作为实现碳减排的常用制度，碳排放权交易是指在碳排放总量把握的前提下，经济主体之间将碳排放权作为商品进行交易，碳排放权价格由市场决定。在这种理论的影响下，美国和一些国家先后实现了污染物排放权或排放指标的交易。

### 3. 诺德豪斯碳约束经济分析理论模型，使经济学理论和实证研究得以真正纳入碳约束因素

20世纪80年代，诺贝尔经济学奖得主威廉·诺德豪斯开始致力于将环境问题纳入经济分析，当时对经济外部性定义是那些生产或消费对其他团体强征了不需补偿的本钱或赐予了无须补偿的收益的情形。

1991年，威廉·诺德豪斯提出了气候变化综合评估模型（IAM），且不断推陈更新，旨在把"碳约束"纳入一般均衡的框架里，使得碳中和碳达峰等约束成本—收益式经济分析具有可操作性。具体而言，诺德豪斯尝试将经济系统与生态系统整合在一个模型里，即"经济活动产生二氧化碳，大气碳浓度提升影响气温等生态因素，生态因素又对经济活动产生影响"。

威廉·诺德豪斯提出的碳约束经济分析理论模型，使经济学的理论和实证研究得以真正纳入碳约束因素。该模型最大的突破在于简化了物理、化学等自然科学部分，建立起将气候和经济问题一同分析的框架，并最终被政策制定者理解和运用。

## （三）碳中和经济学的"效率与公平性"理论

人类实现碳达峰碳中和必然涉及经济学"效率与公平"这一理论问题。其中"效率"是指在碳达峰碳中和经济过程中达到碳排放量（或碳减排）资源配置最高生产力，这意味着促进有限的"碳排放"资源的最佳利用，以实现单元碳排放量生成技术水平的最优化；"公平"则是指碳达峰碳中和过程中要兼顾不同地区和群体之间发展水平的差异化，不能让碳达峰碳中和成为一种新的价格剪刀差，在碳排放资源配置过程中形成新的不公平，以损害经济落后地区的基本发展利益。

### 1. 碳中和经济"效率与公平"的冲突

在碳达峰碳中和实施过程中，效率优先和价值公平这一两难选择的本质就是对不同排放主体间发展权的平衡和维护，尽管这两者之间存在一定程度的不可调和性。以碳排放权交易市场建设为例，为了兼顾效率与公平，目前大多数碳市场都做了一定折中处理。比如，在现有碳排放配置分配制度上大多采取了以公平为主的历史基线法，在初期按照排放主体的历史排放规模来分配排放配额，同时以持续缩紧配置空间的方法，给排放主体加压，促使其不断提高排放效率。

### 2. 碳中和经济"效率与公平"冲突的协调

除了兼顾排放主体效率与公平之外，碳达峰碳中和还要兼顾地区之间减排效率和发展公平，这不仅是要避免经济不发达地区因为碳减排指标的约束而致使发展受限，也要避免经济发达地区因为碳约束而致使其产业过度空心化。需要注意两点，一是在初始分配上，

必须在相对公平的基础上合理配置排放配额；二是在二次再分配时，要建立以效率为主的分配机制，尤其是考虑有条件的区域率先破除地区间排放额交易的障碍，建议相应的地区政府交易机制，使碳排放权得以在地区间进行流动，与现有的碳排放权交易市场相辅相成，共同发挥碳达峰与碳中和战略实施过程中的积极作用。

从碳达峰碳中和技术经济发展公平性角度来看，已有各国碳达峰轨迹显示，碳达峰后会有一个平稳阶段，以后随着科技进展，碳捕集技术和负污染技术逐渐受到广泛应用，碳排放水平就会不断降低，进入良性循环，并在最后达到碳中和。从历史上看，发达国家产生了更多的污染总量，而且大多数国家在20世纪下半叶或21世纪初就达到了碳峰值。与发达国家不同，我国致力于在最短的时间内完成从碳峰值到碳中和的过渡。这就意味着，我国首先要实施节能减排和低碳减排措施，尽量缩减碳达峰值的时间，其次要推动经济发展方式的转变，尽快达到峰值。

### （四）碳中和经济学的市场管制理论

碳中和经济作为新兴应用经济学科，其显著的经济外部性特征对碳中和市场化管理带来了诸多值得探讨的新问题，比如建立技术创新机制问题、碳税对市场化管理机制影响、碳排放权交易对资源优化配置以及国际贸易新领域等。

#### 1. 市场机制失灵理论

市场机制失灵是指市场对于商品和服务的有效配置缺乏效率。由于商品和服务的市场价格没有反映环境的稀缺性，许多环境的市场价格实际上是零，纠正市场失灵的方向应该从经济组织的建立和政府的干预上入手。

从经济激励的角度来看，一方面碳排放的负外部性短期内导致市场主体调节机制失灵，造成企业碳减排行为压力倍增，碳排放水平超出了社会战略与决策能够承受最优水平。另一方面，碳中和技术创新具有很强的正外部性，在缺乏激励机制的情形下，创新水平难以达到社会需要的最优水平（赵志耘等，2021）。

#### 2. 政府管制失灵理论

政府管制失灵理论是指政府作出的战略决策和管理规定影响了经济效率，从而阻碍了资源的优化配置。作为影响地球生态、关系人类安危、左右一个国家战略方向的碳中和经济，需要政府及相关职能部门对国际碳排放权交易市场和国家碳中和经济政策能够有较充分的了解，不允许发生政府管制失灵现象。

在我国，实现碳达峰碳中和战略目标仅依靠政府强制力推动显然远远不够，需要通过市场经济的利益激励机制，调动更广大的社会主体，特别是企业主体参与到碳达峰碳中和技术创新与产业实践中。

#### 3. 国际经济学理论延伸

国际经济合作是不同主权国家政府、企业及国际经济组织之间为了共同的利益，通过竞争与协调，在平等互利的基础上，侧重在生产技术和产业发展领域中，以生产要素移动和重新组合配置为主要内容而开展的经济协作活动。发展碳中和经济就是建立在国际相互依赖基础上的重要国际经济合作形式，通过建立完善的碳排放权交易体系，加强其在国际间的流动，通过国际贸易，充分发挥比较优势，实现碳排放权全球内的最优化配置，最终推动碳中和经济的稳定发展。

## 二、碳中和经济与相关学科理论关联

除了低碳经济学、气候变化经济学与碳中和经济学有诸多理论交集或"同源"之外，还有诸多学科理论与其有不少关联，如资源环境经济学、循环经济学以及可持续发展等。基于此，有必要对上述学科所涉及的相关学科理论进行系统初步梳理，这也是碳中和经济学发展的重要理论基础。

### （一）碳中和经济与资源环境经济学理论

在未来的碳中和经济发展以及工作实践当中，有必要从碳中和发展所涉及的资源环境经济理论架构进行系统研究，但这些理论问题探究也许与资源环境经济学自身的理论体系有一定的交叉和融合，资源环境经济学本身也是碳中和经济发展的重要理论基础。

#### 1. "脱钩"理论

"脱钩"（decoupling）一词最初源于物理学领域，物理学界一般理解为"解耦"。1966年，国外学者提出了关于经济发展与环境压力的"脱钩"问题，首次将"脱钩"概念引入社会经济领域。近年来，"脱钩"理论的研究进一步拓展到能源与环境、农业政策、循环经济等领域，并取得了不少阶段性成果，当前"脱钩"理论主要用来分析经济发展与资源消耗之间的响应关系。

简单地说，"脱钩"理论其实就是阐述事物 A 和 B 之间的依赖关系不是长久如此的，经过时间的演变，A 与 B 之间不再存在依赖关系。就经济增长与物质消耗之间的关系来看，一个国家或一个地区的工业发展初期，物质消耗总量与经济增长总量呈现同步增长趋势，甚至物质消耗总量高于经济增长总量；但在某个特定阶段后会出现一些变化，经济增长时物质消耗不再同步增长，而是略低于经济增长，甚至开始呈下降趋势，或者出现"倒U形"，这就是对"脱钩"理论在环境经济学中的基本理解。

从"脱钩"理论角度看，通过发展低碳经济可以大幅度提高自然资源生产率和生态环境自身的成长率，能够实现用较少的水、土地、能源、材料的消耗，以及较少的生态环境污染和排放，换来经济社会的可持续发展。

#### 2. 环境库兹涅茨曲线假说

"脱钩"理论证实了发展碳中和经济的可能性和可行性，但从高碳经济到低碳经济的转型并非一帆风顺的"线性"发展道路。美国普林斯顿大学的经济学家格鲁斯曼和克鲁格经过研究发现，大多数自然环境污染物的变动趋势与人均国民收入的变动趋势之间呈"倒U形"关系，因此提出了环境库兹涅茨曲线假说（Gene M.Grossman，Alan B.Krueger，1995）。

他们认为经济发展和自然生态环境保护压力之间有如下关系，即经济发展对自然生态环境污染水平有着很强的影响力，在经济发展过程中，自然生态环境会随着经济的增长、人均经济收入的增加而不可避免地出现持续恶化，只有人均GDP水平达到一定高度的时候，自然环境污染才会反而随着人均GDP的进一步提高而有所下降。这也就是说，在经济发展过程中，自然生态环境状况先是恶化而后才能得到逐步改善。

换言之，从高碳经济模式到低碳经济的转型发展轨迹就是人类经历生态环境质量的"过山车"，又称"倒U形"发展曲线。相关的经济制度创新、技术创新和生态创新也许不能改变这种自然环境的"倒U形"发展曲线，但人类可以适度减少"倒U形"发展曲线的峰度和上坡路的里程，最低的现实要求是控制"倒U形"发展曲线的峰顶不高于人类持续生存发展的生态环境承载"阈值"，并促进"倒U形"发展曲线尽早经过"拐点"，进入平稳健康的可持续发展模式。

### 3. "生态足迹"理论

加拿大哥伦比亚大学的雷斯教授和魏克内格博士创造了一套所谓"生态足迹"（Ecological Footprint）的计算方法，并于1995年7月出版了《我们的生态足迹：减少人类对地球的影响》一书（Rees and Wackernagel, 1995）中系统论述了生态足迹理论问题。

"生态足迹"基本含义是指生产某人口群体所消费的物质资料的所有资源和吸纳这些人口所产生的所有废弃物质所需要的具有生物生产力的地域空间。"生态足迹"将每个人消耗的资源折合成为全球统一的、具有生产力的地域面积，通过计算区域"生态足迹"总供给与总需求之间的差值——生态赤字或生态盈余，准确地反映了不同区域对于全球生态环境现状的贡献。"生态足迹"在理论上既能够反映出个人或地区的资源消耗强度，又能够反映出区域的资源供给能力和资源消耗总量，也揭示了人类持续生存的生态阈值。

"生态足迹"的实际意义在于可以判断某个国家或区域的经济发展是否处于生态承载力范围内。如果生态足迹大于生态承载能力，那么生态环境具有不可持续性，必然危及其生态安全，进一步导致社会经济发展的不可持续性；反之，生态安全会持续稳定，可以支撑其社会经济发展的可持续性。根据"生态足迹"理论，逐渐引申出了"碳足迹"[①]的概念，用于衡量各种人类活动产生的温室气体排放。"碳"耗用得多，导致地球变暖的二氧化碳和其他温室气体也就制造得多，"碳足迹"也就越大。关于"碳足迹"的准确定义和理解仍在不断发展和完善，不同的学者或者组织，对于"碳足迹"的概念和内涵各有侧重。

### 4. 环境资源产权理论

碳排放权理论是碳中和经济学核心理论问题之一，其关键在于明晰碳排放权的概念与性质。碳排放权权利主体是参与碳排放交易市场的企业等经济实体，客体为碳排放的环境容量。社会公众拥有碳排放容量产权的所有权，国家和政府下设的碳排放交易市场则拥有管理权，其碳排放权交易制度使得所有权与使用权之间权能分离，且在经济和法律层面都能明晰地划分。

以环境资源产权为出发点建立界定框架，根据环境资源的价值形态将其分类为自然资源产权和环境容量产权，并进一步分析其权能，划分出所有权、管理权和使用权，归属到不同主体。通过界定框架将碳排放权定义为一种环境容量产权的使用权，设置"环境容量资产"和"环境容量负债"等相关科目，以总额法为基础，资本结构思想为参照，公允价

---

① "碳足迹"的概念界定及其测算方法，后续章节有较详细阐述。

值为计量属性，在环境会计整体层面分析碳排放权确认和计量问题，为碳排放权会计准则的制定提供了新思路，具有一定的参考价值（郑宇花等，2023）。

《京都议定书》中规定了三种履约机制，即联合履行机制、排放贸易机制、清洁发展机制，都是推动并实现低碳经济的全球范围内的碳排放权交易机制。这种基于市场机制的环境履约管理可以将自然环境承载力作为一种稀缺性的资源，通过市场这只"看不见的手"进行优化配置，其实这也是资源环境产权理论的一个有机组成部分。

## （二）碳中和经济与可持续发展理论

可持续发展概念最早来源于生态学，是指对于资源的一种管理战略，后来被广泛应用于经济学、系统科学及其他相关社会科学的发展范畴。

从经济角度来看，可持续发展是鼓励经济增长，因为经济增长是国家经济实力和社会财富的基础。可持续发展不仅强调经济增长的数量，而且侧重追求经济发展的质量，它要求改变传统的以"高投入、高消耗、高污染"为特点的生产方式和消费模式，实行清洁生产和文明消费，以提高经济社会效益、节约资源和减少废物排放。很明显，集约型的经济增长方式即为可持续发展在经济方面的具体体现。

可持续发展是人类一种新的生存和发展方式，这种生存和发展方式不但要求体现在以资源利用和环境保护为主的环境生活领域，更要求体现到作为发展源头的经济生活和社会生活中去。可持续发展包括两大核心内容：一是协同，可持续以自然资产为基础，同环境承载力相协调；二是公平，其内容非常丰富，既包含人类与其他物种之间的公平，也包含人与人之间的公平，而在空间上包含地区与国家之间的公平，在内容上包含自然资源利用和物质财富分配上的公平。

碳中和经济首先让人们联想到的就是可持续发展理论。可持续发展是指在满足当前发展需求的同时，不损害后代子孙满足其发展需求能力的发展模式，而碳中和是指通过减少温室气体排放和增加碳汇来实现温室气体排放与吸收之间的平衡，从而实现碳平衡，减缓全球气候环境恶化趋势。

就学科内涵和研究对象而言，碳中和与可持续发展之间具有密不可分的联系，具体表现形式可归纳为五个方面：

（1）环境保护。可持续发展要求经济建设和社会发展要与自然承载能力相协调，即发展必须保护和改善地球生态环境，保证以可持续的方式使用自然资源和环境成本，使人类的发展控制在地球承载能力之内。碳中和有助于减少温室气体排放，降低全球气候变化的风险，有助于保护生态系统、生物多样性和节约自然资源，从而支持可持续发展的环境维度。

（2）社会福利。通过减少空气污染、提高环境质量和减缓气候变化，碳中和有助于提高人类的健康水平和生活质量，同时有助于实现可持续发展的社会维度，包括减少贫困、提高教育水平和促进社会公平。

（3）经济增长。经济发展是国家实力和社会财富的基础，但可持续发展不仅重视经济增长的数量，更追求经济发展的质量。从某种角度上，集约型的经济增长方式就是可持续发展在经济方面的体现。实现碳中和不仅可以减缓气候变化的影响，同时也可以促进经济、社会和环境的协同发展，为可持续发展注入新的动力。

（4）能源转型。传统的化石能源已经成为不可持续的能源形式，而推广和应用可再生能源、提高能源利用效率、发展低碳产业等措施可以实现能源的转型，这有助于提高能源安全、降低能源价格波动风险，同时可以降低对有限资源的依赖。能源转型是实现可持续发展的关键因素。

（5）国际合作。应对气候变化和实现碳中和需要全球范围内的合作，以整合国家和地区的经济、社会和环境等因素，这有助于加强国际关系，促进贸易、技术转移和资金流动，从而支持可持续发展的全球目标。

### （三）碳中和经济与循环经济学科理论

循环经济的思想萌芽诞生于20世纪60年代的美国。"循环经济"这一术语在中国出现于20世纪90年代中期，学术界在研究过程中已从资源综合利用的角度、环境保护的角度、技术范式的角度、经济形态和增长方式的角度、广义和狭义的角度等不同角度对其作了多种界定。

循环经济遵循生态学和经济学规律，旨在通过实施减量化（reduce）、再利用（reuse）和资源化（recycle）的"3R"原则，构建"资源—产品—再生资源"的生产和消费方式，是实现碳中和的重要路径。碳中和经济理论体系本身与循环经济之间存在很多的内涵融合和外延交叉，但这种融合和交叉是相辅相成的。

碳中和经济是循环经济理论体系的进一步发展，其理论架构、方法体系与循环经济有一定的继承关系和交叉重叠，尤其在技术层面上是基本一致的。具体来说，节能减排、发展循环经济是碳中和经济发展的有效手段和基本途径，相应地发展碳中和经济、实现碳中和也是循环经济发展、构建"两型"社会的必然选择。[①]

在宏观经济发展层面，循环经济降碳战略对碳中和经济发展的促进作用，可归纳为以下几个方面：

（1）循环经济降低碳战略，可成为推动未来中国式现代化发展的重要支撑。

（2）循环经济降低碳战略，可与现代化产业发展战略、新型城镇化战略深度融合。

（3）循环经济降低碳战略，可有效推动城市现代化产业增长贡献因素的战略性调整。

（4）循环经济降低碳战略，将支撑现代化产业增量经济活动脱碳化。

（5）循环经济降低碳战略，逐步融入宏观经济迈向碳排双控管理体系等。

在微观技术经济层面，循环经济对碳中和经济发展具有互相促进、殊途同归的作用，具体表现有以下几个方面：

（1）减量化原则通过生态设计和清洁生产减少原材料、能源和水等各类资源的投入来满足既定生产目的或消费需求，从而在经济活动的源头实现资源节约和碳减排。

（2）通过革新制造技术，循环经济能够从缩减用量和物质替代两个方面，实现关键矿

---

[①] 根据刘畅，田巧梅：循环经济降碳战略塑造经济发展新竞争力 [W]. 北方网，http://news.enorth.com.cn/system/2023/08/15/054251224.shtml 改编。

产资源消耗量的显著下降，从而保障碳中和路径的实现。

（3）再利用原则通过延长产品和材料的使用周期，提高产品和材料在生产流动过程中的利用效率，从而实现资源节约和碳减排。

（4）提升材料再循环利用率、推进再制造产业发展对于资源节约和碳减排也具有重要作用。

（5）资源化原则通过推进废弃物综合利用，实现对原生资源的节约和替代，从而可以减少由原生资源开采、冶炼、加工等环节产生的碳排放。

（6）循环经济的资源化还可以有效减少废弃物的产生，进而减少储存、运输、处理固废过程中的碳排放。（魏文栋等，2021）

由此可见，碳中和经济是在气候变化政治经济学的推动下，以节能减排为技术手段，以不同层面和领域的循环经济发展为实现方式的一种新型的经济运行方式。碳中和经济既是一种经济发展模式，也是一种社会生活方式，更是一种新型技术运行体系，而以上各学科研究方法和技术的融合就共同构成了碳中和经济发展的理论基础，但碳中和经济的理论内涵和外延空间探索是一个动态的发展过程，将随其理论研究和实践探索而逐步有所拓展。

## 第三节 碳中和经济系统运行解析

工业革命以来，化石燃料主导的经济增长模式显著提升了社会福利水平，然而随着化石燃料开发利用过程中产生的大量温室气体及其他污染物质逐渐对生态环境稳定及人类生存产生威胁，低碳、零碳的发展模式被提出。其中，碳中和经济是以"净零"排放为目标的零碳发展模式。碳中和经济并不是对传统经济增长模式的修修补补，也不是绿色工业文明思维下单单"就碳论碳"的技术改进和边际效率上的片面增量调整，而是一项需要长期不断更新改进的经济发展转型升级的系统工程。

本节基于系统科学视角简单剖析与碳中和目标实现相关的社会经济系统及自然生态系统运行机理，以学习了解统一架构下的碳中和经济系统运行机制。

### 一、碳中和经济系统概述

碳中和经济是以"净零"碳排放为目标的经济发展模式，本质是推动经济增长与温室气体排放的完全脱钩，这意味着驱动经济系统增长的核心动力将逐渐并直至完全摆脱对化石能源的依赖，同时通过大力推广低碳、零碳、负碳技术[①]，改变高碳特征的消费行为习惯，实现全社会层面的温室气体"净零"排放（丁仲礼，2023；中金公司研究部，2021）。这种理解是基于"净零"排放目标对经济系统零碳转型的解释，然而仅从技术层面考虑碳中和目标的实现显然是不够的，其中的重要原因之一是技术从研发到应用的全过程中，所

---

① 负碳技术通常指捕集、贮存和利用二氧化碳技术，包括加强二氧化碳地质利用、二氧化碳高效转化燃料化学品、直接空气二氧化碳捕集、生物炭土壤改良，以及森林草原、海洋湿地、土壤冻土等生态系统固碳技术。

涉及的利益主体是异质的、异构的[①]。一方面，这种特性在现实世界中是普遍存在的；另一方面，传统经济学分析中，出于简化计算的考虑，普遍忽略这种差异，或者将这种差异归入了误差项中[②]，由此导致很多技术研发、推广及政策实施等过程出现"非期望"的结果（刘耕源等，2020），例如，人们明知道垃圾分类有利于环境保护，却很难做到，因为经济学上的"理性人"假设在现实中很难存在。系统视角下，这种差异性被认可，并被纳入分析的框架中，同时针对这种差异性进行基于复杂系统、热力学、生态学等的解析，这也是很多学者倡导系统视角研究经济系统零碳转型的原因之一。

系统视角下，碳中和经济发展模式可以理解为社会经济系统为适应不断变化的自然环境而进行自我完善、改进和升级出现的一种经济发展形态。在这一过程中，经济系统从微观主体到关联结构，再到宏观系统都发生了根本性的转变。换言之，经济的发展方式、产业结构都为了适应温室气体"净零"排放而发生根本性的变化。具体表现为从用能习惯、消费行为、能源产品、技术工艺等的零碳转型，并且这个过程包含了改变、反馈、改变、反馈的不断的动态循环，这也是从系统视角对碳中和经济目标实现的一种解释。为了更好地理解这一过程乃至其背后的驱动机理，我们需要首先了解什么是碳中和经济系统。

碳中和经济系统是为达到经济社会的碳中和目标而相互联系、相互作用的诸多元素的综合体，是典型的复杂系统（胡鞍钢，2021）。由多个系统要素组成的碳中和经济系统，通过整合作用形成一种合力，这种力量大于各系统要素的效用之和，而且能够促使各系统要素相互作用、相互促进，并在外部环境要素的作用下最终达到促进系统碳中和经济发展的目的。

（一）碳中和经济系统的基本功能

碳中和经济系统目的是实现经济系统的净零排放，最大限度地减少经济增长中的碳排放，并部署相应的碳去除措施，使二氧化碳的排放量和去除量相互抵消。

碳中和经济系统具有以下功能：

1. 可持续发展

碳中和经济系统在碳中和目标约束前提下，坚持可持续发展理念，正确认识和处理碳减排和经济的协调发展关系，正确认识和处理经济增长与发展、速度与可持续的关系，最大限度地发挥好经济的可持续性，实现环境的可持续利用。其核心是区域公平和代际公平，即在区域发展的不均衡和气候改善行动的成效具有延迟效应的前提下，如何引导当前经济系统的转型。

2. 推动经济结构改进和优化

碳中和目标在经济结构转型和优化中具有重要作用，碳中和战略地位必然使经济结构作为保护和改善碳中和经济发展的主体，将改善环境，维护气候平衡，发挥碳中和经济发展的积极功能，转变经济增长方式，为经济结构的转型升级提供支持。其核心是推动经济系统增长逐渐摆脱对特定资源产品的依赖（比如由煤炭、石油等特定化石能源向更普适的太阳能、风能光能等转变）、不断降低对环境影响（污染物排放、温室气体排放）。

---

① 异质、异构是指事物在特征、结构等诸多方面是不同的。在不同领域研究中具有特定含义。
② 随着经济理论体系的不断完善，这种异质性和异构性越来越受到重视。

### 3. 助推经济高质量发展

我国改革开放 40 年的经济发展，为人民生活水平质量的提高提供了坚实的物质基础，但是在发展过程中也带来资源的浪费和环境的恶化，同时政治、文化和人的现代化进程也有明显的滞后。在碳中和经济发展过程中，弘扬碳中和文化，协调人与自然的关系，成为经济高质量发展的助推力。其核心是如何实现资源、环境约束下的通过技术的创新实现经济的持续增长。

## （二）碳中和经济系统的基本原则

碳中和经济系统以追求净零碳排放的经济发展为目标，因此其内在的基本原则包括：

### 1. 碳中和目标优先

碳中和经济系统是实现经济可持续发展的关键，是我国经济与环境未来发展的根本。为此，经济发展要围绕碳中和经济发展这一主题，开展活动、构筑发展模式，严格遵循环境经济规律（张希良等，2022），用环境经济引领经济发展方向，以此为标准自觉协调经济发展中各种关系，特别是协调好环境、社会、经济三大效益的关系，以环境功能的最大限度发挥为取舍依据。

### 2. 以科技创新与政策创新为主导

当前技术水平下，经济活动所引发的环境影响已经导致了环境系统对经济增长的负约束。经济系统的零碳转型正是为应对这一环境系统的负反馈而采取的行动之一，如何实现在既定资源、环境约束的前提下进一步推动经济的增长、提高人类福祉、保障后代人发展的权益，重要的原则就是以科技创新和政策创新为主导，重塑经济系统的增长、运行模式。

### 3. 经济结构与碳中和经济发展相结合

经济结构是碳中和经济发展的基本经济形态，但碳中和经济发展仍然是经济结构实现结构调整优化，提高效益效率的基础。实现经济结构与碳中和经济发展的有机结合，就是要形成具有经济结构优势的碳中和经济发展形态。其中碳中和经济发展不同于传统的经济发展模式，而是进行碳中和建设的具有气候环境性质的经济模式。

### 4. 符合我国经济发展阶段要求

我国正处于工业化发展阶段的后期，经济和气候环境的关系尚处于激烈碰撞时期，对环境的保护实力还明显不足；我国碳中和经济发展正处于环境保护和经济利用矛盾的相持阶段，必须调整好相持阶段经济发展的各种内外关系并处理好各种矛盾（Mi et al.，2021）。因此，碳中和经济的发展还不能像发达国家那样，依靠大量新能源和税收等收入保证碳中和经济的发展。为此，需要相关制度保证和国家特殊政策支持，是碳中和经济发展的重要手段和方法。

### 5. 遵从市场经济规律

市场经济规律是我国根本经济规律，碳中和经济发展要坚持遵循市场经济规律的原则、方法和手段来解决指导碳中和经济发展，不能强调因为强调政府的指导而拒绝或否定市场经济规律的要求，在碳中和经济发展和经济运行中要按市场经济规律规范各主体的行为，对政府作用的发挥也要以市场制度来规范。

## 二、碳中和经济系统构成

根据系统的概念，碳中和经济系统是为达到经济社会的碳中和目标而相互联系相互作用的诸元素的综合体，其本质是多种不同属性的主体通过某种特定的交互关系关联起来的集合体（Zhang et al.，2023）。

### （一）要素构成

碳中和经济系统的基本要素是直接参与或者间接作用于碳中和经济发展活动且不能再分的经济要素，主要包括实体、资本、产品、技术、环境等。

#### 1. 实体

碳中和经济系统中的个体通常由人、企业，以及组织构成，其中，人包括与之相关的人才资源、居民，以及碳中和劳动力。人才是碳中和技术的创新者，是碳中和技术创新成功的保障；居民是低碳生活的参与者和碳中和发展的中坚力量；碳中和劳动力是碳中和产业及产业零碳化的具体实施者。只有这三者紧密结合，碳中和事业才有了成功的基石。

企业是经济发展的微观基础，这一性质决定了企业在碳中和经济发展中的主体作用。因此，转变经济发展方式，推进碳中和经济发展的主体是企业。要积极引导企业向碳中和转变，由粗放式发展向低碳及零碳发展转变。企业要狠抓节能减排和清洁生产。加大对高耗能、高污染和落后生产工艺及装备的淘汰力度，大力推广节能先进技术。

组织通常包含了政府与非政府组织，在碳中和经济系统中组织是系统的管理者。尽管组织自身通常不直接从事与生产相关的活动，但其可以通过资源配置、行为规制等措施影响其他个体的行为，从而起到提高系统效率的作用。

#### 2. 资本

在市场经济条件下，碳中和技术创新的投入、植物吸收的养护和培育、系统中参与者行为的引导，都需要以资本为媒介。碳中和经济系统中的资本，除了传统经济意义上的"资本"，还额外包含了为实现"净零"排放目标而额外产生的资金需求，即碳中和资金。

碳中和资金主要包括资金投入和资金环境：资金投入主要来自三个部分，一是政府对研究机构、企业的研究与开发的财政拨款，二是研究机构、企业是通过申请银行贷款而获得的资金，三是为实现系统层面"净零"排放目标而进行的温室气体排放权分配资金[①]；资金环境包括融资环境和投资环境两个方面，资金环境主要受区域经济环境和政策法律环境、区域所处的地理环境、区域人才环境、区域的技术设备和原材料等方面的影响。

#### 3. 产品

主要包括以下要素：①自然资源。自然资源是在一定的时空范围内，可供人类利用的表现为各种相互独立的静态物质和能量。自然资源可以分为以下几类：矿产能源资源、土地资源、水资源、森林资源、海洋资源、草地资源、野生动植物资源、再生资源。②基础设施。区域的基础设施主要包括交通基础设施、电力基础设施、水利能源基础设施等，对

---

① 即碳金融，相关内容详见第四章。

区域碳中和经济发展的资金、人力、技术都具有良性影响。③零碳产品。这是碳中和经济生产的最终产品，会受到资金、技术、人力等各个方面的影响。

### 4. 技术

碳中和经济系统中，技术是核心竞争力。技术又可以细分为生产技术和管理技术，其中生产技术是实现温室气体排放绝对量减少的主要生产手段，管理技术则是促进和保障生产技术顺利转化、引导碳排放行为机制、优化调控系统宏观排放水平的主要手段。

碳中和生产技术体系包括零碳电力系统（以可再生能源光伏、风能、水力等为核心的零碳电力生产端，以规模化储能技术为支撑的零碳电力使用端和以智能电网为核心的零碳电力分配端），低碳零碳终端用能技术（节能、电气化、燃料替代、产品替代与工艺再造，以及碳循环经济），负排放技术（陆地碳汇和碳捕集利用和封存），以及非$CO_2$温室气体减排技术。

碳中和管理技术包括内部管理，也包括外部管理，对碳中和活动进行组织、领导、规划等。碳中和经济发展内部管理是组织内部或者家庭内部为达到碳中和而进行的管理活动，也包括碳中和合作主体之间的管理；碳中和经济发展外部管理主要指政府行政管理，即政策法律环境。

### 5. 环境

碳中和经济系统是一个开放的系统，面临着各种环境因素，这些环境因素对碳中和经济发展起着促进或者阻碍的作用，主要包括下面这些环境：①市场环境。这里的市场环境包括零碳产品市场和要素市场，产品市场和要素市场的制度是否健全，在市场中的要素和产品是否可以自由地流动，买卖双方的利益是否可以得到保障。②经济环境。主要包括经济发展水平、产业结构、要素质量、人均、居民可支配收入等，一个地区的经济发展水平越高，区域内要素的交流与合作越频繁，对技术和人才的促进作用越明显。③政治环境。政治环境就是指一个国家或地区在一定时期内的政治大背景，是政治体系存在和从事政治活动、进行政治决策的背景条件的总和。政治环境是各种不同因素的综合反映，诸如国内危机，针对商业的恐怖主义行动，以及国家之间在特殊地区的冲突，政府是否经常换动，政策是否经常变动等问题可能偶尔发生，也可能经常发生。

## （二）要素之间关系

如前所述，碳中和经济系统由实体、资本、产品、技术和环境五个方面组成，这些因素及其相互关系从根本上决定了碳中和经济的发展，而要素之间的关系是一种具有碳中和特色的围绕资源配置的要素关系。根据对碳中和经济发展系统各基本要素的分析，将碳中和经济发展系统的组成要素进一步细分为零碳产品、碳中和人力资源、碳中和技术、碳中和资源、人才交流与合作、技术交流与合作、碳中和资金、基础设施、碳交易中介、碳中和管理、市场需求环境、金融环境（即资金环境）、政策法律环境（即政府行政管理）、经济环境；碳中和经济为目标层要素。根据要素在碳中和经济发展中的关系，把碳中和经济系统的要素之间的层级关系用图3-1来表示。

图 3-1　碳中和经济系统要素关系及层级

在碳中和经济系统中,处在最高级的是该系统的发展目标,即实现碳中和发展,它直接受第二级零碳产品的影响,也主要由零碳产品的交换来实现目标。第三级中的碳中和人力资源、碳中和技术和碳中和资源都是生产零碳产品的直接投入要素,通过它们之间的合作来生产零碳产品。第四级中的碳中和人才交流与合作、碳中和技术交流与合作、碳中和资金是对第三级要素的投入数量和质量的支持和决定因素;交流与合作是碳中和投入的人才和技术水平提高的一种方式;碳中和资金确保了人、财、物的投入。第五级中的金融环境、基础设施、碳交易中介、碳中和管理、市场需求环境分别从融资、交通、平台建设、软件支持和原动力这些方面对第四级要素予以有效保障。在最后一级中,政策法律环境和经济环境通过影响上一级要素为整个系统提供了最宏观的保障支持。

（三）碳中和经济系统的子系统

碳中和经济系统可以划分为经济系统、能源系统、节能减排系统、碳吸收与存储系统和环境支撑子系统 5 子系统。这 5 个系统之间通过资金、技术、人才等要素的流动而相互影响和相互支持（见图 3-2）。

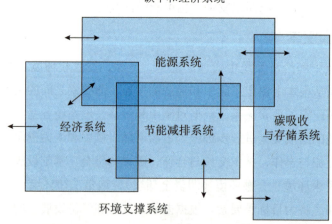

图 3-2　碳中和经济系统及其子系统

（1）经济系统

经济系统是碳排放产生的驱动系统，也是碳中和经济系统中最重要的子系统之一。在传统经济系统的能源利用模式下，经济增长与能源消耗表现出极大的正相关性，其中能源消耗以化石能源为主，这就导致了经济水平与温室气体排放呈现出正相关性。显然，在这种模式下，对于经济增长的需求也驱动了温室气体的排放。然而，随着碳中和经济系统的演化推进，经济与温室气体排放的关系逐渐出现脱钩，这种所谓的"驱动"也逐渐减弱。

（2）能源系统

能源系统是绝大多数温室气体的直接排放者，也是实现碳中和经济发展的源头。全球目前使用的一次能源主要是化石能源，而化石能源在使用过程中会产生大量的二氧化碳，而使用中不排放二氧化碳的新能源成本非常高，因此，通过碳中和技术的发展，开发新能源，降低能源的开发成本。这个子系统为整个系统提供能源产品，从其他系统中吸取资金、技术、人才、设备等投入要素。

（3）节能减排系统

节能减排系统是目前整个碳中和经济系统的中间环节，碳中和经济发展的大部分活动都是在节能减排子系统中进行的。节能减排主要来自两个方面：一方面是生产的零碳化，另一方面是生活方面的零碳化。零碳生产为零碳生活提供产品，为其他部门提供产品，为财政贡献税收资金，并从其他子系统那里吸取资金、技术、人才、能源、碳汇等投入要素。生活方面，通过碳税的方式将资金转移给财政，从其他子系统那里吸取要素，而财政又通过建设交通和城市的方式将资金投入到零碳生活和生产当中。

（4）碳吸收与存储系统

碳吸收与存储系统是实现碳中和经济系统的最终处理环节，碳存储的形式可以是以植物碳汇，也可以是以技术手段进行碳埋存，植物碳汇的约束是植物的数量，技术埋存的约束是重大技术的突破。这个系统为其他子系统提供碳汇和碳吸收及存储的技术，从其他子系统那里吸收能源、资金、技术、人才、设备等投入要素。

（5）环境支撑系统

环境支撑系统作为碳中和经济系统的保障是不可缺少的。各个子系统都是开放的系统，与外界进行着资源和信息的交换，而良好的政府环境、金融环境、文化环境和基础设施环境，为其他三个子系统的合作搭建了平台，在要素流动方面起到了重要的作用。

而由能源系统、节能减排系统、碳吸收与存储系统和环境支撑系统等四个子系统构成的碳中和经济系统，在实现各个子系统所具有的功能以外，还可以实现促进区域碳中和经济发展的最终目标。

碳中和经济发展的运行始终是围绕碳排放进行的。碳中和经济发展新定位后，系统内、外各类要素，如人、资金、物质、制度、技术等都主要投入到碳中和经济系统培育和发展中，包括碳中和经济发展的具体业务，形成新型的碳中和系统的培育和发展流程。

## 三、碳中和经济系统运行机制

碳中和经济是以净零排放为目标的经济发展模式，也是一项需要长期不断更新改进的经济发展转型升级的系统工程。"双碳"目标意味着将颠覆工业革命以来形成的以化石能源为基础的生产生活体系，自下而上重塑经济社会的各个方面，是一场全社会的根本性变革：在能源系统端，逐步淘汰化石能源，构建以风能、太阳能、生物质能和氢能等为代表的零碳能源体系；在产业系统端，倒逼电力、工业、交通、建筑等高排放领域零碳转型，推动工艺流程再造、原材料减量和替代、资源利用效率提升以及生产装备革新；在消费端，转变原生资源大量消耗、环境污染密集排放的生产生活方式，打造绿色零碳循环的新型发展模式。本节将解析碳中和目标实现相关的社会经济系统以及自然生态系统，探索构建统一架构下的碳中和经济系统。

### 1. 经济系统的增长机制

碳中和目标下，经济系统发展的本质可以归结为"脱钩"，即经济增长与温室气体排放逐渐摆脱正相关的关联。要理解这一机制，首先需要了解现行经济系统的增长逻辑。

根据宏观经济理论，简单的二元经济系统主体包括居民和企业，二者互为供给方和需求方：居民是产品的需求方、劳动力的供给方；企业是产品的供给方、劳动力的需求方。按照亚当·斯密的解释，导致这一机制形成的基础是社会分工带来的效率提升，而货币和银行的出现巩固和加速了这一机制的发展。在这一机制下，自然资源，尤其是化石能源资源，在工业革命以来形成的技术体系支撑和驱动下成为重要的原料以及效率提升的动力投入，并随着经济增长的不断加速而被大量消耗，不仅造成温室气体的超量排放，也加剧了资源的耗竭。因此经济增长水平与温室气体排放水平呈现出正向的强相关性。

随着经济体量的不断增长，技术创新在经济增长中的贡献不断凸显。一方面，技术创新带来的效率提升和知识产权壁垒为企业带来超额利润，极大激发了企业的技术创新动力；另一方面，经济系统规模扩张和资源投入增加带来的边际收益呈现出递减趋势，而原生资源开采的边际成本呈现出递增趋势，加之社会需求以及政策监管体系下资源采掘利用和企业生产污染排放的生态环境成本被内部化，导致生态保护型技术创新需求迫切。需要注意的是，技术本质上是一种知识或信息，创新的技术可以复制、溢出，或者在旧技术的基础上挖掘衍生出新技术，但技术创新从知识到应用的转化过程中存在高度的不确定性，一定程度上制约了企业进行技术创新的动力。

### 2. 生态系统的调节机制

生态系统是承载人类生产生活的重要载体，无论是人类活动相关的资源获取、空间承载还是废弃物消纳都离不开自然生态系统的支撑。同时，生态系统也是人类已知的最为复杂的系统之一，而自组织机制作为复杂系统适应外部环境突变的重要机制也是生态系统自我调节的核心机制。

工业革命以来，化石能源的过量消费不仅带来严重的环境污染，也造成全球温室气体排放的不断增加（见图3-3），全球暖化、极端天气频发、生物多样性受到严重威胁。生态环境视角下，碳中和目标可以理解为人类社会系统为适应全球气候变化做出的发展模式转型，全球气候变化则是自然生态系统适应人类以化石能源驱动经济发展模式而作出的反应，即反馈。

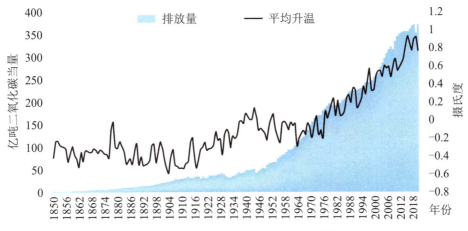

图 3-3　全球温室气体变化趋势及升温情况

（数据来源：Our World in Data）

生态系统包含土地、水、空气、微生物、植物、动物等一系列复杂的要素，这些要素经过亿万年的演变，通过物质、能量和信息的交互形成了极其复杂的关联网络并维持动态的"相对"稳态。当温度变化导致气候变化后，已有的稳态被打破，继而引发一系列的物理、化学、生物变化，而社会经济系统作为自然生态系统中的重要子系统之一，也随之产生相应的适应性变化。在这一视角下，技术创新，尤其是绿色技术创新，也可以视作社会经济系统为适应气候变化而做出的自我调节措施。

### 3. 碳中和目标的倒逼机制

碳中和经济学不同于资源经济、环境经济、低碳经济等传统经济学科的显著区别之一就是其具有极强的目标导向性，因此从"净零排放"的目标出发将倒逼已有经济发展模式、资源利用模式产生相应的转变。这仅依靠市场机制是难以实现的，必然需要政策手段的干预。

在碳中和目标倒逼的政策干预下，化石能源消费、工业流程重构、零碳技术革新、碳市场发展等也相应产生。在不同强度的政策干预下，温室气体排放也呈现不同下降趋势。

碳中和目标的倒逼机制主要体现在通过多种形式的碳中和市场激励、监管体系规制以及政策引导等，将温室气体排放纳入企业生产的环境排放监管体系，实现碳排放成本的内部化、降碳技术创新的正向激励以及碳排放权交易的市场化，即以"看得见的手"引导规制"看不见的手"。

### 4. 碳中和经济系统的自组织机制

碳中和经济系统的形成，本质上是通过将温室气体排放的环境负外部性纳入经济系统，构建基于气候变化反馈的"环境－经济－能源"复合系统，并随着"经济增长－能源消耗－气候变化－经济增长"反馈链条的闭环，为碳中和经济系统的自组织机制提供基础。

图 3-4 展示了将经济系统、生态系统与政策倒逼机制复合形成的碳中和经济系统。

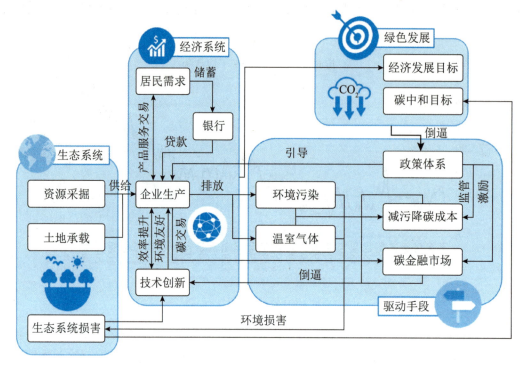

图 3-4　碳中和经济系统的复合架构

在碳中和经济系统的复合架构下，通过不同系统间要素间的关联反馈，原本相互独立的子系统得以关联并形成整体，尤其随着碳中和目标倒逼机制的引入，经济系统中的技术创新功能对于闭环复合系统的贡献进一步凸显。可以看出，碳中和目标实现的核心驱动力在于低碳/零碳/负碳技术创新，根据碳中和目标实现路径的不同，也将产生不同程度的降碳强度需求、减排路径需求、技术路线需求等。

## 第四节　碳中和经济专业认知及学科研究

碳中和经济是在碳达峰、碳中和经济发展目标催生的一门新兴应用经济学科，碳中和经济学这门学科归属、发展定位问题还存在一些学术异议。国内一些专家基于文献计量方法和专家经验法，就碳中和经济学研究领域及热点问题进行了探究，其中文献计量方法代表性研究工作主要有陈啸天等（2023）、刘兴等（2022）、杨威（2019），后续章节以案例形式介绍。

本节基于专家经验法，结合文献资料（刘俏，2021；刘元春等，2022；王灿等，2022），简单阐释碳中和经济学科发展定位、专业研究领域、学科研究热点及对经济学专业影响等①。

---
① 作为碳中和经济学教材，本节主要引述有关专家学者针对碳中和经济学术观点和研究认知，而不作过多评述，期望课程讲授或文献阅读时深层次研讨。

# 一、碳中和经济学科定位及经济学专业新认识

## 1. 碳中和经济学科定位

首先，实现碳中和不仅是技术问题，也是经济和管理问题。需要从经济学理论层面明确碳中和短期目标、中期目标与长期目标的关系，权衡发展和减排的关系，解决技术路线选择问题以及减少污染物和减排的优先顺序问题。此外，还需要构建清晰的碳排放总量指标——最终均取决于成本-收益分析的结果，因为不同的技术路径对应着不同的投融资总额、投融资结构、产业和区域影响。

其次，实现碳中和不仅涉及目标和任务分解，也关乎制度设计和公共政策。即使构建出清晰的碳排放总量目标和日程表，也需要根据大量微观指标设计激励和约束机制，比如，研究采用何种工具能纠正碳排放的负外部性、研究如何通过碳交易市场实现外部成本的内部化、研究如何建立碳价格形成机制、如何构建相应的财税制度等。

再次，实现碳中和不仅是宏观问题，也是微观问题，尤其需要研究如何把企业和个人纳入碳中和的过程。比如，如何激发微观主体的参与积极性、践行低碳生活方式，以何种机制鼓励商业模式创新以促进碳减排等。

最后，实现碳中和既需要有为政府，也需要有效市场，为此需要加强市场机制与政府作用二者关系的研究。相比于产权清晰的商品市场，在碳排放领域研究这一问题将更为复杂。从制度层面看，涉及国家层面的治理变革；从政策层面看，需要围绕碳中和设计财税体系、投融资体系等；从技术层面看，对低碳技术、零碳技术、负碳技术等技术创新的需求会越来越大；从产业层面看，碳中和会带来企业商业理念的变化，重新塑造企业治理、战略、投资决策、内部管理、工艺流程等内容。这一系列变革，为经济学、金融学理论创新提供了可能。

## 2. 碳中和的经济学专业新认识

在碳中和的背景下，经济学理论和专业认知提出了诸多新的挑战和发展研究空间。本部分从碳中和对经济学专业的影响、碳中和经济学的研究领域和未来发展趋势等方面进行分析。

（1）碳中和对经济学专业产生了深远的影响。传统的经济学理论更多关注经济增长和效率，忽视了环境和可持续发展的问题。然而，碳中和的出现使经济学专业不得不重新审视其研究范畴和方法。碳中和经济学要求经济学家将环境因素纳入经济模型，考虑温室气体排放的成本和效益，探索低碳经济发展的路径。因此，经济学专业需要加强对环境经济学、可持续发展和气候变化经济学等领域的学习和研究。

（2）碳中和经济学涉及多个研究领域。首先是碳定价机制研究。碳定价是指通过对温室气体排放进行定量和定价，以达到减排的目标。碳市场和碳税是常见的碳定价机制。经济学专业的学生需要研究碳定价机制的设计和实施路径，分析碳价格对企业行为和市场经济的影响。其次是碳市场和碳贸易研究。碳市场是指通过买卖碳配额来实现减排的方式，碳贸易是碳市场的重要组成部分。经济学专业的学生需要研究碳市场的运行机制、碳配额的分配和交易规则等，探讨碳市场对经济增长和可持续发展的影响。此外，碳中和经济学

还涉及能源经济学、环境政策评估、绿色金融①等多个研究领域。

（3）碳中和经济学将面临更多的发展机遇和挑战。随着碳中和目标的提出和实施，碳市场将愈发成熟，碳价格将更加准确反映环境成本，推动企业和个人更好地管理碳风险。此外，碳中和还将催生绿色技术和绿色产业的发展，为经济学专业的学生提供更多就业机会。然而，碳中和经济学研究也面临一些挑战。首先是数据和方法的问题，碳中和经济学需要大量的环境数据和经济数据，并将二者进行整合和分析；其次，碳中和经济学需要开发新的研究方法，如动态一般均衡模型、系统动力学模型等，以更好地研究碳中和的经济效应；最后是政策和治理的问题，碳中和需要国际社会的共同努力和合作，需要各国制定和实施相应的政策和法规，经济学专业的学生需要研究碳中和政策的效果和可行性，为政府和企业提供决策支持。

碳中和对经济学专业提出了新的要求和挑战，也为经济学专业带来了新的机遇。经济学专业需要关注碳中和经济学的研究领域和方法，培养具备环境经济学和气候变化经济学知识的人才。随着碳中和目标的逐步实现，碳中和经济学将在推动低碳经济发展和应对气候变化方面发挥越来越重要的作用。

## 二、碳中和经济研究问题及研究展望

### 1. 碳中和经济研究问题

围绕实现碳中和这一战略目标，现代经济学和管理学将面临一系列亟待回答的学科建设问题。探究这些学科理论问题，将带来经济学和管理学未来的理论重大创新和学科拓展，而面对碳中和现实经济问题，也能提炼出独具特色的中国实现碳中和目标的实践经验，将有助于构建辐射世界的中国碳中和经济学与管理学理论。针对中国碳达峰碳中和战略体系目标，刘俏等（2021）就新的理论或现实经济问题涌现而可能产生重大理论突破和学术范式变革进行了研究。

（1）碳经济下的增长理论

气候变化和碳排放作为全球性的公共产品（global public good）带来的是负的外部性。在碳中和成为全球共同接受的目标，成为推动人类命运共同体建设的一个具体举措时，碳中和不应该被简单理解为经济社会发展新的约束条件。推进碳中和目标的实现正在改变生产函数和消费者效用函数。在碳中和目标下，"碳"正变成除了传统的资本和劳动力之外另一个重要的生产要素。当生产函数和消费者效用函数发生变化时，现代增长理论所描绘的增长动能、模式、路径、形成增长异质性（跨行业、跨区域、跨国家）的结构性因素、推动宏观经济增长的经济微观基础等都可能会呈现出不同的变化，未来的经济增长将会呈现出不一样的轨迹。

作为新的生产要素的"碳"，到底有什么新的特点、新的经济形态、新的经济运行规律，

---

① 绿色金融，又称广义碳金融，是指投融资决策考虑潜在的环境影响，把与环境条件相关的潜在回报、风险和成本都要融合进日常业务中，在金融经营活动中注重对生态环境的保护以及环境污染的治理，通过对社会经济资源的引导，促进社会可持续发展。我国现有6类常见绿色金融产品，包括绿色贷款、绿色债券、绿色保险、绿色基金和投资、绿色租赁和融资租赁、绿色期货和绿色期权。

都值得深入探讨。而研究这些问题还将为经济增长理论和研究范式带来巨大的发展空间。

（2）碳交易机制与市场设计

碳作为生产要素进入生产函数，并作为重要的决定因素影响消费者的效应函数，以此形成碳经济。事实上，解决碳排放带来的负外部性，需要将碳排放带来的社会成本内化为微观经济单位，如企业或消费者的成本。设定合理的碳税是常见的一种方法，另一方法则是设计碳交易的市场，通过市场交易形成的价格来达到降低碳净排放的目的。关于后者，在阿罗和德布鲁（Arrow-Debreu）构建的一般均衡框架下，市场是完备的，市场价格将导致产品市场出清，社会福利得到最大化。然而，在市场不完备，特别是存在因碳排放产生的负外部性的情况下，需要有针对性地建立碳交易的市场机制。

在我国区域发展不平衡，产业（特别是碳敏感产业）存在明显的区域分布的特点下，市场和定价机制的建立是复杂且困难的。在经济发展和减排增汇之间存在一定程度的冲突时，理解市场参与主体（地方政府、企业、个人等）积极或是不积极参与碳交易的背后原因，设立激励相容的碳交易机制降低了"赢家诅咒"的风险，激励企业与个人主动参与减排增汇，这些问题都需要仔细研究。而针对这些问题的回答将极大地推进市场设计（market design）理论和拍卖理论（auction theory）的发展。

（3）碳经济时代的金融学理论

推进碳中和目标的实现将会引起金融体系的巨大变化，进而推动金融学理论的发展。现在估测，我国要在2060年实现碳中和至少需要140万亿元人民币的投资，资金来源于何处，这些资金应该被投向什么地方，如何保证投资是有效投放，在碳中和目标下，我国金融体系的结构将发生什么样的变化，金融服务的覆盖面应该惠及什么样的行业和地区，金融中介的效率将如何提升，这些问题都亟待解决。

解决这些问题意味着我国金融体系在三个维度上可能会出现巨大变化：

在金融产品和金融服务方面，会有更多更好的绿色金融产品，如绿色债券、绿色贷款、碳期货等衍生品。

在金融中介的服务操作、流程及背后的金融思维方面，碳交易市场和拍卖机制的形成和不断演进，将重塑金融中介的服务流程、具体操作及风险和收益的呈现形式，碳作为金融资产将有可能改变投资组合的定价逻辑和风险对冲逻辑，金融学的第一性问题（如何找到风险和收益之间关系的呈现形式）将可能出现新的突破。此外，与碳相关的资产应该如何计价，如何进入企业或是金融机构的资产负债表和损益表，其价值和风险该如何评估。

在金融中介活动组织形式方面，推进碳中和目标的实现将催生新的金融活动组织形式的创新，绿色PE/VC、绿色银行、绿色交易所等将有可能出现并在金融体系中发挥越来越重要的作用。

（4）产业政策和其他公共政策

实现碳中和需要制定激励相容的公共政策和产业政策。

产业政策方面。在碳中和目标下，在生产函数（production functions）和消费者偏好（consumer preferences）发生巨大变化时，不同的行业受到的影响不尽相同，实现碳中和的产业路径和现有的区域协调也不一样。基于投入产出的定量研究，确定碳敏感关键产业,根据轻重缓急明确产业战略路径选择,制定碳中和目标下产业政策和产业监管体系。同时,基于区域经济特征,我们亟须研究碳中和过程中生产力布局、经济布局等区域协调问题。因此,在区域经济发展战略和具体政策制定方面有很大的分析空间,带来了这个领域研究突破的可能。

公共政策方面,如何通过激励相容的公共政策引导地方政府、企业、个体消费者以及其他利益相关方改变行为模式,积极主动参与到与碳中和目标一致的活动中来,是公共政策制定者需要考虑的关键出发点。未来如何设计合理的税收体系,确定合理税率,制定财政转移支付规则来鼓励减排增汇也是需要重点考虑的问题。

(5)企业战略与商业模式创新

碳中和背景下,基于能源生产端和消费端的技术创新将推动相关经济微观单元在产品服务、价值主张、发展战略等维度的变革,传统产业的主导商业模式将发生改变,新兴行业也将陆续崛起。与此同时,低碳生活理念和方式对消费者消费偏好、习惯、消费结构等将带来深刻影响,同样带来商业模式创新的无限可能。因此,研究碳中和背景下重点区域、重点行业形成的微观商业场景和商业模式,给管理学研究带来新的研究问题和理论创新。

(6)汇率制度

过去一个多世纪里,国际货币体系经历从金本位制到布雷顿森林体系,再向浮动汇率制的变迁。浮动汇率制下,美元是主要的国际货币,全球目前仍然处于以美元为"锚"的时代。碳中和目标下,未来会不会出现"碳本位制"——各国货币汇率以各国的"碳价"作为重要的"锚"来确定?减少碳排放、增加碳汇是全世界绝大部分国家抛去意识形态、文化传统、发展模式、宗教信仰等方面的分歧后所能形成的最可能、最大的共识,也是各国构建人类命运共同体的具体举措。随着实现碳中和目标的推进,碳交易市场的价格发现功能逐渐呈现,那么一个国家的碳价有没有可能变为本国货币定价的"锚"?如此,国际汇率制度将发生很大的变化,与汇率相关的一切问题都有可能需要重新审视,这会带来国际经济学研究范式和研究问题的重大改变。

2. 碳中和经济研究展望

基于中国碳中和经济学发展及现实问题,刘元春等(2022)提议重点开展以下几方面学术研究工作。

(1)分析碳达峰和碳中和的实现路径和安排,探究碳减排责任归属和分配机制,构建减污降碳的激励约束机制,并测算绿色投资的投资乘数与传统的投资乘数的差别,进而探究如何有效发挥绿色投资的拉动作用。

(2)研究气候风险对经济各部门的具体影响机制和传导渠道,分析搁浅碳资产对企业经营风险和能源供给能力的影响,避免能源供给受限导致能源价格和生产成本上升。

(3)研究碳交易与碳税等碳定价方式的实际效果和差别,搭建出符合我国实际国情的碳定价体系,并分析货币政策、财政政策和绿色金融等宏观政策的实际效果和最优组合,构建绿色宏观政策工具箱,进而通过绿色宏观政策有效降低绿色技术创新面临的不确定性风险。

(4)研究碳关税对碳泄漏、全球贸易和我国经济的具体影响,分析我国应该如何有效应对经济发达国家对我国实施碳关税的不利影响,并加强我国在全球减排合作的政策制定和效果评估等方面的研究，积极推动全球减排合作。

## 第五节　碳中和经济学研究热点案例

本节作为课程选学内容，以实践教学案例方式，应用文献计量研究法和文献计量CiteSpace软件，对碳中和经济相关领域检索研究，目的是对碳中和经济实践教学及学生科研选题有所帮助。

### 一、国内外碳中和经济学术研究热点

本研究案例以文献计量分析软件CiteSpace为基础，文献资料来自中国知网（CNKI）数据库。本研究案例以"碳中和""碳达峰""碳减排"为检索关键词，对相关论文进行检索，同时以"经济"为筛选条件，最终得到中文文献326篇，且全部为学术文献。本研究所选用的文献年限范围为2004—2023年（文献截至2023年9月7日）。通过对文献的外部特征进行描述得到相关的统计学信息，以此作为量化数据，通过CiteSpace绘制知识图谱，对碳中和领域的研究现状、热点等进行可视化表达。

从图3-5可以看出，中国在2009—2020年度与碳减排相关的文章的发文量相对稳定，并在2020年之后出现激增的态势。自2003年国家提出"低碳经济"，碳减排进入国民视野，此后中国逐步出台了《节约能源法》《循环经济促进法》等相关节能减排和应对气候变化的法律法规（杨威等，2019；刘兴，2022；陈啸天等，2023）。2009年召开的国务院常务会议公布了中国的碳减排目标，即到2020年，中国单位国内生产总值二氧化碳排放比2005年下降40%～45%，由此激发了学者对于碳减排问题的研究热情。因此，2009年后相关主题的文章陆续发表并且其每年发表的数量相对稳定。2020年，中国在第75届联合国大会一般性辩论上作出我国将力争于2030年前实现碳达峰、努力争取2060年前实现碳中和的重大宣示。对此，中国经济学者就碳中和经济发展问题进行了深入探究，从而使得相关研究文章数量暴涨。

图3-5　2004—2023年度发文量趋势图

（数据来源：Web of Science）

### 1. 关键词聚类分析

随着全球气温逐年升高，温室效应的危害加剧，学者们开始关注气候变化的严重影响，从发展低碳经济、气候变化的影响、低碳生活等方面关注碳减排的研究。伴随碳减排研究的不断丰富和深入，学者的关注点逐渐从"低碳经济"细化到对"碳税"和"碳交易"等经济性减碳手段的研究上来，如图3-6所示。随着碳减排体系的逐步确立和相关立法提上日程，基于碳减排和经济可持续发展的需要，碳税逐渐成为我国学界关注的热点。

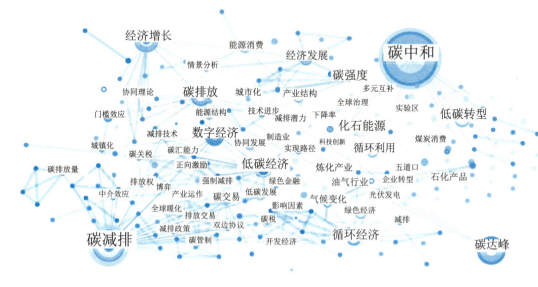

图 3-6　文献关键词关联图谱

近年来，政府为碳减排、碳达峰和碳中和设定硬性目标，中国正日益重视碳减排问题。值得注意的是，在碳中和目标提出后，越来越多的学者开始以碳中和作为主要的研究课题，从多角度对中国的碳中和实现议题进行了探究。随着极端天气、温室效应危害的加深，加上高端低碳技术的高壁垒高门槛，如何从技术、法规、管理等多方面制定好碳减排的规章和方案逐渐成为学术界研究的热点。

### 2. 研究热点演进分析

突现关键词是在某段时间内相关领域骤增的关键词，可以反映一个领域的动态，突发词检测是一种有用的分析方法，可以发现在一定时期内受到相关科学界特别关注的研究问题，用以分析前沿和预测趋势①。从图3-7中可以看出，在经济视角下，碳税研究具有很大的热度。从时间跨度来看，持续时间最长是"碳减排"，其次是"经济增长"，这些关键词体现了随着时间推移低碳经济研究热点的变化，在低碳经济研究领域发挥了重要的作用。"低碳转型""碳中和""碳价"这些突现关键词反映了近年来低碳经济和碳中和经济领域的研究前沿。

---

① 刘兴，龙宇洪，黎定军. 国内低碳经济研究热点与前沿趋势[J]. 合作经济与科技，2022（6）：23-25.

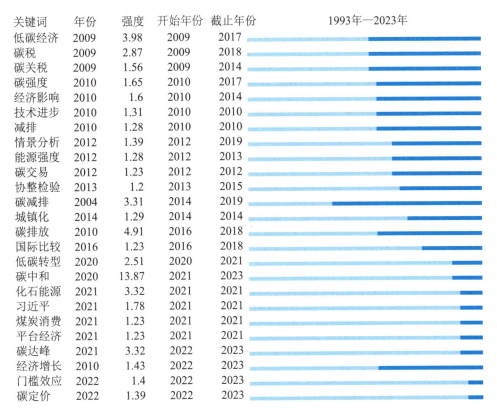

图 3-7 被引用次数最多的 25 个关键词

## 二、碳减排研究热点检索分析

本研究案例使用 CiteSpace 软件,对碳减排研究热点和前沿趋势等方面进行可视化分析。本研究所选取的文献来源于 Web of Science(WOS)文献数据库中的核心合集。WOS 数据库检索主题词分别为"carbon neutrality economy""low carbon economy""climate change economy""carbon price""carbon reduction cost"。以上五个关键词之间的关系为"or",文献类别为"article"。随后将研究主题有关于经济的文献单独筛选出来,共 15 135 篇,并将其按相关性排序,选取相关性前 3 000 篇文献进行下一步的分析,其发文趋势如图 3-8 所示。

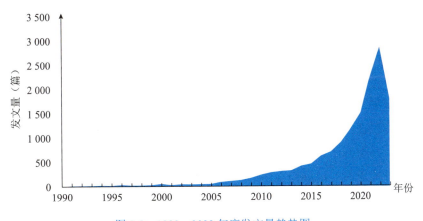

图 3-8 1990—2023 年度发文量趋势图

从图 3-8 可以看出，关于减碳领域的研究逐年增加，WOS 数据库的发文数整体呈上升趋势，并且近年来的增长幅度越发大。1992 年通过的《联合国气候变化框架公约》提出发达国家和发展中国家在碳减排任务中"共同但有区别的责任"原则；1997 年通过的补充条例《京都议定书》规定发达国家温室气体排放量要比 1990 年减少 5.2%，以缓解全球变暖问题；2015 年达成的《巴黎协定》正式提出了碳中和，要求相比于工业化之前，到 21 世纪末全球的温升控制在 2℃以内，并向 1.5℃的目标努力，并提出到 21 世纪下半叶全球实现碳中和。这三份应对气候变化的国际法律文本，反映了全球碳减排量从相对减少到绝对归零的过程[①]。

近些年，世界多个国家在不同场合宣布了本国的碳中和目标和实现日期，激发了本国研究者探索碳中和的实现之路，保持了碳中和领域总体研究数量的增加。这说明气候问题在全球范围内日益得到重视。

1. 关键词聚类分析

关键词是作者对文章核心问题的提取与精简概括，因此对碳中和文献集的关键词分析体现了碳中和研究领域的研究热点。根据图 3-9，国际碳中和研究以对"温室气体"的认知为基础，将"碳足迹"的测算作为重中之重，最终实现"低碳经济"、打造低碳产业链的目标。同时，整体研究与气候方面的"政策"制定出台紧密相关，政策的实践推动了各个行业的低碳转型。

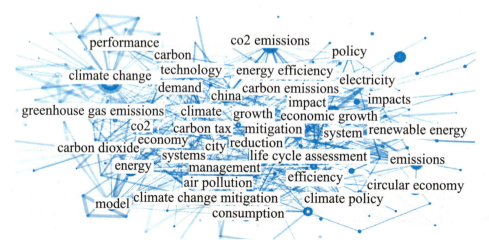

图 3-9　文献关键词关联图谱

从研究主题来看，领域内的研究主题较多；从频次来看，"碳足迹""碳排放""碳中和"等出现频率很高。主要研究包括碳排放的测算、各个行业在低碳背景下的转型、与之相匹配的政策框架三个方面。不同主题下的研究成果也由单薄逐渐丰富，从一开始概念模糊的宏观分析到现在的不同视角解决实际问题。随着更高目标的提出，碳中和研究也应更深入、更全面，向不同产业交叉融合、国家之间合作的方向转变。由于地域环境、经济水平、社会因素等诸多差异，世界各国面临着不同的治理情况，使得碳中和的研究内容多元

---

① 韩立群. 碳中和的历史源起、各方立场及发展前景 [J]. 国际研究参考，2021（7）：29-36+44.

化，碳中和的实现路径、政策保障机制、各行业具体措施等方面受到了重视。

### 2. 研究热点演进分析

突现词是在某段时间大量出现并且受到学者广泛关注的关键词，通过对关键词突现的研究，可以明了地观察到领域研究热点的历史演变以及当下的研究前沿。图 3-10 为 1994—2023 年碳中和及相关主题的中外文献突现词图谱，红色部分代表突现年份，蓝色代表未突现年份。

| 关键词 | 年份 | 强度 | 开始年份 | 截止时间 | 1993—2023年 |
| --- | --- | --- | --- | --- | --- |
| climate change | 1994 | 51.95 | 1994 | 2016 | |
| economics | 1994 | 6.31 | 1994 | 2018 | |
| carbon | 2003 | 5.29 | 2003 | 2017 | |
| climate policy | 1999 | 14.3 | 2006 | 2018 | |
| economy | 2003 | 9.02 | 2008 | 2017 | |
| political economy | 2009 | 8.01 | 2009 | 2019 | |
| demand | 1996 | 12.24 | 2010 | 2020 | |
| energy policy | 2010 | 7.29 | 2010 | 2016 | |
| systems | 2010 | 5.09 | 2010 | 2011 | |
| low carbon economy | 2012 | 9.15 | 2012 | 2017 | |
| policy | 2003 | 9.01 | 2012 | 2019 | |
| mitigation | 2014 | 7.75 | 2014 | 2017 | |
| prices | 2014 | 4.98 | 2014 | 2016 | |
| carbon footprint | 2016 | 5.8 | 2016 | 2019 | |
| industry | 2017 | 7.36 | 2017 | 2019 | |
| scenarios | 2010 | 7.18 | 2017 | 2020 | |
| transport | 2017 | 6.84 | 2017 | 2020 | |
| governance | 2017 | 5.31 | 2017 | 2018 | |
| market | 2019 | 6.91 | 2019 | 2020 | |
| paris agreement | 2019 | 6.36 | 2019 | 2020 | |
| ghg emissions | 2019 | 4.92 | 2019 | 2020 | |
| determinants | 2020 | 5.55 | 2020 | 2021 | |
| future | 2017 | 5.5 | 2020 | 2021 | |
| barriers | 2020 | 4.98 | 2020 | 2021 | |
| temperature | 2021 | 7.38 | 2021 | 2023 | |

图 3-10　被引用次数最多的 25 个关键词

综合来看，碳中和文献研究热点呈现多元化的趋势，由对气候问题宏观宽泛研究演进到具体微观领域的研究。除了气候变化和经济等基础性的词外，政策和情景分析是突现频率较高的两个词。学者们从系统的角度进行碳足迹研究，不同行业的研究人员在此基础上改进测算模型使其能更精确地计算碳排放量。在此阶段的后期，国内外碳足迹测算方法已基本成熟，在近些年碳中和目标明确提出后，突现词大量增加，研究热点分化成不同主题，研究内容更加具体。经济层面，针对碳市场的研究深受学者青睐。碳交易市场是促进碳中和的有效手段之一，国内外学者们结合碳交易市场建设中的实际问题共同探讨，提出健全法律、规章的建议，从管理的角度、以市场的形式促进碳中和的实现。此外，针对未来的碳减排情景的分析也成为研究热点之一。

## 推荐文献阅读

[1] 厉以宁，朱善利等 . 低碳发展宏观经济理论框架研究 [M]. 北京：人民出版社，2018.

[2] 中金公司研究部 . 碳中和经济学——新约束下的宏观与行业趋势 [M]. 北京：中信出版社，2021.

[3] 王能应 . 低碳理论 [M]. 北京：人民出版社，2016.

## 课后思考题

1. 生态文明思想对碳中和经济理论发展有什么重要意义？
2. 简述碳中和经济理论的核心要素。
3. 简述碳中和经济系统构成及运行机制。
4. 谈谈你对碳中和经济学学科定位的理解。
5. 应用文献计量研究法，撰写一份碳中和经济热点研究报告。

# 第四章
# 碳中和经济政策演化及市场体系

  在碳达峰、碳中和战略实施过程中,运用现代经济学科理论,探讨碳中和经济发展过程中的产业经济政策、市场化转型等现实经济问题将是碳中和经济学这门新兴学科的重要内容。基于此,本章在阐述碳中和经济制度演化、主要国家碳中和经济政策体系基础上,系统介绍碳中和经济市场化运作的现实经济发展模式,包括碳交易市场机制、碳税和碳定价、碳金融及其衍生工具等,以期为碳中和经济政策及市场化运行机制分析提供参考。

# 第一节　碳中和经济制度演化和政策工具

从碳中和经济的发展历程看，虽然是全球温室气体持续过量排放引起的"气候变化"激发了碳中和经济这个新经济模式的"横空出世"，但如今碳中和经济本身显然已从一个单纯技术和经济发展模式问题上升为国际政治和国家战略层面的重大问题。目前，全球"气候变化"问题已经不再是一个国家或局部地区的事情，而是需要全人类（不论贫富贵贱）来共同携手面对的重大生存环境治理问题，这就需要建立一套相对合理的国际"游戏规则"及配套体系来约束人类传统发展模式和生活习惯，以维护全球碳中和经济健康有序地发展。

## 一、国际碳中和经济制度变迁

国际碳中和经济政策制定及制度变迁历程可以追溯到20世纪六七十年代，当时世界各国开始意识到气候变化和环境污染的严重性。随着科学技术的发展和人们环保意识的加强，国际社会开始探讨如何建立一种可持续发展的经济模式，并且在此基础上逐步建立了碳中和经济制度体系。

从新制度经济学视角来看，国际碳中和经济发展演变就是制度体系变迁的过程，可初步分为三个阶段（胡志伟等，2010）。

### 1. 形成碳中和经济国际制度变迁的初级行动集团，并初步设计与选择方案

20世纪70—90年代，全球爆发的三次石油经济危机（1973年、1979年、1990年），对石油资源贫瘠的欧洲与日本经济都造成了巨大伤害。这些经济受害国家预见到发展新型节能和低碳经济产业具有巨大的潜在利润，尤其是可以有效规避世界能源经济危机的冲击，同时这些国家认识到进行科技与制度创新就能够"捷足先登"，得到这些潜在的先发利润。

为此，欧洲各国、日本等经济发达国家各自制定了国内低碳经济制度变迁方案，并抢先施行，从而获得了碳中和经济制度的先发优势，掌握了相关领域的尖端核心技术，并在一定程度上形成了低碳产业规模经济，这就是当今世界碳中和经济发展的初级行动团体。该初级（国家）行动团体预先对全球低碳经济直至当前的碳中和发展的国际制度和游戏规则进行了设计、谈判、评估、选择，根据（国家或区域）集团利益最大化的原则，选出能满足这些国家（或区域）利益的制度和游戏规则创新方案。

### 2. 初级行动集团与次级行动集团协作推动碳中和国际制度变迁

碳中和次级行动集团是促进低碳经济发展的团体和组织，某种程度上也代表了初级行动集团的利益，包括世界环境与发展委员会（WCED）、政府间气候变化专门委员会（IPCC）、联合国政府间谈判委员会等联合国旗下的非政府组织。本质上说，次级行动集团是为帮助欧盟与日本等发达国家获得低碳经济预期纯收益而建立的决策单位。次级行动集团推动变迁的方式是每年举行联合国气候大会讨论相关问题，在1992年5月《联合国气候变化框架公约》（UNFCCC）指引下，不断协商、博弈，以期最终建立具

法律效力的低碳经济国际制度，从而实现了初级行动集团的目的。接着，1997年的联合国气候变化大会通过《京都议定书》，规定了发达国家减少温室气体排放量的具体目标和时间表。

从1997年《京都议定书》达成到2009年的十五届联合国气候大会这10多年时间里，UNFCCC国际政治影响力不断扩大，部分国家基于各自不同原因而产生的抗拒态度已难以改变低碳化发展的时代大趋势[①]。

2009年是第二阶段碳中和制度变迁的分水岭。美国起初曾是全球低碳发展计划的坚决反对者，但金融危机中的美国众议院于2009年6月通过《美国清洁能源安全法案》，迈出了低碳经济发展的关键第一步。同年11月，美国决定到2020年实现在2005年基础上减排17%的目标。

### 3. 以中国为代表的新兴行动集团积极参与推动碳中和国际制度变迁

2015年的巴黎气候变化大会进一步推动了碳中和经济制度的发展，世界大部分国家积极明确2030年前减排目标，同时也呼吁全球各界共同努力确保全球气温上升不超过2℃直至1.5℃。除了政府层面的合作，企业界和民间组织也在积极参与碳中和经济制度的建设。例如，一些大型跨国公司已经开始采取可持续发展措施，投资低碳技术及产品研发，并且加入了各种环保组织以便为可持续发展作出更多贡献。

中国作为世界最大的发展中国家，积极参与国际气候变化谈判，表现出应有的担当，对全球碳中和经济制度变迁产生了积极影响。从"十一五"开始，中国设定了能源强度、二氧化硫减排、能源结构目标和森林面积目标等量化目标，以降低碳排放和增加碳捕集。同时，中国还在国内开展了碳交易试点，探索用市场工具推动目标实现。此外，中国在2020年9月22日的第75届联合国大会上正式提出2030年前实现碳达峰、2060年前实现碳中和的目标。

总之，国际碳中和经济制度变迁历程经历了长时间的探索和发展，一步步建立起了一套有效的制度框架和合作机制，有望为全球实现可持续发展提供更为可靠的基础。

## 二、碳中和经济政策利益主体需求

碳中和经济是一项系统性工程，关系多方群体的利益（图4-1），所以选择有利于碳中和经济发展的政策工具首先要明晰各群体的特定利益需求，也是政府治理经济社会的手段和有效途径。就政策利益主体需求而言，国家或政府部门是政策主导者，市场机制调节是政策手段，经济主体（包括家庭、企业以及社会中介组织等）是政策制定的基础。在政策执行过程中，经济主体对市场机制的响应则是政策制定目标和结果之间的桥梁。

---

[①] 2000年第6次大会上，世界上最大的二氧化碳排放国美国坚持要大幅度折扣它的减排指标，并拒绝批准《京都议定书》，2017年美国特朗普政府又退出了《巴黎协定》。2003年第9次大会，碳排放大户俄罗斯拒绝批准议定书，2004年不得已批准了该议定书后，于2005年生效。

图 4-1　碳中和经济政策的相关利益主体

基于此，国家或政府部门实现某一既定政策目标时，既要注意政策工具的选择，也要对政策工具的执行效力进行有效性评价（邢继俊，2009；X. Dou，2016）。

（一）政府部门

政府部门制定的碳中和经济政策和相关配套措施应注重其综合效应，包括政治效力、经济效益、环境效益、社会福利、行政效率、交易成本，以及与现行法律体系的相容性等。

（二）非政府组织

非政府组织（NGOs）和积极参与政治活动的生态学家们通常关注的是一项政策的碳减排效应，相反会忽视政策工具的经济效应。

（三）银行

作为金融机构，银行是低碳能源和相关产业最主要的融资渠道，相关碳中和经济政策能否为企业解决投资项目的资金问题是他们所关心的，当然这也是决定大型碳中和项目发展的基本条件之一。

（四）项目开发商和设备供应商

碳中和经济发展过程中，项目开发商和设备供应商一般是确定未来的碳中和相关产品市场容量足够大、市场准入机制相对宽松时，才会考虑进入这一领域。当其利益得到保证的情况下，会激励它们进行低碳新设备的技术研究和开发。对于中国的碳中和相关产业领域的开发商或者设备供应商来说，如果可以独立完成大型生产设备的研发和制造，那么就可以在技术上摆脱经济发达国家的限制，从而真正自主地促进碳中和相关产业发展。

（五）消费者

广大消费者关注的是碳中和相关产品价格和自身的承受能力，比如清洁能源发电，当消费者物价指数增长较快时，如果以提高电费来作为政策工具的经费，可能会引起公众的抵触情绪。清洁能源的筹集资金最终会被转嫁到电力消费者身上，政策工具的使用及相关的管理费用也会带来较大的交易费用，消费者的负担加重会对政策工具的执行效力产生不利影响。

总之，建设碳中和经济需要各个方面的积极参与和协同合作。政策工具的选择应该充分考虑到各群体的特定利益需求，从而实现整体利益最大化。

### 三、碳中和经济政策理论工具

如何选择政策工具是碳减排实践中面临的关键问题。选择政策工具的基础是明确工具的优劣判定原则。虽然环境政策工具的直接目标是实现污染控制，但政策实施往往带来广泛的社会经济影响，政策工具选择面对多重判定标准，首先要保证政策的实际减排效果，其次要关注减排的成本高低，同时还要考虑政策实施对不同收入群体、区域、代际的影响以及成本在不同主体之间的分布，并且要关注政策本身在现实中的可行性等（范英等，2016）。

碳中和经济的发展模式就是运用碳中和经济理论组织经济活动，将传统经济改造成低碳甚至零碳型的新经济模式，其内在要求是实现人类社会系统过程的各个单元在低能耗、低污染、低排放的条件下和谐共生，形成碳要素高效流通闭环。

在一个国家，要实现碳中和经济发展目标，政府相关法律法规以及配套政策体系是第一驱动力。在设计各种有效的碳中和经济政策工具时，既要充分利用市场机制，尽可能调动微观经济主体的积极性，也要弥补市场机制失灵。

目前产业经济学中关于碳中和经济的政策工具有以下5类（卢山冰等，2010）。

#### （一）基于市场失灵理论的碳中和经济政策工具

传统的市场失灵理论认为，垄断、外部性和信息不对称的存在，使得市场难以完全解决资源配置的效率问题，以充分实现资源配置效率最大化，从而出现市场失灵。为了实现资源配置效率的帕累托最优，就必须借助政府干预来完成。现代市场失灵理论认为，市场不能解决的社会公平和经济稳定问题需要政府出面化解，政府干预经济领域的扩大，说明政府在市场经济中的作用越来越重要，但同时对政府管理效率提出了较高的要求（姜启亮等，2011）。

#### （二）基于产权理论的碳中和经济政策工具

经济学的产权理论认为，在处理外部性问题时，市场失灵与产权紧密相连，效果最优化的实现依赖产权的分配与界定。碳交易是为促进全球温室气体减排、减少二氧化碳排放所采用的市场交易机制。碳排放权交易制度作为市场经济体制下最有效率的碳排放控制手段，已在全世界范围内被广泛采用。

基于环境资源产权理论的排污权交易有助于消除环境"公共物品"的外部性，目前世界上最大的排污权交易项目就是2005年《京都议定书》实施之后的跨国间的碳排放交易，该协议也是历史上第一个给协议成员国分配强制性碳减排指标的约束性文件。

### (三)基于信息不对称、委托—代理理论的碳中和经济政策工具

这是指为了克服能源节约与碳减排方面的信息不对称和复杂的委托—代理问题,依据激励相容机制理论设计的政策工具,包括自愿协议、碳标签计划等具体措施,用以激励厂商和消费者主动减少"逆向选择"和"道德风险"。

自愿协议主要指发达国家的一些社会责任意识比较强烈的企业,通过自愿承诺减少碳排放或采用清洁生产技术,以实现减少政府管制的目的。碳标签计划、ISO14000认证等均属于激励信息公开的政策工具。企业通过这些认证能够在社会上树立起自身"碳中性"和"碳生态足迹为零"的良好形象。

### (四)基于不确定性理论的碳中和经济政策工具

自从大卫·李嘉图(David Ricardo)之后,经济学理论的构建遇到了两难选择,即经济分析只有排除不确定性和变动性才能进行,而经济政策只有仔细考察到不确定和变动性才能实行。约翰·梅纳德·凯恩斯(John Maynard Keynes)的一个重要贡献就是将不确定性牢牢地置于经济各阶段的中心。不确定性的预期在消费、投资及货币政策三大规律中起着决定作用(汪浩瀚,2002)。

在碳中和经济政策工具研究中,对于不确定性碳排放和企业责任的有效测度,成为碳中和政策工具研究的重要内容。例如,由于"非点源污染"①无法测度环境污染的个体责任,而"点源污染"只能承担有限责任,能源节约与环境保护的投资具有投入大而收益不明显的基本特征,解决这些问题的政策工具应该有合同能源管理与第三方融资。

合同能源管理是一种新型的市场化节能机制,其实质是以减少的能源费用来支付节能项目全部成本的节能业务方式。第三方融资是一种由技术革新带来的基于储蓄的金融方式。拥有技术和金融能力的第三方为顾客提供能源转换系统,从而获得经济收益。

### (五)基于工业生态学理论的碳中和经济政策工具

从理论层面来看,低碳经济与生态经济、循环经济是一脉相承的。工业生态学理论通过把生态学、经济学和工业组织理论联系在一起,研究工业系统的能源物质流动及其对环境的影响。循环经济发端于生态经济,将涉及范围从生产过程延伸到消费领域,强调以源头预防和全过程管理替代末端治理的发展模式。基于工业生态学理论的低碳经济政策工具主要包括以下几种:

#### 1. 生态工业园区试点政策

在经济发达国家,生态工业园区建设已经成为能源环境和发展政策的关注焦点。中国在推动碳中和经济和生态文明建设的过程中,也颁布了生态工业园区试点政策。该政策旨在推动制造业结构升级,实现资源高效利用和循环经济的发展,同时还可以促进区域经济和社会可持续发展。

---

① 国内有的文献或媒体中又称为面源污染,通常在比较正式的、学术性较强的文献中多称"非点源污染",它是从英文"Non-point Source Pollution"(简称 NPS 污染)转译过来的。非点源污染有广义和狭义的两种理解,广义指各种没有固定排污口的环境污染,狭义通常限定于水环境的非点源污染。非点源污染具有分散性、隐蔽性、随机性、潜伏性、累积性和模糊性等特点,因此不易监测、难以量化,研究和防控难度较大。

### 2. 生态设计

生态设计是在创造性思维的引导下，对产品生命周期内的环境影响进行全方位的考虑，从而达到环保的目的。政府可以推广和鼓励生态设计，以减少产品对环境的负面影响，提高资源和能源利用效率。

### 3. 共享经济

共享经济是一种以分享、互助和协作为基础的经济发展形态，可以有效减少自然资源浪费，抑制能源消耗增加。我国政府可有效利用社会制度优势，多渠道支持和扶持共享经济发展，如通过建设共享交通系统、推广共享自行车、鼓励共享住房等不同方式，促进节能减排和低碳经济发展。

目前，中国正在从工业化初级阶段向现代化中级发展阶段迈进，自然也正处在以高碳化石能源消耗为主要特征的制造业向绿色制造转型发展的关键时期。根据环境库兹涅茨曲线学说，我国的环境污染状况正处于环境库兹涅茨曲线"倒U形"的左侧，即制造业发展转型关键期，对自然资源，尤其是能源的耗费大大超过资源自身的再生能力，生态环境承载力以及环境污染压力较大。这些都将形成中国经济最大的负外部性，将给中国经济的可持续发展带来巨大的制约。

对照国外碳中和经济政策工具理论，结合我国经济发展特点，不难发现我国碳中和经济政策导向，主要采取的是以"目标责任制"为发展主线，以"命令—控制"为主体的政策。

## 第二节　世界碳中和经济政策体系

客观上来看，碳中和经济发展对国家（或区域）的经济增长的确有一定影响，但发展碳中和经济本身并不意味着经济增长的低速度，其前提是做到碳中和模式下的经济增长与可持续发展有机结合起来。这就需要建立与"碳中和经济"发展相适应的社会政策体系，包括建立低碳甚至零碳的能源系统、低碳—零碳—负碳的技术体系和低碳产业结构，同时要求建立与碳中和发展相对应的生产方式、消费模式和鼓励碳中和发展的政策措施、法律体系与市场机制。也就是说，要走碳中和经济的发展路径，需要形成"碳中和经济"的理念，这不仅是局限于技术层面，还包括调整经济发展模式以及社会消费模式，关键在于技术创新与制度创新。

目前，许多国家都已意识到碳中和经济对于未来发展的重要性和战略意义，一些国家，特别是经济发达国家为促进碳中和经济发展相继制定了相关的法律及配套政策体系，主要包括行政引导、信贷激励、税收约束、政府管制等不同政策。这些法律政策框架不仅为碳中和经济发展提供了法律法规层面的保障以及宏观政策指导，更重要的是为广大发展中国家的碳中和经济发展和战略规划提供了重要参考。

### 一、技术促进政策

近年来，欧洲、美国、日本等经济发达国家和地区在碳中和经济发展方面的经验表明，技术驱动政策的制定和实施对于促进碳中和相关产业发展、推进新兴清洁能源技术创新与商业化应用具有不可替代的关键作用。

### （一）政策促进碳中和相关技术创新

推进碳中和相关技术创新的三种主要类型政策。

#### 1. 采取措施来降低创新成本的政策——技术推动政策

技术推动政策的目的在于降低企业低碳技术创新和产业化推广成本，主要包括政府主导的研发、企业投资研发的税收抵免、提高知识交流的能力、支持教育和培训事业的发展、投资示范项目等方面。同时，政府还可以设立科技创新基金、联合实施跨国研发计划等方式，鼓励跨国合作和交流，促进碳中和相关技术的创新和推广。

#### 2. 采取措施提高创新收益的政策——需求拉动政策

政府可以通过提高企业技术创新和产业化实施成功后的经济收益来激励企业投入创新。这方面的政策工具主要包括知识产权保护、税收抵免和新技术的消费抵免、政府采购、技术授权、管制标准等。同时，政府可以通过建立合理的市场机制，如碳排放核算与交易、碳配额交易等制度，引导社会各界对碳中和相关技术进行投资和开发。

#### 3. 制度创新政策

政府可以通过建立适应碳中和发展需要的制度安排，如加强碳排放监管、建立碳中和目标考核和评价体系等，推动相关技术的运用和发展，并促进碳中和战略跨越式的发展。欧洲、美国和日本等经济发达国家和地区在促进碳中和相关技术创新的过程中，根据不同产业领域的实际发展情况，都综合运用了技术推动、需求拉动和制度创新这三种政策。

### （二）碳中和政策与技术的生命周期相配合

经济发达国家在碳中和技术发展的不同生命周期阶段，政策工具的选择也有所区别。碳中和技术创新发展是具有明显周期性特征的，其生命周期可以大致分为研发（R&D）、试点推广、产业化应用等三个阶段（刘胜，2012）。

根据这三个不同阶段的不同情况，政府部门应提供相应的碳中和相关技术发展和激励政策措施，如图4-2所示。

#### 1. 研发（R&D）阶段

在碳中和技术研发阶段，政府的政策引导和措施激励将发挥关键性的作用。政府出台鼓励研发的激励政策，通过资金支持、提供技术平台等手段，以鼓励社会研发力量，如研究院、高校、企业等参与技术的研发，某些前期碳中和技术投资大、研发周期长，尤其是一些大型技术研究项目，都需要政府直接投资进行。

此外，政府政策激励也会极大地促进碳中和技术在国际间的转移。

#### 2. 试点推广阶段

试点推广阶段是碳中和技术创新周期的重要阶段。前期碳中和新技术的研发已基本成形，将这些新技术尽快推广到应用市场是政府政策的主要导向，政府政策的侧重点应该放到鼓励企业投资碳中和新技术的商业化运用和应用市场的开拓上去。特别是政府应对企业的应用投资进行税收、土地等政策上的优惠，鼓励企业建设示范工程，通过投资补贴、消费补贴等鼓励新技术产品市场的扩大。

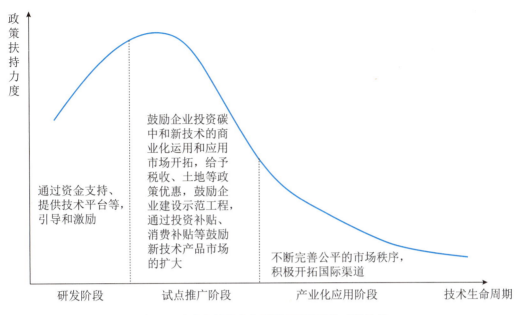

图 4-2　碳中和技术生命周期不同阶段的政策扶持

### 3. 产业化应用阶段

产业化应用阶段也属于碳中和技术创新周期的成熟期，这个时期的碳中和新技术的应用与商业化已经相当成熟，此时的发展应该更多地依靠市场本身，而政府政策此时应做的就是不断地完善公平的市场秩序，同时也要积极开拓国际渠道，以帮助企业参与新能源产业及其他碳中和相关产业的国际化竞争。

## 二、税收价格激励和管制政策

综合有关文献（杨家威，2010），各国推行碳中和经济的主要税收价格激励和管制政策包括以下几个方面。

### （一）碳排放税

碳排放税是一种基于对二氧化碳排放量征税的政策，其目的在于推动企业减少碳排放和采用更加清洁的能源。碳排放税通常是按照排放量计算并征收，旨在促进企业降低碳排放和转型升级。碳排放税的征收标准通常是以每吨二氧化碳排放量为单位征税。排放污染物的企业须缴纳相应的碳排放税款以抵消其排放造成的环境和健康损害。

### （二）气候变化税

开征气候变化税往往被经济发达国家认为是富有成效的政策激励手段。所谓气候变化税，指的是一种混合型税种，它的税率由该能源的含碳量和发热量决定，不同的能源由于含碳量和发热量存在很大不同，从而会有不同的税赋标准，低碳能源的税赋一般都要远远低于高碳能源的税赋。与碳排放税不同的是，气候变化税是对所有温室气体排放进行征税，并非只对二氧化碳排放征税。因此，气候变化税相比碳排放税更加全面，理论上可以更加准确地反映排放物造成的环境影响。

英国于2001年就开始实施气候变化税制度，收取的气候变化税通过不同形式再投入到社会生产过程中。气候变化税每年能为英国财政筹集大约12亿英镑，其中1亿英镑成为政府推动低碳经济的直接补贴，8.76亿英镑以减免社会保险税的方式注入企业，0.66亿英镑拨给碳基金。气候变化税在许多国家已经开始实施或正在研究中。例如，瑞士、瑞典、挪威、芬兰等国已经实施了高额的排放税制度。同时，欧盟也计划在2030年前将排放税收收入增加至750亿欧元，并将税收范围扩大到航空和海运等领域。

（三）碳关税

所谓碳关税，又称边境调节税（BTAs），是指对高耗能的产品进口征收特别的二氧化碳排放关税。碳关税概念最早由法国前总统希拉克提出，其用意是希望欧盟国家应针对未遵守《京都协定书》的国家课征商品进口税，否则在欧盟碳排放交易机制运行后，欧盟国家所生产的商品将遭受不公平竞争，特别是其境内的钢铁业及高耗能产业。

目前在世界国际贸易往来中并没有"碳关税"征收的范例，但是欧洲的瑞典、丹麦、意大利，以及加拿大的不列颠哥伦比亚和魁北克两省已在本国（省）范围内征收碳税。2009年6月底，美国众议院通过的一项征收进口产品"边界调节税"法案，实质就是从2020年起开始实施"碳关税"——对进口的排放密集型产品，如铝、钢铁、水泥和一些化工产品，征收特别的二氧化碳排放关税。

2009年7月4日，中国政府明确表示反对一些西方国家假借"碳关税"之名的国家贸易保护主义。目前，欧盟已经在其新的《绿色新政》中提出了对某些进口商品实施碳边界税的计划，以确保该地区的产业不会受到在环保方面法规更宽松的部分国家或地区的产品的威胁。同时，一些国家也在考虑实施类似的政策。可以预见，"碳关税"问题未来将是国际贸易谈判和国际"游戏规则"制定面临的一个非常棘手的问题。

（四）环境资源税

环境资源税是以环境保护和资源开发所有权转让的一个特别税种，该税种对资源开发利用调控和生态补偿具有特别重要的作用。根据不同国家或区域的具体情况，在促进碳中和经济发展中，可以研究和建立环境资源税，主要包括以下几个方面：

（1）研究旨在降低温室气体排放的燃料环境税、水资源税、矿产资源税、森林资源税等，或者研究调整相关税种的税率。

（2）研究和开展生态环境补偿收费（或征税），使自然资源开发过程中造成的生态环境破坏得到补偿，通过严格的土地、信贷、项目审批、进出口关税和配额等政策措施，坚决遏制高耗能、高污染产业过快增长。

（3）该项税收所得也可以用来加大对低碳产业的资金投入扶持，并优先保证低碳产业项目建设资金和土地价差补偿，同时组织实施低碳发展的科技开发专项。

## （五）税收减免

对碳中和经济中的个体实施税收优惠是发达国家普遍采用的政策。美国政府规定企业生产低碳产品设备费用的20%～30%可以用来抵税，实施低碳经济生产经营的相关企业和个人还可享受10%～40%不等的减税额度。在欧洲，英国、丹麦等国规定对新兴可再生能源产业不征收任何能源税，对个人投资的风电项目实施免征所得税政策等。

## （六）财政补贴

政府对有利于碳中和经济发展的企业生产或消费者行为给予财政和税赋差额补贴，这也是促进碳中和经济发展的一项重要经济激励手段。

（1）英国对使用清洁能源的行为采取了一系列财政补贴措施。

（2）加拿大自2007年起对新能源汽车消费者提供1 000～2 000加元的补贴费用，鼓励本国消费者购买新能源汽车，以减少二氧化碳排放。

（3）丹麦制定了一系列推动清洁可再生能源进入市场的政策，包括对"绿色"用电和近海风电的定价优惠政策，对生物质能发电也采取了相应的财政补贴激励。

（4）美国的可再生能源市场主要依靠各州和地方政府的支持。许多州政府提供了丰富的补贴和津贴，以鼓励企业和居民采用可再生能源。

（5）中国是世界上最大的可再生能源市场之一，政府一直在推动可再生能源发展。中国对可再生能源的财政补贴主要是通过补贴价格、建设津贴和税收优惠等方式实现的。此外，还有专项基金用于支持可再生能源项目的发展和应用。

（6）日本政府为促进可再生能源的使用和开发提供了多种支持措施，包括电价保障制度和财政补贴等。其中，电价保障制度是最重要的支持可再生能源的措施之一，该制度通过对可再生能源发电成本进行补贴来帮助企业降低成本。

建立完善以经济手段为主、行政方法为辅的能源价格和相关税制的宏观调控体系，按照补偿治理成本原则提高排污单位排污费征收标准，加大对高碳发展的制约力度，对碳中和经济发展是非常重要的。

目前，国际上各利益集团基于自身考虑，针对发展碳中和税收价格激励和管制政策是有诸多争议甚至巨大冲突的。

## 三、信贷政策

### （一）碳中和信贷经营理念

从较早的时候开始，一些具有社会责任感的金融组织和大型商业银行就已开始关注项目融资中的环境与社会问题，2003年6月，在世界银行的组织下建立起了一套"自愿性原则"，来促进金融机构和商业银行业务发展与其社会责任的协调，这套"自愿性原则"便是今天为人们所熟知的"赤道原则"[①]。"赤道原则"要求金融机构在向一个项目投融资时，

---

① 赤道原则（the Equator Principles，EPs）是2002年10月世界银行下属的国际金融公司和荷兰银行，在伦敦召开的国际知名商业银行会议上，根据国际金融公司和世界银行的政策和指南建立的提出的一项企业贷款准则，旨在判断、评估和管理项目融资中的环境与社会风险的一个金融行业基准。

要对该项目可能对环境和社会的影响进行综合评估,并且利用金融杠杆促进该项目在环境保护以及周围社会和谐发展方面发挥积极作用。

"赤道原则"为全球范围内的商业银行业务发展制定了统一的环境与社会责任标准。在过去近20年中,该原则已经得到越来越多商业银行的认同。除了国际金融公司和荷兰银行,目前已有超过100家全球主要的商业银行采用了"赤道原则",覆盖了约75%的国际项目融资。其中,该原则涵盖的内容不仅包括环境和社会影响的评估、计划和监督,还包括人权、反腐败和社区管理等方面的指导原则。金融机构和企业须在执行新项目时,遵循"赤道原则"的相关规定,从而确保所提供的金融支持是可持续的、具有环境和社会责任的。鉴于采纳"赤道公约"的银行基本是国际主流银行,"赤道原则"正逐渐成为国际银行业发展的行业规范。

中国兴业银行于2009年2月正式宣布接受"赤道原则",成为全球首批签署该准则的中资商业银行之一。作为中国境内首个采用EPs准则的银行,兴业银行在实践中不断完善自己的环境和社会责任管理体系,致力于促进可持续发展和环保。

除了在项目融资上加大对环境问题的关注以外,一些国际知名银行还身体力行,通过改进经营管理来降低自身的二氧化碳排放量。比如,荷兰银行集团(ABN)就设定了二氧化碳减排目标,并通过节约使用能源、提高能源使用效率、使用绿色节能建筑等一系列措施,有效地降低了自身温室气体排放数量。

### (二)产品和服务的创新

经营理念的转变也推动了商业银行碳中和相关信贷产品和服务的创新,并逐渐成为近年来国际银行业发展的一个亮点。

#### 1. 信贷业务创新

为应对信贷可能面临的环境风险,国际主流商业银行在信贷业务中积极开展对相关贷款项目的环境影响评估,以减少对高能耗、高污染项目的贷款;并在贷款过程中严格执行环境风险的监测。此外,积极加大对低碳消耗项目的贷款,如为清洁发展机制项目提供贷款和资金支持,促进清洁技术的开发和应用。

#### 2. 为清洁发展机制项目开发提供信用增级服务

原始清洁发展机制交易类似一种远期交易,不确定性和风险较大,其发展面临一定的障碍。在这种情况下,一些商业银行介入其中,为项目开发者提供信用增级服务,由此创造出经担保的CERs(核证减排单位),大大促进了该市场的发展。信用增级指的是在项目融资过程中,为了提高投资者信心和吸引更多融资,采取各种措施来提高项目的信用等级。

#### 3. 设立基金来直接或间接地促进减排项目的发展

目前,全球著名的发展基金组织和商业银行大都设立起了与碳减排相关的投资发展基金(Carbon Investment Funds),以对碳减排项目进行直接或间接的投融资。比如,荷兰银行集团(ABN-AMRO Bank)推出的"低碳加速器"基金,其目的就是直接投资于那些未上市,但致力于降低碳排放和提高能源效率的公司;德意志联邦银行成立的"德银气候变化基金",则是集中投资于适应其气候变化方面取得显著进展的公司;英国巴克莱银行发起的"绿色成长基金"(Green Growth Fund),主要通过向创新公司、初创企业和项目提供风险资本来实现其目标。

除直接投资于产业外,商业银行还设立了许多与碳交易市场挂钩的基金,有效提高了国际碳交易市场的流动性,促进了这些市场的发展。例如,瑞士信贷集团推出了"气候资本计划",该计划包括一个碳交易平台,名为"气候交易平台",通过这个平台,投资者可以在不同的碳减排项目之间进行交易,从而实现风险分散、资产多元化和利润最大化。目前,国内外许多银行都有推出与碳交易价格(现货或期货价格)或价格指数挂钩的基金类产品,并成为近年来金融市场上最引人注目的创新产品之一。

### 4. 与碳排放权交易相关的产品创新

目前,国际碳交易市场仍处在发展初期,市场的流动性较低,而且不同市场之间也存在分割现象。为此,许多主流银行积极介入该市场,并逐渐成为国际碳交易市场的重要参与者,促进了交易规模的迅速扩大。同时,商业银行业通过开发各种连接不同市场的套利产品,如CERs(经核证减排量)和EUAs(欧盟配额)之间,以及CERs与ERUs(减排单位)之间的互换交易,基于CERs和EUAs价差的价差期权(spread option)等,加速了国际碳交易市场的一体化发展。

### 5. 与碳排放权交易相关的服务创新。

目前,全球的碳排放权交易的基础设施都尚在建设中,与交易相关的结算、清算以及其他金融交易(如碳信用的出借、回购等)的平台都还远未完善。而且,由于这些基础设施带有公共品的性质,在企业自己组织的自愿减排市场上,这些设施的发展更是相对滞后。鉴于在上述业务上具有的比较优势,一些银行已经开始尝试为自愿减排市场提供所谓的"碳银行"服务,即进行碳信用的登记、托管、结算和清算工作,并且也在尝试进行碳信用的借贷业务,极大地促进了自愿减排市场的发展。

## 四、政府管制政策

### (一) 资格证书管制

实施严格的能耗效率管制以发展碳中和经济的国家,大多都制定了更严格的产品能耗效率标准与耗油标准,以促使企业生产过程中降低碳排放。例如,对建筑物进行能源认证,提高新建筑物和修缮房屋的能源效率标准;推广室内节能产品,逐步淘汰白炽灯、传统家电等;对贸易商品,如电冰箱、计算机,执行更高的节能效率目标;推动改进交通能耗和强调使用低碳燃料,加强对已实施的措施的监管,防止能耗效率问题反弹。

意大利对能耗效率管理采取了"白色证书"[①]制度,这是一种对企业提高能源效率的认证制度。企业必须申请"白色证书",政府核准其最低的节能目标。日本对能耗效率采取

---

① 白色证书,由权威部门发出的,开展能效工作所取得的节能量的书面证明。该证书旨在通过限定能源供应商在一定时期内的目标能效提高量,以提升全社会的能源使用效率。白色证书可以交易,未完成指标的能源供应商为免受政府处罚,可向超额完成目标的能源供应商购买超额的白色证书。

的是"最强者方式",即涉及家用电器、汽车、新建住宅及其配套设备等行业内,将能源效率最好的产品作为整个行业的标准。美国能源管理局的"能源之星"标识是美国联邦政府能耗效率管理的主要手段之一,该标识为企业和个人提供了有关如何选择节能设备、节能建筑和节能计划的信息,以减少能源消耗和减少碳排放。欧盟"生态设计指令"是欧盟用于推动节能和环境保护的主要法规和标准,它要求制造商生产更加节能、环保的产品,并通过认证和测试验证这些产品的节能性能。

### (二) 企业社会责任

所谓企业社会责任,就是指企业不能仅仅以企业自身利益最大化和股东营利作为业务经营的唯一目的,而应该最大限度地增进股东利益之外的其他所有社会利益。这种社会利益包括雇员利益、消费者利益、债权人利益、中小竞争者利益、当地社区利益、环境利益、社会弱者利益以及整个社会公共利益等内容。在碳中和经济发展模式下,企业的社会责任主要由企业在环境保护、资源利用、节能减排等方面责任制度的确立和相关法律义务的承担与履行。

从某种程度上讲,企业的社会责任与其营利性特征是背道而驰的,但从长远发展角度看,企业所承担的环境利益方面的社会责任和其营利性并不是完全对立的,而是一种相互协调、相互促进的有益补充和互动。因此,在碳中和经济发展中刺激企业的社会责任是必需的,具有重要的意义(杨维松等,2010)。

## 五、国际社会低碳政策归纳

世界主要经济发达国家的碳中和发展政策体系各具特色,对各国的碳中和经济发展都发挥了极其重要的促进作用,而且在具体实施时都具有较强的系统性、规范性和可操作性的基本特征(表4-1)。

表 4-1 世界主要经济体(国家)碳中和政策工具主要类型

| 政策工具类型 | 具体案例 | 作用和特征 |
| --- | --- | --- |
| 政府管制 | 德国、丹麦、英国等国可再生能源强调入网、优先政府管制购买义务;美国清洁能源与安全法案;欧盟能源效率行动计划等 | 法规规范和政策支持 |
| 财政补贴 | 德国、丹麦等对可再生能源生产、投资补贴等 | |
| 碳关税 | 瑞士(2008年)、美国(2009年)、法国(2010年)、加拿大(2018年)、欧盟(2021年) | 贸易壁垒 |
| 绿色关税 | 欧盟、OECD绿色商品关税等 | |
| 碳排放税 | 英国大气影响税、日本环境税、德国生态税等 | |
| 碳排放交易 | 欧盟碳排放交易体系(EUETS)、美国芝加哥碳排放交易所(CCX)、英国碳排放交易体系(ETG)、澳洲国家信托(NSW)、美国CAEAA计划、北欧电力交易所、欧洲能源交易所(EEX)、加拿大碳市场、瑞士排放交易系统(Swiss ETS) | 市场机制 |

续表

| 政策工具类型 | 具体案例 | 作用和特征 |
|---|---|---|
| 标签计划 | 英国碳标签、日本碳足迹标签；意大利白色证书（能源效率证）、绿色认证；丹麦绿色认证；美国能源之星标识等 | 激励厂商和消费者 |
| 自愿协议 | 日本经济团体联合会自愿减排协议，德国工业联盟承诺等 | |
| 合同能源管理 | 美国合同能源管理公司 EMC（节能服务公司 ESCO）；德国西门子能源（Siemens Energy）等 | 第三方融资和投资工具 |
| 碳基金 | 英国节碳基金、亚洲开发银行"未来碳基金"、波兰碳金融基金、加拿大气候领袖计划等 | |
| 生态工业园规划 | 日本北九州静脉生态工业园、丹麦卡伦堡生态工业园、迪拜蓝海市工业生态园、中国福州海峡新城工业生态园、荷兰阿姆斯特丹西港工业生态园等 | 源头预防和全过程管理 |

资料来源：赵志凌等（2010）；李岚春等（2021）；杨书房（2022）。

总体来看，经济发达国家综合运用法律、行政、财税、金融等政策工具，形成了以下几个特点：

（1）充分围绕与碳排放市场相关的机制，制定低碳政策和相应游戏规则，进一步激励本国或区域内企业生产实现节能减排，如建立 EUETS、CCX 等。

（2）碳中和政策工具的多样化和相互协调，综合运用征税、补贴、基金、市场交易等工具来引导企业发展碳中和相关产业，适应碳中和经济制度下的企业运作。实践已经表明，碳税是实现碳中和经济的关键环节和最具市场效率的环境经济政策工具。

（3）积极发挥非政府组织"中间力量"的调节作用，如创立具有独立法人地位的碳基金来管理和使用部分气候变化税的收入等。

## 第三节　碳排放权交易

### 一、碳排放权交易概念及发展

#### 1. 何谓碳排放权交易

碳排放权交易概念起源于排污权交易理论，20 世纪 60 年代由美国经济学家戴尔斯提出，并首先被美国国家环保局（EPA）首先将其运用于大气污染源（如二氧化硫排放等）及河流污染源管理。而作为碳交易市场运行机制（简称碳交易[①]），碳排放权交易则是归因于《京都议定书》。1997 年，全球 100 多个国家签署了《京都议定书》，该条约规定了发达国家的减排义务，同时提出三个灵活的碳减排机制，碳排放权交易则是其中之一。

根据《京都议定书》规定，发达国家（附件 B 国家）承诺在一定时期内实现一定的

---
① 广义上的碳交易（Carbon trade）是指按类别进行的温室气体排放权交易，使温室气体减排量成为可交易的无形商品，是一种以最具成本效益的方式减少碳排放的激励机制。

碳排放减排目标，各国再将自己的减排目标分配给国内不同的企业。具体而言，当某一附件 B 国家不能按期实现减排目标时，可以从拥有超额减排的发达国家，或从通过清洁发展机制的发展中国家购买一定数量的配额或减排量以完成自己的减排目标。同样地，在一国内部，不能按期实现减排目标的企业也可以从拥有超额配额或排放许可证的企业那里购买一定数量的配额或排放许可证以完成自己的减排目标，排放权交易行为由此形成。

### 2. 碳排放权交易发展

英国于 2002 年正式实施了碳排放交易机制，成为世界上第一个在国内实行碳排放市场交易的国家。英国实施碳排放交易机制的目的在于使碳排放量的绝对数目有明显减少，获得排放交易的经验，力图未来在伦敦成立全球排放交易中心。德国于 2002 年着手排放权交易的准备工作，目前已形成比较完善的法律体系和管理制度，德国政府希望通过市场竞争使二氧化碳排放权实现最佳配置，减弱排放权限制给经济造成的扭曲，同时间接带动低排放、高能效技术的开发和应用。欧盟在各成员国的基础上，建立了温室气体排放贸易体系，扩大交易范围，除了污染性工业企业与电厂，交通、建筑部门也可以参与交易，并于 2005 年在欧洲范围内实施公司级别以上的排放交易。2005—2015 年，遍布全球四大洲 17 个碳交易体系已陆续建成。截至 2022 年，全球约有 38 个国家级司法管辖区正在运行碳交易市场，尽管还未形成全球范围内统一的碳交易市场，但不同碳交易市场之间开始尝试进行交易机制连接。

2008 年，中国相继成立了上海环境能源交易所、北京环境交易所、天津排放权交易所，迈出了构建碳交易市场的第一步。2011 年，中国批准北京、天津、上海、广州、深圳、湖北和重庆等 7 个地方试点碳市场的建设。2016 年，福建被批准建立地方试点碳市场，后续有 8 个地方试点碳市场，但这些交易所只能进行节能减排技术转让，尚不能进行经核证减排量转让。伴随碳达峰、碳中和战略实施，中国碳交易得到快速发展，出台了一系列政策措施，采取了一系列行动。2021 年 7 月 16 日，中国碳排放权交易市场正式启动，2021 年碳排放配额累计交易规模达到 1.79 亿吨，成为全球最大的温室气体排放量碳交易市场。

## 二、碳排放权交易机制及市场体系

根据清华大学研究，碳排放权交易体系的构建包括 15 个环节，其中每个环节做出的决策或行为是相互影响、相互依存的，主要环节包括配额分配、市场调控机制、抵消机制、市场监管、碳排放监测核算/报告/核查体系（MRV）等，如图 4-3 所示。碳交易市场是人为构建的政策性市场，环节多样、机制复杂，涉及经济、能源、环境、金融等社会经济发展的方方面面，涉及政府与市场、各级政府、各部门、各地区之间以及公平与效率之间等诸多联系，是一项复杂的系统性工程。因此，需及时跟踪国内外政策变化、技术变化，深入研究交易体系，研判未来发展趋势。

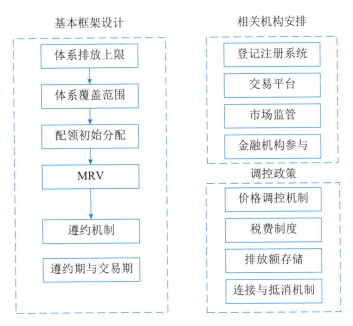

图 4-3 碳排放权交易市场体系

资料来源：段茂盛，庞韬. 碳排放权交易体系的基本要素 [J]. 中国人口 . 资源与环境 .2013，23（3）：110-117.

## （一）碳排放交易机制

根据《京都议定书》的规定，灵活的减排方式基于 3 种交易机制，即排放贸易（emissions trading，ET）、联合履行（joint implementation，JI）和清洁发展机制（clean development Mechanism，CDM）。

### 1. 排放贸易

排放贸易是指《京都议定书》第 17 条所确立的合作机制，该机制指的是发达国家间的合作。排放贸易是《京都议定书》附件 B[①] 国家之间的合作，一个发达国家，可以将其超额完成减排义务的指标，以贸易的方式转让给另外一个未能完成减排义务的发达国家，并同时从转让方的允许排放限额上扣减相应的转让额度。

转让的指标主要包括：

（1）"分配数量单位"（Assigned Amount Units，AAUs），即由发达国家在《京都议定书》下的排放限额分解而成的计量单位；

（2）排放减量单位（Emission Reduction Units，ERUs）；

（3）核证减排量（CERs）；

（4）清除单位（Removal Units，RMUs），即利用变换土地利用方式、减少森林砍伐、重新造林等方式实现大气中温室气体减少，可认定产生清除单位。

### 2. 联合履行

联合履行是根据《京都议定书》第 6 条的规定，为履行第 3 条的承诺目的，附件 B

---

① 《京都议定书》中附件一和附件 B 是两个重要的分类。附件一包括 UFCCCFF 的发达国家和经济转型国家，附件 B 是议定书中具体列出的作出减排承诺的国家。

所列任一缔约方可以向任何其他此类缔约方购买获得由任何经济部门旨在减少温室气体的各种源的排放或增强各种汇的清除项目所产生的减排单位。

联合履行机制是一种附件一内的附件B国家和其他国家之间的，以项目为基础的合作机制，目的是帮助附件一国家以较低的成本实现其量化的温室气体减排承诺。减排成本较高的附件B国家通过该机制在减排成本较低的附件一国家实施温室气体的减排项目。投资国可以获得项目活动产生的减排单位，从而用于履行其温室气体的减排承诺，而东道国可以通过项目获得一定的资金或有益于环境的先进技术，从而促进本国的发展。联合履行交易机制的特点是项目合作主要发生在经济转型国家和发达国家之间。

### 3. 清洁发展机制

清洁发展机制是联合国气候变化框架公约（UNFCCC）第三次缔约方大会COP3（京都会议）通过的，附件一国家在非实现部分碳减排承诺的一种履约机制。作为最大的基于项目的监管机制，清洁发展机制为高收入国家的公共和私营部门提供了从低收入或中等收入国家的碳减排项目购买碳信用的机会。清洁发展机制参与制定标准和验证项目，产生的碳信用由授权的第三方（指定经营实体）验证和认证。

清洁发展机制允许发达国家通过资助低收入和中等收入国家的碳减排项目来部分实现其减排目标。此类项目在中低收入国家实施可以比在高收入国家实施更具成本效益，因为中低收入国家的平均能源效率较低，劳动力成本较低，监管要求较弱，技术也不先进。清洁发展机制还旨在为东道国带来可持续发展利益。清洁发展机制项目产生排放信用，称为核证减排量（CERs）可用于购买和交易。

## （二）碳排放权交易市场体系

碳排放权交易目前已经发展成为一个独立行业，但还不被大众所理解，为使更多的人对此有所了解，需要对碳交易动因、方式、市场体系及市场结构等进行具体分析。

### 1. 碳交易动因

一个公司最为关心的就是在国际竞争中碳减排的成本问题。碳排放量交易理论上允许国家和公司使用最有效的方式达到温室气体减排目的。有些公司可以通过低成本达到甚至超过碳减排目标，这就产生了额外的限额，他们可以出售这些额外的限额并从中获利，而那些内部减排成本较高的公司则需要购买此类额外的限额，以便降低成本。

### 2. 碳交易方式

简单来讲，当一个实体从另外一个实体购买一定量的减排信用额或者排放许可来满足其排放目标时，就完成了一次碳交易。排放目标可以是自愿制定，也可以由规则规定提出。例如，一个公司的年排放限额是20 000吨$CO_2e$/年①，而公司当前的年排放量是25 000吨$CO_2e$/年，即使通过减少能源消耗及提高能源利用率等内部措施，公司的年排放量仍然只能降低到22 000吨$CO_2e$/年，这时此公司就需要购买3 000吨$CO_2e$的减排信用额或者许可来满足它的20 000吨$CO_2e$/年的排放限额。这些交易活动持续发生就创造了"碳市场"。

---

① $CO_2e$含义是二氧化碳当量。

#### 3. 碳交易市场结构

国际碳交易市场是一个由人为规定而形成的市场。碳交易市场最重要强制性规则之一的《京都议定书》规定了《联合国气候变化框架公约》附件一国家的量化减排指标，即在 2008—2012 年间其温室气体排放量在 1990 年的水平上平均削减 5.2%。

碳市场的供给方包括项目开发商、减排成本较低的排放实体、国际金融组织、碳基金、各大银行等金融机构、咨询机构、技术开发转让商等。碳市场的需求方有履约买家，包括减排成本较高的排放实体；自愿买家，包括出于企业社会责任或准备履约进行碳交易的企业、政府、非政府组织、个人。金融机构进入碳市场后，也担当了中介的角色，包括经纪商、交易所和交易平台，以及银行、保险公司、对冲基金等一系列金融机构。

需要说明的是，在清洁发展机制下的交易以私人买家为主，目前活跃在国际 CDM 市场上的主要买家有：

（1）企业买家，主要是一些大型能源、电力企业。

（2）有政府参与的采购基金和托管基金。

（3）商业化运作的碳基金，由各方资本汇集且以盈利为目的。此类买家由专门从事"减排额"开发、采购、交易、经纪业务的"投资"代理机构组成。目前，他们在国内 CDM 市场更为活跃。

（4）银行类买家，为其旗下的一些中小型企业提供一种"创新型"的金融服务产品，以扩大银行的服务能力和竞争力。

（5）其他类买家，包括个人、基金会等以减缓全球气候变暖为目的的非商业性组织。

#### 4. 世界主要碳交易市场体系

碳交易体系是《京都议定书》附件一国家制定本国或者区域性的碳交易规则。目前全球主要的碳交易市场体系主要有欧盟交易体系[①]、美国加利福尼亚州碳排放交易体系、瑞士碳排放交易体系、英国交易体系（UK Emissions Trading Group，ETG）等。

碳交易市场体系的设立实际上确定了碳交易市场范围，从而促使碳交易市场形成规模化，并规范运营。以欧盟交易体系为例，2005 年欧盟碳交易体系确立，确定了欧盟各国减排目标，随之北欧电力交易所、欧洲能源交易所、Powernext 电力交易所开展了碳交易业务。

### 三、碳配额和 CCER

在碳交易市场中，可交易的碳排放权主要有两个品种，一个是"主角"——碳配额（Chinese Emission Allowance），另一个则是"配角"——CCER（China Certified Emission Reduction），即国家核证自愿减排量。

#### 1. 何谓碳配额和 CCER

碳配额指的是政府为完成控排目标采用的一种政策手段，即在一定的空间和时间内，

---

① 欧盟排放权交易体系（European Union Greenhouse Gas Emission Trading Scheme，EUETS）于 2005 年 4 月推出碳排放权期货、期权交易，碳交易被演绎为金融衍生品。

将该控排目标转化为碳排放配额并分配给下级政府和企业,若企业实际碳排放量小于政府分配的配额,则企业可以通过交易多余碳配额,来实现碳配额在不同企业的合理分配,最终以相对较低的成本实现控排目标。

CCER 与 CDM 类似,碳排放量超额的企业可以通过从清洁能源、林业碳汇等企业购买 CCER 抵消超额排放的二氧化碳量。根据《碳排放权交易管理办法(试行)》说明,CCER 是指对我国境内可再生能源、林业碳汇、甲烷利用等项目的温室气体减排效果进行量化核证,并在国家温室气体自愿减排交易注册登记系统中登记的温室气体减排量。

为了更好理解 CCER 含义,我们不妨从其复杂的名字中拆分出两个关键词:"核证"与"自愿"。"核证"指的是一个 CCER 项目在进入市场前,首先需要经过一系列严格的量化考察以及层层备案;"自愿"指的是这一交易标的有别于国家强制划分的碳排放配额,是一种环保减排项目主动发起的减排活动。将二者结合起来看,CCER 就是一种"经官方指定机构审定并备案,由环保项目或企业主动创造的温室气体减排量"。

2. 碳配额和 CCER 区别与关联

碳配额与 CCER 都是为减少控排企业的履约成本、助力温室气体减排;碳配额与 CCER 都是依托温室气体减排项目,控排企业可将减排效果量化核证,完成本年度碳配额的清缴;CCER 与碳配额的抵消效果相同,一单位的 CCER 等同于一单位的碳配额,用于抵消一吨的温室气体排放量,如图 4-4 所示。另外,碳配额和 CCER 都是企业的资产,具有可变现和流通等属性,且可跨当前时点,不随时间的转移而消逝。也就是说,企业当年的碳配额和 CCER 放在下一年也可以使用,不存在当年的没用完到下一年就过期的说法。

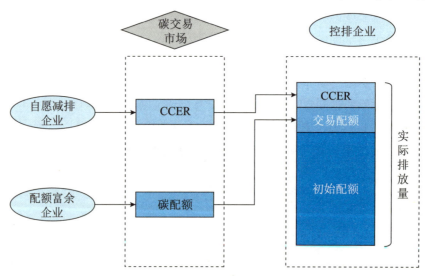

图 4-4 碳配额与 CCER 的关系

与只进行碳配额交易的全国性碳市场不同,CCER 市场允许非重点控排企业进入,并为这些企业出售其经审定的自愿减排量提供了交易平台。这就为我国实行总量控制的碳交易体系带来了抵消机制——控排企业不仅可以在全国碳市场直接购买其他企业的碳排放配额,也可以选择在 CCER 市场上购买基于环保项目的自愿减排量用于抵消自己的碳排放量。

在具体属性及应用实践方面,碳配额与 CCER 有一定的区别。

（1）来源不同

企业的碳配额一般是通过政府免费发放或者拍卖得到的，而CCER是减排项目产生的，是企业通过自主开发获得的。就目前而言，CCER项目开发包含林业（森林、竹林）、草原、耕地、海洋、冻土、岩溶、风力、光伏、沼气、生物质、废物处置（垃圾焚烧供热）等。

（2）持有对象不同

碳配额的持有对象是控排企业，也就是说，只有控排企业才有配额账户，个人和非控排企业是无法开设配额账户的；CCER持有对象大多数为非控排企业，如我们熟悉的风力、光伏、沼气、生物质发电等清洁能源项目的企业。

（3）使用比例不同

企业在履约的过程中，以碳配额为主，CCER为辅。碳配额的使用量不受限制，但是CCER只能按碳配额的5%～10%进行抵扣。

（4）价格不同

在碳交易市场中，碳配额的价格一般高于CCER的价格，根据市场交易的情况来看，CCER的价格一般为配额的50%～70%。

### 3. 碳配额分配方法及注意事项

碳配额分配方式主要包括免费分配、有偿分配，以及这两种方式的混合使用，目前我国碳配额分配方式以免费分配为主，其中初始配额计算方法主要包括基准线法、历史排放法、历史强度法。

（1）基准线法

基准线即"碳排放强度行业基准值"，是某行业的代表某一生产水平的单位活动水平排放量，根据技术水平、减排潜力、排放控制目标等综合确定。

$$企业配额量 = 行业基准碳强度 \times 当前企业实际产出量$$

其中，碳强度为单位产量的碳排放量，表示生产一单位产出所排放的温室气体。

确定行业的基准主要从以下几个方面进行考虑：全行业企业排放数据分布特征、交易体系碳强度的下降要求、行业转型升级的要求、不同行业的协调问题等。

（2）历史排放法

历史排放法是使用历史基线年数据分配固定数量配额。

$$企业配额量 = 历史排放基数$$

历史排放法的优势在于能够补偿零碳转型搁浅资产引致的损失，因此历史排放法也是碳排放权交易体系平稳过渡期的一种简单易行的方式。

（3）历史强度法

历史强度法是根据企业的产品产量、历史强度值、减排系数等分配额度，是介于基准线法和历史排放法之间的一种分配方法，通常用于在缺乏行业和产品标杆数据的情况下确定配额分配的过渡性方法。

$$企业配额量 = 历史强度值 \times 减排系数 \times 当年企业实际产出量$$

其中，确定减排系数通常需要考虑的内容与基准线法一致，通常取企业近三年碳强度加权平均值。需要注意的是，使用历史强度法确定企业配额量时，需定期更新数据，从而防止碳泄漏，并奖励先期的减排行动者。

当前我国碳市场仅有小部分配额为有偿分配，其主要方式是拍卖分配。根据最新的分配政策，需要注意以下几点：①配额核定方法不是固定的，有些行业会变更；②碳配额也不是每年固定，每年各地会根据应对气候变化目标、经济增长趋势、行业减排潜力、历史配额供需情况等因素，调整年度配额总量；③碳排放权有偿分配是碳市场的发展趋势，尽管在国内有些省（市、区）在碳配额分配方案里没有提及有偿分配，但已着手做相关准备与尝试。

## 第四节　碳税和碳定价

如前所述，税收价格激励以及相应的政策体系一直是世界各国发展碳中和经济最有效工具手段。本节系统介绍碳税和碳定价基本内涵、设计机制、制定标准及实践案例等，并进行比较分析。其实，碳税和碳定价这两种减排政策本质上都是通过给碳排放设定价格，从而增加生产者碳排放成本，最终使碳排放导致的环境外部性内生化，引导企业根据自身利益进行自发性减排。

### 一、碳税

#### （一）碳税的基本概念

碳税（Carbon tax）是一项针对向大气排放二氧化碳而征收的环境税，从经济学角度看，是庇古税的一种。设置碳税的意图是通过税收手段，抑制向大气中排放过多二氧化碳，从而减缓气候变暖进程。

碳税是指针对二氧化碳排放所征收的税。它以环境保护为目的，希望通过减少二氧化碳排放来减缓全球变暖。碳税是对企业、组织或个人基于其产生的温室气体排放量征收税费，通常以二氧化碳为基准，也可能包括其他温室气体如甲烷（$CH_4$）、氧化亚氮（$N_2O$）以及含氟气体（F-gas）等。税费的金额可以根据排放量进行计算，以单位排放量的税率乘以总排放量。

碳税是以含碳燃料（如煤炭、汽油、柴油）为征税对象，向化石燃料生产者或使用者征收，或者直接对二氧化碳或其他温室气体排放量征收的一种环境税，其出发点是解决环境的负外部性问题。

需要注意的是，碳税大多是在国家内部征收，而碳关税则是指主权国家或地区对高耗能产品进口征收的二氧化碳排放特别关税。碳关税本质上属于碳税的边境税收调节。

#### （二）碳税的设计机制

##### 1. 碳税定价机制

碳税是一项新兴的税收，其定价机制要得到有效的实施，有充足的理论和实证支撑。

首先，要明确全球变暖的社会核算成本以及污染源的实际排放量，使环境损害得到充分估算，从而有利于对具体排放活动征收相应的碳税。其次，要结合污染源的分类，实行有针对性的碳税收取，确定具体的碳税标准，合理配置环保资源，鼓励污染源实现碳排放的减少。最后，要综合考虑社会经济发展的实际，科学有效地实施碳税制度，以避免因征收对经济发展造成负面影响，并给予政府充足的财政资金。

与碳交易基于总量控制（Cap-and-Trade）设计原则不同，碳税定价制度设计的核心是价格控制（tax-or price-based regimes），即由政府设定税率，碳税所覆盖的企业通过缴纳碳税支付碳排放成本。简单来说，碳交易的降碳逻辑是设置碳排放总量上限，通过逐年降低碳排放总量上限实现碳减排目标，而碳税机制则不设置排放总量上限，通过价格干预引导经济主体优化生产经营行为，从而实现碳减排目的。

#### 2. 碳税控制机制

碳税控制机制是指通过对二氧化碳排放进行征税的方式，来控制和减少碳排放的一种机制。碳税控制机制的实施可以有效地促进企业和个人减少碳排放，推动碳中和经济的发展，同时也可以为政府提供一定的财政收入。

（1）碳税控制机制的实施需要政府制定相关的法律法规和政策，明确征税的标准和税率，并对征税的对象进行明确。在实施过程中，政府需要加强对企业和个人的监管，确保征税的公平性和有效性。

（2）碳税控制机制的实施可以促进企业和个人采取更加环保和节能的措施，减少碳排放。企业可以通过改进生产工艺、采用清洁能源等方式来减少碳排放，而个人则可以通过减少能源消耗、选择低碳出行等方式来减少碳排放。同时，碳税控制机制的实施也可以推动低碳经济的发展，促进清洁能源产业的发展，提高经济的可持续性。

（3）碳税控制机制的实施还可以为政府提供一定的财政收入，这些收入可以用于支持环保和节能的项目，促进低碳经济的发展。同时，政府还可以通过对碳税收入的使用进行监管，确保这些收入的合理使用和公正分配。

（4）碳税控制机制是一种有效控制和减少碳排放的机制，不仅可以促进企业和个人采取更加环保和节能的措施，进一步推动碳中和经济发展，同时也可以为政府提供一定的财政收入。在未来的发展中，政府部门需要进一步完善碳税控制机制，加强对企业和个人的合理监管，推动碳中和经济的发展，为实现可持续发展作出更大的贡献。

### （三）碳税征收范围及征收标准

#### 1. 碳税征收范围

碳税的实施对象与范围界定是碳税政策的主要内容和关键要素。适当、合理的碳税实施将有效促进碳税对自然环境保护的正效应。事实上，碳税是对化石能源燃料的碳含量征税。碳税征收对象与范围从最早只向一般煤炭征收，慢慢过渡到石油、天然气、石油气等部分化石能源燃料，逐渐覆盖到电力部门以及所有的化石燃料。这种征收对象与范围的阶段性变化既体现碳税政策逐渐被社会各界广泛接受，也表明碳税的普适性和经济性（柘益香等，2023）。

从碳税征收对象上看，绝大部分国家一般都是对含碳化石燃料征税，如丹麦、法国、爱尔兰、英国、瑞典等部分国家对所有化石燃料征税，波兰、新加坡等国家不仅对所有化石燃料征税，而且还对导致温室气体排放的其他燃料征收碳税；也有一些国家只对部分化石燃料征税，挪威碳税只涵盖液体和气体化石燃料，芬兰碳税涵盖除泥炭外的所有化石燃料等。只有小部分国家是直接对排放二氧化碳等温室气体的经济活动或设施征税，如智利的征税目标是大型锅炉和涡轮机的温室气体排放。另外，西班牙碳税仅涵盖氟化温室气体，征税对象就是排放氟化温室气体的设备。直接对排放温室气体的经济活动或设施征收碳税的方法可以涵盖到化石燃料燃烧以外的碳排放活动，但需要监测企业生产活动或居民生活中实际排放的温室气体，这在监测技术和成本上存在较大困难（李书林等，2023）。

### 2. 碳税征收标准

一般而言，碳税的征收标准有很多种，其中政府通常采用以下几种：

（1）污染源征收。政府根据污染源的污染量来设定碳税的征收标准，一般从污染源排放的二氧化碳量或其他污染物量上定价。例如，可以根据企业污染源排放的污染物量，对污染源收取一定的碳税。

（2）污染源类别征收。根据污染源的分类来征收碳税，如电力行业的排放源和其他行业的排放源，可以按不同的收费标准来征收碳税。

（3）污染源地域征收。政府根据污染源的位置来设定碳税的征收标准，较严重的污染源被认定的收费标准较高，而较小的污染源也可以征收较小的碳税。

（4）收入征收。政府可以根据污染源收入来设定碳税，比如收入最高的企业支付碳税征收额比较多，而收入较低的企业可以支付较低的碳税没收额。

此外，除了上述几种碳税征收标准，还可以根据国家的具体情况，对行业碳减排的程度、区域发展的情况等，采取其他碳税征收标准。

### （四）世界各国碳税征收经验及案例

政府向企业征收碳税，是一个使企业收入减少的过程，将使企业利润降低。由于世界不同国家的基本国情不同，各个国家的碳税征收政策也在不断调整和更新。碳税作为一种间接税，不仅会影响企业的竞争力，也会影响社会劳动就业，因此具有争议大、征收难的特点。全球范围内尚有很多国家基于各种因素并未开征碳税，已征收国家也有各种豁免的企业案例，政府如何公平有效利用碳税的收入是一个难点。

根据国外诸多国家（或地区）实践经验，考虑到碳税对本国商品竞争力的影响，一般初期规定较低的税率，随着时间逐步调整，同时对能源密集型企业给予税收优惠。一些国家采取了更为灵活的碳税征收策略，税率的调整是一个企业与政府决策部门动态协商的过程。

在大多数情况下，企业会把碳税转移到消费者身上。已经有研究表明，碳税的征收对穷人的影响比对富人大得多。因此，如何公平有效地利用碳税所得收入是政府部门在征税时需考虑和解决的问题。

目前，碳税征收对真实降低碳排放量的程度这个问题也存在一定的争议。理论上要真实地考察碳税对碳排放量的影响，应该先设定一个碳排放量的基线（base line），在征收碳税和不征收碳税的情况下进行比较。但由于碳排放量本身只能是一个粗放型的统计，无法精确计算，同时碳排放量会受到其他政策和环境的影响，是一个动态波动的曲线，因此基线不是一个固定值。

多年来，世界一些国家开启了碳税征收机制，如表 4-2 所示，列举几个案例供参考。

表 4-2　全球部分国家（地区）碳税征收情况表

| 国家/地区 | 起征年份 | 征税对象 | 覆盖行业 | 税率（美元 /t$CO_2$e） |
| --- | --- | --- | --- | --- |
| 芬兰 | 1990 | 除泥炭外所有化石燃料 | 工业、运输、建筑行业 | 62.3 |
| 波兰 | 1990 | 所有导致温室气体燃料 | 所有行业 | 0.1 |
| 挪威 | 1991 | 液体和气体化石燃料 | 所有行业 | 3.9～69.3 |
| 瑞典 | 1991 | 所有化石燃料 | 运输和建筑行业 | 137.2 |
| 丹麦 | 1992 | 所有化石燃料 | 建筑和运输行业 | 28.1 |
| 斯洛文尼亚 | 1996 | 天然气和所有固体、液体化石燃料 | 建筑、运输行业 | 20.3 |
| 爱沙尼亚 | 2000 | 所有产生热能的化石燃料 | 工业和电力行业 | 2.3 |
| 拉脱维亚 | 2004 | 除泥炭外的所有化石燃料 | 非 EUETS 行业 | 14.1 |
| 列支敦士登 | 2008 | 所有化石燃料 | 工业、电力、建筑、运输行业 | 101.5 |
| 瑞士 | 2008 | 所有化石燃料 | 工业、电力、建筑、运输行业 | 101.5 |
| 加拿大不列颠哥伦比亚省 | 2008 | 所有化石燃料 | 所有行业 | 35.8 |
| 冰岛 | 2010 | 液体和气体化石燃料 | 所有行业 | 34.8 |
| 爱尔兰 | 2010 | 所有化石燃料 | 非 EUETS 行业 | 39.3 |
| 乌克兰 | 2011 | 所有化石燃料 | 工业、电力和建筑行业 | 0.4 |
| 日本 | 2012 | 所有化石燃料 | 所有行业 | 2.6 |
| 英国 | 2013 | 所有化石燃料 | 电力行业 | 24.8 |
| 法国 | 2014 | 所有化石燃料 | 工业、建筑、运输行业 | 52.4 |
| 墨西哥 | 2014 | 除天然气以外的所有化石燃料 | 电力、工业、公路运输、航空、航运、建筑、林业、废物、农业 | 0.4～3.2 |
| 西班牙 | 2014 | 能产生氟化温室气体的燃料 | 所有行业 | 17.6 |
| 葡萄牙 | 2015 | 所有化石燃料 | 工业、建筑和运输行业 | 28.2 |

续表

| 国家/地区 | 起征年份 | 征税对象 | 覆盖行业 | 税率（美元/tCO$_2$e） |
|---|---|---|---|---|
| 墨西哥萨卡特卡斯州 | 2017 | 所有化石燃料 | 所有行业 | 10 |
| 智利 | 2017 | 所有化石燃料 | 电力和工业行业 | 5 |
| 哥伦比亚 | 2017 | 用于燃烧的液态和气态化石燃料 | 所有行业 | 5 |
| 阿根廷 | 2018 | 所有液体燃料和煤炭 | 所有行业 | 5.5 |
| 新加坡 | 2019 | 所有导致温室气体的燃料 | 工业、电力行业 | 3.7 |
| 南非 | 2019 | 所有化石燃料 | 工业、电力、建筑和运输行业 | 9.2 |
| 加拿大爱德华王子岛 | 2019 | 所有化石燃料 | 所有行业 | 23.9 |
| 加拿大纽芬兰与拉布拉多省 | 2019 | 所有化石燃料 | 所有行业 | 24 |
| 加拿大西北地区 | 2019 | 所有化石燃料 | 所有行业 | 24 |
| 墨西哥下加利福尼亚州 | 2020 | 所有液体化石燃料 | 所有行业 | 8 |
| 加拿大新不伦瑞克省 | 2020 | 所有化石燃料 | 所有行业 | 32 |
| 卢森堡 | 2021 | 用于供暖和运输的化石燃料 | 供暖和运输 | 23.5～40.1 |

资料来源：李书林等（2023）。

### 1. 芬兰

20 世纪 90 年代，芬兰在全球率先推出了能源碳税。但自从北欧电力市场的开放后，芬兰能源碳税历经多次变更。因为其他北欧国家针对能源密集型企业豁免了碳税，致使芬兰的电力企业处于竞争的劣势。芬兰对于能源碳税导致的企业竞争力下降这个问题应该进行谨慎的分析，如可以将碳税的收入用来抵消部分劳动力税赋，这可以增加非能源密集型企业的竞争力。

### 2. 德国

德国在 1999 年引入了生态税（ecological tax）并颁布了相关法规，在 2000 年和 2003 年进行了两次修订和完善。该法规为能源税的征收奠定了基础。仅在 2003 年，由于该法规的实施，德国境内就减少了 2.4% 二氧化碳的排放，约合 2 000 万吨。可见生态税是德国在环境保护方面所做的重要措施。由于生态税的利用，德国在环境保护、新能源使用方面增加了 25 万个工作岗位。

### 3. 日本

2009 年 12 月在哥本哈根气候会议上，日本多家企业代表联合抵制碳税，他们认为引入碳税将对日本的经济发展造成伤害,并指责政府没有充分研究碳税的必要性、碳税如何平衡公平和效率以及碳税征收后的用途。为了减轻对环境变化的影响,日本在 2012 年 10 月正式引入了碳税,政府希望通过碳税征收的收入,用来资助那些致力于清洁能源、节约能源的创新项目。

### 4. 澳大利亚

2012 年 7 月,澳大利亚联邦政府针对大型工业企业引入了碳税,同时为了减少碳税对生产活动的不利影响,政府通过提高免税阈值的方式间接降低了所得税,并为一些受影响较大的企业做了财政补偿。同时,碳税的收入则部分用来提高人们的薪金和福利,用以抵消碳税导致的部分商品价格的上涨。澳大利亚国立大学研究报告表明,因为碳税的推动作用,该国每年减少了约 2 700 万吨煤的燃烧。2014 年,澳大利亚采取迂回政策,通过立法取消了碳税,同时从纳税人的综合收入里面提取一部分成立了一个减排基金(Emission Reduction Fund),由该减排基金来继续发挥类似碳税的作用。

### 5. 南非

南非政府宣布 2015 年 9 月针对新机动车辆征收碳排放税,该税将在机动车销售的时候根据排放量一次性收取,而载人车辆则根据其行驶里程数来收取税费。南非汽车制造商协会曾提出异议,认为碳税将使机动车价格上涨约 2.5%,从而抑制了汽车工业的发展。由于碳税针对的是新机动车,这在一定程度上促使汽车厂商青睐于生产更多的使用绿色能源的车辆。

## 二、碳定价

实现温室气体深度减排,碳定价是一个重要的政策手段。碳定价的经济学原理是使碳排放的企业或者产品的成本依据其排放的二氧化碳的量来增加,以达到使低碳或者零碳企业、产品更加具有市场竞争力的目的。

### 1. 何谓碳定价

碳定价机制(CPIs)是当前国际上用于减缓温室气体减排的主要政策工具,主要是指通过将气候变化成本纳入经济决策,以鼓励生产方式和消费模式的改变,从而支撑低碳绿色经济发展,进一步以市场手段解决碳排放负外部性的内生化问题,这是一种比较有效的政策减排手段。

根据世界银行发布的《2022 年碳定价现状与趋势》报告,目前全球 71 个国家(地区)实施碳定价机制。按实施程度看,全球 68 种直接碳定价工具在运行,包括 36 种碳税和 32 种碳排放交易系统(ETS),如碳税、碳排放权交易、碳信用机制、内部碳定价[①]以及影子碳价格[②]等。但就覆盖范围和排放实体而言,碳税和碳交易仍居于碳定价机制的中心地位,碳税和碳交易均属于显性的碳定价工具,即由政府制定,并根据碳含量对碳排放

---

[①] 内部碳定价主要指企业内部分析气候风险时设定的碳价,主要呈现影子价格和碳费用两种形式,在进行成本效益分析时,纳入内部碳价有助于揭示与碳排放相关的经济风险和投资机会。

[②] 影子碳价格是一种将碳排放的风险以货币价值具体化的策略,通常作为商业评估中量化气候相关风险的额外指标被直接应用于投资决策中,而不涉及实际支付。

进行定价。

碳定价不仅可以降低排放，还可以提高能源和工业效率，限制对进口能源的依赖，保持空气清洁，保护和再生自然景观，并为政府提供财政收入来源，但采用碳定价工具在政治层面具有一定的挑战性。

### 2. 碳定价机制分类及比较分析

现行的碳定价机制覆盖了全球温室气体排放量的23%。从机制上分析，碳定价主要有两种方式：碳交易与碳税。碳交易，即碳排放权交易制度，是一种碳排放总量管制与交易体系（cap-and-trade system），由国家立法管制及监控二氧化碳或其他温室气体的排放量，气体排放权的数量是有限的，企业排放许可权以配额或拍卖方式进行，并允许市场交易机制进行排放许可权力的买卖，由市场交易决定价格（赖晓明，2021）。

（1）碳税机制分析

碳税基于庇古税，是一种更为简单明了的机制，其针对温室气体排放或对化石燃料含碳量设定税率，在此基础上直接确定碳价。碳税机制固定了排放价格但不限制排放总量，造成减排总量的不确定性，是基于价格调控的环境政策工具。统一碳税的管理成本较低，便于扩大覆盖范围，在助力减排的同时，以较低成本创造财政收益。碳税的外部定价特点使之更适用于减排成本相对趋同的行业，主要针对钢铁、石化、航空等行业。

（2）碳交易机制分析

碳排放交易制度基于科斯定理，通过市场自发调节实现资源的最优配置。以自由交易的方式构建排放配额供求关系，形成了市场价格，即碳价。碳交易是一种灵活度高、减排效果明显、可行性高的政策工具。碳排放权交易体系对于有明确减排总量目标并期望最小化减排对经济影响、得到更符合市场预期碳价的国家或地区来说，是一个比较好的长期解决方案。尤其是对经济发展依赖密集排放类行业的地区来说，碳交易能够利用市场机制传递碳价信息，为重排行业提供缓冲，达到有效、稳步减排的目的。

（3）碳税和碳交易比较

理论上，在竞争充分、信息全面的市场中，碳交易和碳税具有相同的减排效果。然而在实践中，碍于信息不对称、税率不灵活、地区边际减碳成本有差异等问题，设定合适碳税税率困难重重。在现阶段，我国强调稳定达峰，避免"一刀切"式减碳，发展碳交易是更合适的定价方式。然而碳税与碳交易的优劣在复杂的动态环境条件下存在较大差异，因此，增加两者的协作、组合运用将是定价机制发展的可能方向，如设计互补型碳排放管理政策组合，或针对行业适度重合或分开实施两种减排制度，以最优方式达成减排目标。碳交易与碳税的主要差异如表4-3所示。

表4-3 碳交易与碳税的主要差异

| 碳定价机制特点 | 碳交易 | 碳税 |
| --- | --- | --- |
| 碳价水平 | 市场决定 | 政府决定 |
| 碳排放水平 | 政府决定 | 市场决定 |
| 实施范围 | 主要针对大型排放源 | 大中小型排放源、家庭和个人 |

续表

| 碳定价机制特点 | 碳交易 | 碳税 |
| --- | --- | --- |
| 实施阻力 | 阻力较小 | 阻力较大 |
| 行政干预 | 多 | 少 |
| 价格水平 | 不确定 | 确定 |
| 减排激励 | 时大时小 | 长期、稳定 |
| 国际协调 | 比较容易 | 很难 |

资料来源：根据冯俏彬（2023）修改。

#### 3. 碳定价方法技术

碳排放权的定价问题是碳交易市场的核心问题，也是碳交易市场发展和完善的关键。如果碳交易市场的定价机制不健全、不完善，那么就会出现大量的投机行为，从而会引起碳交易市场的剧烈波动，影响碳交易市场的健康发展。中国作为一个碳排放量大国，在国际社会对气候环境问题的关注日益增加的当下，我国要想在保证国民经济增长的同时，为人类社会创造一个良好的生活环境，需要在国际碳金融市场中争取到定价的自主权来维护我国的民族利益，所以对碳交易资产的定价研究更加重要。

碳定价技术按照不同碳金融资产分别有不同定价机制和模型，包括市场法、成本法、收益法等，其主要用于对碳排放现货、碳排放期货、碳排放期权、碳排放结构性产品等进行定价。

#### 4. 如何运用碳定价促进碳减排

碳定价大致分为显性碳定价和隐性碳定价。其中，显性碳定价是与二氧化碳排放量或化石能源燃料含碳量直接挂钩的价格工具，通常由政府部门通过碳税或碳排放权交易方式实施；而隐性碳定价则是与二氧化碳排放量或化石燃料含碳量间接相关的价格工具，比如对能源产品征收的消费税。

（1）碳定价是基于价格信号的减排政策工具

碳定价是以最低成本促进碳减排的一揽子政策措施的基石，其实质是将经济主体产生的气候外部性成本内部化。由于经济主体需要对排放的每单位二氧化碳付出成本，促使其将气候变化因素纳入经济决策的考量。这有利于鼓励碳相关产品的生产、消费乃至投资模式的转化，促进绿色低碳发展。碳定价方式下，经济主体可以根据市场价格信号，通过成本与收益分析，决定采用适合的方式达到规定的排放要求，因此有利于提高全社会的减排效率。

（2）碳税与碳排放权交易复合手段更具优势

碳税与碳排放权交易同为显性碳定价手段：碳税源于庇古税理论，实施中由政府确定碳价格，经济主体决定排放量的大小；碳排放权交易由政府确定允许排放量，企业通过市场决定为排放权愿意支付的价格。从国际实践看，在碳减排的起步阶段，主要使用碳税手段。

从理论层面看，碳税和碳排放权交易各有利弊。碳税实施成本相对较低且更具公平性，但碳减排的效果难以确定；碳排放权交易可以控制碳排放总量、灵活性强，且能较好地与国际碳市场接轨，但碳排放指标分配的公平性、碳排放价格的波动性、碳排放量监测的技术性等都是难以回避的问题。因此，单一手段的使用均存在缺陷，构建碳税与碳排放权交易协同的复合机制在促进减排的效果、兼顾公平与效率等方面更具优势。

（3）征收碳税具有多重红利效应

首先，碳税能促进温室气体减排。通过对二氧化碳排放课征一定的税收，可以引导低碳产品的生产与消费。其次，在引导减排的同时，碳税具有较好的财政收入功能。尽管碳税的实施会减少化石能源的消费，但由于提高了销售价格，并且化石燃料的使用具有一定程度的刚性，碳排放量下降的同时碳税收入仍然可以增加。最后，在保持收入中性（即开征碳税的同时减少所得税等负担）的前提下开征碳税，有助于优化税制。

## 第五节 碳金融及衍生体系

碳金融的兴起源于国际气候政策的变化以及《联合国气候变化框架公约》《京都议定书》《巴黎协定》等国际性公约的签署。随着碳交易市场规模的扩大，碳排放权进一步衍生为具有投资价值和流动性的金融资产。全球主要经济体围绕碳减排权，已经形成了低碳交易体系，包括直接投资融资、银行贷款、碳指标交易、碳期权期货以及一系列金融衍生品金融体系。

### 一、碳金融体系

#### 1. 碳金融

随着全球"碳减排"需求和碳交易市场规模的迅速扩大，碳排放权进一步衍生为具有投资价值和流动性的金融资产，碳融资体系建设也逐渐成为抢占碳中和经济发展制高点的关键。当前碳排放权的"准金融属性"已日益凸显，并成为继石油等大宗期货商品之后又一新的价值符号。

广义上讲，碳金融（Carbon finance），又称绿色金融，泛指所有服务于减少温室气体和环境污染物排放的金融交易活动和金融制度安排，旨在减少温室气体排放的各种金融制度安排和融资交易活动，主要包括碳排放权及其衍生品的交易和投资、低碳项目开发的投融资以及其他相关的金融中介活动等，如图4-5所示。

狭义上理解，碳金融就是碳融资和碳物质的买卖，具体指由《京都议定书》而兴起的低碳经济投融资活动，包括限制温室气体排放等技术和项目的直接投融资、碳权交易和银行贷款等金融活动。世界银行则将碳金融定义为"出售基于项目的温室气体减排量或者交易碳排放许可证所获得一系列现金流的统称"。[1]

---

[1] 还有金融业界专家更直观地认为，碳金融就是为碳交易买卖双方融通资金、基于碳交易的增值投资、依托碳交易的金融中介服务。

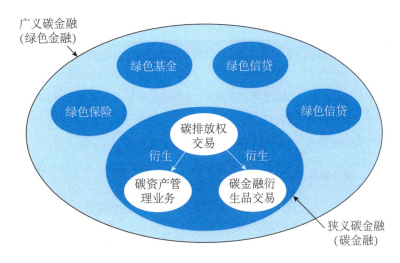

图 4-5 碳金融基本内涵示意图

碳金融作为应对气候变化市场化解决方案的重要组成部分，全球温室气体排放市场的形成，使碳排放权变化为可以交易、融资和承销的资产，从而为发挥碳金融在减缓和适应气候变化的促进作用创造了条件。

2. 碳金融市场构成要素及动力机制

碳金融市场主要构成要素可以分为市场主体、市场客体、市场价格以及市场媒介。市场主体是交易参与双方；市场客体是指交易标的和交易产品；市场价格是指交易参与双方供求关系支配下由交易双方商定的成交价；市场媒介是指双方凭以完成交易的工具和中介，往往包括第三方中介机构及作为第四方的交易场所。

市场主体和市场媒介，共同构成了市场上的各类主要利益相关方，而市场客体则可以分为基础资产和金融产品两部分。碳交易的基础资产主要包括两类：一是 ETS 体系下的碳排放权配额，如 EUETS 下的欧盟碳排放配额（EUA）和欧盟航空碳排放配额（EUAA）、中国碳交易试点框架下的碳排放权配额等；二是根据相应方法学开发的减排项目减排量，如联合国清洁发展机制下的核证减排量（CER）、中国政府认可的核证自愿减排量（CCER）等。

碳金融市场的持续健康发展，主要取决于政策、经济和环境等驱动因素。从碳金融市场机制及运行过程来看，政府首先确定整体减排目标及激励政策，并先在一级市场将初始碳排放权分配给纳入交易体系的企业，企业可在二级市场自由交易碳排放权；由于受到政策和经济激励，减排成本相对较低的企业会率先进行减排，并将多余的碳排放权卖给减排成本相对较高的企业并获取额外收益，同时减排成本较高企业通过购买碳排放权可降低其达标成本，最终实现社会减排成本最小化。

3. 碳金融市场体系

全球碳金融市场分布广泛，金融产品和工具伴随金融创新发展和传统金融继承种类多样化。目前，国际碳金融，尤其是欧洲的碳金融市场化建设和发展已经相当成熟，大多数国家都已经建成或即将建成完善的碳金融市场体系，如表 4-4 所示。

表 4-4  国际碳金融市场体系

| 组成要素 | | 要素功能 |
|---|---|---|
| 主要金融产品 | 基础产品 | 碳排放权 |
| | 衍生产品 | 碳掉期、碳期货、碳保险、碳债券、碳基金等 |
| 计价结算货币 | 主要货币 | 欧元 |
| | 其他货币 | 美元、澳元、日元、加元等 |
| 参与金融机构 | 商业银行 | 提供碳排放信贷支持，开展碳交易账户管理与碳交易担保服务以及开发碳金融银行理财产品等 |
| | 保险公司 | 开发与碳排放相关保险产品，提供碳排放风险管理服务以及投资各类碳金融产品等 |
| | 证券公司 | 开发设计碳排放权证券化产品，充当碳投融资财务顾问以及进行碳证券资产管理等 |
| | 信托公司 | 开发设计碳信托理财产品，充当碳投融资财务顾问以及从事碳投融资基金业务等 |
| | 基金公司 | 设立碳投资基金投资计划，充当碳投融资财务顾问以及进行碳基金资产管理等 |
| | 期货公司 | 开发设计碳期货产品，进行碳期货资产管理以及开展碳期货经纪业务等 |
| | 其他金融机构 | 碳资产管理公司、专业投资公司，风险投资机构等 |
| 辅助交易机构 | | 中介咨询服务机构，碳排放审核认证机构等 |
| 主要交易平台 | | 欧盟：欧盟碳排放权交易制（EUETS）——目前全球最大的碳交易平台 |
| | | 英国：英国碳排放权交易制（ETG） |
| | | 美国：芝加哥气候交易所（CCX）——全球第一家自愿减排碳交易平台 |
| | | 澳大利亚：新威尔士温室气体减排贸易体系（NS） |

### 4. 中国碳金融市场发展情况

中国分别于 1994 年、1998 年、2016 年批准了三个国际公约——《联合国气候变化框架公约》《京都议定书》《巴黎协定》，在这个过程中，中国逐渐认识到建立国内碳金融市场的必要性和重要性。2011 年 10 月，国家发展改革委印发了《关于开展碳排放权交易试点工作的通知》，批准北京、上海、天津、重庆、湖北、广东和深圳开展碳交易试点工作，我国碳金融市场的建立有了实质性进展。

2022 年 4 月，中国证监会发布的《碳金融产品》[①]金融行业标准明确界定了碳金融产品的边界与具体分类。从参与主体来看，碳金融的利益相关方主要有两个组成部分：由碳资产的合法持有者、碳金融产品服务的提供者。从产品分类来看，碳金融产品作为碳市场

---

① 碳金融产品（Carbon financial products）是建立在碳排放权交易基础上，服务于减少温室气体排放或者增加碳汇能力的商业活动，以碳配额和碳信用等碳排放权益为媒介或标的资金融通活动载体。《碳金融产品》金融行业标准（JR/T 0244—2022），于 2022 年 4 月 12 日，由中国证券监督管理委员会公告〔2022〕30 号予以公布，自 2022 年 4 月 12 日实施。

的金融配套工具，它被划分为碳市场融资工具、碳市场交易工具和碳市场支持工具三类，其中碳市场交易工具又被称为碳金融衍生品。

## 二、碳市场融资工具

碳市场融资工具是指以碳资产为标的进行各类资金融通的金融产品，主要包括碳货币、碳债券、碳资产抵质押融资、碳资产回购和碳资产托管等，其核心功能在于以碳配额或碳信用等碳排放权益为媒介进行资金融通活动，从而服务于减少温室气体排放或增加碳汇能力的商业活动。

### 1. 碳货币

伴随低碳经济发展尤其碳达峰碳中和战略目标实施，世界碳交易市场规模逐渐放大，碳货币一度被炒作得非常热络。首先要明确的是，碳货币并不是一种像金属币、纸币、电子货币等那样可以在市场上自由流通的货币形态，它是一个意想中的货币体系，也可以说是一个衡量世界上各种货币币值的新标准。甚至有人将碳货币理解为一种货币本位，像金本位和虚金本位制那样，使信用货币和"碳"关联起来，进而影响到某一种货币在世界市场上的信用地位和币值。

在世界范围内，关于碳货币的准确定义和衡量标准还没正式形成，不过很明显的是，在"碳货币体系"下，除了一国的经济实力和黄金储备之外，碳排放额度将会成为影响该国货币地位和币值的另一个重要因素。有学者研究观点认为，在未来全球的统一碳市场运行成熟、减排技术高度发达、碳减排权价值趋于稳定之后，各个国家和地区的超额减排量通过碳货币体系的构建，有可能形成全新的"碳本位"国际货币体系（吕靖烨等，2018）。

### 2. 碳债券

碳债券是发行人为了筹集低碳投资项目资金，向投资者发行并承诺按时还本付息，同时将低碳项目产生的碳信用收入与债券利率水平挂钩的有价证券。碳债券交易流程是指通过发行碳减排权证，将企业的减排成果转化为可交易的金融产品，从而实现碳减排的经济化。碳债券交易流程主要包括碳减排项目的申报、审核、认证、发行、交易和清算等环节。

在实际操作中，用于与碳债券利率水平挂钩的碳信用收入主要有两种：一种是通过自愿减排机制实现的碳信用，如CCER；另一种则是通过出售融资方所拥有的碳配额。碳债券发行方约定在到期日或者是付息日的一定时间内，基于出售碳信用所获得的碳收益来计算碳收益率，并且基于交易的碳收益率，在一定范围内调整浮动利率。

### 3. 碳资产抵质押融资

碳资产抵质押融资是碳资产的持有者将其所拥有的碳资产作为抵质押物，向资金提供方进行抵质押从而获得贷款，到期后通过还本付息解押的融资合约。碳资产抵质押融资本质是一种抵质押贷款，只是在抵质押贷款发生过程中，债务人的抵押物是其所拥有的碳排放权或者碳信用。

碳排放权抵押融资的前提条件是碳排放权具有可交易性，因此与我国碳市场的发展紧密相关。作为实践最为广泛的一种碳金融产品，碳资产抵质押融资在全国各地碳市场均有一些成功的实践案例。

#### 4. 碳资产回购

碳资产回购是指碳资产的持有者（即借方）向资金提供机构（即贷方）出售碳资产，并约定在一定期限后按照约定的价格购回所售碳资产从而获得短期资金融通的一种金融合约。这种融资方式与碳资产抵质押融资有一定的相似之处，即都是以碳资产为一种资产担保，向贷方借得资金，其不同点在于获得资金后的碳资产所有权的转移。

碳资产回购交易业务属于场内业务，具备风险可控、期限灵活、流程便捷等特点，是企业盘活存量碳资产的重要方式。碳资产回购交易具有帮助企业拓宽低碳融资渠道、有效降低资金成本、提高资金使用灵活性等优势。

#### 5. 碳资产托管

碳资产托管是资产管理业务在碳市场的创新应用。狭义的碳资产托管主要是指配额代理，即控制排放公司委托托管机构，以托管机构的名义对碳资产进行集中管理和交易，实现碳资产的资本增值；广义的碳资产托管是指将企业所有与碳排放相关的管理委托给专业机构进行规划和实施，包括但不限于CCER开发、碳资产账户管理、碳交易委托与实施、低碳项目投融资、碳金融服务咨询等。

目前，我国实施的碳资产托管业务大多由碳配额代理。经交易所认可的组织接受控制公司配额委托管理，承诺利润分享机制，在托管期间销售，直至托管期结束，将一定数额的配额返还给控制公司，实现合同履行。

## 三、碳金融衍生品

碳金融衍生品，即碳市场交易工具，是指基于碳排放权交易基础上，以碳配额和碳信用为标的的金融合约。与融资工具不同的是，碳金融衍生品并非以碳资产所有者利用其碳资产或碳交易收益在当前时点获得资金为目的，而是通过合约约定双方能够在未来的某个时间节点进行碳资产、碳资产收益或者是现金流的交易或者交换。根据《碳金融产品》金融行业标准，碳市场交易工具主要包括碳远期、碳期货、碳期权、碳掉期、碳借贷等五种，但目前中国碳金融衍生品主要有碳远期、碳期权、碳期货等。

#### 1. 碳远期

碳远期指的是交易的双方，约定在未来的某一时刻以确定的价格买入或者卖出相应的以碳配额或碳信用为标的的远期合约。这一合约的设定是基于买卖双方对于未来某个时间点上的碳价格预期所作出的交易承诺。

从买方的角度来说，参与碳远期交易是为了降低其在合约交易时点获得碳资产的价格，一般情况下是预计在当年履约时存在配额缺口，需要从市场上购买配额，并且约定的远期价格要低于买方对于行权日碳市场价格的预期，是通过碳远期合约降低其碳交易成本的一种方式。

从卖方的角度来说则是相反的情况，一般情况下是预计在当年履约时存在配额盈余，需要从市场上出售配额，并且约定的远期价格要高于卖方对于行权日碳市场价格的预期，通过碳远期合约提高其碳交易收益的一种方式。

### 2. 碳期货

碳期货与现货相对，是指在期货交易场所统一制定的，规定在将来某一特定的时间和地点交割一定数量的碳配额或碳信用的标准化合约。

由于碳期货交易是公开进行的对远期交割二氧化碳的一种合约交易，在这个市场中集中了大量的市场供求信息，不同的人，从不同的地点，对各种信息的不同理解，通过公开竞价形式产生对远期价格的不同看法。

与碳远期类似，碳期货和碳远期都是通过买卖双方签订合约，约定在未来某个时间以一定的价格交易一定数量的碳排放权的合约。但是，碳期货作为一种期货产品，须采用标准化合约，即标的商品——碳资产的交易时间、商品特征、交易方式都是事先标准化的合约。

## 知识专栏 4-1 碳期货合约

### 1. 什么是碳期货合约

碳期货合约是指由交易双方签署的、规定双方权利义务的凭证，买卖碳期货的合同或者协议，其由九个要素构成，分别为交易品种名称与代码、交易单位、报价单位和最小变动价位、每日价格最大波动限制、交割品级、交割方式合约、交割月份、交易时间以及最低交易保证金。

### 2. 碳期货合约的内容

（1）交易品种名称与代码

对合约交易品种的名称进行界定，并以符号作为代表方式。国际上现有的碳相关期货品种名称与联合国清洁发展机制在术语规范上保持了严格的一致，均称为核证减排量期货。欧洲气候交易所、芝加哥气候期货交易所、纳斯达克商品事业部、美国绿色交易所、印度泛商品交易所等推出的与京都机制相联系的期货品种均称为核证减排量期货。

（2）交易单位

期货交易所的每手期货合约代表的标的物的数量。在国际上，除了印度泛商品交易所的 CER 期货使用了每手 250 吨 CER 交易单位以外，其他诸如欧洲气候交易所、芝加哥气候期货交易所、纳斯达克商品事业部、美国绿色交易所的交易单位均为每手 1 000 个 CER 单位。

（3）报价单位

报价单位一般根据交易所所属地来确定，如芝加哥气候期货交易所以美元为报价单位，印度泛商品交易所以卢比为报价单位，其他诸如欧洲气候交易所、纳斯达克商品事业部和绿色交易所的交易单位均为欧元。

（4）最小变动价位

国际上各交易所的最小变动价位分别是欧洲气候交易所0.01欧元/吨、芝加哥气候期货交易所0.01美元/吨、纳斯达克商品事业部0.01欧元/吨、美国绿色交易所0.01欧元/吨、印度泛商品交易所50派士/吨。

（5）每日价格最大波动限制

对于碳期货市最大波动限制较为宽松，欧美核证减排量期货不限制每日价格波动范围，印度则执行了日内4%、6%和9%的阶梯式限制的某种复杂设定。

（6）合约交割月份

国际上合约交割月份大都以3个月作为间隔，印度泛商品交易所核证减排量期货的合约交割月份设定为2月、5月、8月和11月，而欧洲气候交易所、芝加哥气候期货交易所、绿色交易所、纳斯达克商品事业部的合约月份都是3月、6月、9月和12月。在一般的期货交易中，也存在交割月份按月计算。

（7）交易时间、最后交易日和交割日期

欧美交易所普遍设计成交割月的最后一个星期一（如果该日是非交易日，那么最后交易日为上一个星期一），印度泛商品交易所则把交割月的日历日期25日作为最后交易日（如果该日为非交易日，那么最后交易日为上一个交易日）。

（8）交割品级

交割品级是指由期货交易所同意规定的、准许在交易所上市交易的合约商品的质量等级。国际上同类期货交割品级要求均以欧洲气候交易所的要求为准，该交易所要求可供交割的核证减排量必须是由联合国清洁发展机制理事会签发，但拒绝其中装机容量超过20兆瓦的水电项目、土地利用变更和森林（LULUCF）项目和核电项目。

（9）交割方式

碳期货交割主要有两种交割方式：现金交割和实物交割。已经签署京都议定书的发达国家都有国家级的排放贸易登记处，因此欧美的同类期货交割最终以在官方排放贸易登记处的核证减排量"过户"为标记，交易所仍然扮演买卖双方履约对手的角色，印度的交割设计也基本遵守了这个逻辑。考虑到我国在京都议定书中的缔约地位，本设计提出创新交割方式：通过建立国家信用的登记机构，该机构担任交割双方的对手机构，提供类似于"标准仓单"的碳信用即兑凭证，该凭证可通行于发达国家官方排放贸易登记处。

（10）最低交易保证金

最低交易保证金有比例保证金和定额保证金两种形式。欧美碳期货交易保证金的规定采用确定金额，例如绿色交易所投机客户的开仓保证金是743欧元，维持保证金是675欧元；套期保值客户开仓保证金和维持保证金均为675欧元。

摘引自：中国白银网，https://www.ebaiyin.com/baike/190.shtml.

### 3. 碳期权

碳期权是指由碳排放市场的参与者发行的有关碳排放量的金融工具，用于对碳排放量进行管理，利用市场力量促使企业实施减排措施，以实现国际公认的温室气体减排目标，维护和保护全球气候系统和人类社会的发展。碳期权由卖方和买方签订买卖协议，双方同意在确定的期限内控制碳排放的总量。

碳期权一般分为两类，一种是"投资类"碳期权，另一种是"行动类"碳期权。"投资类"的碳期权主要是用来交易；而"行动类"的碳期权则侧重于实施减排行动，以实现碳排放减少的目标。碳期权与碳远期和碳期货一样，都是一种典型的，需要在交易所开展的一种期货合同，但与碳远期和碳期货不同的是，碳期权的买方在合约到期时，并不需要进一步行权，买方可以选择放弃这一购买权。

### 4. 碳掉期

碳掉期是以碳排放权为标的物，双方以固定价格确定交易，并约定未来某个时间以当时的市场价格完成与固定价交易对应的反向交易，最终只需对两次交易的差价进行现金结算。碳掉期交易是碳交易双方约定在未来某一时期相互交换某种资产的交易形式，有助于规避碳配额和 CCER 间的价格波动风险。

目前中国的碳掉期主要有两种模式，一种是由控排企业在当期卖出碳配额，换取远期交付的等量 CCER 和现金，另一种是由项目业主在当期出售 CCER，换取远期交付的不等量碳配额。

### 5. 碳借贷

碳借贷是指企业或组织在减排行动中超额达成减排目标后，将所剩余的减排量以一定价格售出，由购买方以取得减排权利和信用作为补偿。

碳借贷的基本原理是通过将减排权利产生的收益进行分配，推动企业或组织加大减排力度，促进低碳经济发展。同时，碳借贷作为一种市场化手段，可以提高企业的竞争力和融资能力。

## 四、碳市场支持工具

碳市场支持类工具指的是为碳资产的开发管理和市场交易等活动提供量化服务、风险管理和产品开发的金融产品，主要包括碳指数、碳保险和碳基金。

### 1. 碳指数

（1）何谓碳指数

碳指数通常反映碳市场总体价格或某类碳资产价格变动及走势，是重要的碳价观察工具，也是开发碳指数交易产品的基础。碳指数作为一种市场价格的观测指标，可以用于进一步开发各类的碳金融工具，如碳基金。

（2）碳指数如何发挥作用

① 监测全球变暖：碳指数通过收取碳排放许可证费用，根据该费用定义的一定统计条件来测量对碳排放的成本，以便更好地控制全球变暖的现象。

② 调节排放权：碳指数建立了一种碳排放量调节机制，根据政府的定价政策，企业可以按照行业的碳排放情况购买碳排放许可证，利用碳排放许可证来减少对环境的污染。

③ 抑制能源浪费：使用碳价格指数可以精准控制排放量，从而有效减少能源使用，减少温室气体排放，改善环境。这有助于减少挥发性有机物的排放，降低 PM2.5、PM10 的排放，保护全球环境。

④ 优化投资环境：碳指数可以帮助投资者选择投资操作，以有效地面对不断变化的市场环境，从而更好地管理投资组合。具体来说，它可以控制排放量，避免过度投资，确保可持续发展，提高资产安全。

(3) 碳指数在中国

目前，碳指数在中国已经有了相当多的实践，已覆盖四大主题下的九个部门，包括太阳能、风能、核能、水电、清洁煤、智能电网、电池、能效（包括 LED）、水处理和垃圾处理等。我国已有北京绿色交易所推出的观测性指数"中碳指数体系"，以及复旦大学以第三方身份构建的预测性指数"复旦碳价指数"。此外，广州碳排放权交易中心也推出根据纳入碳市场的上市公司表现构建的"中国碳市场 100 指数"。

### 2. 碳保险

(1) 何谓碳保险

碳保险可以被界定为与碳信用、碳配额交易直接相关的金融产品，指的是为了降低碳资产开发或交易过程中的违约风险所开发的保险产品，主要包括碳交付保险、碳信用价格保险、碳资产融资担保、碳资产损失等。碳保险作为企业低碳转型路径中的风险管理工具之一，可以有效地降低碳市场风险，促进碳金融发展。

(2) 碳保险的碳交易市场作用

碳保险是一种特殊的风险管理方式。当企业被列入重点排放单位目录后，根据《碳排放权交易管理办法（试行）》，该企业应控制温室气体排放，积极完成碳配额履约清缴义务。然而，在此过程中，企业面临多种风险，如企业开发新型生产技术，无法按时通过监管部门认证；参与碳排放交易或者碳金融交易时，无法及时履行配额清缴义务等。碳保险的存在将帮助企业在涉碳交易、履约全过程中分散风险，保障企业经营与发展。

碳保险作用主要体现在：

① 预防。保险公司为客户提供风险实时监控的服务，帮助客户预防和减少风险事故的发生。

② 赔偿。风险发生后，保险公司会向受益人赔偿保险金或者等价的碳配额。

③ 激励。保险公司会根据企业的环境表现和碳中和进程进行综合评估，给评价更高的企业提供费率优惠或者其他附加权益。

④ 增信。碳保险的存在为碳排放权交易、融资等活动提供了风险保险，起到了一定增信作用。

目前，国内外的碳保险在产品与类别、内容与形式、效益与效果等方面都仍处于较为初级的阶段，亟待进一步地完善与发展。

### 3. 碳基金

(1) 何谓碳基金

碳基金（carbon funds）是指由政府、金融机构、企业或个人投资设立的专门基金，致力于在全球范围购买碳信用或投资于温室气体减排项目，经过一段时期后给予投资者回报，以帮助改善全球气候变暖。

目前，全球范围内的碳投资载体共有三类：碳基金、碳机构和政府购买计划。后两者接近于广义的碳基金概念，在此统称为"碳基金"。

（2）碳基金设立及管理方式

根据碳基金的设立方式不同，碳基金想要达成的目标也有所不同。由政府设立的碳基金在运营方式和达成目标方面基本相同，主要是希望通过清洁发展机制项目购买的方式，缩小本国减排责任与国内潜在减排量之间的差距。同时这些碳基金还要帮助企业和公共部门减少二氧化碳的排放，进一步提高能源效率和加强碳管理，并且投资低碳技术的研发。

此外，部分企业和金融机构也可以通过设立碳基金，投资各类碳资产产品，例如，核证自愿减排产生的碳信用，部分基金是进行低碳企业投资，并且通过支持低碳企业的碳资产开发，实现碳资产的量化收益。企业自行募集的方式，主要为企业出资的碳基金所采用。一般由政府出资设立的碳基金规模都在千万美元以上，根据各国减排任务的不同有所不同。

从国际和国内的发展来看，大力推进碳基金建设，对引导控排企业履约、开发碳资产、推动民营企业参与碳排放权交易、推进低碳技术、促进低碳产业转型、推动城市低碳发展等方面都有较为深远的影响。

## 推荐文献阅读

[1] 李泓江，田江. 碳中和的政策与实践 [M]. 成都：四川人民出版社，2021.

[2] 孟早明，葛兴安. 中国碳排放权交易实务 [M]. 北京：化学工业出版社，2017.

[3] 唐葆君，王璐璐. 碳金融学 [M]. 北京：中国人民大学出版社，2023.

## 课后思考题

1. 简述碳中和经济政策工具的理论划分。
2. 何谓碳交易，简述碳交易市场交易体系。
3. 何谓碳配额，简述碳配额分配方法及注意事项。
4. 简述碳税基本内涵、设计机制及征收范围。
5. 简述碳金融基本内涵，谈谈我国碳金融产品基本构成。

# 第五章
# 碳中和经济核算及管理模式

  从低碳经济到碳中和经济，不仅对传统产业产生深刻影响，甚至产生了革命化变革，诸多新兴碳中和衍生产业发展模式以及相应的管理体系应运而生。基于此，本章首先系统阐述碳排放核算体系以及管理问题，包括碳盘查、碳核查、预核查、碳标签和碳足迹等，再对绿色溢价、绿色供应链以及合同能源管理等新兴衍生产业管理模式进行分析探讨。

## 第一节　碳排放核算标准

碳排放统计核算是做好碳达峰、碳中和相关工作的重要基础工作，也是制定碳中和政策、推动工作、开展考核、谈判履约的重要依据。结合已发布碳排放核算文件，本节介绍何谓碳核算，再介绍我国不同范围、不同尺度、不同责任主体的碳排放核算标准体系。

### 一、何谓碳核算

碳核算（Carbon accounting）是测量工业活动向地球生物圈直接和间接排放二氧化碳及其他产生温室效应气体的措施，是指控排企业按照监测计划对碳排放相关参数实施数据收集、统计、记录，并将所有排放相关数据进行计算、累加的一系列活动。碳核算可以直接量化碳排放的数据，还可以通过分析各环节碳排放的数据，找出潜在的减排环节和方式，对碳中和目标的实现、碳交易市场的运行至关重要。

开展碳核算需要满足以下三点：一是确定工业活动主体，以确定核算边界；二是划定造成温室效应的气体，以确定核算对象；三是确定核算范围。碳核算定义了三种核算范围：范围一是企业地理边界内向大气排放的温室气体；范围二是指外购的电力和热力等产生的排放；范围三排放是指除了范围二以外的其他所有间接排放，ISO14064对范围三排放进行了归类，包括企业上下游运输产生的排放、企业使用产品的碳足迹，以及这些产品使用过程中的碳排放等，每个部分又有细分领域，颇为复杂。

碳排放量的核算主要有三种方式：碳排放因子法、质量平衡法、实测法。

（1）碳排放因子法（emission factor approach）

碳排放因子法是联合国政府间气候变化专门委员会（IPCC）提出的第一种碳排放估算方法，也是目前应用最广泛的方法。其基本思路是依照碳排放清单，以活动数据和排放因子的乘积作为该排放项目的碳排放量估算值：

$$E = A \times EF \times (1 - ER)$$

式中，$E$为温室气体排放量（如$CO_2$、$CH_4$等）；$A$为活动水平（单个排放源与碳排放直接相关的具体使用和投入数量）；$EF$为排放因子（单位某排放源使用量所释放的温室气体数量），排放因子的获取来源包括IPCC报告及数据库、行业标准及研究文献等；$ER$为消减率（%）。

排放因子法主要适用于国家、省份、城市等宏观核算，这是因为在实际生产过程中，能源品质、机组燃烧效率、各类能源消费统计及碳排放因子测度等因素容易导致评估结果存在较大偏差。

（2）质量平衡法（mass balance approach）

质量平衡法是根据每年用于生产生活的新化学物质和设备，计算为满足新设备能力或替换去除气体而消耗的新化学物质份额。质量平衡法碳排放计算公式为：

$$E = (Input \times C_i - Output \times C_o - Waste \times C_w) \times 44/12$$

式中，$E$ 为碳排放量；$Input$、$Output$、$Waste$ 分别为原料投入量、产品产出量及废物产生量；$C_i$、$C_o$、$C_w$ 分别为原料、产品及废物中的含碳量；44/12 是碳转换成二氧化碳的转换系数（即 $CO_2/C$ 的相对原子质量）。

质量平衡法的优势是能够区分各类设施之间的差异，反映碳排放发生地的实际排放量，在一般工业生产过程（如脱硫过程排放、化工生产企业过程排放等非化石燃料燃烧过程）中应用广泛。

（3）实测法

碳排放量的实测法是一种基于实地测量和实验室分析的方法，用于计算碳排放量。这种方法通常需要针对典型企业进行大规模实际测量，记录燃料、设备及运行工况等数据，从而确定不同行业的二氧化碳排放量。

实测法又分非现场测量和现场测量。非现场测量是通过采集样品送到有关监测部门，利用检测设备和技术进行定量分析；现场测量一般是在烟气排放连续监测系统（CEMS）中搭载碳监测模块，通过连续监测浓度和流速直接测量其排放量。

实测法的优点是中间环节少，结果准确；缺点是消耗人力和物力较大，成本较高，而且要求检测样品具有代表性。实测法适用于小区域、简单生产排放链的碳排放源，或小区域、有能力获取一手监测数据的自然排放源。

总的来说，碳排放量的计算方法并不是单一的，其结果可能会受到多种因素的影响，如行业、地域、生产工艺、能源结构等。因此，在实际应用中，需要根据具体情况选择合适的方法。

## 二、碳盘查、碳核查及预核查

与碳核算相关的概念还有碳盘查、碳核查及预核查。

碳盘查是指以政府、企业等为单位计算其在社会和生产活动中各环节直接或者间接排放的温室气体，也可称作编制温室气体排放清单；碳核查是指由具有公信力的第三方对企业的碳盘查报告进行审核并出具核查报告或声明的过程。

碳盘查与碳核查区别与联系：

（1）工作时间不同

碳盘查是企业自主行为，企业可以在任何时间委托咨询机构对其某一时间段内的碳排放情况进行核算，提出整改意见。碳核查是企业的被动行为，政府根据自身的工作需求，在指定的时间委派具有资质和公信力的第三方完成指定某一时间段的碳核查工作，包括企业组织边界内碳排放源的识别，数据收集、核算，查漏补缺，澄清和报告等一系列碳核查工作。

（2）主导对象不同

碳盘查主导对象是企业，企业有权决定如何开展碳盘查的相关工作。碳核查主导对象，可说是国家相关主管部门，也可说是国家发改委委派的第三方，由其主导碳核查的具体工作，企业只能积极配合相关工作。

（3）工作目的不同

碳盘查目的是企业基于自身生产和发展的考虑，摸清自身的排放水平，进行相应整改，达到国家政策要求，挖掘节能减排潜力，甚至在能力建设完备的情况下进行碳资产的运作。碳核查是由专业的第三方协助完成控排企业摸底核算工作，以帮助国家掌握大数据情况，为全国碳市场的建设提供数据和决策支撑，为实现国家碳减排目标打好基础。

预核查，则是由咨询机构指导控排企业完成的核查前准备工作，时间设置在临近正式碳核查之前，落实碳盘查结束后的整改要求，并根据政府和第三方提出的最新核查要求，准备符合要求的核查材料和排放报告。

简言之，碳盘查是企业的主动自愿并由自己支配的内审行为，碳盘查的结果只对企业内部负责并公开。预核查也是由企业主导，但是只为碳核查服务，针对性更强。碳核查相当于由外部驱动力主导的、企业积极配合的外审行为，企业必须对外发布经核查和确认无误后的碳排放结果证明。

## 三、不同范围的碳核算标准

根据碳排放的核算范围，碳排放可分为范围1、2、3排放，如图5-1所示。范围1、2、3的概念出自《温室气体核算体系》，也就是人们常说的"GHG Protocol"，这是由世界资源研究所（WRI）和世界可持续发展工商理事会（WBCSD）自1998年起开始逐步制定的企业温室气体排放核算标准，由四个相互独立但又相互关联的标准组成，包括《温室气体核算体系企业核算与报告标准》《企业价值链（范围3）核算和报告标准》《产品生命周期核算和报告标准》《温室气体核算体系项目量化方法》。

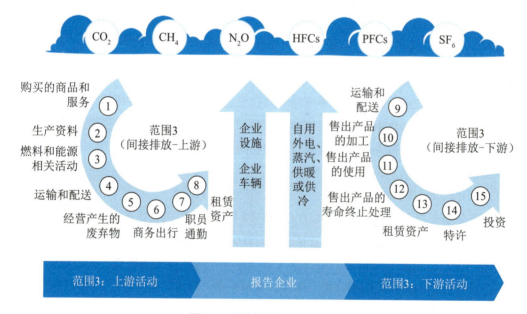

图 5-1 碳核算框架范围示意图

### （一）范围1排放

范围1排放是来自公司拥有和控制的资源的直接排放。换句话说，范围1中的温室气体排放是企业一系列活动的直接结果。范围1排放分为四个领域，如表5-1所示。

表 5-1　范围 1 排放的主要类型表

| 主要类型 | 相关排放源 | 举例 |
|---|---|---|
| 固定燃烧排放 | 企业为获取能源燃烧化石燃料产生的固定排放源 | 发电机组、锅炉等需要燃料的设备 |
| 移动燃烧排放 | 企业为获取能源燃烧化石燃料产生的移动排放源 | 乘用车、客车、货车、叉车等交通运输工具 |
| 过程排放 | 企业在生产过程中，以非能源获取为目的的物理或化学反应过程排放的温室气体 | 水泥生产过程中的碳酸钙分解、钢铁生产过程中利用焦炭还原铁矿石、石化行业中催化裂解产生的二氧化碳 |
| 无组织排放 | 在企业的组织边界内有意或者无意泄漏温室气体造成的排放 | 制冷设备、变压器中温室气体填充物的泄漏，天然气储运过程中的泄漏，污水处理过程中的甲烷泄漏等 |

资料来源：汪军（2022）。

### 1. 固定燃烧排放

固定燃烧排放来源包括用于加热建筑物的锅炉、燃气炉和燃气热电联产（CHP）工厂。最常见的燃料是天然气、液化石油气（LPG）、瓦斯油（又名红色柴油）和燃烧油（又名煤油）。《京都议定书》涵盖的所有产生温室气体排放的燃料都必须包含在范围 1 计算中。这些也包含在简化的能源和碳报告（SECR）要求中。

### 2. 移动燃烧排放

燃烧产生温室气体的燃料的组织拥有或租赁的所有车辆都属于范围 1。通常，这些车辆是由汽油或柴油发动机驱动的汽车、货车、卡车和摩托车。然而，交通正在发生变化。大量交通运输工具采用替代燃料，如液化石油气（LPG）和液化天然气（LNG），以及生物燃料，如生物柴油和生物乙醇。全电动汽车（EV）和插电式混合动力汽车（PHEV）也越来越受欢迎。越来越多地使用电动汽车可能意味着组织的一些车队将属于范围 2 排放。这些必须包含在简化的能源和碳报告中。

### 3. 过程排放

过程排放是指在工业过程和现场制造过程中释放的温室气体，如在水泥制造过程中产生二氧化碳、工厂烟雾、化学品等。

### 4. 无组织排放[①]

无组织排放来自有意或无意的泄漏，例如，设备的接缝、密封件、包装和垫圈的泄漏，煤矿矿井和通风装置排放的甲烷，使用冷藏和空调设备过程中产生的氢氟碳化物（HFCs）排放，以及天然气运输过程中的甲烷泄漏等。

## （二）范围 2 排放

范围 2 排放又称作能源间接排放，主要是指企业因生产经营所需的外购的能源，包括

---

① 无组织排放是指污染物不经过排气筒的无规则排放，包括开放式作业场所逸散，以及通过缝隙、通风口、敞开门窗和类似开口（孔）的排放等。

电力、蒸汽、加热和冷却等，所产生的间接排放。

对许多公司而言，外购电力是其最大的温室气体排放源之一，也是减少其排放的最主要机会。各公司通过核算范围2的碳排放，可以评估改变用电方式和温室气体排放成本，以及相关风险与机会。

几乎所有的企业都会涉及外购电力产生的碳排放，因为很难找到不用电的企业。外购热力产生的碳排放，最常见的排放源是热水和蒸汽。这里的热力指广义的热力，即凡是进行能量传递的工质都算作热力，一些特殊的热力还包括热空气、热油、冷源以及压缩空气等。

企业从公用事业公司或其他供应商处购买的电力的生产和分配会影响其范围2的排放。如果某企业的电力组合中化石燃料含量很高（供应商燃烧大量煤炭来生产电力），那么该企业的范围2排放量将高于生物质、可再生电力及天然气产生的电力。各公司可通过投资能效技术和节能，减少用电量。

计算范围2碳排放量最重要的是确定与电力、热力消耗相关的碳排放量，目前使用的方法主要有两种思路：

基于市场的范围2计算方法是企业的用电排放基于售电公司的电力排放因子来计算碳排放量，该方法可通过购买绿色电力实现减排，并且所需要实现的绝对减排量更低。

基于位置的范围2计算方法是基于特定地理位置（包括地方、区域或国家边界）的平均电网排放因子来计算碳排放量，该方法的减排主要依赖于能效提升，有利于推动企业提升能效并节约成本，可以通过国家或区域电网脱碳（能源结构优化或能次提升）获得减排。

表5-2展示了两种计算方法的差异，简而言之，基于市场的计算方法反映了公司有意愿的电力排放（或缺乏选择），因为企业可以通过有选择的采购行为改变自身用电导致的间接排放；基于位置的计算方法反映了发生能源消耗的电网的平均排放强度。

表5-2 基于市场和基于位置的范围2计算方法比较

| | 基于市场的计算方法 | 基于位置的计算方法 |
| --- | --- | --- |
| 计算依据 | 基于售电公司电力排放因子 | 基于所在地区平均电网排放因子 |
| 应用领域 | 适用于能够以合同文书的形式为消费者提供差异化电力产品选择的地区 | 所有电网 |
| 特征 | 为企业提供采购选择<br>引导供电商和采购者的行为改变<br>合法规避风险 | 反映电网及供电商实际碳排放情况<br>与当地电网资源和排放一致的风险/机会 |
| 影响 | 平均化地区用电的碳排放水平 | 差异化地区用电的碳排放水平 |

资料来源：Greenhouse Gas protocol. GHG protocol scope 2 guideline.

（三）范围3排放

范围3排放的定义是除能源间接排放以外的所有间接排放，因为这个定义过于宽泛，所以很难兼顾碳核算中的相关性、完整性和一致性原则。为了规范范围3排放的报告范围，ISO14064—1：2018标准对范围3进行了更具体描述，如表5-3所示。

表 5-3　范围 3 排放的主要类型

| 主要类型 | 举例 | 备注 |
|---|---|---|
| 组织边界外的运输排放 | 上下游企业货物运输产生的排放<br>制造和运营产生的其他排放<br>员工通勤产生的排放<br>客户访问和拜访客户的交通产生的排放 | 范围三排放应考虑从生命周期的角度核算 |
| 产品使用产生的排放 | 能耗产品（如钢板）产生的排放<br>外购服务（如发布会）产生的排放<br>固定资产（如企业办公大楼）产生的排放 | |
| 组织生产过程的产品在使用过程中产生的排放 | 能耗产品（如汽车）使用过程中的排放<br>提供服务（如游戏）产生的排放<br>投资项目（如房地产）产生的排放 | |
| 其他排放 | 上述未包含的其他排放 | |

资料来源：汪军（2022）。

范围3主要包括以下几个方面内容：

（1）组织边界外的运输排放

组织边界外的运输排放是指该组织供应链上下游企业因为运输产生的排放，这里的排放不只包括运输过程中燃烧产生的排放，还包括燃料生产过程中产生的排放，以及运输工具生产和经营过程中产生的其他排放。

（2）产品使用产生的排放

产品使用产生的排放是指企业在使用外购产品生产过程中的排放，这里所指的外购产品不仅包括生产时外购的原材料，还包括企业购置的各类固定资产，而且这些排放的核算方式要遵循"从摇篮到大门"的原则。

（3）组织生产过程的产品在使用过程中产生的排放

组织生产过程的产品在使用过程中产生的排放是指企业对外销售的产品在使用过程中产生的排放。

简而言之，范围1排放是公司直接燃烧产生的温室气体排放，范围2排放是公司购买的能源产生的温室气体排放，而范围3则是这两者以外公司产生的所有排放。

## 四、不同尺度的碳核算标准

碳排放核算既可按空间范围分为国家、省份、城市和社区，也可按经济活动层级分为部门、企业、项目和产品，不同尺度下碳排放核算标准存在一定差异。

（一）空间范围

1. 国家层面

主要采用排放因子法。1995年IPCC发布的第一版《IPCC国家温室气体清单指南》（以下简称《IPCC指南》），是世界各国编制温室气体清单的主要方法和规则，其又先后发布《2006 年 IPCC 国家温室气体清单编制指南》等指南进行了更新与修订[①]（陈红敏，2011）。我国目前已完成 1994 年、2005 年、2010 年、2012 年、2014 年和 2018 年共 6 年的碳排放核算工作，并向联合国提交《气候变化国家信息通报》和《气候变化两年更新报告》（李继峰等，2020）。

### 2. 省份层面

主要采用排放因子法。国家发展改革委于 2011 年 5 月发布了《省级温室气体编制清单指南（试行）》（以下简称《省指南》），从能源活动、工业生产过程、农业、土地利用变化和林业、废弃物处理五个方面对我国省级温室气体清单提供指导，提供了不同的层级方法和可供选用的缺省值。其中，针对跨省电力调度造成的碳排放问题设置了排放因子：

电力调入（出）间接碳排放 = 调入（出）电量 × 区域电网供电平均排放因子

### 3. 城市层面

主要采用排放因子法。针对城市层面碳核算需求，我国各省积极响应《省指南》要求和低碳示范城市建设需求，先后启动了各市（区）温室气体清单编制工作。其中，我国城市层面的温室气体清单编制主要依据《省指南》《IPCC 指南》等。

### 4. 社区层面

主要采用排放因子法。社区是居住在一定地域内的人们所组成的多种社会关系的生活共同体，故社区碳排放的核算以社区地理边界为核算边界。一般来说，社区所产生的碳排放主要源于生活消耗能源，其碳排放活动种类主要可分为两大类：一是直接碳排放活动，如化石燃料燃烧和移动源燃烧（如交通）；二是间接碳排放活动，如电力消耗、热力消耗等。

## （二）经济活动层级

### 1. 部门层面

主要通过碳排放因子法和质量平衡法。相比碳排放因子法，采用质量平衡法核算部门碳排放，需要分部门、分燃料品种、分主要设备进行温室气体排放核算，这种方法对数据量的要求较大，但准确度更高。具体可以以各个经济部门活动为核算对象，以一定时间段（如 1 年）内的分品种燃料消耗，与燃料低位热值、单位热值碳含量及氧化率三个参数相乘，得到各部门碳排放量，加总后即得到经济活动中能源利用产生的碳排放总量。国际能源署即采用部门法进行能源部门的碳核算。

### 2. 企业层面

主要通过质量平衡法。国家发改委从 2013 年 11 月到 2015 年 11 月先后发布了 24 个行业的《企业温室气体排放核算方法与报告指南（试行）》（以下简称《企业指南》），具体包括：

第一批 10 个，发电企业、电网企业、钢铁生产企业、化工生产企业、电解铝生产企业、镁冶炼企业、平板玻璃生产企业、水泥生产企业、陶瓷生产企业、民航企业。

第二批 4 个，中国石油和天然气生产企业、中国石油化工企业、中国独立焦化企业、

---

① 2006 年修改后《IPCC 指南》主要从能源、工业过程和产品使用、农业、林业和其他土地利用、废弃物这五个部分来进行温室气体排放和消除的核算。

中国煤炭生产企业。

第三批 10 个，造纸和纸制品生产企业、其他有色金属冶炼和压延加工业企业、电子设备制造企业、机械设备制造企业、矿山企业、食品、烟草及酒、饮料和精制茶企业、公共建筑运营单位（企业）、陆上交通运输企业、氟化工企业、工业其他行业企业。

### 3. 项目层面

基于项目的核算，最著名的是《京都议定书》中的清洁发展机制（CDM）。通过 CDM，发达国家可从发展中国家实施的温室气体减排或吸收项目中取得经核证的减排量（CER），用以抵消一部分其对《京都议定书》承诺的减排义务。

CDM 的核心是温室气体项目中 CER 的获取，而这依赖于对项目的温室气体减排量的核算和证明，就是温室气体 Protocol 系列标准中的"项目核算温室气体协议"（The GHG Protocol for Project Accounting）。另外，ISO14064 中也包含项目层面的碳核算。

### 4. 产品层面

针对产品的碳排放核算，国际标准化组织 ISO 颁布了产品碳足迹核算标准 ISO14067，用于指导使用生命周期评估方法而进行的产品碳足迹量化以及对外交流。ISO14067 的颁布是建立在现有国际标准的基础上的，如生命周期评价（ISO14040 和 ISO14044）、环境标志和声明（ISO14020、ISO14024 和 ISO14025）等。此前，国际上关于产品碳足迹的评价主要是使用 ISO14040/44，PAS2050 以及 WRI 世界能源协会制定的 Product carbon footprint protocol，而 ISO14067 的颁布在全球形成一个面向市场的共识性框架文件。

## 五、不同视角的碳排放核算

划分排放活动（即明确排放责任主体）的多视角排放，主要包括生产侧排放、消费侧排放以及收入排放。生产侧排放的排放责任主体为生产者，消费侧排放的排放责任主体为消费者，收入排放的排放责任主体是经济利益获得者（也称为生产要素供给者），多视角核算实质是对碳排放总量针对责任主体的重新分配。

### （一）生产侧排放

生产侧碳排放的核算标准是指针对生产过程中直接或间接产生的温室气体排放进行核算和管理的一套规范和方法。这些标准旨在帮助企业评估并监测其生产活动对气候变化的影响，并提供减排措施的依据。

以下是一些常见的生产侧碳排放核算标准：

#### 1. ISO14064

ISO14064 是国际标准化组织（ISO）发布的一项标准，用于指导组织核算、报告和验证温室气体排放。它包括三个部分：ISO14064—1 涵盖温室气体核算原则和要求，ISO14064—2 指导温室气体项目的验证和核准，ISO14064—3 提供为组织和项目开展温室气体核算和报告提供指南。

#### 2. GHG Protocol

GHG Protocol 是一个公认的温室气体协议，由世界资源研究所（World Resources

Institute）和世界可持续发展工商组织（World Business Council for Sustainable Development）共同制定。GHG Protocol 提供了一套全球通用的方法和指南，用于核算和报告企业和组织的温室气体排放，包括生产侧排放。

### 3. PAS2050

PAS2050 是英国标准协会（BSI）发布的一项指南，用于评估产品和服务的温室气体排放。它提供了一套方法和框架，帮助企业评估其产品的全生命周期内的温室气体排放，并提供减排建议。

这些标准通过规范化、量化和报告生产过程中的温室气体排放，为企业提供了一个明确的方法来衡量和管理其碳足迹。企业可以根据这些标准的要求，识别并采取适当的减排措施，推动低碳生产和可持续发展。

## （二）消费侧排放

消费侧碳排放的核算标准是指针对消费过程中个人或组织产生的温室气体排放进行核算和管理的一套规范和方法。这些标准旨在帮助个人和组织评估其消费行为对气候变化的影响，并提供减排措施的依据。以下是一些常见的消费侧碳排放核算标准：

### 1. 个人碳足迹

个人碳足迹是一种量化个人生活方式对温室气体排放贡献的方法。通过考虑个人日常生活中的能源消耗、交通方式、饮食习惯等因素，可以计算出个人的温室气体排放量。

### 2. PAS2060

PAS2060 是英国标准协会（BSI）发布的一项指南，用于评估组织在产品、服务或活动方面的碳中和。它提供了一个框架，帮助组织核算其消费行为所引起的温室气体排放，并制定相应的减排和抵消策略。

### 3. 城市碳足迹

城市碳足迹是一种衡量城市整体温室气体排放的指标。通过考虑城市居民和机构的能源使用、交通方式、废物处理等因素，可以计算出城市的碳排放量。一些国家和地区已经开始制定城市碳足迹核算标准，以推动城市的低碳转型。

这些标准通过量化和评估消费行为对温室气体排放造成的影响，为个人和组织提供了一个了解和管理碳足迹的方法。通过认识到自己的消费行为对气候变化所产生的负面影响，个人和组织可以采取相应的措施来减少碳排放，如改善能源效率、选择低碳交通方式和推广可再生能源等。这样有助于推动可持续的消费模式和减少整体碳足迹。

## （三）收入排放

收入碳排放的核算标准是指针对企业或组织收入来源所产生的温室气体排放进行核算和管理的一套规范和方法。这些标准旨在帮助企业评估其经济活动对气候变化的影响，并提供减排措施的依据。

目前并没有明确的收入碳排放核算标准，因为温室气体排放通常与生产过程相关联，而不是直接与收入来源相关联。然而，在企业或组织层面，可以使用以下方法来间接评估收入来源与碳排放之间的关系：

### 1. 价值链碳足迹

通过对企业的价值链进行分析，可以评估不同环节对碳排放的贡献。这包括原材料采购、生产加工、产品销售和物流等环节。通过对企业价值链的分析，可以了解到不同收入来源对企业的碳排放贡献程度。

### 2. 能源消耗分析

能源消耗是导致大部分温室气体排放的主要原因之一，企业可以对各个收入来源所需的能源消耗进行分析，并计算出相应的温室气体排放量。这有助于了解不同收入来源对能源消耗和碳排放的影响。

### 3. 经济指标分析

通过对不同收入来源的经济指标进行分析，可以初步推测与之相关的温室气体排放。例如，某个收入来源可能需要大量运输，从而增加了碳排放。通过对收入来源的经济数据进行对比分析，可以初步评估其对碳排放的贡献。

## 第二节 碳足迹和碳标签

作为推动绿色低碳消费的重要工具，碳足迹、碳标签以及碳税在我国实现碳中和目标中起到了重要作用，而中国建立和推行碳标签制度已有 10 余年。本节系统介绍碳足迹和碳标签基本内涵以及实施办法，为在推动普及碳中和行为意识方面提供帮助。

### 一、碳足迹

#### （一）碳足迹的基本概念

"碳足迹"的概念源自"生态足迹"，主要以二氧化碳排放当量表示人类的生产和消费活动过程中排放的温室气体总排放量，这是碳交易市场的基础。具体而言，碳足迹（Carbon footprint），又称二氧化碳足迹，是指企业机构、活动、产品或个人通过交通运输、食品生产和消费以及各类生产过程等引起的温室气体排放的集合。"碳"，就是石油、煤炭、木材等主要由碳元素构成的自然资源，评价该项活动对气候变化的影响，主要用二氧化碳当量来测度。"碳"耗用得越多，导致地球暖化的元凶"二氧化碳"也制造得越多，"碳足迹"就越大；反之，"碳足迹"就越小，如图 5-2 所示。

按照研究对象和应用层面（分析尺度）不同，碳足迹可以分为国家碳足迹、城市碳足迹、组织碳足迹[①]、企业碳足迹、家庭碳足迹、产品碳足迹以及个人碳足迹。基于碳足迹计算角度，一般又分为国家、企业、产品、个人四个层次。

个人或家庭碳足迹主要指个人或家庭生活方式和消费习惯相关的活动导致的温室气体排放，涵盖了交通出行、食品消费、能源使用等，可用专门的"碳足迹计算器"计算；产

---

① 随着有关温室气体监测、报告和核实的规定性或强制性计划出现，处于这些计划之外的组织日益希望能监测并报告他们的气体排放情况，通常把这称为组织碳足迹，《ISO14064 温室气体计算与验证》有专门规定。

品碳足迹反映了一件产品在全生命周期内产生的温室气体排放量，主要基于《PAS2050：2008 商品和服务在生命周期内的温室气体排放评价规范》《ISO14067 产品碳足迹标准》，以及对应产品碳足迹标准进行计算；企业碳足迹是指按照温室气体核查标准 ISO14064 核算的企业生产活动所产生的直接和间接温室气体排放量，相较于产品碳足迹，企业碳足迹还包括了非生产性的活动；城市/国家碳足迹是指在城市或国家行政边界内，满足家庭消费、公共服务以及投资的温室气体排放总和，国际通用标准是《IPCC 国家温室气体清单指南》《ICLEI 城市温室气体清单指南》。

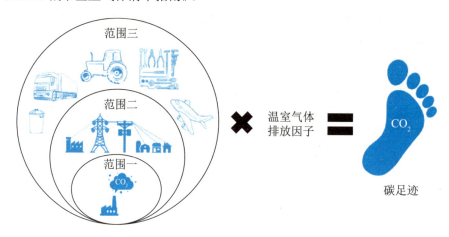

图 5-2　碳足迹与碳核算关系

需要说明的是，个人或者团体的碳足迹可以分为第一碳足迹和第二碳足迹。第一碳足迹是因使用化石能源而直接排放的二氧化碳，比如一个经常坐飞机出行的人会有较多的第一碳足迹，因为飞机飞行会消耗大量燃油，排出大量二氧化碳。第二碳足迹是因使用各种产品而间接排放的二氧化碳，比如消费一瓶普通的瓶装水，会因它的生产和运输过程中产生的排放而带来第二碳足迹。与之类似，制造企业的供应链一般包括采购、生产、仓储和运输，其中仓储和运输会产生大量的二氧化碳（刘懿贤，2014）。

> **知识专栏 5-2　碳足迹计算器**
>
> 目前面向个人、家庭、企业等不同主体已有非常丰富的碳足迹计算器可供选择，为评估碳足迹水平、确定减排方向等提供了参考。
>
> （1）碳足迹（carbonfootprint.com）。面向个人、小型企业、大型企业以及产品等提供单独的碳足迹计算器，并可实现国家/地区等差异化和精细化控制。
>
> （2）联合国碳足迹计算器（https://offset.climateneutralnow.org/footprintcalc）。面向家庭、交通出行以及个人生活方式等提供碳足迹计算，可得出所在国家/地区平均水平和世界平均水平。
>
> （3）碳阻迹（https://www.carbonstop.net/calculator_w）。面向个人衣、食、住、行、用五个方面提供碳足迹的核算。

## （二）碳足迹的基本计算方法与步骤

### 1. 经济活动碳足迹计算方法

（1）利用生命周期评估（LCA）法。生命周期分析法是一种自下到上的计算方法，是对产品"从开始到结束"的过程计算方法，计算过程比较详细准确。

（2）通过所使用的能源矿物燃料排放量计算（IPCC）。IPCC 碳排放法是联合国气候变化委员会编写的温室气体清单指南，其在计算过程中全面考虑了温室气体的排放。该方法操作简便，但所计算结果容易受到排放因子的影响。

（3）投入产出法（IO）。投入产出法是一种自上而下的计算方法，利用投入产出进行计算。该方法常被用于计算第二碳足迹（或隐含碳足迹），但计算结果不精确。

（4）Kaya 碳排放恒等式。Kaya 碳排放恒等式通过一种简单的数学公式将经济、政策和人口等因子与人类活动产生的二氧化碳建立起联系（杨念等，2012）。

### 2. 个人活动碳足迹计算方法

每个人的生活方式都会直接影响到地球生存。用水、用纸、用电、假期、交通运输、垃圾处理、食物……这些点点滴滴都与碳排放相关。碳足迹的多与少取决于个人。有人认为要使碳足迹减少，必然导致生活质量降低。实际上，在维持一定生活质量的基础上，还是可以做到环保、节能减排的。

以下一些常用的公式可用于测算自己的碳足迹。

（1）家居用电的二氧化碳排放量（kg）= 耗电度数 ×0.785× 可再生能源电力修正系数

（2）开车的二氧化碳排放量（kg）= 油耗公升数 ×0.785

（3）乘坐飞机的二氧化碳排放量（kg）：

① 短途（200 公里以内）= 公里数 ×0.275× 该飞机的单位客舱人均碳排放

② 中途（200～1 000 公里）=55+0.105×（公里数 -200）

③ 长途（1 000 公里以上）= 公里数 ×0.139

上述公式能粗略地计算自身活动产生的碳足迹。此外，还有更加细致便捷的碳足迹计算工具。使用这些工具可以对自身所产生的碳排放量了如指掌。

（1）碳足迹计算器（微信小程序）。输入用电量、燃气用量、自来水用量等数据，用户可计算出自己的碳排放量和排名等。

（2）网上国办 App 碳足迹计算器板块。登录"网上国网"App，进入"碳足迹计算器"功能板块，输入用能情况、出行方式等生活数据，即可自动生成个人的碳足迹明细。

（3）蚂蚁森林——绿色能量。蚂蚁森林相信每个人都不陌生，支付宝借助与中国北京环境交易所（CBEEX）合作研发的一套算法，将低碳行为量化成为"绿色能量球"，更加清晰直观地展现了个人的碳减排量，用户点击右上角个人头像还能进入碳足迹明细页面，查看自己日常活动对应的碳排放能量值。

### 3. 碳足迹计算步骤

计算碳足迹的方法主要包括以下几个步骤：

（1）确定范围

首先需要确定碳足迹计算的范围，是个人、组织，还是某个活动。确定范围后，确定计算的时间周期，如年度或月度。

（2）收集数据

收集与所选范围相关的数据，包括能源使用、交通方式、食品消费、住房状况等因素。数据来源可以包括能源账单、交通记录、购物收据等。

（3）计算直接排放

根据收集到的数据，计算直接排放到大气中的温室气体排放量，包括燃烧化石燃料产生的二氧化碳排放、液化石油气和天然气的甲烷排放等。可以使用各种计算工具或碳足迹计算器进行计算，如表 5-4 所示。

表 5-4　计算碳足迹可借助的常用软件

| 编号 | 软件 | 国家 | 简介 |
| --- | --- | --- | --- |
| 1 | GaBi | 德国 | GaBi 软件是由德国的 Thinkstep 公司开发的 LCA 软件是最早开发的 LCA 软件之一，同时 Gab 软件也自建 LCA 数据库，广泛应用于各领域，是目前常用的 LCA 分析软件之一 |
| 2 | SimaPro | 荷兰 | SimaPro 软件由荷兰 Leiden 大学环境科学中心开发，其可简化期评流程及图标量化数据，各环节的评估过程与结果均可以系统流量方式表示。SimaPro 界面相对友好，降低了使用难度 |
| 3 | Open LCA | 德国 | Open LCA 软件是由德国柏林的 GreenDelta 公司运营的一款免费的开源软件。Open LCA 拥有 GIS（地理信息系统），可计算环境、社会和经济指标，有插件能够提供不同的更具体的元素，其开放式架构简化了数据的导入和导出以及与其他 IT 环境的集成，同时可以链接到其他建模软件或者对自身进行扩展 |
| 4 | eBalance | 中国 | eBalance 是成都亿科环境科技有限公司于 2010 年开发的碳足迹 LCA 专业软件，之后在此基础上开发了在线软件 eFootprint，可支持欧盟产品环境足迹（PEF）指南的要求。早期主要用于高校及研究机构，目前也广泛用于咨询机构和各行业企业 |
| 5 | 碳云 | 中国 | 碳云是由碳阻迹北京科技有限公司研发的一款综合性碳核算软件，整合了 Ecoinvent、Defra/DECC 等国际主流数据库，支持多种碳核算模型，实现排放因子智能匹配 |
| 6 | 碳擎 | 中国 | 碳擎是由江苏擎天工业互联网有限公司推出的碳足迹核算软件。提供碳足迹清册报告自动生成、碳足迹电子看板、碳排放数据分析以及基于区块链的线上第三方核证等功能。底层兼容国内外主流 LCA 数据库，预置了主流模型，并化繁为简地承载了碳足迹建模等专业过程 |
| 7 | 吉碳云 | 中国 | 吉碳云是由吉利控股集团自主研发的碳足迹核算软件，内嵌国外 GaBi、Ecoinvent 及国内 CACLD 数据库，可以实现图像化过程图绘制及多用户数据共建，主要应用于汽车领域上下游企业整车及零部件的碳足迹核算 |

资料来源：汪军（2022）。

（4）计算间接排放

计算间接排放是指在生产和消费过程中间接导致的温室气体排放。例如，商品生产过程中产生的温室气体、电力消费导致的发电厂排放等。可以通过查找相关数据或使用生命周期评估工具来估算间接排放。

（5）聚合和评估

将直接排放和间接排放的数据进行聚合，得出总体的碳足迹量。可以使用标准化方法，如将不同类型的温室气体转换成二氧化碳当量来比较和评估碳足迹。

（6）分析和改进

分析碳足迹数据，识别主要排放来源和影响因素。根据分析结果制定减排策略，采取相应的行动来降低碳足迹，如节能减排、增加可再生能源使用、改善交通选择等。

需要注意的是，碳足迹的计算方法可能因个人、组织或活动的特点而有所不同。因此，在实际计算过程中，可以参考现有的碳足迹标准和工具，并结合实际情况进行适度调整和修正，以确保计算结果的准确性和可比性。

## 二、碳标签

### （一）碳标签基本概念

碳标签是指在产品包装或标识中标明产品的碳足迹或碳排放量的一种标识。它可以提供关于产品在生命周期内所产生的温室气体排放的信息，帮助消费者了解和比较产品的环境影响。通过引入碳标签，消费者可以更加清晰地了解所购买产品的环境影响，并在购买决策中考虑到环境因素。同时，碳标签也可以激励企业改善产品的环境性能，推动向低碳经济转型。然而，碳标签的实施和标准化仍面临挑战，包括数据收集和计算的复杂性、标准制定的一致性等问题。

### （二）碳标签的主要类别

对碳标签进行分类，不仅可以使消费者清楚了解到产品的碳信息，也便于政府、企业对碳标签进行管理。

碳标签主要可以分为以下几类：

#### 1. 产品碳标签

产品碳标签（product carbon labels）主要用于给产品附加信息，指明其在生命周期中所产生的温室气体排放量。产品碳标签通常基于整个供应链的评估，包括原材料采集、制造、包装、运输和废弃物处理等环节。按碳标签披露内容，现行产品碳标签主要分为碳足迹标签、碳减排标签、碳中和标签三类。[①]

#### 2. 公司碳标签

公司碳标签（corporate carbon labels）是为企业或组织而设计的，反映其整体温室气体排放情况。公司碳标签通常考虑到组织的直接和间接排放，包括生产过程、能源消耗和产品供应链管理等因素。

---

① 碳足迹标签是公布产品整个生命周期的碳排放量，或者标示产品全生命周期每一阶段的碳排放量；碳减排标签是不公布明确的碳排放数据，仅表明产品在整个生命周期内碳排放量低于某个既定标准；碳中和标签是不公布明确的碳排放数据，仅标示产品碳足迹已通过碳中和的方式被完全抵消。

### 3. 区域碳标签

区域碳标签（regional carbon labels）主要用于描述特定地理区域或城市的碳足迹，它们涵盖了该地区的集体温室气体排放数据信息，并帮助当地居民和生产企业了解其所在地区对气候变化的贡献。

### 4. 行为碳标签

行为碳标签（behavioral carbon labels）主要目的是提醒个人或家庭关于他们的生活和社会行为对碳排放的影响。例如，在食品购买方面，行为碳标签可以显示特定食品的生产过程中的温室气体排放量。

上述这四类碳标签的目的都是帮助消费者、企业和政策制定者，更好地了解与温室气体排放相关的数据信息，以便做出更加环保和可持续发展的决策。

## （三）碳标签的实际影响及作用

### 1. 政府

（1）随着"双碳"目标的提出，碳标签制度既有控暖减排重大推动作用，更进一步填补了我国环保法规的空白，催生了低碳消费，拉动低碳生产。

（2）推动碳标签体系建立对于统一碳排放计量标准和降低生产端、消费端碳排放都有着非常积极的影响。

（3）碳标签标识可帮助国家监测和管理碳排放量，从而达成减排目标。

（4）通过碳标签对产品或服务的碳排放量进行标识，政府可更好地了解和掌握各个行业和企业的碳排放情况，采取相应的政策措施促进减排。

### 2. 企业

（1）碳标签作为推动低碳生产与消费的重要抓手，能够推动企业的技术升级。

（2）金融机构在评价企业低碳程度的量化指标就是碳标签，等级越高，企业相应获得的资金支持额度也就越高。

（3）碳标签可以助力企业收获更多的市场，面向有绿色量化指标的政府客户，会为低碳产品提供更精准的优惠政策。

（4）碳标识可提高企业对碳交易的参与度，促进碳交易的发展。

### 3. 消费者

（1）碳标签有助于消费者获得产品信息，根据碳标识信息做出更加环保和可持续消费决策。

（2）碳标签促进企业愿意为产品技术升级，使用更加低碳环保技术，提高产品质量保证，维护消费者权益。

（3）碳标签增加产品环保透明度，有利于对不环保的企业进行监督和威慑，降低其产品或服务的市场竞争力。

## （四）碳标签应用实例

### 1. 世界各国的碳标签应用实例（兰梓睿，2020）

（1）英国。由英国非营利机构 Carbon Trust（碳信托公司）于 2007 年推出第一批碳标签产品，涉及食品、日用品类。之后，该机构发布了碳足迹标准 PAS2050，是全球首个产品碳标签方法标准，也是产品碳标签中使用率最高的标准。

（2）美国。目前，美国已推出了 3 类碳标签制度，由企业或非营利性组织自发推行，因此碳标签种类较多，包括碳中和标签、气候意识标签、加州食品碳标签等。

（3）日本。日本于 2009 年开始制定碳标签法规，并于 2012 年引入产品碳足迹（CFP），将其管理授权给私人承包商。2017 年，产品碳足迹合并为 JEMAI 环境标签项目，2022 年更名为 SuMPO 环境标签项目。

（4）德国。德国于 1977 年推出了"蓝天使"（Blue Angel）标志计划，这是世界上最古老、最知名的环境标志之一。它同时考虑了产品的碳排放和其他环境影响因素，为消费者提供了可持续性的购买选择。

（5）法国。法国的碳标签政策主要应用于建筑行业，法国引入了一个名为"低碳建筑"（Bâtiment basse consommation，BBC）的标准，要求建筑物在能源使用和温室气体排放方面达到一定的限制。

（6）瑞典。瑞典碳标签品领域开始于食品领域，目前碳标签主要面向 B2C 水果、蔬菜、乳制品等食品，产品评价范围主要为运输阶段，碳足迹计算 LCA 为基础设定标准。

（7）韩国。韩国碳标签标示产品在全生命周期（包括生产、营销、使用与废弃处置等阶段）的温室气体排放量。其碳标签主要分为两类，一类标识碳排放量，另一类强调减碳的节能商品，也可以说是碳标签认证的两个阶段。

（8）加拿大。加拿大的碳标签应用主要涉及能源和交通领域。例如，加拿大的汽车燃油效率指南（EnerGuide）为消费者提供了关于车辆燃油消耗和碳排放的信息，以帮助他们选择更节能和环保的交通工具。

（9）澳大利亚。澳大利亚推出了碳减排标签计划，旨在标示电器和电子产品的碳足迹。通过与生产商合作，该计划希望提供可靠的环境信息，使消费者能够选择更环保的产品。

世界主要国家（或地区）碳标签如图 5-3 所示。

图 5-3　世界主要国家（或地区）碳标签

2. 中国碳标签制度的发展

我国产业体系复杂、产品种类齐全、生产链条完整，原材料、制造业、资源密集型产业链条辐射深入，消费品民生刚需产业链条辐射广泛。以碳标签为抓手构建全社会产品层面碳数据，可以深度描绘国家/区域等宏观层面的碳素分布全景，形成社会经济系统下"碳"的传递及转移逻辑，有助于推动上下游产业链碳中和，带动整体社会绿色升级变革。

中国"碳足迹标签"推动计划始于2018年。2018年8月，中国电子节能技术协会低碳经济专业委员会（LCA）牵头组织制定了《中国电器电子产品碳足迹评价》团体标准。2018年11月15日中国电子节能技术协会（CEESTA）、中国质量认证中心（CQC）及国家低碳认证技术委员会在湖北武汉联合举办了2018年电器电子产品碳标签国际会议，同期发布《中国电器电子产品碳标签评价规范通则》团体标准，确定中国首例电器电子行业"碳足迹标签"试点计划。

2019年8月成立的中国碳标签产业创新联盟，是中国碳标签的开创者和推动者，正在成为全球低碳发展的先锋主力。2021年9月，中国电子节能技术协会发布《行业统一推行的产品碳标签自愿性评价实施规则（暂行）》，加快了碳标签评价工作进程。

2022年1月，《企业碳标签评价通则》（T/DZJN 75—2022）发布。作为国内第一个以企业性质为主导的碳标签评价团体标准，该《通则》从低碳管理制度建设、设备和节能以及低碳技术应用和创新等方面提出了清晰明确的评估原则。

随着中国碳达峰碳中和战略目标的提出，碳标签制度的有效实施更是被赋予了极大的现实经济意义，这不仅对企业生产节能减排有重大推动作用，更是填补了我国生态环保法律法规领域的一项空白，进一步催生了低碳消费拉动绿色循环低碳生产的新市场机制。

需要指出的是，中国台湾地区碳足迹标签于2010年4月正式用于相关产品，其碳标签由绿色心形和绿叶组成，搭配CO化学符号和产品碳足迹数字标记。当地很多厂商积极配合当地政府实施碳标签制度以及相关政策，如显示器、光盘、茶叶、夹心酥、牛轧糖等。

## 第三节 绿色溢价

为实现碳中和目标，低碳零碳技术的创新和推广是重要的手段之一，绿色溢价（green premium）作为一种分析工具，能够用于评估低碳零碳技术的应用难度和成熟度大小，以便优化资源配置，其分析框架通过计算不同经济活动所利用的低碳零碳技术与高碳技术的成本差异，可寻找实现减排目标的有效路径和具体措施。

本节参阅文献资料（彭文生，2021；杜谡等，2023），在阐释绿色溢价产生背景和基本内涵基础上，再对绿色溢价的成本有效性、碳定价和绿色溢价关系以及具体应用进行探析。

### 一、绿色溢价的产生

绿色溢价最初由比尔·盖茨（2021）在其出版的《气候经济与人类未来》一书中提出，书中将绿色溢价定义为"产生碳排放的产品与不产生碳排放的替代品之间的成本差异"，该定义可以简单理解为：在满足消费者同等效用的情况下，可实现碳中和的新产品与仍产生碳排放的原有产品之间的价格差。两者相比，两种产品的价格差越高，则绿色溢价越高。绿色溢价过高的领域存在的巨大绿色成本将会阻碍技术创新，甚至危及碳中和目标的实现，碳中和的关键在于降低绿色溢价。中金公司推出的《碳中和经济学：新约束下的宏观与行业分析》一书，对绿色溢价描述为：某项经济活动的清洁（零碳排放）能源成本与化石能源成本之差，绿色溢价为负值意味化石能源的成本相对高，经济主体有动力向清洁能源转换，从而降低碳排放。

绿色溢价在低碳零碳技术的供给端和消费端，以及投资环节普遍存在，尽管绿色溢价在不同环节和行业的表现形式有所不同，但核心原因仍然是绿色技术外部性的成本和价值没有充分显性化的问题。

### （一）供给端"绿色溢价"

供给端的"绿色溢价"是经济学上"增量成本"在零碳/绿色技术上的体现，也是目前绿色溢价产生的主要环节。通常认为，高碳技术价格并未考虑其造成气候变化衍生的相关损害，即外部成本，因而零碳替代技术相比之下就不具备价格优势。例如，过去几年，美国航空燃油的平均零售价约为 2.22 美元/加仑，而供喷气式飞机使用的高级生物燃料价格约为 5.35 美元/加仑。"绿色溢价"就是两者之间的差额，即 3.13 美元/加仑。传统的航空燃油来自化石能源的开采和加工，最终在燃烧时对大气产生碳排放，对温室效应造成增益作用，而生物燃料的生产和燃烧不会造成大气碳排放量的大量增加。但在两种燃料的销售价格上并没有体现关于碳排放差异的外部性，因而造成绿色溢价。

绿色溢价是一个动态的概念，零排放技术的大规模推广应用，可能导致对高碳排放技术的需求持续下降。例如，清洁能源发电的大量使用将会影响对传统火力发电的需求，从而降低煤炭、石油等化石能源的价格以及高碳排放技术的生产成本，这可能导致绿色溢价的扩大。在低碳、零碳技术大规模推广的情况下，传统化石能源价格的涨跌压力都会出现，绿色溢价下降的风险可能会反复出现，甚至可能会降低整个社会的碳中和动力。

### （二）消费端"绿色溢价"

消费端的"绿色溢价"表征了绿色消费者对产品绿色低碳属性的关注和偏爱，是经济学中"支付意愿"在零碳/绿色产品上的具体体现。为了低碳与环保，绿色消费者愿意支付更高的价格购买和使用生产成本更高的零碳/绿色产品。由于零碳/绿色产品会造成额外的生产成本，从生产商的角度来看对削减碳排放并不积极。但是，如果绿色消费者愿意为零碳/清洁产品支付更多的价格，即绿色溢价，则可以从消费端来帮助生产商缓解高额减排成本。

根据麦肯锡公司[①]（McKinsey & Company）对欧美 1000 位消费者的调查结果，在购买汽车、建筑、电子、家具和包装等类别的产品时，如果绿色产品和非绿色产品拥有同样的使用性能，高达 70% 的消费者愿意额外付出 5% 的费用（即绿色溢价）购买绿色产品，随着绿色溢价的上升，支付意愿逐渐下降。如果绿色溢价升高到 25%，不到 10% 的消费者仍然会购买除了包装以外类别的绿色产品。

---

① 麦肯锡公司是世界级全球管理咨询公司，由美国芝加哥大学商学院教授詹姆斯·麦肯锡（James McKinsey）于 1926 年在美国创建。

### （三）投资环节"绿色溢价"

绿色技术投融资是碳中和目标实现的重要基础，近年来以绿色债券、绿色资产证券化产品为代表的绿色金融产品的推出，为企业通过金融市场募集资金用以支持环保、节能、清洁能源、清洁交通等绿色产业项目开辟了一条全新的筹资渠道。

绿色金融产品的"绿色溢价"主要基于产品本身的"溢价"和"折价"的概念，绿色金融产品和普通金融产品收益率存在一定的差异。一方面，由于随着应对气候变化和环境保护得到社会越来越多的认可，投资者的亲环境偏好（pro-environmental preferences）使其在进行投资决策时，更愿意牺牲部分经济收益以换取绿色收益；另一方面，投资者从长期投资的角度考虑，高碳排放技术的碳排放外部成本在未来有可能被征税或产生显性成本，因而也可能愿意为"绿色溢价"付费。

金融投资作为支持实体经济发展的重要手段，应发挥金融杠杆作用，通过金融引导资源从技术落后、高碳排放的企业流向技术先进、低碳排放的企业，以促进技术进步、推动低碳转型发展。

## 二、绿色溢价的分析框架

### 1. 如何分析成本有效性

绿色溢价是一个综合性的成本有效性分析框架体系，即在原有的市场定价体系之外叠加碳排放的外部成本，既融合了高碳技术的负外部性，又考虑了零碳技术的正外部性。

（1）降低绿色溢价是实现碳中和的关键，主要包括两类路径：路径一是传统主流经济学的碳定价方式，基于碳的社会成本对高碳技术的排放进行定价，使其负外部性内部化，借以提升高碳技术的生产成本；路径二是通过财政、金融等各类绿色激励措施降低零碳技术的各类成本，促进技术创新与进步，将零碳技术的正外部性内部化，提升零碳技术的经济成熟度。此外，各种命令型政策、宣传型政策等社会治理政策也有助于推动绿色溢价下降。

（2）绿色溢价为零甚至为负值的零碳技术，就是目前已成熟并可以开始部署应用的技术。一旦某个零碳技术或产品绿色溢价为零，就意味着非常成熟，已具备技术经济性，没有必要再使用相应的高碳技术。负值即高碳技术成本相对较高，市场主体将自愿向零碳技术转化，从而减少碳排放。绿色溢价低的或根本就没有绿色溢价的"零碳"解决方案，如果还没有部署，就说明价格并非障碍，阻碍其大规模市场化的因素在于其他方面，比如公共政策不相匹配、环保意识不足等。

（3）绿色溢价过高的领域往往在技术经济方面并不成熟。这些领域存在的额外绿色成本会阻碍低碳转型，因而需要新的技术、新的公司和新的产品来降低绿色溢价。擅长研发的国家和地区可以创造新产品——可负担的新产品，然后将其出口到无力支付当前溢价的国家和地区，进而推动全球零排放目标的实现。

### 2. 碳定价和绿色溢价的关系

从经济学而言，碳定价和绿色溢价的核心都是"外部性的内部化"，碳定价是将高碳技术的负外部性内部化，而绿色溢价是将零碳技术的正外部性内部化，均可将技术创新、企业技术改造、绿色金融、社会消费等隐形的碳减排成本显性化。作为分析和政策操作工具，衡量碳排放社会成本的碳价和衡量私人部门利益驱动的绿色溢价两者并行不悖，互为补充。

（1）碳定价是纠正负外部性的重要工具

碳定价机制是碳排放控制的市场化工具，一般通过隐性或显性两种方式为碳排放造成的外部性进行定价，从而激励控排主体将碳排放因素纳入生产与消费决策中，以纠正生产与消费的负外部性。例如，通过碳排放标准或目标等命令控制型气候政策形成温室气体排放的隐性碳价，或者通过碳交易或碳税等市场型气候政策直接形成的显性碳价。在碳定价的激励下，企业将碳排放配额作为生产要素之一，实现碳排放外部成本的内部化，同时促进企业低碳创新。

（2）绿色溢价是衡量零碳技术经济成熟度的关键

绿色溢价作为衡量私人部门利益驱动的分析工具，旨在衡量零碳技术经济的成熟度，相较碳价有三个特点：

① 包容性更强。绿色溢价是包含碳定价在内的综合分析框架（图 5-4），绿色溢价的降低可以把碳税、碳交易作为载体，通过提高高碳技术的成本来缩小高碳技术和零碳技术的成本差距，也可以使用科技创新、标准化、绿色激励措施等其他手段来实现。

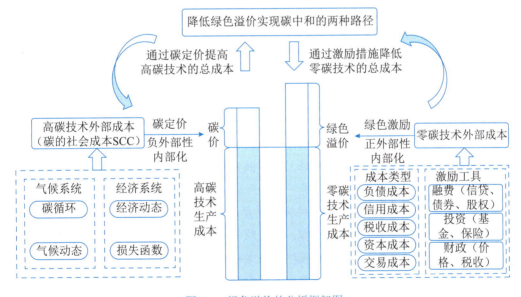

图 5-4　绿色溢价的分析框架图

② 不确定性更低。估算碳定价是由远及近的方法，把碳排放导致的气候变化的长期损害折现为当下的成本。而绿色溢价是在长期碳达峰碳中和目标已经确定的情况下，估算当前的成本差异，并在此基础上分析未来可能的演化路径，作为分析工具的不确定性更低，更具可操作性。

③ 具有动态性。零碳技术的大规模使用可能导致对高碳技术的需求下降，例如清洁能源发电的大量使用将会影响对火力发电的需求，从而降低化石能源的价格以及高碳技术

的生产成本，由此反倒可能导致绿色溢价的反弹。

## 三、绿色溢价的应用

绿色溢价可作为分析工具，在原有的市场定价体系之外叠加碳排放的外部成本，既融合高碳技术的负外部性，又考虑零碳技术的正外部性。从经济学而言，碳价和绿色溢价的核心都是"外部性的内部化"，碳价是将高碳技术的负外部性内部化，而绿色溢价是将零碳技术的正外部性内部化，均可将技术创新、企业技术改造、绿色金融、社会消费等隐形的碳减排成本显性化。

绿色溢价相比较碳价，在应用方面有以下几个特点：

（1）绿色溢价衡量的外部性比碳价更广。碳税和碳交易等狭义的"碳价格"不足以纠正非公共政策干预领域的私人碳排放外部成本评估，而绿色溢价可以提供一个包含碳价在内的综合考量。

（2）绿色溢价具有鲜明的结构性差异特征。由于技术条件、商业模式、公共政策的差异，各行业的绿色溢价不同，甚至有很大差异，对不同行业绿色溢价的估算有助于评估政策措施在不同领域的可行性。依据对新技术、新模式，以及规模效应门槛值的假设，绿色溢价可以帮助我们判断在实施路径上的一些关键时间点与指标。而碳价建立在一定区域和行业范围内的统一市场，可以实现跨行业、跨地域的统一评估。

作为分析工具，绿色溢价可用于引导零碳技术投融资，并对不同碳排放行业进行碳定价。

引导零碳技术投融资方面，绿色溢价将有助于识别应该部署哪些"零碳"解决方案以及在哪些领域寻求突破，以便优化配置各类资源。作为测量体系，绿色溢价可以逐一度量各个产业实现零排放的成本，有助于决策现阶段应该采用哪些技术和方案，又有哪些方案还不具备技术经济可行性，必须创新突破。绿色溢价的高低取决于要替代的高碳技术是什么，以及采用哪种零碳技术来替代。由于公共政策、商业模式、技术条件等的差异，各行业的绿色溢价不同，甚至存在较大差异，对不同行业的绿色溢价的估算可以用来评估不同领域政策措施的可行性。

绿色溢价为零甚至为负值的零碳技术，就是目前已成熟并可以开始部署应用的技术。一旦某个零碳技术或产品绿色溢价为零，就意味着非常成熟，已具备技术经济性，没有必要再使用相应的高碳技术。负值即高碳技术成本相对较高，市场主体将自愿向零碳技术转化，从而减少碳排放。绿色溢价低的或根本就没有绿色溢价的"零碳"解决方案，如果还没有部署，就说明价格并非障碍，阻碍其大规模市场化的因素在于其他方面，比如公共政策不相匹配、环保意识不足等。

绿色溢价过高的领域在技术经济方面往往并不成熟。这些领域存在的额外绿色成本会阻碍低碳转型，因而需要新的技术、新的公司和新的产品来降低绿色溢价。擅长研发的国家和地区可以创造新产品——可负担的新产品，然后将其出口到无力支付当前溢价的国家和地区，进而推动全球零排放目标的实现。

在对不同碳排放行业进行定价方面，绿色溢价分析框架可将碳定价机制与绿色溢价有效结合。以绿色溢价作为定价基准，对不同的高碳行业/技术进行差异化定价，如根据不同行业的特点来选取碳税或碳交易的方式，或者在碳排放配额分配环节中绿色溢价越高的行业发放更少的免费配额，此类措施将会促进相关企业节能减排的积极性。

基于图5-5资料显示，国内不同类型产业绿色溢价特征以及相应管理机制。

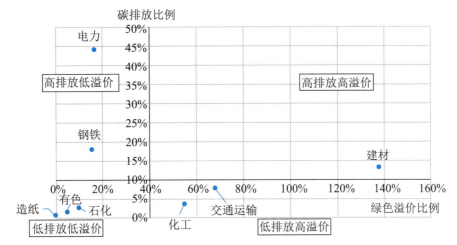

图5-5 基于碳排放占比和绿色溢价比例分类的高碳行业研究

资料来源：中金公司（2021），兴业研究。

### 1. 高排放低溢价行业

从绿色溢价来看，电力和钢铁行业的零碳技术已经相对成熟，成本具备竞争力。从碳排放占比来看，电力和钢铁行业的排放量占总排放量比例最高。此类行业较适合采用碳交易的定价机制，既可以有效地控制行业的碳排放总量，又无须顾虑碳价影响行业的创新激励。

### 2. 低排放高溢价行业

从绿色溢价来看，交通运输行业中的航运、航空和公路货运等子行业以及化工行业的零碳技术还非常不成熟，迫切需要推进技术创新和市场化。从碳排放占比来看，交通运输和化工行业的排放量仅占总排放量较低比例，对此类行业进行总量控制对整体减排贡献较低，而且碳市场中高度波动的碳价可能导致对交通运输、化工行业的技术进步激励不足，更适合采取碳税的定价机制。

### 3. 高排放高溢价行业

水泥等建材行业的绿色溢价遥遥领先，由于零碳水泥技术还处在研发阶段，水泥行业的脱碳严重依赖CCUS，成本居高不下。相对而言，此类行业更需要激励创新和技术进步，也更适合采用碳税的定价方式。

### 4. 低排放低溢价行业

由于绿色溢价比例和碳排放占比都比较低，可视情况采取成本较低、可行性更强的定价机制。

## 第四节 合同能源管理

实现碳达峰、碳中和目标,既涉及能源结构的优化调整,又涉及能源利用效率的提升与化石能源使用规模的减量,还与节能等减碳技术的发展应用密切相关。节能具有贯穿经济社会发展全过程和各领域的功能优势,其减排降碳的作用更为显著和直接,通过节能工作持续提高能效、降低碳排放量,应是实现碳达峰、碳中和目标的一个重要手段。

### 一、合同能源管理的基本概念

合同能源管理是 20 世纪 70 年代在西方发达国家开始发展起来一种基于市场运作的全新的节能新机制。合同能源管理(energy performance contracting,EPC)是一种新型的市场化节能机制,其实质就是以减少的能源费用来支付节能项目全部成本的节能投资方式。这种节能投资方式允许用户使用未来的节能收益为用能单位和能耗设备升级,以及降低目前的运行成本。节能服务合同在实施节能项目的企业(用户)与专门的营利性能源管理公司之间签订,它有助于推动节能项目的开展。

合同能源管理的具体运营是通过节能服务公司来开展的。"节能服务公司"又称能源管理公司(国外习惯为 energy service company,ESCO;国内习惯为 energy management company,EMC 公司),是基于合同能源管理机制运作、以营利为直接目的的专业化公司。

节能服务公司服务的客户不需要承担节能项目实施的资金、技术及风险,并且可以更快地降低能源获得成本,获得实施节能后带来的收益,并可以获取节能服务公司提供的技术设备。由此看出,节能服务公司是市场经济下的节能服务商业化实体,在市场竞争中谋求生存和发展,这与我国目前从属于地方政府,具有部分政府职能的节能服务中心有根本性的区别。

与传统的能源管理和节能改造模式相比,合同能源管理是一种市场机制,达到项目节能减排的社会效益目标的同时,还能为合同双方带来经济效益。但是,节能减排的社会效益是外生的,要保证营利,项目技术风险就必须趋于零,这就不利于新节能减排技术的推广。为了保证营利,还不能有融资风险,所以节能服务公司通常不会选上那些节能减排社会效益大、投资回报小的项目。

### 二、合同能源管理的特点和分类

合同能源管理(EPC)帮助客户能效诊断、提供项目方案选择及节能技术、降低能源管理风险等,为客户解决实施节能项目中遇到的难题和困难,也可降低节能技术改造项目实施成本。节能服务公司的运行优势是其专业性,可以掌握各种节能信息,大幅节约项目启动费用,降低项目成本,以产定销或设备租赁可保障客户企业的运营质量。EPC 运行的特点如下:

#### 1. 技术风险趋于零

EPC 节能服务为客户企业提供优质节能服务、节能改造技术、安全可行且优质的节能改造设备，客户基本不用承担技术风险，EPC 既能实现合同约定的节能效益，也不影响客户企业正常运行。

### 2. 节能客户零投入

EPC 节能服务项目，基本不需节能客户企业参与，即节能客户能在无任何资金投入的情况下即能获得节能经济效益，减小或忽略节能客户的资金投入困难问题。实施节能项目的节能客户既能在短时间内取得节能经济效益，又能利用实施节能项目节约能源。

### 3. 服务理念

EPC 为客户解决节能项目实施中遇到的多种问题，不需节能客户自己解决。节能服务公司提供的系列服务为节能客户提供效益保障，在促进节能产业化进程、企业成本的降低、能源利用率的提高方面充分体现了新颖的服务体验。EPC 在合同期内可通过在节能减排项目中获取的经济利益收回投资成本并获取利益，而传统节能服务模式直接向客户企业收取咨询费或服务费，此为 EPC 与传统节能服务模式的本质区别。

由于我国引入 EPC 的时间不长，EPC 处于起步阶段，运行模式还处于探索阶段。目前有三种主要的运行模式：节能效益分享型，节能效益保障型和能源费用托管型。

### 1. 节能效益分享型

在这种运行模式中，节能服务公司承担节能改造工程的全部成本费用。节能服务公司与业主签署一份融资和节能改造服务合同，合同中确认节能基准线以及节能改造技术方案。在合同期内，节能服务公司负责节能改造项目的设计、融资和实施，业主和节能服务公司按约定的比例进行节能效益的分享。当合同期结束，节能服务公司将节能改造过程中更新的节能设备移交给业主，之后产生的所有节能收益归业主全部所有。

### 2. 节能效益保障型

在这种运行模式中，节能服务公司在合同期内向业主承诺一定比例的节能量或者向业主承诺降低一定数额的能源费用开支，用于支付工程成本，同时业主也向节能服务公司支付一定的节能服务费用以及全部的或者一定比例的节能收益。在这种模式下，没有限定节能服务公司必须进行节能改造的融资，业主也可对节能改造的费用进行支付，在目前的实际应用中还是多以节能服务公司作为节能改造的融资对象。在合同期内，节能服务公司拥有全部的或者约定比例的节能效益，也拥有在节能改造中升级的设备和其他相关资产的产权和管理权。合同期满后，节能服务公司将节能设备移交给业主，之后产生的所有节能收益归业主全部所有。

### 3. 能源费用托管型

在这种运行模式中，节能服务公司全面负责和管理业主能源系统的整体运行及维护工作，并单独承担能源成本，业主向节能服务公司支付一定的节能服务费用。在这种模式下，节能服务公司根据节能目标和节能改造方案，通过自筹资金的方式为业主设计、更新和维护能源系统。如果达到约定的节能目标，所有节省的能源成本将属于节能服务公司；若达不到合同约定的节能目标或者节能服务质量及其确认方法不达标时，在项目移交时，节能服务公司需要按照合同中的约定承担相应责任，赔偿业主未能实现的节能效益。

## 三、合同能源管理流程

合同能源管理的具体运营是通过节能服务公司来开展的。合同能源管理是节能服务公司通过与客户签订节能服务合同，为客户提供节能服务。这种服务包括能源审计、项目设计、项目融资、设备采购、工程施工、设备安装调试、人员培训、节能量确认和保证等一整套的节能服务，并从客户进行节能改造后获得的节能效益中收回投资和取得利润。

图 5-6 是一建筑能源服务公司委托节能服务公司（第三方），以合同能源管理模式，对某办公大楼中央空调智能控制系统实施合同能源管理服务的商业流程。

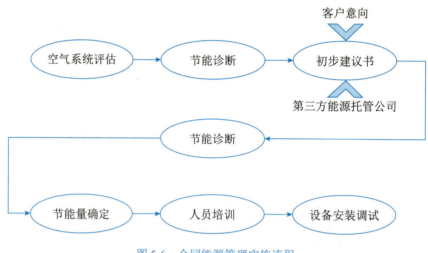

图 5-6　合同能源管理实施流程

## 四、合同能源管理的发展

合同能源管理是 20 世纪 70 年代在西方发达国家开始发展起来一种基于市场运作的全新的节能新机制。从全球来看，根据 IEA 的调查数据，2018 年全球节能服务市场规模 30.9 亿美元，中国是全球最大的节能服务市场，占比超过一半，其次为美国、日本和欧盟，欧盟尤以德国发展较好。

### （一）国际合同能源管理的发展

#### 1. 日本

日本从 20 世纪 90 年代后半期开始引入合同能源管理模式，节能服务产业快速发展。据了解，日本节能服务产业总产值从 1998 年的 10 亿日元（约 5 800 万元人民币）增长到 2015 年的 425 亿日元（约 24.65 亿元人民币），年均增长率达 23%。

日本节能服务产业根据客户的多样化需求，除传统合同能源管理服务（ESCO）业务外，还在节能"可视化"、改善运营、节能性能检验等方面扩展新业务领域。此外，日本的一些设备制造与销售、能源供给、工厂建设、楼宇维修、设施管理等多种传统业态的企业也参与节能服务产业。

日本节能服务产业一个突出的特色是大量节能服务公司是大型公司或者是大型公司

的子公司，资金方面有相当实力，技术人员素质较高。日本东京电力公司最大利润来源即旗下的 ESCO 公司。日本政府一般按 ESCO 项目投资的 25%～35% 给予补贴，以提高 ESCO 的积极性和抗风险能力。

### 2. 美国

节能服务产业在美国发展较早。从 1992 年开始，美国联邦政府已通过立法允许政府部门接受节能服务公司（ESCO）的服务。到 20 世纪 90 年代末，美国几乎所有州政府都通过立法实行电力部门的综合资源规划（IPR）。多数电力公司与 ESCO 联合实施能源需求方管理（DSM），这进一步促进了美国 ESCO 的发展。国际能源署报告显示，2015 年，美国 ESCO 行业总营业收入大约为 63 亿美元，是 2004 年（25 亿美元）的 2.5 倍，节能客户已由企业扩大到机关、团体、学校和私人住宅等。

美国的合同能源管理项目以节能量保证型和节能效益分享型为主。与中国大力推广节能效益分享型项目不同，美国的 ESCO 行业更推崇节能量保证型的方式，其原因有三：一是在节能量保证型项目中由第三方金融机构直接向业主放贷，金融机构可利用其专业优势，更有能力做好业主的信用评估工作；二是节能量保证型方式可以使节能服务公司免于项目的债务负担；三是业主单位由于承担了债务，将更积极地参与解决项目中存在的问题。

### 3. 德国

德国十分注重节能，在 2011 年日本福岛核事故发生后，德国政府做出了 2022 年之前关停全部核电站的决定，并正式提出将"能源转型"战略，并强调"能效第一"原则，制定了到 2020 年一次能源消耗在 2008 年的基础上减少 20%，在 2050 年减少 50% 的目标。在此政策大背景下，越来越多的德国企业投入到能效市场，推动行业的快速发展。据德国能效行业促进协会（DENEFF）的数据统计，2016 年德国能效市场行业总营业额高达 1 430 亿欧元（约 1.1 万亿人民币），从业人员约 6 万人，在 2015 年的基础上增长了 6%，是德国 GDP 增长率的 3 倍。

德国能源服务主要分为能源咨询、合同能源管理、能源管理、信息服务及其他能源服务（如水力平衡调试、暖通系统优化等）5 类。德国能源市场的发展有如下几个方面的特点：

（1）技术发展越来越智能化。随着科技的快速发展，IT 和需求侧控制技术与节能环保行业的融合度越来越高，相关投入也日益加大。德国的节能市场日益智能化和分散化（分布式能源）。

（2）节能市场竞争日益激烈。DENEFF 的调研发现，随着节能市场的成熟，德国能效市场的竞争也日益激烈，新兴节能企业，尤其是 IT 企业、新的创业公司不断进入，新的技术及商业模式开始涌现。由于竞争的加剧，也导致市场边界变得越来越模糊，许多咨询公司也开始从事合同能源管理领域的业务。

（3）传统能源供应企业开始进入节能行业。随着德国能源结构的转型，传统能源供应企业纷纷投身于节能服务市场，成为市场的生力军。据统计，2016 年新进入能效市场的企业中有 43% 来自传统能源企业。

## （二）中国合同能源管理的发展

中国是世界上第一能源消费大国，但也存在能源效率低、能源浪费等现象。典型案例研究和市场调查分析表明，大量技术上可行、经济上合理的节能项目，完全可以通过商业性的、以盈利为目的的合同能源管理方式来实施。

1997 年，合同能源管理模式登陆中国。相关部门同世界银行、全球环境基金共同开发和实施了"世界银行/全球环境基金中国节能促进项目"，在北京、辽宁、山东，耀通节能成为示范性能源管理公司。运行几年来，3 个示范合同能源管理公司项目的内部收益率都在 30% 以上。项目一期示范的节能新机制获得很好的效果，即以盈利为目的的 3 家示范 EMCo 运用合同能源管理模式运作节能技改项目很受用能企业的欢迎；所实施的节能技改项目 99% 以上成功，获得了较大的节能效果、温室气体减排效果和其他环境效益。鉴于此，国家发改委与世界银行共同决定启动项目二期。2003 年 11 月 13 日，项目二期正式启动，在中国投资担保有限公司设立世行项目部为中小企业解决贷款担保的难题，并专门成立了一个推动节能服务产业发展，促进节能服务公司成长的行业协会——中国节能协会节能服务产业委员会（EMCA）。

合同能源管理机制被引进国内以后大大促进了国内节能企业的发展，很多节能企业引入制造节能设备，转变为节能投资，这在促进节能减排发展的同时也加快了节能企业本身的快速成长，更有很多企业将企业的发展重点放在了合同能源管理上，使得合同能源管理在引入中国后逐渐适应了中国的能源环境，在运营上一步步地走向完善和合理。

自 1998 年引入合同能源管理机制以来，经过 20 多年的发展，我国节能服务产业实现快速发展。"十二五"以来，节能服务产业总产值从 2010 年的 836 亿元增长到 2019 年的 5 222 亿元，9 年间增长约 6 倍。节能服务从业人员从 2010 年的 18 万人，增长至 2019 年的 76.1 万人。同时，节能服务公司实现的合同能源项目投资总额从 2010 年的 288 亿元，增长至 2019 年的 1 144.12 亿元，形成年节能能力从 2011 年 1 648 万吨标准煤增长至 2019 年的 3 801.13 万吨标准煤，对应减排二氧化碳 1.03 亿吨。

截至 2022 年年底，全国从事节能服务业务的企业数量达到 11 835 家，合同能源管理项目投资达到 1 654.1 亿元，形成年节能能力 4 647 万吨标准煤，相当于减排 11 432 万吨二氧化碳。

# 第五节　绿色供应链管理

气候变化催生了低碳社会，世界正在向低碳甚至零碳经济快速转变，绿色低碳经济发展进入新常态。供应链作为经济社会活动的主要功能枢纽，消耗了全球较大部分的传统化石能源，不仅是全球温室气体排放的主要贡献者，同时又因供应链是资源、基础设施和产业高密度的集聚地，其受到气候变化影响的损失也会更大，存在极强的自然环境敏感性和脆弱性。基于此，越来越多企业开始将环境因素纳入供应链运营管理中，以尽量减少环境污染，促进企业可持续健康发展。在此情况下，绿色供应链管理应运而生。

## 一、绿色供应链管理概念

绿色供应链的概念最早由美国密歇根州立大学的制造研究协会在 1996 年进行一项"环境负责制造（ERM）"的研究中首次提出。绿色供应链，又称环境意识供应链或环境供应链。绿色供应链管理的概念至今没有统一的说法，但相关研究工作在不断发展。国内大多学者认为绿色供应链是一种在供应链中综合考虑环境影响和资源效率的现代管理模式，它基于绿色制造理论和供应链管理技术，涉及供应商、生产厂家、销售商及用户，目的是让产品物料获取、加工、包装、仓储、运输、使用到报废处理的整个过程中，对自然环境的影响（负作用）最小，资源效率最高（王美萍，2023）。

近年来，绿色供应链管理已经成为学术界一个重要的研究方向，其管理实践帮助企业建立竞争优势，扩大市场需求，给企业带来了经济效益和环境效益，推动整个社会可持续发展。绿色供应链管理作为一种创新型环境管理方式，在传统的供应链管理中融入了全生命周期、生产者责任延伸①等理念，依托上下游企业间的供应关系，以核心企业为支点，主要通过绿色供应商管理、绿色采购等工作，带动整个供应链持续提升绿色绩效。核心企业打造的绿色供应链，往往可以牵一发而动全身，起到"以点带线"和"以线带面"的作用，带动供应链上相关企业持续提高绿色发展水平（毛涛，2022）。

## 二、碳中和视角下绿色供应链管理途径

绿色供应链要从采购端源头加以管控，向外至供应商、向内至物料使用部门，从生产、运输、使用、回收、报废等全生命周期视角综合考虑，积极推动整个供应链的"绿化"，包括"材料绿色定位""供应商绿色管理""供应商配送绿色"等三大维度，以推动其在绿色供应链体系中的应用。

### （一）材料绿色定位

（1）选择环保原材料。原料供给是一个企业绿色生态供应链的重要来源，因此需要严格控制来源的环境污染。随着《RoHS 指令》《WEEE 指令》及森林认证（FSC）等材料相关环保要求的提出，公司对绿色产品材料的选用时，要将环境因素当作选择的主要对象，减少所用材料的品种，通过采用替代品以降低废品产生量和原料耗费，使产品既具备优良的预定功能，又能够维护环境。材料最终废弃也可以体现环境保护理念，如材料具有可回收性质，进而达到绿色环境使用的要求，从而达到环保。

（2）选择包装材料绿色。对于绿色供应链所涉及的物流问题绿色管理极其关注，并充分考虑了包装中涉及的环保问题。实现这一过程，主要注意：一是包装物中要不含有铅、汞等高毒性的有害物质，对包装物也要尽量做到可循环使用，并尽量将包装物进行处理或降解等处置；二是尽量减少对包装物的浪费，突出了简约设计与美观设计的不矛盾特点，不过度包装。

---

① 生产者责任延伸 1988 年由瑞典隆德大学托马斯·林赫斯特（Thomas Lindhqvist）提出，其定义为生产者必须承担产品使用完毕后的回收、再生和处理的责任，即把产品废弃阶段的责任完全归于生产者。

### （二）供应商绿色管理

供应商绿色管理采用与生产端 JIT 模式相协同的方式，按需生产，消除浪费，零库存，这是一种高效低耗的绿色供应链方式。让供应商按计划供货，在保证及时交付（OTD）的前提下，提高库存周转率（ITO），降低呆滞库存风险，降低能耗，从而达到实现减排效益的成果。

供应商绿色管理，主要包括对环境因素辨识、评估和管理等，而绿色生态供应商条件下供应商的体系，主要包括识别环境因素建立评价指标体系、对企业调研评价、优选供应商三大环节。

（1）识别环境因素并建立评价指标体系：选择供应商要有好的标准，因此建立基于环境标准的供应商评价体系，在制定评价准则时，企业要综合考量消费者的环境需求、政府法律规定等各种因素，包括 ISO400l 认证、碳认证（ISO14064）、碳足迹（PAS2050）等。

（2）企业调研评价：公司通过发放企业调研问卷和现场调查的方式来获取市场信息，并在此基础上对企业产品作出了评估和分类，从而针对各个等级的企业产品给出了不同的采购建议和措施。

（3）优选供应商：基于绿色供应商环境下供应商的原则，结合这些标准都可以要求供应商，以及对供应商的综合评估结论，选取最适合的供应商。

### （三）供应商配送绿色

#### 1. 同步生产，同步配送

通过数字化智慧平台，实行优化配送模式，发展同仓共配。同步生产，同步配送，智能调度、排线、缩短运输路线、提高车辆装载率，减少库存与半成品周转效率，从而节约运输成本，降低配送碳排放。

#### 2. 配送半径控制

利用优化配送中心的配送半径，可以缩短货物运输路程来降低碳足迹，而货源直接由各地供应也是一个可以在企业中缩短配送路程的最直接途径，这也是供货半径圈的最大问题，特别针对食品供应而言，也有人也曾引入"食品里程"的概念，即从顾客到食品原产区中间的路程。美式全食超市、沃尔玛等许多公司都有"采购各地货"的服务项目，一般的货源都是同一个地区的供货商或相距较近的供货商，以减少碳足迹来支持绿色物流。

#### 3. 配送运输工具选择

选用低碳的环保运输转运工具，降低对环保带来的影响。如果选用了低碳的环保交通工具，则有效净化了整个交通运输环境。

## 三、绿色供应链管理步骤

为构建全生命周期的低碳供应链管理，企业应当从供应链上下游各环节入手，把握各流程中的碳排放影响因素，找寻控制节点以管控碳排放影响因素。同时，企业应通过内外部合作，量化碳排放基准、设置减排目标、制定减排方案与路线图、监测与评估减排效果，实现供应链碳中和发展目标。

从绿色低碳角度出发,国际知名企业毕马威向所服务企业提出,可通过采取以下步骤进行有效的绿色低碳供应链管理(见表5-5)。

表5-5 绿色低碳供应链管理表

| 步骤 | 具体措施 | 评估指标 |
|---|---|---|
| 1. 企业温室气体及能源管理能力建设 | ・识别内部核心影响者(包括决策层和执行层)<br>・明确商业驱动因素<br>・确认温室气体及/或能源管理负责代表<br>・组建管理团队<br>・建立温室气体及能源管理、降低温室气体排放量、能效提高、能源利用的方针<br>・全员意识贯彻 | 1. 确定体系建立的边界及范围<br>2. 明确现状及基准线<br>3. 确定体系方针<br>4. 确定体系要素/过程与职责矩阵 |
| 2. 温室气体/能源基准线现状初始调查 | ・边界、范围和排放源识别<br>・基准线、基准年确定<br>・能量评估/能量指标<br>・能量表现指标<br>・分析报告 | 1. 量化温室气体/能源基准<br>2. 识别重点温室气体排放源 |
| 3. 温室气体的识别与量化 | ・活动数据的识别与收集<br>・数据分析及处理<br>・数据质量<br>・数据分配原则<br>・方法学的选取<br>・排放因子(EF)的选择与确定 | 1. 量化排放数据<br>2. 持续量化,持续减排 |
| 4. 建立管理体系的文件 | ・温室气体排放清单的编制框架<br>・能量平衡表编制<br>・清单的建立、实施与保持<br>・温室气体报告框架<br>・温室气体报告的编制、修改<br>・能源管理手册编制、修改及定稿<br>・能源管理体系文件、程序文件的编制、修改及定稿<br>・能源相关数据记录、审阅及保存 | 1. 协调项目小组完成体系文件建立,包括温室气体排放清单、报告、手册、程序文件、作业指导书、记录表单模板<br>2. 依照企业特点,更新文件体系的适用性<br>3. 依照企业实际运营,调整、更新体系文件的适用性、有效性(进行文件审核) |
| 5. 细化企业的能源情况 | ・识别、评估和跟踪法规及其他要求<br>・获取、分析和跟踪能源数据<br>・明确识别显著能耗源<br>・能源利用、能效提高的机会识别<br>・能源利用、能效提高方案的筛选及优先<br>・细化能源表现指标(EnPI) | 1. 记录企业运行主要数据<br>2. EnPI的监测、测量<br>3. 数据汇总与分析 |
| 6. 确立具体低碳管理行动方案 | ・指标量化<br>・依据数据汇集资源、选择减排/节能项目(研发、技术、IT等项目)<br>・细化所需行动<br>・建立时间表<br>・明晰责任人及内容<br>・内容文件化并周期性更新行动方案 | 1. 筛选长期及短期降低温室气体排放或节能技改方案并制定绩效评估方法<br>2. 建议并建立温室气体/能效监视测量方法(包括但不局限于可能的软件应用) |

续表

| 步骤 | 具体措施 | 评估指标 |
|---|---|---|
| 7. 系统检查、评估 | • 能源管理体系关键特性元素的评估、测量和分析：温室气体及能源数据记录、审阅及保存<br>• 设备仪器的校准（如电表、流量计等）<br>• 评估法规、供应链要求的合规<br>• 开展内部核查核证、内部审核员的技能培训<br>• 采取后续行动消除和预防不符合内容 | 1. 全面评估体系建立、运行的有效性<br>2. 完成审核（内审）报告 |
| 8. 系统的持续改进 | • 整合所有信息给管理决策层进行评估、总结<br>• 推进管理评审<br>• 再次组织内审，指导内部审核员出具内部审核报告及纠正建议报告<br>• 再次管理评审，指导公司管理层的评审及持续改进<br>• 温室气体减排、能效、节能方案、节能效果评估<br>• 第三方核查核证 | 1. 低碳管理方案更新<br>2. 温室气体排放、减排、产品碳足迹认证 |

## 四、碳中和绿色供应链管理创新趋势

在应对气候变化的全球大势下，中国、欧盟等 130 多个国家和地区都提出了零碳或碳中和目标，并向着低碳的方向发展经济。在此背景下，部分跨国企业，特别是欧美企业进行了先行先试，给绿色供应链管理实践带来了一些新变化。

### （一）管理对象从"局部"拓宽至"全体"

从理论上讲，绿色供应链管理的最佳状态是，核心企业提出的绿色要求可以影响到供应链上下游的所有企业，而且各级供应商都愿意配合核心企业去改进环境绩效，整个供应链的绿色化水平持续提升。然而，实践与理论往往会存在差距。实践中，打造绿色供应链的企业虽然在增多，但是绝大多数企业关注的重点是与其存在直接采购联系的一级供应商，而对二级、三级……N 级等联系相对间接的供应商则不够重视。从整体上看，绿色供应链管理实践呈现"重直接管理而轻间接管理"的特点。

在碳达峰与碳中和背景下，欧美等国对于碳排放的关注点已经从单个企业转向产品全生命周期，不少国家和地区使用或计划使用的碳税、碳关税、产品生态设计、碳标签等制度，都体现出了产品全生命周期碳管理的要求。一些欧美跨国企业更是先行先试，在供应链管理工作中，开始对供应商提出节能减碳要求，并将这一要求从一级供应商向上游逐级延伸，实现了供应链上所有供应商的全覆盖。目前，越来越多的欧美跨国企业已经提出供应链碳中和目标，例如，苹果在 2020 年实现自身运营的碳中和后，提出将在 2030 年实现供应链和产品碳中和的目标；施耐德电气提出 2025 年前实现运营碳中和、2040 年实现供应链碳中和、2050 年实现供应链净零排放；西门子提出 2030 年实现全球供应链减排 20% 的目标，到 2050 年实现供应链碳中和。

在欧美企业积极行动的同时，部分国内企业也开展了相关探索。华为计划在 2025 年前推动 Top100 供应商制定碳减排目标；隆基在 2021 年度供应商大会上发布《绿色供应链减碳倡议》，150 余家供应商积极响应；联想计划到 2025/26 财年实现全球运营活动 90% 的电力来自可再生能源，推动全球供应链减少 100 万吨温室气体排放。

### （二）管理动力从"政策驱动"转向"主动布局"

企业开展绿色供应链管理的目的不尽相同，一些企业为了切实践行社会责任，一些企业为了确保供应链安全，一些企业为了提升品牌美誉度，一些企业为了获得项目支持、资金奖励或税收优惠，一些企业为了使产品能够进入政府或其他企业的绿色采购目录，等等。

透过目的看，企业打造绿色供应链的动力与制度环境密切相关，也就是所谓的"政策驱动"。一方面，法律规定的污染物排放标准、能耗限额等生态环境利用的"红线"，通常也是企业绿色供应链管理的"底线"；另一方面，政府推出的正向激励措施，如绿色采购、绿色信贷、试点示范、资金奖励等，则是核心企业在环保合规基础上提高绿色供应链管理要求的"润滑剂"。

在碳达峰与碳中和背景下，欧盟、中国等都在积极构建低碳法律政策体系。各国现有法律虽然鲜有关于供应链减碳的强制要求，也很少有直接关于零碳供应链的"政策红利"，但是值得一提的是，苹果、施耐德、华为等企业在环保合规的强制要求和"政策红利"的直接需求外，都在积极延伸社会责任，主动打造零碳供应链。一些企业的探索更加超前，比如威卢克斯承诺到 2041 年实现从 1941 年成立以来累计排放的碳中和并对供应商提出相关要求。

### （三）管理要求从"浅绿"走向"深绿"

谈到环境保护必然绕不开经济发展。环境问题产生于经济发展过程中，也需要在经济发展中得到解决。以牺牲环境为代价获取经济发展机会，或者为保护环境而不去发展经济，都是不科学的。绿色发展，是一种新的发展方式，提出了处理环境保护与经济发展关系的新思路，旨在将经济发展对生态环境的影响降至最低，进而实现经济的高质量和可持续发展。因此，在经济发展过程中，一切有助于能源资源消耗最低化、生态环境影响最小化、可再生率最大化的经济发展行为，都应被视为绿色行为。

实践中，多数绿色供应链其实是"浅绿色"的，核心企业关注的点多停留在环保合规上，而对于节能、节水、减碳，以及产品良品率、耐用性、再利用率等更广义层面绿色的关注显然不够。在特定历史时期，由于多数国家的环境管理并不到位，企业环境违规问题一度频发，某企业开展的绿色供应链管理工作，若能将上游违规企业推向环境合规，大幅减少供应链上的环境违规行为，其绿色供应链管理的成效则是显著的。现阶段，随着各国环境立法加强和执法加严，违规企业几乎已无生存空间，若再以环境合规与否作为评价核心企业绿色供应链管理水平的唯一标准则太低了。企业只有在环境合规之上，对上游企业提出更为严格的绿色要求，比如更高的污染物减排、节能、节水、减碳等直接的绿色要求，或者绿色设计、高良品率、高回收利用率等其他广义上的绿色要求，推动整个供应链从环保合规的"浅绿色"向着环境绩效持续提升的"深绿色"迈进，才称得上是一家优秀的绿色供应链管理企业。

在从"浅绿"走向"深绿"的实践中,部分公益机构进行了积极探索。2014年,公众环境研究中心与美国自然资源保护协会合作开发了全球首个基于品牌企业在华供应链环境管理表现的评价体系——《绿色供应链(CITI)指数》,评价指标涵盖透明与沟通、合规性与整改行动、延伸绿色供应链、节能减排和责任披露5个方面的内容,以路线图的形式引导企业由浅入深地完善供应链环境管理机制,最终形成最佳实践。结合前期探索,2021年10月,公众环境研究中心发布了《企业气候行动CATI指数》,立足企业碳减排问题,重点围绕治理机制、测算与披露、目标与绩效、减排行动,对石化、电力、钢铁、建材、汽车零部件、光伏产业等30个行业的662家企业进行了评价。2016年,阿拉善SEE生态协会联合中城联盟、全联房地产商会、朗诗集团和万科集团共同发起"中国房地产行业绿色供应链行动",依据对供应商环保合规状况评价后形成的"白名单"和"黑名单",以联合采购方式,大力支持环境合规的"白名单"企业,推动了钢铁、水泥、铝合金、木材等行业大量供应商改善了环境绩效。随着实践成熟,在原有"白名单"和"黑名单"之外,推出了具有行业引领性的"绿名单",对环境绩效表现优异的"绿名单"企业进行优先采购。

与此同时,一些欧美企业提出的零碳供应链承诺,已经对供应商产生了新的压力,随着低碳供应商管理工作的推进,整个供应链势必会在环保合规的基础上从高碳走向低碳甚至零碳,由"浅绿色"逐步转变为"深绿色"。

### (四)管理方式从"封闭"走向"透明"

环境信息只有公之于众,广泛接受社会监督,才能保证其真实性和可靠性。在传统的绿色供应链管理实践中,除法律强制要求进行环境信息公开的大企业之外,绝大多数企业的环境信息是不公开的。即使一些企业开展了绿色供应链管理工作,要求上游企业提供环境信息,这些信息也多是封闭地点对点流动,仅有提出要求的少数企业才可以获取,公开范围极为有限。

在环境信息公开方面,苹果公司的案例具有里程碑式的意义。2011年8月,自然之友、公众环境研究中心等环保组织曝光苹果公司的27家供应商疑似存在严重的环境违规问题。对此,苹果公司及时整改,开始加强对供应链的绿色管理,广泛公开环境信息,在2012年发布的《供应商责任2011年进展报告》首次公布了156家供应商和生产合作伙伴名单,从"封闭"的供应链转向了"透明"的供应链。截至2018年年底,苹果公司连续5年在公众环境研究中心发布的《绿色供应链CITI指数》中排名在华企业第一,并在2019年、2020年和2021年连续三年荣获绿色供应链CITI卓异品牌企业。从苹果公司供应链的"绿色蝶变",足可以看出信息公开的重要性。

在碳达峰碳中和发展背景下,一些企业已经提出了全供应链的碳中和甚至净零排放目标,引领着供应链低碳转型的新趋势。这不是政府的强制要求,也不是企业简单地喊口号,而是以企业信誉进行担保的自愿性减排行动。这将推动以往环境信息单向流动和封闭管理方式转向公之于众,晒于阳光之下。不少核心企业已经将供应链碳中和的时间表、各时间节点的减排量、供应商名录等环境信息进行公开,广泛接受政府、同行和社会公众的监督，正在向着可测量、可核实、透明的绿色供应链迈进。

### 推荐文献阅读

[1] 汪军. 碳管理——从零通往碳中和 [M]. 北京：电子工业出版社，2022.

[2] 刘兰翠，刘丽静. 碳减排管理概论 [M]. 北京：中国人民大学出版社，2023.

[3] 余碧莹等. 碳减排技术经济管理 [M]. 北京：中国人民大学出版社，2023.

### 课后思考题

1. 简述基于不同核算范围的碳排放核算标准。
2. 何谓碳足迹，简述碳足迹计算步骤。
3. 何谓绿色溢价，简述降低绿色溢价的基本策略。
4. 参照合同能源管理模式，编写节能服务公司模拟报告。
5. 何谓绿色供应链，简述碳中和视角下绿色供应链管理途径。

# 第六章
# 碳中和经济发展形态

近年来,由于国家低碳经济发展、生态文明建设快速推进,尤其是碳中和战略目标制定实施,不仅对低碳经济、产业经济、区域经济等应用经济学科发展产生了较大推进作用,更加颠覆了人们对国际政治、政治经济、社会生活以及人文道德深层次的认知。本章首先系统探析碳中和经济的发展形态,不仅包括碳中和产业、碳中和区域,也包括碳中和经济形态下国际政治、世界经济、社会建设以及人文道德层面的现实社会问题,以期挖掘碳中和经济学学科所蕴含的思政要素,这也是本科教学改革目标和重要发展趋势。

# 第一节　碳中和政治经济发展形态

## 一、碳中和经济引发政治"碳博弈"

### 1. 何谓"碳博弈"

根据《巴黎协定》的相关规定，不同国家未来在碳排放上需要承担怎样的责任，以及需要为此付出多大的经济代价，与一个国家经济发展程度以及国内生产总值（GDP）有很大关系，同时这也关系到不同国家乃至世界经济的未来发展轨迹。伴随全球气候变化和生态环境问题越来越严重，世界各国针对碳达峰碳中和具体发展目标、时间表及相应的政策博弈有愈演愈烈之势。此问题不再是一个单纯经济和科技领域的问题，而更多已演变成一个多层面、多维度的复杂国际政治和外交博弈问题（王亚茹等，2022）。

2009年3月，德国政治和发展经济学家迪尔克·梅森纳教授提出了"碳博弈"的概念，他认为人类发展所面临日益严峻的气候变化问题，不全是技术上的，也不是经济上的，实际是政治和体制上的，这就引申出一个国际政治层面的战略博弈问题，简称"碳博弈"[①]（柳下再会，2010）。全球温室气体减排合作是一个长期博弈的过程，也是国际政治经济博弈在气候变化环境领域的再现，其关键是碳排放权的公正性和合理分配问题。

### 2. 全球政治"碳博弈"发展形态

在碳排放的衡量和排放额分配方式上，国际社会先后提出国家排放总量、人均碳排放量、碳排放强度（含碳排放强度指数）及人均累积碳排放量等重要指标。我国提出单位国内生产总值（GDP）碳减排指标，有学者也提出基于人均历史累积排放的排放权分担方法，以及以人均资本和人均消费作为分担全球气候的基准、均等的人均碳排放权（潘家华、罗勇等，2009）。印度热衷于人均碳排放方案等，也曾提出有助于维护发展中国家的发展权益方案。总之，全球碳排放问题蒙上了一层浓厚的政治色彩，碳密集产业的重新布局选址、碳泄漏[②]、边境碳壁垒[③]、贸易消费品的隐含碳等已成为气候变化谈判须面对的新话题（赵志凌等，2010）。

对于强化发展碳中和经济的政治影响来说，国内学术界早年也不乏持保留意见和谨慎态度的学者，认为"碳政治"实际上是欧、美等经济发达国家利用人们对科学的信仰，精心建构的一套科学和政治话语。然而，更多的还是一些比较正面和积极的科学认识，认为从国家战略角度看，由"碳政治"所主导的碳排放权分配问题，为我国的产业结构升级、技术创新及制度变革带来了新的发展机遇，中国可以将"碳排放"的国际压力转变为国内

---

① 碳博弈早期主要指经济发达国家（也包括与发展中国家）之间关于碳排放问题的竞合与博弈。从这个角度分析，碳中和经济的发展将逐渐成为发达国家之间、发达国家与发展中国家之间的利益博弈枢纽。

② 碳泄漏是指如果一些国家减排（多指发达国家）而另一些国家（多指发展中国家）不减排，高耗能产业为降低成本将生产转移到管制宽松的国家，在后者产生的碳排放量会部分抵消前者的实际减排量，被抵消减排量称为碳泄漏量。

③ 碳壁垒指与减排温室气体有关的各种贸易措施、安排和标准，具体包括碳关税、碳标签、碳减排证明、与减排有关的补贴和政府采购等形式。

深化改革的动力、转变发展方式的"倒逼机制"。

### 3. 全球政治"碳博弈"的未来

就碳中和经济引发政治的"碳博弈"，短期内将是一个持续争议的问题。这是因为每个国家都是理性主体，追求自身财富和利益的最大化，即使存在共同的目标也难以达到集体最优化。其实气候问题的本质是利益的重新分配，有关碳排放权的利益分配将会加剧经济发展中国家和经济发达国家之间，以及经济发达国家内部之间的博弈。从当下世界各国的实际行动来看，虽然多国已经纷纷承诺碳达峰碳中和目标，并提出要通过碳税、碳排放权交易等市场化或非市场化方式进行减排，但在国际社会的交往过程中，尚未存在具有强制力的规范。

从世界碳排放发展趋势看，所有经济发达国家温室气体排放都跨越了峰值，即实现了碳达峰，未来碳排放将呈不断下降态势；而广大发展中国家受到经济快速发展惯性驱动，温室气体排放量仍将保持快速上升态势。世界碳排放经济格局的变化导致部分经济发达国家缔约方的碳减排责任意识出现模糊化，并试图改变国际气候治理的合作基础，由关注历史排放责任和义务向未来排放责任和义务转变，强调发展中国家，尤其是经济快速发展的新兴经济体国家在国际气候治理进程中的责任，并推动国际气候治理模式发生改变。

## 二、碳中和引发全球经济发展新形态

随着积极应对全球气候变化成为国际社会的强烈共识，世界正处在一场新的工业革命的开始，其驱动力源于人们对能源供应短缺和气候安全方面的高度重视。碳中和不仅是一场国际竞争，也是国内经济社会的系统性变革。此外，实现碳中和目标要与保障经济和供应的平稳运行相协调，使经济增长与碳排放脱钩成为可能，在淘汰传统路径的同时创造新的可持续的发展模式。

### 1. 碳中和成为全球经济发展竞争焦点[①]

在全球碳中和经济转型的大趋势下，世界经济将深层次变革，经济新领域、新技术以及经济新形态将创造经济增长新动能。

（1）碳中和是区域经济竞争新领域

碳中和已是世界近百个国家的战略目标，发达国家与发展中国家区域间的绿色援助成为合作重点。2021年，美国重回《巴黎协定》等国际协议，旨在重振国际影响力和领导力，并通过发展清洁能源等重振美国经济。以"中欧绿色合作高级别论坛"为典型的国际碳中和交流、谈判、研讨、合作，将在更大范围内和更多的成员国之间展开。各国都在积极布局碳中和，并将影响国际政治经济走势。

（2）可再生能源开发利用是碳中和的关键

世界各国的能源碳中和战略，以降低化石能源发电占比、减少煤炭消费为主，并不断提高风电、水电、光伏、氢能、生物质等清洁能源的发电占比。在各国政策中，对清洁能源的投资是经济复苏中最有效益和最具有安全性的。英国、日本等国相继宣布燃油车禁售计划，具备数字化、智能化、新基建、低排放等特性的新能源汽车迎来更多的投资和市场机遇。

---

[①] 周宏春. 碳达峰碳中和将重塑区域经济发展格局 [EB/OL]. 2022-02-08. https://cn.zafa.edu.cn/info/1047/2008.htm.

（3）碳中和是国内经济社会的系统性变革

碳中和为相关领域产业的国际合作提供了机遇，包括引导国际绿色资本流动、人才就业、绿色产业与可再生能源创业投融资等。各国积极发展绿色金融，并纷纷出台激励措施，向企业提供财政支持和税收优惠，加大技术研发及其产业化投入，发展绿色产业基金，并引导社会资金投向，促进以可持续发展为导向的产业全面转型升级。值得注意的是，发展中国家在绿色转型升级、绿色产业投资、绿色技术创新等方面均面临较大压力。

### 2. 碳中和经济发展模式及路径 ①

随着碳中和的实践和推广，我们将看到一个更加清洁和可持续的世界，也对世界和中国经济发展模式产生根本性影响。

（1）从碳治理到碳中和

从全球气候治理的发展路径来看，碳治理 ② 将成为推进全球气候治理的重要切入点和发力点。全球生态环境治理的重要问题之一是全球气候治理，而全球气候治理则聚焦于全球碳治理。这表明，碳中和已成为我国生态文明建设和碳治理领域一项具有刚性、系统性，且体系化特征明显的重要工作。对于实现碳达峰、碳中和发展目标而言，绿色低碳科技革命强大驱动力的关键，在于包括低碳技术、零碳技术和负碳技术在内的减碳技术的原始创新和自主创新，其中负碳技术创新对于进行碳治理、实现碳中和的价值和贡献需要引起高度关注。

（2）从低碳技术到负碳技术

从碳治理的发展成效来看，负碳技术将成为碳治理进程的重要治理工具和治理方式。虽然二氧化碳是温室气体的主要组成部分，其所引发的温室效应造成了地球的异常增温，但二氧化碳同时也是整个人类和生态环境离不开的重要资源。将引起地球异常增温的二氧化碳转化为有用的资源加以利用，是进行碳治理、实现碳中和的有效途径。低碳技术、零碳技术和负碳技术的广泛应用，将进一步推动产业绿色转型升级，切实提高减排降碳成效。低碳技术、零碳技术、负碳技术都在不同程度上起到了减排降碳的作用，但是减排降碳效果最为明显的是负碳技术。

（3）从负碳技术到负碳经济

从经济社会高质量发展和国内国际双循环新发展格局来看，负碳技术、负碳产业和负碳经济所构成的负碳生态体系将大有可为，前景不可限量。负碳经济模式揭示了人与自然是相互联系、相互依存的，旨在最大限度地保护地球生物资源的多样性，把生态安全作为重要因素考虑，力求实现生态环境与经济社会的平衡发展，从而以一种创新的方式切实推动人与自然的和谐共生。

## 三、碳中和经济引发行政契约式管理

行政契约在碳中和经济政策执行中具有广阔的应用空间。为了指导、规范和推广行政契约的实际应用，经济理论界和政府行政部门都有必要结合低碳政策目标，以及各行业、各领

---

① 童裳慧. 碳中和改变世界负碳经济重未来 [N]. 中国环境报. 2022-03-08.
② 碳治理是指国家对碳排放所产生的非特定区域外部性问题的治理，可理解为国家制定相关法律政策，与其他公共组织或市场主体等一起处理与"碳"相关的公共事务，提供相应公共产品和服务等。

域的不同特点，发展和构建模型化的行政契约，并且有针对性地拟定行政契约的示范文本。

综合有关研究成果，中国在制定碳减排政策时，以下几种行政契约尤其应当受到重视（蔺耀昌，2010）。

### 1. 行政主体相互间缔结的碳放额交易契约

从目前来看，人们讨论碳交易契约时，主要围绕主权国家间的碳交易契约、企业间的碳交易契约而展开。但从中国目前的行政体制看，为了减排目标的实施，未来的碳排放额度的分配很可能会具体到各个行政区域，这样一来，各个行政区域基于自身的特殊需要也可以进行碳排放额度的交易。为此，各个行政区域之间完全可以签订碳排放额交易契约，这种契约是行政主体间的对等关系契约。

### 2. 产业调整资助契约

该类契约主要是指行政主体为达成产业调整的政策目标而引导特定企业进行技术改造和产业结构升级并予以政策性资助的行政契约，其主要内容包括：契约当事人；特定企业进行产业改造升级应当达到的标准或水平；行政主体应当为特定企业进行产业调整而支付的财政补贴、税收优惠、金融支持或其他诱导性利益；契约履行期限及监督检查、违约责任及纠纷解决机制等。

通过该类契约的缔结与履行，能够在双赢的基础上实现产业结构调整，淘汰落后产能和产业，特别是那些高耗能、低产出的煤炭、电力、水泥等企业的关停并转，均可以通过产业调整资助契约而实现。

### 3. 低碳技术（产品）研发及推广资助契约

该类契约是指行政主体为达成低碳技术（产品）的推广应用而与公民、法人或其他组织缔结的行政契约，其主要内容包括：契约当事人；作为契约当事人一方的公民、法人或其他组织采用新技术或应用新产品所应当达到的标准或水平；行政主体为特定公民、法人或其他组织采用新技术或运用新产品而应当给付的政策性资助（如物质奖励、税收优惠、金融支持等）。

### 4. 新能源开发利用资助契约

该类契约是指行政主体为促进新能源开发利用而与特定企业缔结的行政契约，其主要内容包括：契约当事人；特定契约开发利用新能源应当达到的水平或标准；行政主体为开发利用新能源的特定企业应当支付政策性资助等。

### 5. 退耕还林和生态绿化资助契约

该类契约是指行政主体为实现生态环境保护政策而与公民、法人或其他组织缔结的行政契约。其内容主要包括：契约当事人；公民、法人或其他组织应当承担的退耕还林或生态绿化义务；行政主体为公民、法人或其他组织履行退耕还林或生态绿化义务而应当支付的补贴或其他政策性资助。

## 四、碳中和时代的技术经济发展形态

低碳经济的发展模式是一种"立体式"控制污染排放的节能模式，这与传统线性经济发展模式截然不同。这种"立体式"发展概念是指从源头到末端、从宏观到微观的各个层面进行有效控制污染物排放的方式。

按照这种"立体式"理论界定，人类社会进入工业化社会以来有4种不同的技术经济发展范式[①]可供选择（王文军，2009）。

（1）传统的经济发展范式，即线性发展范式，"资源—'产品+废物排放'"。这种传统发展范式对环境的破坏极大，对人类的可持续发展也产生了威胁。

（2）经济发展采取先污染后治理的范式，也叫"亡羊补牢"范式。这种范式在污染治理方面代价极大，甚至有些污染依靠当前的技术是难以解决的。

（3）经济发展采取源头治理的范式，即所谓的循环经济发展模式。这种模式主要是通过减少资源的消耗为目标，通过清洁生产等途径来实现废弃物的减排，并对生产和消费的废弃物进行再资源化利用，最后对无法进行利用的废弃物进行无害化处理（即治理），将其返还自然界。这种模式的正常运转，需要制度创新、技术创新以及循环经济伦理与文化建设等3个条件作保证。

（4）低碳经济发展的技术经济范式，即实施"立体式"控制的经济发展模式。这种"立体式"控制，就是要求在污染源头进行治理，在生产的全过程进行控制，对产品的能耗与污染进行目标管理。

需要强调的是，发展碳中和经济的前提是泛低碳经济发展模式[②]向全产业链低碳经济甚至零碳技术经济发展模式的转变，这是21世纪20年代应对全球气候变化而催生的新经济发展模式，这与早已经立法促进的循环经济发展模式和技术范式是相辅相成的。就某种程度而言，低碳经济是碳中和经济的一种最有效路径和必经阶段，即在实现净零排放之前，国家和地区通常会努力实现低碳经济，并逐步转向碳中和目标。

## 第二节 碳中和产业经济发展形态

碳中和是应对气候变化的重要策略之一，旨在平衡温室气体的排放与移除，从而实现净零碳排放水平。2015年《巴黎协定》签署以来，碳中和产业已成为世界各国碳中和战略实施的最重要"抓手"，世界主要经济大国相继提出了低碳、零碳产业发展布局和技术攻关目标，这不仅为了应对全球气候变化，践行环保责任担当，更多则是为了争夺碳中和技术高地以及产业拓展价值。

### 一、碳中和产业体系

与低碳产业相比，碳中和产业内含还有待进一步规范，不同国家、不同地区碳中和产业具体类别及其包含范围也有一些不同，但低碳产业化、产业低碳化、低碳价值化和低碳国际化已成为推进碳达峰碳中和战略目标的理论基础和发展共识。尤其是未来与碳中和相关产业，则需要致力于减少温室气体排放、开展负排放技术研究和应用、推动碳汇增加等

---

① 技术经济范式是指人类为达到一定的经济社会发展目标而选择的经济发展模式及配套技术体系。
② 泛低碳经济发展模式是指在可持续发展理念指导下，尽可能减少煤炭石油等高碳能源消耗，尽可能减少温室气体排放的一种非刚性约束低碳经济发展模式。

活动，以实现净零碳排放的目标。

基于不同专业认知，国内外对碳中和产业内涵、具体涵盖范围有不同的理解①，笔者大致归纳为产业管理和战略布局视角。

### 1. 产业管理视角

碳中和产业是指通过采取措施将温室气体的排放量降至接近零，并采用负排放技术将剩余的二氧化碳从大气中移除，以实现净零碳排放的产业。具体而言，碳中和产业则是运用新的技术、生产方式、商业模式来帮助传统的能源及相关产业实现绿色低碳转型，推动生产、生活方式转变，带动社会各方面主体积极主动合作实现低碳发展这一共同目标的过程。

### 2. 战略布局视角

碳中和产业是指对实现我国 2060 年前碳中和目标起到关键支撑作用的重点产业，包括碳中和牵引产业和碳中和转型产业。

（1）碳中和牵引产业，包括战略性新兴产业、绿色产业及环保产业等，如可再生能源与清洁能源（风电、光伏发电、水电、核电、生物质能等）、新能源汽车、新型储能、绿氢制备与多元应用、新型电力系统、负碳产业（碳捕获封存及利用、生态固碳等）。

（2）碳中和转型产业，主要是指传统能源产业和高耗能产业，如传统能源（煤炭、电力、油气等）、工业（钢铁、水泥、化工、汽车制造等）、交通（汽车、地铁、船运、航空等）、城市建筑（建筑节能、电气化等）。

目前，我国碳中和产业链核心产业架构从碳排放到碳吸收，大致可划分为前端、中端和后端三部分，如图 6-1 所示。

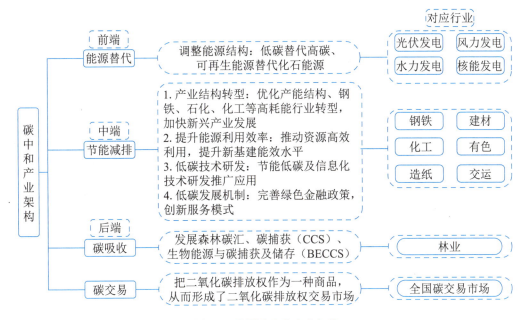

图 6-1 中国碳中和产业架构

前端加强能源结构的调整，用低碳替代高碳、可再生能源替代化石能源。

---

① 中国能源研究会碳中和产业合作中心等.中国碳中和产业合作发展报告 2022，2023 年 3 月。

中端提升节能减排水平，包括产业结构转型、提升能源利用效率、加强低碳技术研发及完善低碳发展机制等。

后端增强资源循环利用水平，落实生产者责任制度，促进资源品的回收再利用。

自然循环端加强生态碳汇，包括开展国土绿化行动，增加森林面积和蓄积量，加强生态保护修复，增强草原、绿地、湖泊、湿地等自然生态系统的固碳能力，增加碳吸纳量。

此外，碳交易作为碳中和产业发展的重要一环，在碳中和经济体系中发挥着积极作用。碳交易基本原理是，合同的一方通过支付，从另一方获得温室气体减排额，买方可以将购得的减排额用于减缓温室效应从而实现其减排的目标。

根据碳中和产业链结构特征，笔者认为碳中和产业链核心架构可以理解为特殊形式的静脉产业[①]或第四产业，即通过碳循环和资源化利用，使自然生态系统真正进入良性循环发展状态。

## 二、零碳工业

零碳工业发展是指通过减少或消除二氧化碳和其他温室气体的排放，实现工业生产的低碳、清洁和可持续发展。钢铁、水泥、有色金属和化工行业是全球工业生产中碳排放量较大的几个领域，也是零碳工业发展面临的重要挑战之一。

随着全球对气候变化和环境保护的日益关注，零碳工业发展已经成为各国政府和企业的重要议题。

（1）钢铁行业是重要的基础产业，但也是高碳排放行业之一。为了实现零碳工业发展，钢铁行业正积极推动技术创新和转型升级。目前，一些先进的钢铁企业已经采用了低温燃烧、高效炼钢等技术，以降低能源消耗和碳排放。同时，一些企业还在探索碳捕获利用和储存技术，将二氧化碳从炼钢过程中分离出来，并进行综合利用或封存，以减少对大气的排放，如图 6-2 所示。此外，钢铁行业还在推广再生钢材和循环利用技术，以减少对原材料的需求，实现资源的高效利用。

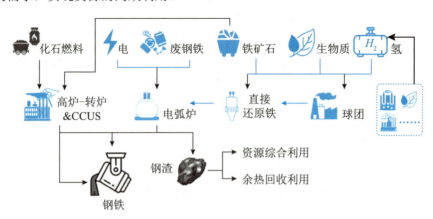

图 6-2　零碳钢铁工业

---

① 静脉产业（venous industry）一词最早是由日本学者提出，他们把废弃物排出后回收、再资源化相关领域形象地称为静脉产业，就如同人体血液循环中的静脉一样，静脉产业又被称为"静脉经济"或"第四产业"。

（2）水泥行业是能源消耗和碳排放量较大的行业之一。在零碳工业发展中，水泥行业面临着降低碳排放的重要任务。目前，水泥企业正在采取多种措施来减少能源消耗和碳排放。例如，推广高炉矿、复合材料等新型水泥配方，以降低煅烧过程中的能源消耗和碳排放。此外，一些工业企业还在研究和开发碳捕获利用技术，以将二氧化碳从水泥生产中捕获并应用于其他产业领域，如混凝土制造或碳酸盐岩封存等，如图6-3所示。

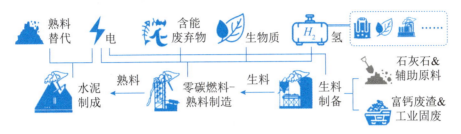

图6-3 零碳水泥工业

（3）有色金属行业主要包括铜、铝、镍等金属的生产。这些金属的提取和加工过程对能源和资源的消耗较大，也会产生大量的废物和污染物。为了实现零碳工业发展，有色金属行业正致力于减少能源消耗、降低碳排放和提高资源利用率。一些企业在生产过程中采用了先进的电解和冶炼技术，以提高能源效率和减少二氧化碳排放，如图6-4所示。

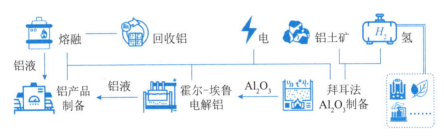

图6-4 零碳有色金属工业（以电解铝为例）

（4）化工行业是基础化工原料和制品的生产行业，也是重要的能源消耗和碳排放行业之一。为了实现零碳工业发展，化工行业正在加快技术创新和转型升级，如图6-5所示。一方面，化工企业正在推广绿色生产技术和清洁生产工艺，以减少能源消耗和废物排放。例如，采用低温和高效反应工艺，优化产品结构，降低碳排放。另一方面，化工行业也在加强废物治理和污染物控制，积极推动废物资源化和污染物减排。此外，一些企业还在研究和开发新型的可再生化工原料和生物降解材料，以减少对化石资源的依赖。

图6-5 零碳化工行业

### 三、零碳电力和零碳非电能源产业

作为我国经济发展的重要基础性部门,电力在"绿色复苏"和"碳中和经济"中承担的角色和作用,将成为我国实现国内经济"大循环"的关键落脚点。同样,对于长期依托于高碳能源实现规模化发展的电力部门而言,其未来低碳发展的成绩,对我国碳中和目标的实现也将起到决定性的作用。实现碳达峰碳中和目标是一场广泛而深刻的变革,零碳电力和零碳非电能源建设对国家碳中和产业发展具有至关重要的作用,如图6-6所示(陈敏曦,2020)。

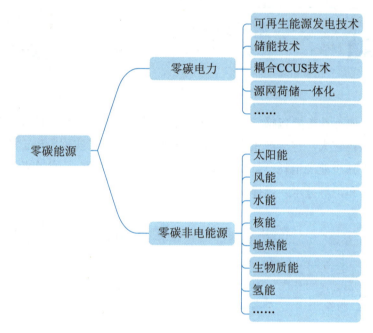

图 6-6 零碳电力与零碳非电能源

零碳电力是指以可再生能源为基础,不产生二氧化碳或其他温室气体排放的电力。零碳非电能源是指不产生二氧化碳或其他温室气体排放的能源形式,包括但不限于太阳能、风能、水能、地热能等。零碳电力和零碳非电能源均是以清洁能源为基础。随着全球对气候变化的关注增加以及可再生能源技术的不断进步,零碳电力和零碳非电能源在各个国家的发展越来越受到重视(孙雯等,2018)。

零碳电力是围绕电力生产和消费全过程的一系列技术集成,包括在发电端采用可再生能源发电技术、针对可再生电力稳定供给的储能技术、针对部分保障性火电效率提升及耦合CCUS技术、针对发电端和用电端灵活调配的一体化技术等。其中,可再生能源发电技术涉及多种能源,包括风、光等可再生能源和核能,这也是我国目前电力系统脱碳的重点领域。此外,大规模储能、虚拟电厂、分布式发电、智能电网等技术也是支撑电力系统脱碳的保障。

太阳能是目前最为普及和应用广泛的清洁能源之一。太阳能利用光能转换成电能或热能,不仅可以用于发电,也可以用于供暖和提供热水。目前,太阳能光伏发电技术已经非常成熟,区域光伏电站建设逐渐普及。太阳能还能利用光热发电,这是一个将太阳能转化为热能,再将热能转化为电能的产业化发展过程。许多国家都在大力推动太阳能的应用,通过经济政策激励和投资项目支持，鼓励普通民众和生产企业采用太阳能产品。此外，太阳能热能的利用也在不断推广，太阳能热水器在许多家庭中得到了广泛应用。

风能是另一种受到广泛关注的清洁能源。风能通过风力发电机将风能转换为电能。风电已经成为许多国家电力系统中的重要组成部分。在发达国家，许多大规模风电场已经建设并投入使用。许多国家都采取了激励政策，鼓励企业和公民参与风能开发。此外，小型风力发电系统也逐渐得到应用，如在农村地区或离岛等偏远地区供电。

水能是一种传统的可再生能源，通过利用水流的动能转换为机械能或电能。水电是最早应用的可再生能源之一，已经在全球范围内得到广泛应用。许多国家拥有丰富的水资源，通过兴建水电站可以实现清洁的电力供应。同时，潮汐能和海洋能作为水能的衍生形式也有很大的发展潜力，尚处于研究和试验阶段。

核能是指利用核反应释放的能量来进行各种应用的能源形式，主要通过核裂变和核聚变两种反应来释放能量。核能具有高能效、低碳排放以及持续稳定供应等诸多优点，被广泛应用于核能发电、核医学、工业应用以及核动力舰船等产业领域。核能具有非常高的能源密度，少量核燃料可以产生大量的能量。相对于其他可再生能源，如太阳能和风能等，核能发电更有效地利用了资源，减少了对土地的占用[①]。

地热能是通过利用地壳内部的热能来产生电力或供暖。地热能是一种稳定可靠的能源形式，不受气候和季节的影响。地热能被广泛应用于供暖和温室种植等领域，也有一些地热发电站运营。许多国家都将地热能作为重要的清洁能源，通过技术创新和政策支持来推动其发展。

此外，生物质能和氢能也是重要的清洁能源形式。生物质能利用植物或动物的有机物质转化为燃料或发电。生物质能可以通过农作物秸秆、木材废料等资源得到，具有循环再生的特点。氢能是一种清洁的能源形式，通过水电解或其他方法获取氢气作为能源。氢能在交通运输、能源储存等领域具有潜力。

## 四、零碳服务业

绿色、可持续发展已成为全球发展共识，其中也酝酿着巨大服务和贸易商机，比如零碳服务等。具体而言，零碳服务业是指通过提供低碳、环保的交通、金融和建筑等相关服务，以减少碳排放和环境影响为目标的行业，如图6-7所示。

零碳服务业

零碳交通

零碳建筑

零碳金融

...

图 6-7　典型零碳服务业

---

① 自从2011年3月，日本福岛大地震给其核电产业带来了致命性的产业冲击和人道灾难以来，引发了世界各国对发展核电的反思。笔者认为核电产业在能源发展布局、经济需要基础上，更应重视核资源、核安全、核环境，稳妥发展核能产业。

当前，随着全球对气候变化和环境保护的日益重视，零碳服务业发展迅猛且具有广阔前景。

（1）在交通领域，零碳发展主要聚焦于推动电动交通和共享出行模式的推广。电动汽车和电动自行车等零排放交通工具的使用已经得到了广泛的认可和采用。同时，各大城市也在积极推动公共交通的电动化，引入电动公交车、电动出租车等。此外，共享出行模式，如共享单车、共享汽车，既减少了私家车的数量，也降低了道路交通的拥堵和碳排放。零碳交通还致力于开发智能交通管理系统，通过数据分析和智能调度优化路况，提高交通效率，减少碳排放。

（2）在建筑领域，零碳发展主要集中在绿色建筑和能源管理方面。绿色建筑通过采用节能材料、高效供能系统和可再生能源等手段，将建筑的能耗和碳排放降到最低。绿色建筑还注重室内环境的舒适性和健康性，提高居住者的生活品质。此外，能源管理系统在建筑领域的应用也日益广泛。通过监控能源使用情况，优化能源供需平衡，实现能源的高效利用和碳排放的减少。

（3）在金融领域，零碳发展主要包括绿色金融和碳交易市场建设。绿色金融鼓励投资、贷款和保险等金融活动向环境友好的低碳项目倾斜，推动清洁能源、节能环保等领域的发展。此外，一些国家和地区已经建立了碳市场，推行碳排放权交易制度，使企业通过减少碳排放来获得经济回报，从而促进减排行动。金融领域的零碳化发展，不仅为环保企业提供了资金支持，还为投资者提供了可持续发展的投资机会。

## 五、碳捕集利用与封存（CCUS）产业

随着全球经济和人口的增长，能源需求不断增加，导致二氧化碳排放量增加，加剧了全球变暖和气候变化的影响。为了应对这一问题，许多国家和地区已经开始探索使用二氧化碳捕集、利用及封存（CCUS）技术，以减少二氧化碳的排放，同时满足能源需求。

碳捕集利用与封存（CCUS）是指一系列技术和方法，旨在将二氧化碳从能源利用、工业排放或空气中捕集分离后加以利用或封存，从而实现二氧化碳减排的目的。CCUS 技术包括三个主要过程，即捕集、利用和封存。首先，二氧化碳捕集是从排放源（如电厂、钢铁厂和炼油厂等）中分离和收集二氧化碳的过程。其次，利用是指将捕集的二氧化碳用于制造新产品，如合成燃料、化肥和化学品等。最后，封存是指将捕集的二氧化碳储存在地下的地质形态中，以防止其释放到大气中（张贤等，2021）。

CCUS 产业在实现碳中和方面发挥着重要作用。首先，通过碳捕集技术，CCUS 能够将二氧化碳捕获并在地下安全储存，从而防止其进一步释放到大气中。其次，通过将捕集到的二氧化碳转化为有价值的产品或原料，如合成燃料、化学品和建筑材料，可以减少对化石能源的依赖，推动循环经济的发展。最后，通过捕集、利用和储存二氧化碳，CCUS 可以实现碳排放减少并抑制气候变化，为碳中和的目标作出重要贡献（见图 6-8）。

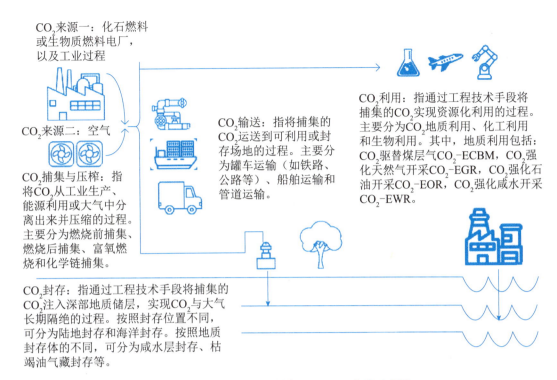

图 6-8 碳捕集利用与封存（CCUS）产业示意图

近年来，CCUS 技术不断地丰富和发展，特别是随着全球对气候变化的重视和多个国家碳中和目标的提出，CCUS 低碳产业得到较快发展，成为减少温室气体排放、实现碳中和目标、推动人类社会可持续发展的重要技术手段。CCUS 产业发展现状和相关政府政策存在一定的差异，但总体来说，越来越多的国家和地区认识到 CCUS 对于应对气候变化的重要性，正在采取措施促进该产业的发展（黄晶等，2022）。

（1）美国一直是 CCUS 技术研究和应用的领先者之一。美国政府通过资金支持、税收激励和监管政策等手段，鼓励企业投资 CCUS 项目。例如，美国能源部设立了 CCUS 研发项目，并提供资金支持。

（2）加拿大是全球碳捕集技术研究和示范项目最多的国家之一。加拿大政府出台了一系列支持 CCUS 发展的政策和法规，包括资金援助、税收减免和法规框架等。加拿大还鼓励 CCUS 在石油和天然气行业中的应用，以减少温室气体排放。

（3）挪威是全球 CCUS 技术示范和商业应用的领导者之一。挪威政府在碳捕集和储存领域投入了大量资金，支持技术研发、示范项目和商业化应用。挪威还将 CCUS 作为减排的重要手段，并制定了相应的政策和法规。

（4）澳大利亚是全球 CCUS 项目较多的国家之一。澳大利亚政府通过补贴和基金支持措施，鼓励企业开展 CCUS 技术研究和示范项目。澳大利亚还将 CCUS 视为能源转型和减排的关键技术，并出台了相应的政策和计划。

（5）欧盟致力于推动低碳经济转型，认识到 CCUS 在减排和工业转型中的重要性。欧盟设立了 CCUS 基础设施发展计划，并提供资金支持。各成员国也在制定国内的 CCUS 政策和法规，以促进该产业的发展。

## 六、碳汇、生态恢复和保护产业

近年来，得益于生态环境的持续改善，人们正收获到越来越多的实惠，而生态资源的价值转化也把"绿水青山"变成了实实在在的"金山银山"，这就是应运而生的碳汇、生态恢复和保护产业。

碳汇、生态恢复和保护产业是指通过采取一系列措施和技术，保护和修复受到破坏或退化的生态系统，并确保其可持续发展的产业。这些措施包括生物多样性保护、森林保护与恢复、湿地保护、水资源管理和土地保护等。碳汇是指能够吸收和存储二氧化碳的自然系统或人工设施。这些系统可以是陆地上的林木植被、草原、湿地等，也可以是海洋中的藻类、浮游生物和海洋生态系统。

碳汇、生态恢复和保护产业与碳中和有着密切关系（图6-9）。碳汇、生态恢复和保护产业通过保护和恢复森林、湿地等生态系统，可以促进碳的吸收和储存，减少二氧化碳释放到大气中。生态恢复和保护产业也可以为碳中和提供碳汇和负排放。例如，通过大规模种植树木、恢复湿地和海草床等生态工程，可以吸收大量的二氧化碳，并将其永久储存在植物体内或地下。此外，生态恢复和保护产业还可以提供可再生能源和可持续发展的支持。例如，发展风能、太阳能和生物能等可再生能源产业，可以减少对化石燃料的依赖，降低碳排放。同时，保护和恢复生态系统也为可持续发展提供了资源和基础。

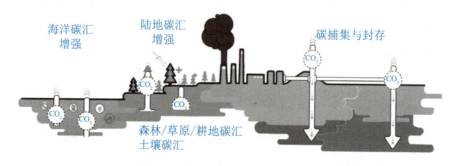

图6-9　碳汇、生态恢复和保护产业

世界不同国家碳汇、生态恢复和保护产业的发展现状各有不同，仅列举一些国家具体做法供参考。

（1）中国政府高度重视生态环境保护和生态恢复工作。中国已经制定了一系列政策和措施来推动生态保护产业的发展，如湿地保护、水土保持、森林资源保护等。此外，中国还推出了生态补偿机制，鼓励企业和个人参与生态环境保护。

（2）美国一直致力于生态环境保护和恢复工作。美国政府通过法律、政策和经济激励措施支持生态保护产业的发展，包括湿地保护和恢复、土地保护、水资源管理等方面。此外，美国还设立了各种基金和机构，为生态恢复项目提供资金和技术支持。

（3）欧洲各国也将生态恢复和保护视为优先事项。欧盟推出了一系列环境保护政策和法规，如生物多样性保护、水资源管理、气候变化适应等。此外，欧洲还设立了各种基金和项目，支持生态恢复工作。

（4）非洲国家面临许多生态挑战，包括荒漠化、土地退化和野生动植物灭绝等。为了应对这些问题，非洲各国制定了许多政策和计划，如大型森林保护项目、水资源管理、野生动植物保护等。国际组织和各国也积极支持非洲国家的生态保护工作。

## 第三节　碳中和区域经济发展形态

如前所述，碳中和经济增长旨在实现经济繁荣与环境保护的双赢，通过创新和转型，助力构建低碳、高效、可持续的未来发展模式。碳中和区域发展以零碳城市、零碳产业园区、零碳生活社区、零碳建筑及零碳乡村等不同区域单元呈现，因其皆被赋予零碳区域属性而体现诸多共性特征以及各自发展形态。

### 一、零碳城市建设

城市作为一个复杂系统，实现碳中和绝非节能减排、绿化环境那么简单。用得好，碳中和将成为城市的软实力；用不好，它可能成为只投入不产出，形式大于内容的形象工程。

#### 1. 何谓零碳城市

当前学术界对零碳城市内涵界定看法并不一致，但在全球应对气候变化的背景下，城市率先实现低碳转型和可持续的绿色发展逐渐成为国际共识。2019年，联合国发起名为"零碳竞赛"的气候行动，全球有454个城市作为"零碳先锋"城市参与。这些"零碳先锋"城市纷纷制定低碳发展规划和实施方案，从城市形态、空间规划、产业体系、能源体系、技术体系和生活方式等各个方面推动整个城市经济、社会的低碳转型发展。据不完全统计，目前已有102个城市承诺不晚于2050年实现净零排放（杨秀，2021）。

零碳城市的概念最早出现于罗马俱乐部的"经济零增长"理论中。顾名思义，"零碳城市"是指城市对气候变化不产生任何负面影响，也就是说最大限度地减少温室气体排放。具体而言，零碳城市是指在城市发展过程中，通过采取一系列的措施和策略，将碳排放降至最低，并且通过可持续的方式实现碳排放的抵消或净零。零碳城市旨在推动城市转型，减少对化石能源的依赖，提高能源利用效率，促进可再生能源的开发和利用，从而形成结构优化、循环利用、节能高效的经济体系，形成健康、节约、低碳的生活方式和消费模式，最终实现城市的清洁发展、高效发展、低碳发展和可持续发展（Seto Karen C et al., 2021）。

建设零碳城市是发展碳中和经济的核心工作。零碳城市模式的核心思想在于强调以城市中各主体的行为为主导，以城市生态系统为发展依托，以科技创新和制度创新为技术支撑，以碳中和经济为发展模式及方向，市民以低碳生活为理念和行为特征，在保障城市经济发展和社会和谐的前提下最大限度地减少温室气体的排放，不仅实现城市碳循环系统的自身稳定，也可以带动产业升级，强化资源利用，控制环境恶化，缓解生态压力，促进人与自然生态系统的和谐发展（见图6-10）。

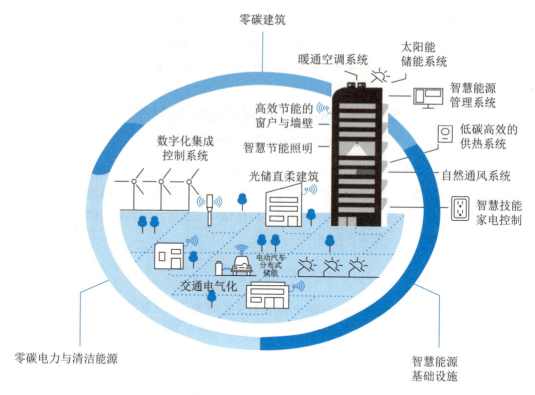

图 6-10 零碳智慧城市示意图

资料来源：世界经济论坛，A net zero carbon future for cities，https://www.weforum.org/impact/net-zero-carbon-future-for-cities.

### 2. 零碳城市建设

近年来，世界很多国家都在致力于不同风格特色的零碳城市建设。总体来看，在当前全球零碳城市实现全球升温目标设定中，存在碳中和、气候中性、100%化石燃料自由、能源独立、100%可再生能源等多种长期目标。零碳城市建设目标含义也呈现多元化，将零碳目标年份设置在2050年及以前，是当前全球城市建设零碳城市的主流目标（周伟铎等，2021）。

（1）英国曼彻斯特

英国作为绿色低碳经济先行者，曾经有低碳经济发展三个世界"第一"的荣耀[①]，尤以碳预算为首。曼彻斯特作为英国都市城市之一，制定了零碳城市发展计划。零碳城市发展计划旨在打造一个完全碳中和的城市区域，通过推广绿色交通、能源效率提升和可再生能源使用等措施来实现碳减排目标。

（2）澳大利亚悉尼

在澳大利亚，悉尼是一个旗舰性零碳城市，其致力于实现100%清洁能源供应。该城

---

① 2003年英国发布《我们能源的未来：创建低碳经济》，是第1个提出"低碳经济"概念的国家；2008年英国颁布《气候变化法案》，成为第1个为碳减排立法国家；2009年英国成为世界第1个公布碳预算国家，其中碳预算是指国家层面的基于特定目标二氧化碳排放量的规划控制体系，包括排放额度指标、测算方法、规划控制以及责任评价等。

市采用可再生能源和能源储存技术，推动太阳能和风能发电，以及电动交通工具的普及。同时，悉尼还在建筑方面推广低能耗的设计和绿色建筑标准。

（3）丹麦哥本哈根

哥本哈根是一个积极致力于净零碳排放的城市。该城市通过大力发展风能和生物能源等可再生能源，实现了碳中和，并设定了2030年实现净零碳排放的目标。此外，哥本哈根还鼓励居民使用自行车和公共交通工具，减少汽车使用，并提供完善的充电基础设施以支持电动汽车的普及。

（4）中国深圳

20世纪80年代，深圳是中国改革开放的先导试验区，当今21世纪的深圳也是中国零碳城市发展的先行者。该城市通过引入大量新能源车辆、鼓励市民使用公共交通和提供自行车租赁服务等措施，有效减少了交通领域的碳排放。此外，深圳大力发展太阳能光伏和储能技术，并着力改造建筑和提升能源效率，以推动碳中和目标的实现。

（5）瑞典马尔默

马尔默是一个以可持续发展为核心理念的零碳城市。该城市通过采用地热和生物质能源供暖系统、加强公共交通网络以及鼓励居民使用自行车和步行等方式，成功降低了碳排放。此外，马尔默还在建筑设计方面注重能源效率和绿色建筑，致力于提高城市的环境质量。

## 二、零碳产业园区

### 1. 何谓产业园区

在我国改革开放不断深入的过程中，先后出现了工业园区、经济技术开发区、高新技术产业开发区、产业园区等各种"园区"。各种"园区"之间并非相互排斥，甚至一个园区可能具有多重身份名号。

随着中国产业转型升级的大力推进，产业园区基本成为园区的代名词。产业园区是城市发展的核心单元，也是推进新型城镇化、实施制造强国战略最重要、最广泛的空间载体。具体而言，产业园区是我国工业化发展的重要载体，是能源消耗、污染排放、碳排放的重点区域。因此，国内各地建设低碳产业园是实现碳减排、达成碳中和目标的重要内容（吴雪莲等，2018）。

多年来，工业一直是碳排放的重要产业领域，尤其伴随"企业入园"工作的不断推进，越来越多的工业企业落户于各类产业园区，这也导致产业园区碳排放的持续增加。除工业生产外，产业园区根据功能类型的不同，包含建筑、交通、能源等多种典型排放场景，是城市碳排放最集中的空间，也是我国实现碳达峰碳中和目标的重要切入点和着力点。

### 2. 国外零碳产业园区

目前，零碳产业园区是一个新兴概念，虽然全球没有公认的统一标准，但欧盟在推进低碳转型和零碳产业园区发展方面仍然有一些成功案例，为我们研究零碳产业园区发展提供了很好研究借鉴。例如，德国加强零碳技术系统整合，在柏林建立了欧洲首个零碳智慧产业园区——林欧瑞府（EUREF）零碳科技产业园，其通过能源转型在2014年提前完成2050年二氧化碳减排80%的发展目标。英国计划在2030年前建立四座基于碳捕集、利用和存储（CCUS）技术的工业集群，并预计在2040年前实现净零排放。荷兰布莱特兰化工工业集群、比利时安特卫普－布鲁日港、美国休斯敦区域性清洁氢能中心和俄亥俄州清洁氢枢纽联盟等工业集群都在推进向净零碳转型发展。

国外零碳产业园发展主要特点如下（谢斐等，2022）：

（1）使用清洁能源。德国在EUREF零碳科技园建设集能源生产、使用、存储于一体的智能电网系统，实现最大比例使用光伏、风能、沼气等可再生能源。美国批准投资80亿美元在得克萨斯州休斯敦建设全美最大清洁氢能中心。英国在亨伯工业集群重点发展氢能、风能，建设全球最大的海上风力开发项目Horn Sea One。

（2）提升碳捕获、利用与存储（CCUS）能力和碳汇能力。英国亨伯和提赛德地区的工业集群联合在北海开发海上二氧化碳运输和离岸储存设施，项目建成后，可减少英国近一半的工业排放。德国EUREF零碳科技园内所有新建建筑均为绿色节能建筑，创新利用建筑外壁藻类生物反应器，通过光合作用吸收二氧化碳，增加碳汇。

（3）注重智能改造。德国EUREF零碳科技园通过加强储能基础设施建设、采用智能化能源管理系统提高园区能源效率。园区内所有建筑物都可通过智能电表连接到电网，办公照明系统通过日光传感器进行自动控制。利用小型热电联供能源中心完成园区内供暖、制冷和供电，建设能源消耗管理平台，实现能源管理过程可视化。

### 3. 从产业园区到零碳产业园区

在碳达峰碳中和战略实施过程下，产业园区成为实现低碳甚至零碳发展的重要关注对象，特别是高耗能产业和地区须转变发展观念，降低对化石能源和高碳发展路径的依赖，合理控制能源消耗总量，推动产业园区向零碳方向发展。如何系统化打造真正意义上的"绿色低碳产业"和"低碳产业园区"，是亟待解决的重要问题。

全国信标委智慧城市标准工作组《零碳智慧园区白皮书（2022版）》报告认为，零碳产业园区是指在园区规划、建设、管理、运营全方位系统性融入碳中和理念，依托零碳操作系统，以精准化核算规划碳中和目标设定和实践路径，以泛在化感知全面监测碳元素生成和削减过程，以数字化手段整合节能、减排、固碳、碳汇等碳中和措施，以智慧化管理实现产业低碳化发展、能源绿色化转型、设施集聚化共享、资源循环化利用，实现园区内部碳排放与吸收自我平衡，生产生态生活深度融合的新型产业园区。打造零碳产业园区的基础的是零碳/低碳能源供应系统，同时在运营过程中还需要有储能系统的辅助，以及配备先进的智能数字化技术的能耗和碳足迹管理体系。

需要强调的是，建设"零碳产业园"，说起来很简单，但真正建设起来，则需要暖通、数字化、智控和制造方面雄厚的技术为依托，即零碳智慧产业园区，做到开源节流，节能减排（见图6-11）。

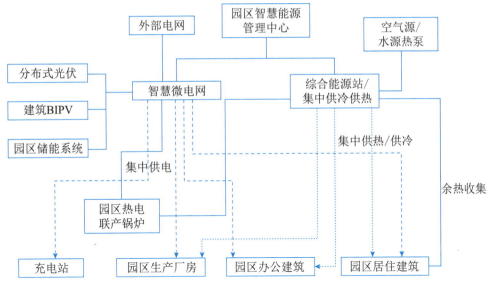

图 6-11 零碳智慧产业园区

### 4. 中国产业园区零碳转型路径

综合中国不同产业门类、不同发展层级产业园区发展情况，不同类型功能布局形态各异，承载业务更是丰富多样，其零碳落脚点也各不相同。根据低碳化转型历程，我国工业园区可以总结为四种类型，即循环经济产业园区、生态工业园区、低碳产业园区、零碳产业园区等，如表 6-1 所示。

表 6-1 中国产业园区碳减排转型路径

| 产业园区类型 | 碳减排转型路径 |
| --- | --- |
| 循环经济产业园区 | 通过模拟自然生态系统生产者、消费者、分解者的循环经济途径改造产业系统，建立"产业链"的工业共生网络，以实现对物质和能量等资源的最优利用 |
| 生态工业园区 | 通过物质、能量、信息等交流形成各成员相互受益的网络，使园区对外界的废物排放趋于零，最终实现经济、社会和环境的协调共进 |
| 低碳产业园区 | 以降低碳排放强度为目标，以产业低碳化、能源低碳化、基础设施低碳化和管理低碳化为发展路径，以低碳技术创新与推广应用为支撑，以增强园区碳管理能力为手段的一种可持续的园区发展模式 |
| 零碳产业园区 | 零碳产业园区意味着在无碳汇抵补的前提下，能源、建筑、工业、交通等方面绝对无碳排放 |

资料来源：邓定喜，零碳工业园区发展背景及路径，前瞻产业研究院，2021。

基于中国不同产业园区碳减排转型路径可以发现，为实现产业园区的碳中和，应抓住能源、生产、交通、建筑、生活等重点碳排放领域，从园区开源、园区节流、园区碳抵消三方面入手，并借助智慧管控系统，全方位推进园区的净零碳排放。园区开源主要指发展光伏、风电、地热、生物质等可再生能源技术，以及锂电池、氢储、压缩空气等各种储能技术，扩大非化石能源来源，建立复合供能系统；园区节流主要指通过优化产业结构，采取节能增效措施，发展低碳交通、绿色建筑，倡导低碳生活方式，并加大废弃物的减量化资源化利用，降低各领域能源需求；园区碳抵消主要是指发展生态碳汇、CCUS（碳捕捉与封存）以及碳交易等，抵消园区内剩余的二氧化碳排放。

与近零碳产业园区相比，零碳产业园区的要求更为苛刻，要通过多种减排和碳中和措施，实现二氧化碳净排放量为零。目前，中国零碳产业园区的相关标准、法规等尚待进一步完善，对其相关工作重点、实现路径等认识存在不足，碳交易市场等外部环境仍在持续变化，资金引导和技术指导等方式不够明确，这些都导致零碳产业园区的示范推广存在一定难度。

### 三、零碳生活社区

城市是实现绿色低碳发展的重要场所，生活社区作为城市的一个个细胞，若能逐渐达到低碳或近零碳水平，必然会促进一场社会治理、公民素质、生活方式的深刻变革，在实现我国碳达峰碳中和的目标上起到推动作用。

#### 1. 何谓零碳生活社区

零碳生活社区是低碳社区的延续，零碳生活社区和低碳生活社区都贯彻了环保的理念，其建设将改善人们的生产和生活环境，创建出绿色、和谐发展的生活空间。更为重要的是，零碳生活社区和低碳生活社区可提高城市可持续发展的能力，其建设涉及新能源技术、节能建筑技术、新材料技术等的应用，必将推动城市碳中和经济的发展，进而提高城市可持续发展的能力。

#### 2. 零碳生活社区建设框架[①]

在中国，零碳生活社区作为碳中和经济发展最直接践行者，生活社区正在用零碳建设方式，在社区建设中实现零碳发展目标。2022年，由广东省低碳产业技术协会等联合起草的国内首个《零碳社区建设与评价指南》（以下简称指南）发布。该指南以低碳生活社区、近零碳生活社区的建设实践为基础，按照绿色低碳、生态环保等要求，为社区实现零碳发展提供基础框架（图6-12）。

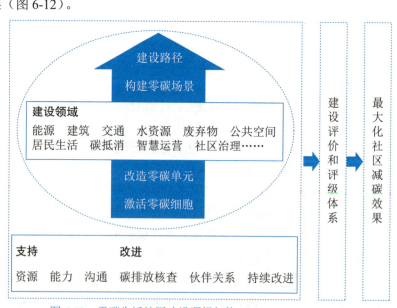

图 6-12　零碳生活社区建设逻辑架构

---

[①] 参考生态中国网，国内首个《零碳社区建设与评价指南》标准发布 [W]. http://www.eco.gov.cn/news_info/58432.html" 2022 年 9 月 9 日。

为帮助城市生活社区发展低碳绿色经济,创新低碳技术,改变生活方式,最大限度减少温室气体排放,指南从激活社区零碳细胞、改造零碳单元以及构建零碳场景等三个方面为零碳社区的建设做了路径指引。

(1)激活社区零碳细胞

指南提出社区应激活零碳细胞以重新定义人与碳的关系,提升个人对零碳生活的接受度,引导居民选择零碳生活方式。

为激活社区零碳细胞,指南建议社区建立基于大数据和人工智能支撑的个人碳中心,对居民的碳足迹、碳账户、碳管理、绿色出行等进行碳账本管理,包括将碳数据纳入可视化系统,开发碳积分和碳积分商城[①]数据管理平台体系,以鼓励社区居民积极参与社区碳活动,进一步引导低碳生产生活模式和行为习惯,争取实现居民个体零碳目标。根据不同社区具体情况,还要综合考虑社区居民的生活习惯,以及对低碳技术、产品的接受程度。

(2)改造零碳单元

指南提出社区应意识到零碳单元是社区零碳细胞的组成部分,是社区零碳细胞与社区工作生活场景的融合通道。

为改造零碳单元,指南建议社区进行碳盘查,识别本社区内的重要社区零碳单元,包括对社区碳源分布、碳排放实时监测,分析形成不同零碳单元的碳排放清单打造动态的碳大数据管控能力等。针对不同零碳单元制定不同的减碳路径和方法,并实施有效的碳中和方案,最大化减少社区自身的碳排放;同时,改造零碳单元的过程不宜过度依赖低碳技术的简单堆砌,宜立足于社区气候特征、产业发展阶段和使用者需求综合考虑。

(3)构建零碳场景

指南表示社区应意识到零碳场景是不同零碳细胞、零碳单元的集合,对内是社区自身的零碳化,对外是社区与外部资源环境的有机融合,和谐共生。

为构建零碳场景,指南建议社区以可持续发展为导向,结合零碳社区建设,对社区的能源、生态、产业、公共设施、公众生活、文化传承等制定一揽子解决方案。同时,统筹考虑社区与外部的能源、碳排放流动和管理,并立足生活、工作等不同场景,对碳减排目标和进展进行定期跟踪、监测、调整和优化,在精确的数据分析基础上,不断优化碳减排目标和措施。

### 3. 国内外零碳社区建设

零碳生活社区的先驱,英国零碳工厂的创始人比尔·邓斯特(Bill Dunster)先生1999年创建的伦敦贝丁顿社区是第一个被社会公认的零碳社区。比尔和他的团队在2010年上海世博会上建造的伦敦零碳馆向中国人民展示了零碳生活的基本形态。该社区通过改善建筑能效、推动可再生能源的使用,以及鼓励低碳交通和循环经济,追求碳中和并创建社区内外的可持续模式。在贝丁顿社区中,零碳理念处处可见,综合运用多种环境策略和节能系统。

现阶段,体现零碳生活社区大体由八个系统组成(常幸,2018):

---

① 碳积分是由个人参与碳减排场景产生的碳减排量转换生成,可以用于公益捐赠、自愿碳注销或者作为指定平台兑换商品和服务等权益的凭证。碳积分商城则是指碳积分权益兑换的在线商城系统。

（1）支持零碳交通、通信、照明和公共服务设施的分布式太阳能光伏能源物联网系统。

（2）因地制宜利用传统能源以及地热、风能或其他可再生能源的多能互补的微网系统。

（3）储能、保温、除湿的双向通风系统。

（4）溶液除湿系统。

（5）零碳供热和冷却系统。

（6）雨水收集和绿植系统。

（7）建筑外墙的整体保温隔音系统。

（8）垃圾无害化、资源化处理系统。

在国外，还有很多零碳社区建设案例，比如美国加利福尼亚州尔湾商业中心零碳社区。该社区采用太阳能光伏系统和其他可再生能源技术，减少碳排放。建筑物采用节能设计和绿色建筑标准，提高能源效率。社区鼓励居民使用可持续交通方式，如公共交通和自行车，减少交通排放。废物回收和垃圾处理系统也有助于减少资源浪费。尔湾商业中心是一个可持续、低碳的典范，为其他社区树立了榜样。同样例子还有德国弗班社区、瑞典的维克舍、瑞典斯德哥尔摩的哈马小区等，这些社区都是以零碳或可持续的概念来改变民众的行为模式，以降低能源的消耗和减少二氧化碳的排放（顾倩，2009）。

中国广东省中山市的福兴新村的小榄镇北区社区是零碳生活社区建设典型案例之一。小榄镇北区社区有135栋居民住宅、常住人口约600人。从2014年起，在小榄镇政府和小榄低碳发展促进中心的推动下，福兴新村开始了在低碳排放方面的探索。2017年，被认定为广东省唯一近零碳排放示范社区，2018年被认定为中山市唯一的广东省绿色零碳社区。同样例子还有北京长辛店"低碳生态城"、湖南长沙"太阳星城"、上海崇明岛"低碳示范社区"等。

## 四、零碳建筑建设

建筑业是全球能源需求不断增长的关键驱动因素，根据国际能源署核算，2020年全球建筑运行能耗约占社会总能耗的36%，二氧化碳排放占总排放的37%。随着全球气候的变暖，世界各国对建筑节能的关注程度正日益增加。人们越来越认识到，建筑使用能源所产生的二氧化碳是造成气候变暖的主要来源。

### 1. 何谓零碳建筑

零碳建筑的构想来源于零碳城市，而零碳建筑是零碳城市的重要方面，它是采用综合建筑设计方法，不用常规污染性能源，不损失绿化面积的建筑，用以最大化地实现"零碳城市"。

尽管"零碳建筑"一词是新概念，但该概念是建立在低碳、低能耗建筑的研究基础上，国外零碳建筑概念最早见于英国，2002年英国建成了全球首个"零碳社区"和"零碳屋"。美国、德国、瑞典、日本、韩国等国家也都在积极推进零碳建筑的研究和发展，并开始从示范项目走向大规模市场推广。

零碳建筑又称净零碳建筑，由世界绿色建筑委员会提出，"零"代表建筑不产生任何碳排放，"净零"表示建筑可以产生一定量的碳排放，随后通过技术手段抵消这部分碳排放。零碳建筑发展至今，尚未有国际公认的零碳建筑术语或定义，各国对零碳建筑的定义也不尽相同。在所有零碳建筑相关概念中，最核心的差别在于能源平衡的要素和边界，即计算周期的时间维度与可再生能源获取的地理边界。计算周期的时间维度可能仅包括运行阶段，也可能拓展到探讨建筑的全生命周期（虞菲等，2022）。

国内零碳建筑的定义是碳排放量为零的建筑物，可以使用太阳能或风能而独立于电网运行，要求在不消耗化石能源的同时由物理边界内的可再生能源作为整栋建筑的能量供给来源。在现阶段的技术手段下，实现大面积建筑严格符合以上定义较为困难，仅可能在几栋建筑、社区或小镇范围内实现，并且需要充足的可再生能源量、相匹配的储能装置以及高效的智能微网系统作为支持（苏佶智等，2023）。

### 2. 绿色低碳建筑与（近）零碳建筑

在碳达峰碳中和战略实施进程中，如何推动建筑高质量发展成为当下行业的命题。随着技术不断进步，可再生能源和能源存储系统将变得更加高效可用，进一步推动零碳建筑发展。未来中国绿色低碳建筑有迈向零碳建筑发展趋势，但零碳建筑不会完全取代被动式建筑[①]、绿色低碳建筑，三者皆为了保护环境被提出，但侧重点不同。

根据碳排放目标实现的难易程度，零碳建筑表现为三种形式，即超低能耗、近零排放建筑以及零碳建筑，三者属于同一技术体系。其中超低排放建筑节能水平略低于近零排放建筑，是近零排放建筑的初级表现形式，而零碳建筑能够达到碳排放为零，是近零排放建筑的高级表现形式。

（1）低碳建筑

低碳建筑是指在建筑材料与设备制造、施工建造和建筑物使用的整个生命周期内，减少化石能源的使用，提高能效，降低二氧化碳排放量。低碳建筑一方面是低碳材料，另一方面是低碳建筑技术。

（2）超低能耗建筑

超低能耗建筑是指适应气候特征和自然条件，通过被动式技术手段，大幅降低建筑供暖、空调、照明需求，提高能源设备与系统效率，有效利用可再生能源，以更少的能源消耗提供更舒适室内环境的建筑。超低能耗建筑是近零能耗建筑的初级表现形式，其室内环境参数与近零能耗建筑相同，能效指标略低于近零能耗建筑。

（3）近零能耗建筑

近零能耗建筑是指适应气候特征和场地条件，通过被动式建筑设计最大幅度降低建筑供暖、空调、照明需求，通过主动技术措施最大幅度提高能源设备与系统效率，充分利用可再生能源，以最少的能源消耗提供舒适室内环境，且其室内环境参数和能效指标符合本标准规定的建筑。

---

① 被动式建筑（passive house）是当今世界领先的低碳节能建筑，由窗体、墙体、智能新风系统、智能热冷系统、智能能源控制系统、太阳能系统组成。

**（4）零碳建筑**

零碳建筑是在建筑的全生命周期内实现净零排放的建筑，目前阶段可以在运营阶段实现净零排放的建筑作为零碳（运营）建筑。在碳达峰碳中和发展目标下，我国关于对零碳建筑标准的探索也一直进行。例如，2022年初，全国首个零碳数智楼宇等级规范团体标准《零碳数智楼宇等级规范》正式发布，为楼宇建设和载体运营的零碳数智化提供清晰的标准指导。

**3. 零碳建筑技术体系**

我国在建筑碳排放核算、近零能耗建筑设计与评价、绿色建筑设计与评价等方面已有相关标准和规范。《零碳建筑技术标准》适用于新建与既有改造的低碳、近零碳、零碳建筑与区域的设计、建造、运行和判定。同时，该标准给出了低碳建筑、近零碳建筑、零碳建筑、全过程零碳建筑等相关术语以及相关建筑和区域的技术指标，还就低碳、近零碳、零碳建筑与区域的设计、建造、运行和判定作出了技术规范（见图6-13）。

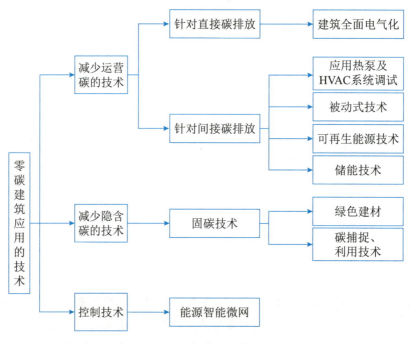

图6-13　零碳建筑应用技术体系（冯国会等，2023）

《零碳建筑技术标准》技术体系，具有如下特点：

（1）降需求。为了降低建筑用能需求，可以采取被动式技术手段，如被动式建筑设计、自然通风、自然采光、建筑遮阳隔热措施、围护结构热工性能提升等，同时结合国家正在大力推广的《近零能耗技术标准》GB51350—2019的最新应用技术。

（2）提效率。通过提升主动式能源系统和设备单体的能效，如提高冷热源系统性能系数、新风热回收效率、地道风、照明系统及电器等设备的单体能效，并结合智能优化控制算法，可以进一步降低建筑能源消耗。

（3）拓应用。通过最大化利用太阳能、风能、地热能等可再生能源替代常规能源，也可以减少建筑的电力使用。

（4）增碳汇。在设计阶段应考虑到项目周边地势特点，增加可绿化面积、绿化土壤保持率，从而增加碳汇。

（5）促行为。在促进人员的行为方面，可以引导人们绿色出行、低碳生活方式，建立个人生活排碳计算机制，增强个人行为减排责任意识。

（6）可监控。在能源监测与碳排放核算方面，应设置能源监测与碳排放核算管理平台，以方便管理和监控。

#### 4. 零碳建筑未来趋势

随着气候变化加速和全球碳排放问题的迫切性，零碳建筑是促成碳中和的重要因素。零碳建筑已经不只是未来的趋势，而是成为建筑行业的当务之急。零碳建筑不仅是应对气候变化的关键，也是追求更健康、更经济的未来的重要途径，但零碳建筑技术发展及应用需要时间，现阶段有一些关键问题亟待解决。

零碳建筑的未来趋势是向积极碳负值发展，这不仅有助于应对气候变化，还提供了可持续性建筑的创新解决方案。通过采用碳捕获技术、碳负值材料和自然系统集成，建筑将不再是碳排放的源头，而是碳排放的解决方案。随着技术的不断进步和社会对可持续性的不断关注，积极碳负值建筑将在未来成为主流，为人类创造更健康、更可持续的世界。

### 五、零碳乡村发展

传统农业以高投入、高产出、高排放为特点，而现代生态农业的特点是以生态环境为前提，不破坏或最小化农业生态系统，以农业天然平衡为基础的农业。在人们印象中，发展"低碳经济"或"碳中和"，几乎一致地把目光投向经济总量占比较大的现代工业经济领域，投向那些现代化的大中型城市。然而，在推动农村城镇化经济建设、扩大经济"内循环"发展动力时代背景下，中国农村经济发展对实现碳中和经济发展目标也是至关重要的，尤其对于已完全脱贫致富、农村人口占据较大优势的农村地区。

#### 1. 何谓零碳乡村

随着乡村振兴持续推进，乡村振兴战略的可持续发展引起广泛关注。多年来，在农村脱贫和乡村振兴过程中，碳排放量大的问题一直存在，国家政策对农民许多低碳排放和零碳行为进行了鼓励和支持，但是由于农村地区碳排放和碳中和制度不够健全，很多农民环保意识较差，因此不能积极响应国家政策，这对"零碳乡村"的推广实施造成了一定的困难，也给乡村振兴的可持续发展带来了巨大的阻碍（程子欣等，2022）。

所谓"零碳乡村"是指在乡村范围内通过农村生产与生活的节能减排、农业低碳循环发展、植树造林等形式对产生的二氧化碳等温室气体进行抵消，降低能源资源消耗，构建气候友好的自然环境、房屋建筑、基础设施、生活方式和管理模式，最终实现"净零排放"。

简单来讲，零碳乡村就是指通过一定方式使得乡村生产生活中产生的碳排放能够被本地生物碳汇以及碳抵消手段所中和的建制村。一般而言，零碳乡村建设可从乡村能源使用、农业、交通、建筑、森林及乡村生活等领域实现净零碳转型，涵盖乡村生产、生活、生态等所有领域。

## 2. 中国零碳乡村如何发展

零碳乡村发展是实现全面零碳目标的一个重要方面，发展零碳乡村可以保护生态环境，促进乡村资源的可持续使用，推动乡村经济的发展和提高农民收入。零碳乡村作为一种将可持续农业理念与生态环保相结合的发展模式，包括农业循环经济、美丽乡村建设①、乡村生态保护三个方面：

（1）农业循环经济。通过农业生产的循环经济，减少农业生产过程中能源消耗和化肥农药的使用，从而减少温室气体的排放，并实现低碳生产。

（2）美丽乡村建设。加强生态修复，通过种植树木、建立湿地、改善土壤等方式，扭转农业生产过程中对环境的恶性影响，使乡村环境变得更加美丽与和谐。

（3）乡村生态保护。推动可持续的社区发展，在保持经济发展和社区生活水平的同时，注重社区的自治和民主，鼓励农民参与社区治理和生态保护。

发展零碳乡村需要考虑当地的自然和人文条件，完善农业产品和市场的供给结构。应该针对不同区域、不同类型的农业实行区别化政策，具体模式如下：

（1）绿色乡村发展模式。通过农村环境保护、乡村旅游、农村休闲等方式，实现农业生产与环境保护的兼顾。同时，鼓励农民发展有机农业和生态农业，提高农产品品质。

（2）农村能源发展模式。通过利用当地的太阳能、风能、生物质等可再生能源，为当地农业生产提供能源。同时，鼓励农民采用高效、节能的农业设备，提高农业生产效率。

（3）生态依存型经济模式。大力推动生态保护和修复，鼓励农村发展具有地方特色的农业生态旅游、乡村会议和度假等产业，提高当地财政收入，实现城乡经济互补发展。

## 3. 零碳乡村发展前景

在零碳乡村的发展进程中，需要实现农业生产的绿色发展。在保证农产品质量的情况下减少农业生产对环境的污染，推广新型农业装备和技术，发展智慧农业②，实现节能、降耗的目标。此外，也需要鼓励农村地区开发更多的可再生能源，如太阳能、风能和生物质能，提高资源利用效率并减少碳排放（操金泽，2023）。

零碳乡村发展是中国实现碳达峰碳中和战略目标重要方面，只有通过先进的技术手段，实现生产、生活的低碳无污染，才能真正实现可持续发展。未来的零碳乡村不会止步于"零碳"，而是与当地百姓的生活、农业、产业、生态结合，固碳提升碳吸收，用能清洁助力节能降碳，借光伏的优势，与第一产业互补，与生态互为一体，共振乡村发展。

总之，零碳乡村具备长期发展前景，是因为它既能够推动可持续发展的实现，又能够提高人民的生活质量，同时还能提高乡村的经济效益。

---

① 美丽乡村建设是经济发展以尊重和保护环境为基础，以村庄野外为空间，以人文无干扰、生态无破坏、以游居和野外出行为特色的乡村振兴的发展模式。美丽乡村是指中国共产党第十六届五中全会提出建设社会主义新农村重大历史任务，包括生产发展、生活宽裕、乡风文明、村容整洁、管理民主等具体要求。

② 智慧农业是指现代科学技术与农业种植相结合，从而实现无人化、自动化、智能化管理。

## 第四节　碳中和社会—经济—生活形态

　　与国家经济发展、生态文明建设类似，碳中和经济发展有"硬发展"和"软发展"两种模式。所谓"硬发展"是指在碳达峰碳中和战略目标指导下，依靠技术进步引领和产业投资建设，带动碳中和区域和碳中和产业经济联动发展碳中和经济发展模式，而所谓"软发展"，又称软实力，则是通过完善社会经济生活新形态，依托国家生态文明宣传和节能减排科学知识普及，提高社会公民碳中和经济发展意识，改善社会生活方式和日常行为准则，进一步带动碳中和经济科学健康的发展模式，两者具有相辅相成、相互促进的关系。

　　基于此，针对碳中和经济"软发展"视角，本章第四节、第五节分别阐释人们日常低碳社会生活行为规范以及与碳中和相关的人文道德层面的思考，包括零碳社会、零碳生活、低碳消费、低碳环保、低碳旅游、低碳文化、低碳道德、低碳学术等，旨在引导社会公众与碳中和经济发展形态相适应。

### 一、零碳社会

#### 1. 何谓零碳社会

　　有专家认为，低碳社会直至如今热议的零碳社会是继农业社会、工业社会、信息社会以后人类经济发展模式的又一次社会革命和巨大创新。零碳社会的概念源于全球气候变化议题，但它不仅仅是一个温室气体减排的问题，也代表从传统的化石燃料向可持续和可再生能源转变。

　　无论在学术界还是在政府管理部门，当今严格意义上的"零碳社会"概念界定还没有得到普遍认同，通俗理解低碳社会就是面对全球气候变化危机，人类社会共同维持地球生存环境的一种社会发展形态，甚至可以将其理解为"同舟共济""共赴时坚"（李春花等，2020）。

　　在学术研究领域，基于不同研究视角，针对零碳社会基本内涵有多种不同解释。就已有零碳社会概念界定，笔者大致归纳为生态视角、目标视角、技术视角、社会视角等。

　　（1）生态视角。零碳社会以经济社会发展全面绿色转型为引领，以能源绿色低碳发展为关键，加快形成节约资源和保护环境的产业结构、生产方式、生活方式、空间格局，坚定不移走生态优先、绿色低碳的高质量发展道路。

　　（2）区域视角。零碳社会是指以碳中和经济为发展模式及方向，社会大众以零碳生活为理念和行为特征，政府公务管理层以建设零碳乡村、零碳城市、碳中和国家为标本和蓝图的社会。

　　（3）技术视角。零碳社会是指一个实现减少温室气体排放至最低限度的社会，旨在通过采取各种措施，包括能源转型、减少化石燃料使用和促进可持续发展，最大限度地降低对气候变化的负面影响。

　　（4）社会视角。零碳社会建设除了宏观层面的社会治理，还需要聚焦人们的微观日常生活，理解其"碳足迹"背后的社会意义和逻辑，引导其积极转向绿色生活和消费，进而有针对性地进行生活微治理（卫小将，2022）。

### 2. 零碳社会发展展望

在大自然的威胁面前，从低碳到零碳社会发展愿景目前已经成为世界各地的共同追求目标，很多国际大都市以建设发展碳中和经济为荣，关注和重视在经济发展过程中的代价最小化，以及人与自然和谐相处、人性的舒缓包容。零碳社会描绘了人们在全球气候变化背景下的新型社会发展形态，是人类在面临赖以生存的环境恶化下的理性思考，反映了可持续发展的理念，表达了人与自然和谐相处的生存诉求和理性选择，但零碳发展目标的真正实现还是一个系统性、长期性的庞大社会工程，需要全人类共同参与、不懈努力、无私追求。

（1）美国零碳社会

在美国，零碳社会概念是指该国向减少碳排放迈进的努力，以履行其对应对气候变化的承诺，这意味着美国将减少对传统的高碳能源形式（如煤炭和石油）的依赖，并逐步转向更清洁、可再生的能源，如太阳能和风能等。

杰里米·里夫金（2020）在《零碳社会》一书中认为，实现美国零碳社会需要包括政府、工业界、社区和个人在内的全面参与。其具体路径包括：①政府制定支持可再生能源发展的政策，并加强能源效率标准建设；②产业界以及相关企业则需要采用更环保的生产工艺和技术，减少温室气体排放；③生活社区需要鼓励低碳生活方式，如推广节能灯具和鼓励可持续出行方式；④社会个人要在日常生活中节能减排，选择环保产品和服务。

美国零碳社会建设是一个长期的多维度的发展过程，需要各个领域的合作和创新。然而，这种转型对于实现全球的气候目标，减缓气候变化以及保护地球生态系统至关重要。通过采取行动，美国可以为建设一个更可持续、低碳、环保的未来作出重要贡献。

（2）欧洲零碳社会

欧盟于2019年发布《欧洲绿色新政》报告，提出在2050年实现碳中和目标以及零碳欧洲建设蓝图。麦肯锡公司发布《零碳欧洲——脱碳路径及社会经济影响》报告，提出了欧盟零碳建设路径，认为通往零碳欧洲路径不计其数，但并非所有的途径都是成本最优的，应该尝试探索出一种途径，既可以保证到2030年欧洲减少55%碳排放，2050年之前实现其净零温室气体排放，即达成"零碳社会"。

欧盟零碳社会建设路径：

① 欧洲可以以净零成本实现净零排放。减少温室气体排放将增加某些部门的经营成本，其他方面的储蓄将弥补差额，如果将这些成本和储蓄转移给消费者，中低收入家庭的平均生活成本将略有下降。

② 能源转型期间将净增加500万个工作岗位。到2050年达到净零排放量可创造1 100万个工作岗位，但会淘汰掉600万个工作岗位，多达1 800万人可能需要培训和转型支持。

③ 各行业需要同时并行减少排放，并依次达到净零。电力行业将在2040年之前首先达到净零排放，因为目前大多数技术都已成熟可用。交通运输行业将在2045年达到净零目标，随后21世纪40年代后期建筑行业达标，2050年工业达标以及随后的农业达到净零排放。

（3）日本零碳社会

早在 2008 年，日本福田康夫政府提出世界第一个《低碳社会发展规划》，即福田蓝图。近年来，日本面临多重经济挑战下采取平衡策略，推动"绿色复苏"，即实现碳中和，推动可持续发展，构建利益共享、风险共担的命运共同体，也是东亚地区合作的核心任务。基于日本应对气候变化，构建零碳社会提出五大战略措施：第一，节能，持续提高能效；第二，清洁能源，尽可能用少排放的能源种类；第三，创新性的环境技术，包括 CCS/CCUS、DAC 等；第四，植树造林，增加吸收源；第五，颠覆性能源技术，包括宇宙能源、太阳光技术、核聚变等（周玮生等，2023）。

（4）中国零碳社会

对于中国而言，实现"碳达峰""碳中和"战略目标与进入"零碳社会"新时代相行不悖，"零碳社会"是"碳中和"工作最终社会表现形式，即人民生活、生产所产生的所有温室气体都能被大自然完全吸收，实现排放—吸收的平衡，包括零碳能源、零碳交通、零碳建筑、零碳企业、零碳家庭等多个方面。

然而，为中国零碳社会建设目标，需要充分发挥中国社会主义制度优越性，与国家生态文明建设、"两型"社会发展有机契合，坚持从国家顶层设计开始，到企业具体执行、个人身体力行等全方位的努力与合作。通过倡导绿色零碳生活方式，发展碳中和经济，培养可持续发展、绿色环保、生态文明发展理念，进一步形成具有低碳消费意识的"橄榄形"公平社会。

## 二、零碳生活

### 1. 何谓零碳生活

零碳作为碳达峰碳中和目标下的新理念和新实践，正渗透到人们生活的方方面面。而随着时间的不断推移，大众对于低碳生活的追求已逐渐进阶至"零碳生活"。所谓零碳生活是有志于为保护地球做贡献的先驱者在保护地球的实践中创造出来的代表未来人类文明的全新生活方式。

零碳生活方式的核心理念和基本特征是综合利用以可再生能源和能源物联网为主要内容的智慧能源产业创新成果，在持续不断提升人类生活质量和水平的同时，人类生产生活做到温室气体的净零排放，从而实现人与自然和谐共生、人类社会可持续发展。也就是说，温室气体的净零排放，不是靠放弃发展，放弃现代化，倒退回原始社会来实现，而是在发展中继续追求高质量发展、高水平生活的同时实现（Perkins James，2014）。

就零碳生活理想而言，绿色建筑、被动房屋、零碳建筑、电动车等都是零碳生活的重要组成部分，但这些还不是完整意义上的零碳生活，因为一个相对完整的零碳生活应该由零碳能源、零碳交通、零碳通信、零碳设施、零碳建筑、零碳家居、零碳生产、零碳管理等多种要素系统优化整合而成。

近年来，零碳生活的理念、技术，以及相应的管理方法已经走进大多数发达国家，正在向发展中国家普及。在中国，倡导零碳生活是适应中国特色社会主义新时代的要求，走高质量发展的道路，满足人民日益增长的对更加美好生活的需求，为构建人类命运共同体创造必要条件（常幸，2018）。

### 2. 日常如何零碳生活

零碳生活是一种循序渐进的低碳生活方式，更是一种回归理性的态度、思维方式和行为习惯，其核心是教导人们将零碳的理念贯彻到日常生活中衣、食、住、行等方方面面，而非绝对地为了追求"零碳"而牺牲生活质量。

（1）衣

零碳生活倡导选择环境友好的织物材料和符合绿色环保理念的衣着设计，是践行零碳生活的重要方式之一。例如，牛仔裤由于其耐用、美观、舒适的特性而广受年轻人喜爱，然而在牛仔布制造加工过程中的印染、水洗环节需要消耗大量的水和能源。此外，为了提高着色的牢固程度、提升衣物的柔软度所使用的各种化工染料和试剂也对环境和工人健康造成严重威胁。因此，人们可以选择棉质、亚麻等"低碳"材质，不过度消费衣服，回收、改造旧衣服等。

（2）食

零碳生活倡导选择健康绿色的食物和烹饪方式，树立健康饮食、拒绝浪费的饮食习惯。例如，牛羊肉产品的食物碳足迹要远高于猪、鸡、鱼、蛋、奶等其他蛋白质来源产品，近年来欧美国家也不断倡导降低牛羊肉产品的消耗；水产品、奶制品等为保证其品质、防止腐败，通常在食物运输过程中需要增加制冷设备的能源投入等；食物浪费行为导致食品在生长、加工和运输过程中的能源投入和碳投入被浪费等。显然，零碳生活并不是要求我们在日常生活中完全拒绝这些产品，而是倡导人们在食物选择上注重多样性、关注产品的碳足迹，均衡膳食搭配，养成"光盘"良好习惯。

（3）住

零碳生活倡导选择节能环保的绿色建筑和环保材料，培养节能意识和习惯。建筑用能是我国能源消耗的重要领域，尤其在我国当前的能源结构下，也对应着相当高比例的温室气体排放。近年来，随着绿色建筑以及节能环保材料技术的发展，热泵技术、装配式建筑、保温墙体材料以及先进建筑设计等的发展也极大地提升了居民日常居住的能源使用效率。此外，居民供暖、照明以及烹饪等方面也是能源消费和碳排放的"大户"，还需要人们养成节能环保的理念和行为习惯，如随手关灯、使用电气化的烹饪设备、避免室内设定空调温度过高/过低等。

（4）行

零碳生活倡导高效节能的出行方式。随着城市规模的不断扩大以及人们日常生活方式的不断丰富，出行相关的能源消耗已经成为能源消费领域的重要部分，尤其是燃油汽车的使用带来的温室气体排放导致的城市"热岛效应"已引起全球的广泛关注。此外，尽管近年来电动汽车的快速发展极大地推动了交通领域的温室气体减排，但交通拥堵导致的低效率能源消费、清洁高效的长距离重载运输技术设备短缺，以及与电动汽车关联的锂钴镍等战略矿产资源全球供应链碳足迹等问题也是当前亟待的重要问题。因此，人们在日常生活中不妨选择公共交通工具和低碳环保的交通工具等，减少出行的碳排放。

## 三、低碳消费

当前社会，过多消费伴随的是资源的浪费，一定程度上碳排放的量就更多。因此，我国要发展低碳经济，实现碳达峰碳中和战略目标，引导大众的消费观念往低碳消费上转移非常紧迫，并且也是一项任重道远的工作。

### 1. 何谓低碳消费

人们的消费方式转变是促进低碳发展的主要内容，不同的消费模式所导致的碳排放量显著不同。从传统的消费方式转向低碳消费方式，一方面需要人们在消费时选择低碳产品；另一方面需要选择低碳消费模式与习惯。应该让更多的人逐渐意识到，低碳消费是一种更好地提高生活质量的消费方式。在面临自然资源与生态环境约束的情况下，应该把有限的自然资源用于满足人们的基本需要。同时，提高生活质量不单是物质上的满足，还应包括环境质量的提高。若环境恶化，人们的生活质量也最终会下降。在环境友好和资源节约日益成为人们内心的理性约束的今天，应该认识到低碳消费方式才是提高生活质量的更优选择（厉以宁等，2018）。

低碳消费以低能耗、低排放、低浪费为特征，以降低碳排放、推行绿色消费为手段，以满足消费的经济需求、社会需求、生态需求，是一种文明、科学、健康的消费生活方式。一个社会大众的消费模式将会引导市场的价值取向，最终催生一种适应这种消费需求的经济现象。需要说明的是，低碳消费是一个相对概念，并不存在统一、绝对的判定标准。低碳消费是消费低碳化的渐进过程，其实现程度的高低与经济社会所处的发展阶段、社会消费文化、生活方式和技术水平等因素有关（林达，2022）。

### 2. 如何践行低碳消费

碳标签、共享经济、绿证和绿色积分账户等是对低碳消费的体现。碳标签为产品或服务提供了明确的碳排放信息，使消费者能够有针对性地选择低碳产品。共享经济鼓励共享资源和减少浪费，通过共享交通工具、共享住宿等方式减少了个人碳足迹。绿证和绿色积分账户激励企业和个人参与低碳行为，并通过认证和奖励机制鼓励能效改进、清洁能源使用和碳减排等活动。这些措施提高了消费者对低碳选项的认知度，促进了低碳消费的实施和普及，为减少碳排放和推动可持续发展作出了贡献。

眼下，以消耗大量化石能源、排放大量温室气体为代价的"面子消费""奢侈消费"在国内不断升级。一些大中城市私家车无节制增长，住房面积追求越大越好，造成大量资源和能源浪费的同时，也带来了诸多的社会不公和不稳定性隐患。对于这一部分"先富起来的人"以单纯追求物质来提升生活质量的错误消费方式，亟待以"低碳"理念来矫正，使其回归到理性、适度、节俭和清洁的轨道上来。这也应成为当前普及低碳消费理念、培育低碳经济根基的首要任务。对于一般的社会普通民众，也应该有义务从哪怕每次洗手尽量少用流动水这样的点滴行动做起。

从另外一个角度来看，低碳消费方式也体现着人们的一种心灵境界、价值观提升以及新的消费行为，代表着人与自然、社会经济与生态环境的和谐共生方式。从低碳经济到碳中和新时代的到来需要我们每个人以点滴行动去推动它，这样才能使它带给我们的不仅是一种时尚的吸引，更能让我们从中获益。

要想推动碳中和经济的发展，不仅需要物质方面的基础，还要在思想上改变人们的传统思维，使"低碳消费"由时尚变为每个人的共同职责。只有这样，才有利于实现国家利益、企业利益和公民利益的最大化。

## 四、低碳旅游

### 1. 何谓低碳旅游

低碳旅游是在《联合国气候变化框架公约》缔约方第15次会议前后才出现的一个新兴名词。从根本上说，低碳旅游是为应对全球气候变化、实现可持续发展的一种具体产业策略，是发展低碳经济的一个重要环节。

低碳旅游是旅游业实现碳中和的重要途径，是多产业、多区域、多维度协同发展的突破口。旅游活动产生离不开旅游者、旅游目的地、旅游交通等多个要素相互配合。而在碳中和要求下，旅游企业应耦合低碳概念，将低碳技术应用于生产要素中。旅游者应培养低碳意识，将低碳行为融入旅游活动中，通过低碳旅游活动，辐射至其他产业低碳发展。鉴于旅游产业的综合性和整体性，探寻碳中和目标下低碳旅游发展模式与低碳旅游提升策略十分有必要（马勇，2022）。

### 2. 如何开展低碳旅游

作为一种新兴的大众旅游方式，低碳旅游顺应当今环境变化与世界经济发展趋势，将成为未来旅游者的主流旅游方式和旅游业发展的主流理念。

单就低碳旅游基本表现而言，具有如下基本特征：

（1）低碳旅游是一种节能旅游

以往由于旅游者不良的消费习惯，对于旅游行业的水、电、暖等能源不注意节约，造成大量浪费。比如，普通居民一般一天用水 100～300 升，但星级宾馆用水达到每天 500～2 000 升，超豪华宾馆则更高。同时，低碳旅游的节能体现在减少化石能源的消耗，增加环保能源的使用量。

（2）低碳旅游是一种文明旅游

旅游者在旅游景区内乱扔垃圾、乱涂乱画、不遵守公共道德等不文明旅游行为表面上是一种公民自身的素质问题，实质上也间接导致旅游业碳排放的增加。垃圾收集、运输、清理的过程则会造成大量的碳排放。如果游客能够遵守景区规章，主动将旅游过程中产生的垃圾分类投入垃圾箱中或者尽量使用自带物品，减少使用一次性旅游用品，则会节约很多人力、物力、财力成本，降低旅游活动的碳排放量。

（3）低碳旅游是一种多样性旅游

低碳旅游的多样性体现在出游方式的多样性，并且更注重环保型出游工具，如徒步、自行车、公共交通等；低碳型客房是利用经济杠杆，在保证客人住宿质量不降低的基础上，尽量减少配置不可循环利用资源，最大化配备高能源利用率设施，为实现减少温室气体排放形成的一套新型客房标准。

（4）低碳旅游是一种教育旅游

旅游的教育功能与旅游活动的经济功能、政治功能、文化功能、休闲娱乐功能等相互补充，共同构成旅游功能。那么，通过旅游进行低碳理念教育，推广宣传低碳生活方式、低碳生活常识、发展低碳社会的必要性与重大意义等是非常有效的途径。因此，低碳旅游又是一种教育性很强的旅游形式。

### 五、低碳环保

与低碳生活、低碳消费基本形态非常相似，低碳环保（low-carbon green）也是当今低碳经济发展形态下人的一种行为规范，只不过这种行为规范更强调一种外在的理性或制度制约。另外低碳环保作为一种新概念的低碳行为和环保方式，更加强调日常生活以外有意识的低碳工作活动。它是一种生活方式，更是一种可持续发展的环保责任。

在低碳环保问题上，人们需要坚持正确的低碳环保行为意识，澄清认识误区。

（1）低碳环保不仅需要我们从生产、生活、出行等方面入手，如尽可能选择使用可再生能源，以风能、太阳能等代替传统的化石能源，减少碳排放。

（2）低碳环保需要政府、企业、个人等各方共同努力。比如，政府出台相关政策，鼓励企业推广低碳环保技术和产品，而企业可以采用低碳技术，减少碳排放。

（3）坚持科学技术对低碳环保最有力支撑，政府加大对环保技术的研发和投资；个人则需要增强环保意识，减少不必要的碳排放。

（4）低碳环保经济不一定成本很高，减少温室气体排放甚至会帮助节省成本，并且不需要很高的技术，但需要克服一些政策上的障碍。

（5）低碳环保经济并不是未来需要做的事情，而是应该从现在做起。

（6）发展低碳环保经济是关乎每个人的事情，应对全球变暖，关乎地球上每个国家和地区，关乎每一个人。

（7）把低碳环保意识认识转变为实际行动，以"保护环境，人人有责"态度积极参加各项环境保护活动，自觉培养保护环境的道德风尚，让低碳环保行为意识真正融入生活。

## 第五节　碳中和人文道德发展形态

碳中和经济的人文道德形态与碳中和的社会生活形态类似，它们都强调了责任、关爱和可持续发展的价值观。从低碳经济的角度来看，碳中和的实现是必要的。碳中和经济将这种责任触角延伸至更广阔的范畴，追求碳排放的减少，甚至是零排放。这种转变是为了实现全球气候目标，降低气候变化的影响，确保未来世代的可持续发展。通过低碳经济向碳中和经济的转型，我们能够践行人文道德，为社会生活打造更绿色、健康的未来。

## 一、低碳文化的发展形态

### 1. 何谓低碳文化

从人文价值观角度不难理解,人类社会结构的每一次重大重构都是首先基于人类自身发展这个核心价值观,通过和谐共生、互相促进、彼此交融的进化过程中来逐步实现的。在当今经济交往中,要更深刻地表现和体现对共同市场原则的尊重,在文化交流中,更深刻地表现和体现对共同市场原则的文化应用。把物质发展的精神原则深刻地体现在精神和文化发展的交往原则当中,并从中创新基于前者的交往原则,从而在整个创新过程中实现新的话语权重构和转移。

低碳发展理念的提出是人类社会发展走向生态文明的一个重要标志,是人类社会自身发展"架构"的一个重要自我跨越,这将引导人类从更高的层次认识自身的存在和发展模式。低碳文化核心含义其实就是认识到人是自然系统有机组成部分,尽管这是具有特殊能动性的一部分,但绝对没有自我凌驾和超脱自然的可能和必要。在这种低碳人文价值观的认知下,人类未来的发展应该摒弃与天争利的观念,追求人与自然的和谐共处。具体来讲,就是要热爱自然,尊重自然,顺应自然,珍惜自然,保护自然,追求高效简洁的生活方式,用最小的社会成本获得最大化的社会与个人收益,并转化为广大人民群众的文化自觉,实现与经济高质量发展、生活品质逐步提高的最大化协同。

### 2. 碳中和经济视角下的文化发展

全球碳中和时代的到来和低碳文化更深入地与经济发展融合在一起,其原有的经济基础和上层建筑的关系正在被互相重构。"碳中和"作为当今国际社会正在积极建构的物质发展的精神原则,应用和运用于时代文化建设中,尤其是文化产业发展战略中,应该成为我们实现文化产业"走出去"战略、"国际化"转型的文明起点。

就文化产业自身来说,表面上也属于绿色低碳经济发展范畴。但深究起来,文化产业本身其实也有"低碳"和"高碳"之分,也存在着严重的自然资源消耗和环境污染等问题。创意产业的提出和文化产业的跨界发展,不仅使得原有的刚性经济结构朝着更为弹性的"文化经济"和"创意经济"方向发展,而且使得传统的三次产业划分边界正在被新的经济基础和上层建筑关系消融,也为传统文化产业的转型升级带来了新机遇和新挑战。

## 二、国际低碳道德的发展形态

### 1. 何谓低碳道德

道德风险是指从事经济活动的人在最大限度地增进自身效用时采取不利于他人的行动,而信息不对称是道德风险产生的根源。"低碳道德"是低碳经济在道德领域的反映,是在低碳经济视域下新出现的概念,在学界还没有明确的定义。有学者认为,"低碳道德"就是在全球环境破坏、生态失衡、资源枯竭和气候剧变的情境下,为实现低碳发展模式,调整世界各国人民在生活、生产等不同层面实践活动中,人与社会、人与环境、人与资源、人与生态之间相互关系的各种规范和准则(丁冬梅,2016)。

在国际低碳经济制度变迁中，经济发达国家主导着全球低碳化发展进程，比大多发展中国家拥有更为丰富的低碳信息，包括气候科学、低碳技术等。在机会主义假定下，有信息优势的经济发达国家，可能采取有损于发展中国家却有利于自己的行为，而后者却无法验证前者是否采取了这种行动，低碳发展的道德风险于是就会产生。

### 2. 碳中和经济视角下的道德风险

在推动低碳经济发展时，国际社会有必要防范两类道德风险（胡志伟等，2010）。

（1）操纵气候变暖命题的道德风险

全球气候变暖及其与人类活动的关系，其实至今尚无定论。发达国家拥有绝对的信息优势，但遗憾的是其气候学界数据操纵问题历来不绝于耳。

2009年，东英吉利大学气候研究中心（CRU）网络服务器被电脑黑客入侵，其多达16兆的文件与几位世界顶级科学家的上千封电子邮件，于2009年11月17日被公布在互联网上，经过10天时间调查取证，该大学发表声明确认该事件的真实性。这件事情始末首先在"气候变暖学派"互相交换的电子邮件里，暴露了一些令人震惊的现象，这就是有关气候变化的重要原始数据，特别是不利于证明气候变暖的数据可能已被销毁，现存用以证明气候变暖的数据被人为修改，科学家自己对气候是否变暖也表示怀疑。

IPCC评估报告一直是国际社会应对气候变化重要的科学咨询意见。即使IPCC自身，也曾遭到"操纵碳排放数据"的猜忌指责。气候监测网（Climate Audit）上有人曾撰文指出，IPCC采用的气温模型1960年后数据显示出现气温下滑趋势，但在第三和第四次的评估报告中，或许是为了掩饰这段下滑，1960年以后的数据全部被删除。

德国《明镜》第47期也曾提到，英国顶级气候研究机构——哈德利（Hadley）气候变化研究中心，公布研究数据显示10年来全球气温一直很平稳，没有明显的上升。2006年加拿大61位科学家给史蒂芬·哈珀总理致公开信，要求展开广泛的全民气候变化问题辩论。2009年美国一家气候杂志对气候专家进行调查，高达50%的专家认为"人类活动并非气候变化的原因"。

基于此，尽管我们希望全球气候变暖命题是科学而严肃的，但不能排除的一种可能是部分研究者因声名与利益原因而造假，而发达国家为了自身利益凭借信息不对称优势对数据信息进行操纵。这些国家由此可能的获益是以二氧化碳排放造成地球变暖这一"事实"，激发人们的危机感和"环保意识"，继而推动国际组织制定国际环保法律，以低碳壁垒来遏制发展中国家的生存与发展，独享世界能源，为其低碳产业向全世界扩张鸣锣开道，操纵"碳信用违约掉期"等新兴金融衍生产品并从中牟取暴利。

（2）设置隐性低碳壁垒的道德风险

低碳壁垒，指在国际贸易中一国以低碳环保等为由对进口产品提出的限制性标准和规范。世界贸易组织（WTO）赋予成员国"环保例外权"，并承认各成员国为保护环境而采取措施的合法性。但因制定相关配套条例的模糊性，经济发达国家极易根据自己的理解和需要，制造信息不对称，推行各种隐性贸易保护政策，对进口产品设置看似符合WTO基本规则但事实上不合理的障碍，从而产生隐性低碳壁垒的道德风险。

在WTO低碳壁垒规范"幌子"约束机制下，道德风险可能产生的WTO环保领域主要包括环境税费、技术法规标准、环境标志标准、检验与评定、反补贴和反倾销等。就中国自身来看，这种隐性低碳壁垒对中国外贸出口的杀伤力巨大，需要引起高度重视，并提前做好应对和防范对策。

"低碳经济陷阱论"就是在这种高度不信任情况下出现的，也对经济发达国家提倡低碳经济的真实意图和道德形态提出质疑，认为美国等发达国家其实是想借碳减排之名加强其在技术、经济和国际政治领域的控制权，继续甚至进一步加大对发展中国家的剥削。尽管这种说法在国际社会还没有被普遍理解，但发展中国家在走低碳经济之路时确实需要保持清醒头脑，防止糊里糊涂地失去了发展权甚至生存权。

## 三、碳中和引发低碳学术的思考

### 1. 何谓低碳学术

"低碳学术"内涵就是要在当下能源高效利用、清洁能源开发、追求绿色 GDP 的大趋势下，告别以前那种只追求学术论文和著作数量的"高碳学术方式"，转向重视学术质量的"低碳高附加值"的学术生态发展环境。

低碳学术思维是与当今"高碳"学术发展现实是对立的。"高碳"学术发展现实其实与当今信息化和知识经济时代学术研究方式有一定关系，其直接后果就是知识信息流量增加、信息传递速度加快，不可避免带来了学术浮躁、"知识垃圾"蔓延、精华与糟粕并存其间的学术发展形态。

### 2. 碳中和经济视角下的学术思考

这种"高碳"学术发展形态主要原因有以下几点。

（1）科学研究的认识误区

在当今科学研究领域，一些不可思议的学术研究"认识误区"是造成高碳学术的重要原因之一，认为高水平科技成果首先是国外 SCI 期刊论文以及各类研究项目科技经费的量化指标，而相关科研成果以及科研项目的科技产出率、贡献率以及科研成果转化率常常被忽视。在上述认识误区作用下，以国外 SCI 论文数量为指标的"数字考核"成为学术领域的最重要依据，科学研究量化指标和"畸形"收录标准更是起到了推波助澜作用，至于这些成果对科技生产力的实际贡献率甚至真伪就不那么重要了。

（2）学术领域商业化的扭曲

在当代市场经济大潮中，为应对学术"数字考核"规章制度，比如一些学校采用的"非升即走"评聘制度，不仅扭曲了"高碳学术"生态环境和催生了不少垃圾学术成果，在某种程度上也违背了人才成长规律。在高碳学术环境下，国内外不同类别的学术机构或社会组织，也纷纷转型到以商业化运作模式，各种名目繁多、收费昂贵的学术会议、有偿论文收录以及科技项目评审等不仅扰乱了学术生态，甚至也可能成为滋生学术腐败的温床。

（3）学术行政化和等级化的恶果

科学研究本来应该是"超脱"行政管制范畴的，换句话说科学研究本身也应该是置身于高雅的学术"殿堂"之上的，尤其是在基础学科领域。但某种程度上，这种"学术超脱"已经成为难以实现的美好梦想，因为在当今现实社会中，"学术领域"行政化和等级化已经是非常自然且根本无法回避的时代鸿沟，甚至已成为遮蔽学术天空的"温室气体"。

高碳学术领域形形色色的奇特现象的存在有其深厚的社会渊源，也可以看作当今现实社会发展过程中的一个缩影，也许早先也有之，没必要太过较真。但在当今低碳经济发展、生态文明建设新时代，在社会大众对生存环境和生活方式深层次转变的同时，也应该促使学术界对人文道德层面的"高碳学术现象"进行一定的反思和遐想。

### 3. "低碳学术"的未来发展

针对"高碳学术"问题，国内诸多有识之士发出了强烈呼吁关注学术浮躁。从钱学森先生 2005 年提出"为什么我们的学校总是培养不出杰出的科技创新人才？"（即著名的"钱学森之问"），到复旦大学杨福家院士倡议"名教授必须上基础课"，直至中国政府印发《深化新时代教育评价改革总体方案》《加强基础研究实现高水平科技自立自强》以及强化科技成果转化政策出台，这些都是由"高碳学术"转向"低碳学术"的真正实践和政策措施。

在碳中和经济发展新时代，相信"低碳学术"发展理念会更加深入人心，这也是当代中国经济可持续发展和"科教兴国"战略实施的必然要求。

### 推荐文献阅读

[1] [美] 杰里米·里夫金. 零碳社会——生态文明的崛起和全球绿色新政 [M]. 北京：中信出版社，2020.

[2] 丁仲礼，张涛. 碳中和：逻辑体系与技术需求 [M]. 北京：科学出版社，2022.

[3] 曹开虎，粟灵. 碳中和革命：未来 40 年中国经济社会大变局 [M]. 北京：电子工业出版社，2021.

### 课后思考题

1. 何谓政治碳博弈，简述全球碳博弈发展形态。
2. 何谓碳中和产业，谈谈中国如何发展碳中和产业。
3. 何谓零碳城市，举例说明中国如何建设零碳城市。
4. 结合专业认知，撰写一份零碳产业园区或零碳建筑建设方案。
5. 结合个人认知，谈谈如何践行低碳学术与低碳学习。

# 第七章
# 碳中和经济学数学模型及应用

　　碳中和分析方法及模型是探索碳中和目标实现路径和方案的重要工具，也是有效帮助政策制定者作出合理抉择、评估方案的绩效和实现目标所需的科学决策依据和支撑手段。本章是课程选讲内容，主要考虑国内普通高校本科生和研究生相关专业高等数学和应用统计学相关知识以及学习要求，结合与碳中和经济数学建模文献资料，采用循序渐进方式开展碳中和经济学数学模型教学工作，主要包括碳减排预测、碳评估与优化、碳金融，以及综合评价等数学模型及具体应用。需要说明的是，碳中和经济学数学模型是课程实践教学重要环节，也是引导学生参加各类科技竞赛和科研工作的入门训练，因此本章教学也适当介绍一些与碳中和经济前沿领域相关的数学建模工作。

## 第一节 碳预测模型

碳减排预测,又称碳预测,是基于已有数据或特定理论,对未来不确定性场景下碳相关的物理或经济变量走势进行判断,也是面向未来决策的重要数据依据。这里的变量涵盖了二氧化碳/温室气体排放量、碳排放强度、化石能源消费量等。碳中和目标下,预期的温室气体减排路径、经济发展水平走势等都离不开预测工具的支撑。按照预测模型的原理,包括了基于历史数据的预测以及基于特定理论框架的预测,其中的基础模型包括线性回归模型、Logistic方程以及灰色预测模型等。

### 一、线性回归模型

线性回归模型是一种常见的碳预测模型,用于预测一个连续的目标变量与一个或多个自变量之间的线性关系。在该模型中,自变量和目标变量之间的关系可以表示为一条直线的函数。该模型的目标是找到最佳的直线,使得预测结果与实际结果之间的误差最小。

线性回归模型通常使用最小二乘法进行训练,即通过最小化预测值与真实值之间的平方误差来确定最佳拟合直线的参数。该模型的优点是简单易用,易于解释和理解。它在许多实际应用中都表现良好,如能源需求预测、经济水平预测、温室气体排放等。然而,线性回归模型也有一些限制,例如,它只能处理线性关系,对于非线性关系的数据拟合效果不佳,如温室气体排放由升转降、变化的非线性趋势等。此外,该模型对异常值敏感,如果数据中存在异常值,可能会导致模型的误差较大。

#### 1. 线性回归基础

所谓"线性",最直观的理解即在二元直角坐标系中是一条直线。因此两个变量呈现线性关系的实质是一个变量相对另一个变量呈现恒定的变化,例如,若汽车时速恒定60km/h,则汽车行驶的距离(L,单位:km)与行驶的时间(t,单位:h)的关系表现为:

$$L = 60 \times t \tag{7-1}$$

在二维直角坐标系中,表现关系为:

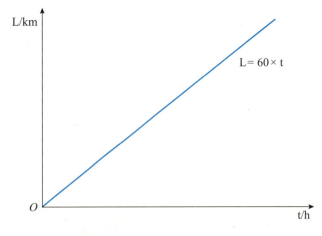

图 7-1 距离与时间的线性关系

可以看出，二者间的关系呈现为直线的关系。

所谓"回归"，由英国统计学家 Francis Galton 提出，本意指观测变量总有回归于"中心"的趋势，例如，父代与子代的身高趋于向族群平均身高"回归"的趋势。因此，线性回归模型是基于线性关系的基本假设寻求变量间的近似函数关系。

线性回归模型包括一元线性回归和多元线性回归，前者包含一个自变量，后者包含多个自变量。

### 2. 线性回归预测模型的原理

线性回归分析预测法，是根据自变量 $x$ 和因变量 $Y$ 的相关关系，建立 $x$ 与 $Y$ 的线性回归方程进行预测的方法。在碳预测的研究中通常需要考虑多种因素的影响，需要对碳相关联的要素进行全面分析。只有当诸多的影响因素中，确实存在一个对因变量影响作用明显高于其他因素的变量，才能将它作为自变量，应用一元相关回归分析预测法进行预测。

一元线性回归分析的预测模型为：

$$Y_t = ax_t + b \tag{7-2}$$

式中，$Y_t$ 为 $t$ 期因变量的值；$x_t$ 为 $t$ 期自变量的值；$a$、$b$ 为一元线性回归方程的参数。

线性回归模型的一般步骤：

a）选取一元线性回归模型的变量；
b）计算变量间的回归系数及其相关的显著性；
c）回归标准差检验；
d）拟合优度检验；
e）回归系数的显著性检验。

### 3. 运用线性回归模型进行碳预测[①]

（1）问题简述

已知 2008—2013 年平遥古城碳排放量和旅游接待收入如表 7-1 所示，建立平遥古城旅游碳排放量与旅游收入之间的一元回归分析定量模型，并预测 2014—2017 年平遥古城旅游碳排放量。

表 7-1  2008—2013 年平遥古城碳排放量及旅游接待收入

| 年份 | 2008 | 2009 | 2010 | 2011 | 2012 | 2013 |
| --- | --- | --- | --- | --- | --- | --- |
| 碳排放量（吨） | 108.3 | 105.3 | 122.6 | 147.9 | 177.5 | 198.7 |
| 旅游接待收入（亿元） | 13.8 | 19.0 | 21.8 | 26.0 | 40.4 | 54.2 |

（2）建模分析

首先，对平遥古城碳排放量（$y$）与旅游接待收入（$x$）进行相关性检验：

---

[①] 勾朝阳，吴攀升，林长春等. 基于一元回归模型的平遥古城低碳旅游预测研究 [J]. 绵阳师范学院学报. 2015，34（2）: 103-108.

$$r = \frac{n\sum xy - \sum x \sum y}{\sqrt{n\sum x^2 - (\sum x)^2}\sqrt{n\sum y^2 - (\sum y)^2}} \tag{7-3}$$

计算得：$r = 0.971$，在此基础上进行 $t$ 检验

$$t = \frac{r\sqrt{n-2}}{\sqrt{1-r^2}} t(n-2) \tag{7-4}$$

给定显著水平 $\alpha = 0.05$，查 $t(n-2)$ 分布表得自由度为 4 的临界值 $t_{\alpha/2} = 2.7764$，已知 $t = 8.1128 \gg t_{\alpha/2}$，因此平遥古城旅游经济发展水平与平遥古城碳排放量存在线性相关，且线性相关性显著，即平遥古城的旅游接待收入越高，古城碳排放量就越大。

在此基础上，运用 SPSS 进行回归分析，得出平遥古城旅游接待收入与旅游碳排放量之间的一元线性回归方程为：

$$y = 2.453x + 71.815 \tag{7-5}$$

回归模型拟合优度 $r^2 = 0.943$，拟合优度良好。

利用平遥古城旅游接待收入和碳排放总量的一元线性回归方程式可以对未来古城碳排量范围进行预测：

$$\left[ \dot{y} - t_{\alpha/2} \sqrt{\frac{\sum_{i=1}^{n}(y_i - \dot{y}_i)^2}{n-2}} \times \sqrt{\frac{1}{n} + \frac{(x_0 - \bar{x})^2}{\sum_{i=1}^{n}(x_i - \bar{x})^2}}; \dot{y} + t_{\alpha/2} \sqrt{\frac{\sum_{i=1}^{n}(y_i - \dot{y}_i)^2}{n-2}} \times \sqrt{\frac{1}{n} + \frac{(x_0 - \bar{x})^2}{\sum_{i=1}^{n}(x_i - \bar{x})^2}} \right] \tag{7-6}$$

式中，$\dot{y}$ 为 2014—2017 年平遥古城碳排放量点估计值；$\dot{y}_i$ 为 2008—2013 年平遥古城碳排放量点估计值；$y_i$ 为 2008—2013 年平遥古城碳排放量；$x_i$ 为 2008—2013 年平遥古城碳排放量；$x_0$ 为预测年份的旅游接待收入，2014—2017 年平遥旅游接待收入增长率为 12%；$\bar{x}$ 为旅游接待收入均值。

（3）计算求解

得出计算结果如表 7-2 所示。

表 7-2 2014—2017 年平遥古城旅游接待收入预测值和碳排放量预测值

| 年份 | 旅游接待收入（亿元） | 碳排放量（吨） |
|---|---|---|
| 2014 | 60.704 | 193.935～244.958 |
| 2015 | 67.988 | 205.059～268.661 |
| 2016 | 76.147 | 218.122～295.209 |
| 2017 | 85.285 | 232.753～324.942 |

## 二、Logistic 方程

Logistic 方程又叫 logistic 函数或逻辑斯蒂方程，最初是描述人口增长模型的微分方程

的解，其基本形式是 $N(t) = \dfrac{e^z}{1+e^z}$，其中 $Z = \alpha + \beta t$。直观来说，Logistic 方程是用于描述数学中所谓的"S 形函数"。

Logistic 方程最显著的特征是 y 的分布呈现"S"形曲线（图 7-2）。通常，伴随自变量的增长，因变量呈现出先慢后快，最后趋于上限的变化特征。例如，在碳预测分析中，趋于生态承载力等要素便呈现出典型的"S"形曲线。

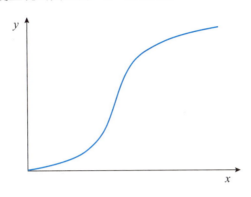

图 7-2　"S"形曲线

Logistic 回归模型由于其特有的"S"形曲线特征与自然和社会系统中的反馈机制具有极大的契合性，因此该模型的应用场景非常广泛。例如，在市场容量、生态承载力等方面的研究中，基于 Logistic 回归模型的生长曲线模型是极为常用的分析工具。

### 1. Logistic 方程的推导

假设对于市场对于某项产品的需求有上限或阈值 $a$，当产品需求达到 $a$，产品的需求便不再增长。例如，城市中对汽车的需求量，城市道路容量的限制导致了市场对汽车需求量的上限。与此同时，在时间点 $t$ 对应产品需求量 $x(t)$，且需求的增长速度 $dx/dt$ 正比于需求量 $x(t)$ 与市场空间 $a - x(t)$ 的乘积，比例系数为 $k$，即

$$\frac{dx}{dt} = kx(a-x) \tag{7-7}$$

变形后两边积分可得通解为

$$x(t) = \frac{a}{1+Be^{-bt}} \tag{7-8}$$

其中，$B = e^{-ac}$，$B$ 和 $b$ 均为正常数。

### 2. Logistic 方程应用案例

（1）问题简述

基于陕西省 1987—2010 年历史碳排放数据，预测陕西省 2011—2020 年碳排放。

（2）建模分析

对陕西省 1987—2010 年历史累计碳排放量进行计算，构建碳排放量增长的 Logistic 预测模型从而实现对 2011—2020 年中国各省区碳排放的预测。

首先，将 1987—2010 年历史数据代入 Logistic 方程，采用非线性最小二乘法

（Nonlinear Least Squares）对参数进行估计，确保拟合误差最小，其目标函数为：

$$\min \sum_{t=1}^{n}\left[Y(t)-y(t)\right]^{2} \tag{7-9}$$

（3）计算求解

根据陕西省过去碳排放数据，确定出未来10年 $K$ 的大概取值范围 [6 000，8 000]，然后分别选点进行计算，得到表7-3的回归分析结果。

表7-3　陕西省碳排放量统计检验估计表

| $K$ | 6 200 | 6 400 | 6 600 | 6 800 | 7 000 | 7 200 | 7 400 |
|---|---|---|---|---|---|---|---|
| $R^2$ | 0.986 | 0.988 | 0.988 | 0.988 | 0.988 | 0.987 | 0.987 |
| $r$ | −0.268 | −0.255 | −0.244 | −0.234 | −0.226 | −0.219 | −0.213 |
| $a$ | 0.965 | 0.985 | 1.008 | 1.033 | 1.059 | 1.087 | 1.114 |

从表7-3可以看出，当 $K$ 取 6 400～7 000 时拟合优度最高，本研究在此取 $K=7\ 000$ 时，此时判定系数 $R^2=0.988$。则有 $Y=0.226t+1.059Y$，再将 $a$ 和 $r$ 代入得到

$$x=\frac{k}{1+\mathrm{e}^{0.226t+1059}} \tag{7-10}$$

代入时间序列得到陕西省2011—2020年预测碳排放量见表7-5。

表7-4　陕西省2011—2020年碳排放量预测（万吨）

| 年份 | 2011 | 2012 | 2013 | 2014 | 2015 | 2016 | 2017 | 2018 | 2019 | 2020 |
|---|---|---|---|---|---|---|---|---|---|---|
| 时间序列 | 10 | 11 | 12 | 13 | 14 | 15 | 16 | 17 | 18 | 19 |
| $Y$ | 3.319 | 3.545 | 3.771 | 3.997 | 4.223 | 4.449 | 4.675 | 4.901 | 5.127 | 5.353 |
| 碳排放 | 5 397.0 | 5 593.4 | 5 751.0 | 5 877.2 | 5 978.3 | 6 059.2 | 6 123.9 | 6 175.6 | 6 216.9 | 6 249.9 |

## 三、灰色预测模型

灰色系统理论是由华中科技大学的邓聚龙教授于20世纪80年代初创立，其主要针对时间序列短、统计数据少、信息不完全系统的"灰色"系统而提出。灰色预测模型是基于灰色系统理论对系统未来发展规律进行预测，其实质上是将"随机过程"当作"灰色过程"，将"随机变量"当作"灰变量"，以灰色系统理论中的GM(1,1)模型来进行处理。灰色预测在工业、农业、商业等经济领域，以及环境、社会和军事等领域中有广泛的应用。

1. 灰色系统的基本原理

设 $x^{(0)}=\left[x^{(0)}(1),x^{(0)}(2),\cdots,x^{(0)}(n)\right]$ 是最初的非负数据列，我们对其进行一次累加得到新的生成数据列 $x^{(1)}$（$x^{(0)}$ 的 $l-AGO$ 序列）：

$$x^{(1)}=[x^{(1)}(1),x^{(1)}(2),\cdots,x^{(1)}(n)] \tag{7-11}$$

式中，$x^{(1)}(m)=\sum_{i=1}^{m}x^{(0)}(i),m=1,2,\cdots,n$

令 $z^{(1)}$ 为数列 $x^{(1)}$ 的紧邻均值生成数列，即 $z^{(1)} = (z^{(1)}(2), z^{(1)}(3), \cdots, z^{(1)}(n))$。

其中，

$$z^{(1)}(m) = \delta x^{(1)}(m) + (1-\delta)x^{(1)}(m-1), m = 2, 3, \cdots, n\text{；且 } \delta = 0.5$$

则称方程 $x^{(0)}(k) + az^{(1)}(k) = b$ 为 GM(1,1) 模型的基本形式 ($k=2,3,\cdots,n$)。其中，$b$ 表示灰作用量，$-a$ 表示发展系数。

引入矩阵形式：

$$u = (a,b)^T, Y = \left[x^{(0)}(2), x^{(0)}(3), \cdots, x^{(0)}(n)\right]^T, B = \begin{bmatrix} -z^{(1)}(2) & 1 \\ -z^{(1)}(3) & 1 \\ \vdots & \vdots \\ -z^{(1)}(n) & 1 \end{bmatrix} \quad (7-12)$$

于是，GM(1,1) 模型 $x^{(0)}(k) + az^{(1)}(k) = b$ 可表示为

$$Y = Bu \quad (7-13)$$

利用最小二乘法得到参数 $a,b$ 的估计值为

$$\hat{u} = \begin{pmatrix} \hat{a} \\ \hat{b} \end{pmatrix} = (B^T B)^{-1} B^T Y \quad (7-14)$$

即将 $x^{(0)}$ 序列视为因变量 $y$，将 $z^{(1)}$ 序列视为自变量 $x$，进行回归。

$$x^{(0)}(k) = -az^{(1)}(k) + b \Rightarrow y = kx + b \quad (7-15)$$

### 2. 灰色系统模型特征及应用场景

灰色预测模型适用于较少特征值数据，当可用的数据较少时，灰色预测模型能够利用这些有限的数据进行预测。同时，数据样本空间小，不需要大规模的样本，即使只有 4 个以上的数据点，也可以建立模型进行预测。对于那些具有缺失数据、不规则分布或无规律性的数据序列，灰色预测模型能通过生成近似的指数规律序列来进行建模和预测，可以应对数据序列缺乏完整性和可靠性的情况。灰色模型适合处理近似于指数增长的数据序列，如中短期的预测问题，对于长期预测效果可能不太理想。

灰色预测模型的优点包括所需信息量较少、不需要知道原始数据分布的先验特征、计算工作量小，以及能够保持原系统特征等。然而，它也存在一些缺点，如需要构建一阶常微分方程来求解拟合函数的函数表达式，并且仅适用于中短期预测。总体而言，在少量样本和数据不完备的情况下，灰色预测模型能够提供相对准确的预测结果。

### 3. 灰色预测模型的步骤

首先，为保证建模方法的可行性，需要对已知数据列作必要的检验处理。设参考数据为 $x^{(0)} = \left[x^{(0)}(1), x^{(0)}(2), \cdots, x^{(0)}(n)\right]$，计算数列的级比

$$\lambda(k) = \frac{x^{(0)}(k-1)}{x^{(0)}(k)}, k = 2, 3, \cdots, n \tag{7-16}$$

如果所有的级比 $\lambda(k)$ 都落在可容覆盖 $\theta = (e^{-\frac{2}{n+1}}, e^{\frac{2}{n+2}})$ 内，则数列 $x^{(0)}$ 可以作为模型 GM(1,1) 的数据进行灰色预测。否则，需要对数列 $x^{(0)}$ 做变换处理，使其落入可容覆盖内。即取适当的常数 $c$，作平移变换

$$y^{(0)}(k) = x^{(0)}(k) + c, k = 1, 2, \cdots, n \tag{7-17}$$

使数列 $y^{(0)} = [y^{(0)}(1), y^{(0)}(2), \cdots, y^{(0)}(n)]$ 的级比

$$\lambda_y(k) = \frac{y^{(0)}(k-1)}{y^{(0)}(k)} \in \theta, k = 2, 3, \cdots, n \tag{7-18}$$

求 $k = -a$（发展系数）和 $b$（灰作用量）。

$$\hat{k} = \frac{n\sum_{i=1}^{n} x_i y_i - \sum_{i=1}^{n} y_i \sum_{i=1}^{n} x_i}{n\sum_{i=1}^{n} x_i^2 - \sum_{i=1}^{n} x_i \sum_{i=1}^{n} x_i}, \quad \hat{b} = \frac{\sum_{i=1}^{n} x_i^2 \sum_{i=1}^{n} y_i - \sum_{i=1}^{n} x_i y_i \sum_{i=1}^{n} x_i}{n\sum_{i=1}^{n} x_i^2 - \sum_{i=1}^{n} x_i \sum_{i=1}^{n} x_i} \tag{7-19}$$

以及预测值

$$\hat{x}^{(0)}(m+1) = \hat{x}^{(1)}(m+1) - \hat{x}^{(1)}(m) = (1 - e^{\hat{a}})\left[x^{(0)}(1) - \frac{\hat{b}}{\hat{a}}\right]e^{-\hat{a}m} \tag{7-20}$$

其中，$m = 1, 2, \cdots, n-1$

**4. 灰色预测模型应用案例**

（1）问题简述

基于北京市 2011—2019 年碳排放数据运用灰色预测模型预测 2020—2029 年碳排放水平。

（2）结果计算

经计算，北京市发展灰数 $-a$ 和灰色作用量 $b$ 分别为 $a = 0.02$，$b = 13\,015.61$。

进一步预测北京市 2020—2029 年碳排放量结果如表 7-5 所示。

表 7-5　2020—2029 年北京市碳排放灰色面板预测结果

单位：万吨

| 2020 | 2021 | 2022 | 2023 | 2024 | 2025 | 2026 | 2027 | 2028 | 2029 |
| --- | --- | --- | --- | --- | --- | --- | --- | --- | --- |
| 10 395 | 10 194 | 9 997 | 9 803 | 9 614 | 9 428 | 9 245 | 9 066 | 8 891 | 8 719 |

## 第二节 碳评估与优化模型

### 一、产品生命周期评价

生命周期是指某一产品（或服务）从取得原材料，经生产、使用，直至废弃的整个过程，即从"摇篮"到"坟墓"的过程。生命周期评价（life cycle assessment，LCA）是一种用于评价产品和服务相关的环境因素及其整个生命周期环境影响的工具，注重于研究产品系统在生态健康、人类健康和资源消耗领域内的环境影响。

生命周期评价起源于1969年美国中西部研究所受可口可乐公司委托对饮料容器从原材料采掘到废弃物最终处理的全过程进行的跟踪与定量分析[1]。LCA已经纳入ISO14040环境管理系列标准而成为国际上环境管理和产品设计的一个重要支持工具。产品生命周期评价有助于企业全面了解产品在不同阶段的环境和社会表现。通过定量和定性分析，可以识别和评估潜在的环境问题、资源利用情况以及社会影响，从而帮助企业制定相关的环境保护措施、节约资源的策略以及提升社会责任感的行动。此外，产品生命周期评价还可以帮助企业优化产品设计、改进生产工艺，提高能源效率和减少废弃物的生成，以降低产品的环境影响，满足消费者对可持续产品的需求。

#### 1. 方法原理

在传统的产品设计与创新过程中，主要考虑产品的生产、销售两个环节，而生命周期评价则包括产品的生产、销售、消费和报废后处理等物质转化的整个过程，即所谓从"摇篮"到"坟墓"，从而在产品的功能、能耗、物耗和排污之间寻找合理的平衡。产品的生命周期评价包括三个层次：环境存量分析、环境影响分析及改进评估；生命周期评价的目标是环境、经济、效率三者的统一。因此，生命周期评价就是运用系统方法，对原材料从来自自然资源开始，经过加工成为中间材料或制成品，供人类使用之后，又回到自然这样一个封闭循环的过程进行分析，评价其对环境的影响，从而有助于优化设计与创新决策[2]。

#### 2. 模型特征及应用场景

生命周期评价可应用在以下方面：①对产品和工艺在不同生命阶段的环境影响进行定性和定量分析，寻找合理、经济的设计、实施方法和改进措施。②用于工业、政府、非政府组织决策，如企业规划、优选项目的确定、产品的生态设计。③选取环境影响的考核指标，包括测量与评价技术、产品环境标志的评价。④市场的营销战略和宣传。生命周期评价在环境标志认证中可用于确定环境标志认证以及清单分析的目标和范围，且可根据分析评价产品不同阶段的环境影响，提出制定环境标志产品技术要求的建议书。

#### 3. 方法步骤

ISO14040（环境管理—生命周期评价—原则和框架）标准系列中，将生命周期评价分

---

[1] 白璐，孙启宏，乔琦. 生命周期评价在国内的研究进展评述 [J]. 安徽农业科学，2010，38（5）：2553-2555.
[2] 王毅，魏江，许庆瑞. 生命周期评价的应用、内涵与挑战 [J]. 环境导报，1998（5）：27-29.

为：目的和范围的界定（goal and scope definition）、清单分析（inventory analysis）、影响评价（impact assessment）和解释说明（Interpretation）四个步骤，如图 7-3 所示。

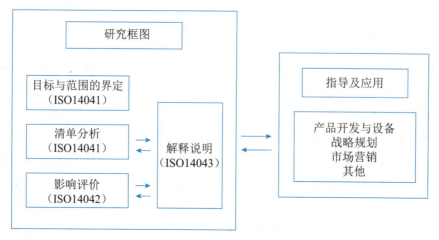

图 7-3　生命周期评价的理论框架

**4. 运用生命周期评价模型进行碳核算**[①]

（1）问题简述

计算光伏产品生命周期碳排放。

（2）计算结果

1）功能单元与系统边界

设定功能单元为 $1m^2$ 光伏组件产品，材质为晶体硅材料，包括生产、使用、回收三个生命周期阶段，系统边界如图 7-4 所示。假设使用寿命 25 年，全球变暖趋势按 100 年计。基于"从摇篮到坟墓"的理念，所有的原料消耗的碳排放核算都追溯到基础矿产和一次能源开采环节。

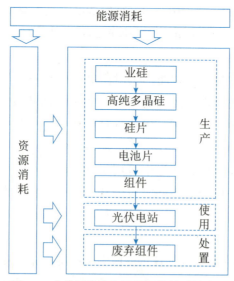

图 7-4　光伏行业生命周期评价的系统边界

---

① 赵若楠，董莉，白璐等. 光伏行业生命周期碳排放清单分析 [J]. 中国环境科学，2020，40（6）：2751-2757.

2）清单分析

光伏产品生命周期数据清单主要来自行业调研和文献数据。三个阶段的数据清单见表 7-6。

表 7-6　光伏行业的生命周期数据清单

| 阶段 | | 数据清单 | | | |
|---|---|---|---|---|---|
| 生产阶段 | 消耗 | 工业硅：1.05kg | 液氯：151kg | 氢气：40.5g | 石灰石：438g |
| | | NaOH：266g | 坩埚：160g | 切割线：316g | 砂浆：226g |
| | | 玻璃：42.2g | 盐酸（36%）：41.0g | 硝酸（50%）：505g | 氢氟酸：310g |
| | | 银浆：5.19g | 铝浆：50.7g | 三氯氧磷：3.25g | 铝合金边框：1860g |
| | | 焊带：118g | 钢化玻璃：5410g | EVA：795g | PVDE：102g |
| | | PET：344g | 电：124kW·h | 液氨：11.4g | |
| | 排放 | 氯化氢：0.872g | NO$_x$：9.09g | 氟化氢：0.181g | 氨气：2.36g |
| | | COD：48.3g | 氯化物：58.2g | 氟化物：3.55g | 氨氮：0.0202g |
| | | 总氮：19.14g | 总磷：0.0779g | 废坩埚：141g | 废切割线：316g |
| | | 废玻璃：35.9g | | | |
| 使用阶段 | 消耗 | 钢丝：125g | 润滑油：328g | 印刷电路：0.836cm$^2$ | 铝：487g |
| | | 低合金钢板：535g | 集成电路：0.0104g | 电：1.70kW·h | 电容器：0.231g |
| 处置情景 1 | 填埋 | 铝合金边框：1.86kg | 玻璃：5.36kg | PET：344g | 其他：102g |
| 处置情景 2 | 填埋 | 玻璃：5.36kg | PET：344g | 其他：102g | |
| | 产出 | 铝合金边框：1.84kg | | | |
| 处置情景 3 | 消耗 | 电：10.7kW·h | 盐酸（36%）：481g | 硝酸（50%）：223g | 氢氟酸：156g |
| | 产出 | 铝合金边框：1.84kg | 玻璃：5.36kg | 高纯多晶硅：0.352kg | 铝：42.7g；银：4.62g |
| | 排放 | CO$_2$：2.63g | CH$_4$：4.47g | 乙烷：3.41g | 丙烷：1.95g |

3）核算碳排放

在核算我国光伏产品碳排放清单过程中，优先采用本地化的排放因子，主要从已发表的文献或报告中获取，如高纯多晶硅、铝、玻璃、PET 等，特别是在每个阶段都占比较大的电力碳排放因子采用国家发展和改革委员会前应对气候变化司和中国电力企业联合会的成果，无法获得本地化排放因子的原料物质则采用 IPCC 相关指南的缺省值。对碳排放量进行核算如下：

$$C = P + A + W \tag{7-21}$$

式中，$C$ 为光伏产品的碳排放总量，以 kg 为单位；$P$ 为生产阶段的碳排放总量，以 kg 为单位；$A$ 为使用阶段的碳排放总量，以 kg 为单位；$W$ 为处置阶段的碳排放总量，以 kg 为单位。

① 生产阶段的碳排放模型

$$P = Pe + Pr \tag{7-22}$$

式中，$Pe$ 表示生产阶段能源消耗碳排放，以 kg 为单位；$Pr$ 表示生产阶段资源消耗的碳排放，以 kg 为单位。

$Pe$ 计算公式为：

$$Pe = \sum Ei \times RE \tag{7-23}$$

式中，$Ei$ 为各过程消耗的电量，以 kw·h 为单位；$RE$ 为电力碳排放因子。

$Pr$ 计算公式为：

$$Pr = \sum_{i=1}^{n} Ri \times RRi \tag{7-24}$$

式中，$Ri$ 为各过程中使用资源 $i$ 的量，以 kg 为单位；$RRi$ 为资源 $i$ 碳排放因子，以 kg $CO_2$/kg 为单位。

② 使用阶段的碳排放模型

$$A = Ar \tag{7-25}$$

式中，$Ar$ 为使用阶段资源消耗碳排放，以 kg 为单位，计算公式同 $Pr$。

③ 处置阶段的碳排放模型

$$W = We + Wrs + Ww - Wrc \tag{7-26}$$

式中，$We$ 为处置阶段能源消耗碳排放，以 kg 为单位；$Wrs$ 为处置阶段资源消耗的碳排放，以 kg 为单位；$Ww$ 为处置阶段处理污染物碳排放，以 kg 为单位；$Wrc$ 为处置阶段回收资源可抵消的碳排放，以 kg 为单位。

$We$、$Wrs$ 和 $Ww$ 计算公式同上，$Wrc$ 计算公式为：

$$WrC = \sum_{i=1}^{n} Wi \times U_i \tag{7-27}$$

式中，$Wi$ 为回收得到的资源 $i$ 的量，以 kg 为单位；$U_i$ 为资源 $i$ 碳排放因子，以 kg$CO_2$/kg 为单位。

4）结果分析

对光伏行业生产、使用阶段的碳排放核算结果如图 7.5 所示。

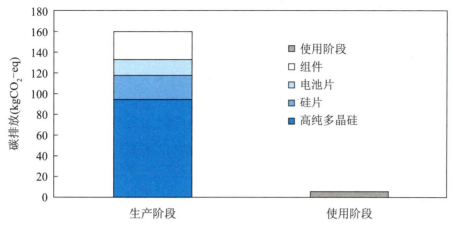

图 7-5　光伏生产阶段和使用阶段碳排放对比

光伏行业生产阶段的碳排放为 160.86kg $CO_2$-eq，其中高纯多晶硅、硅片、电池片、组件生产的碳排放分别是 94.07kg $CO_2$-eq、23.38kg $CO_2$-eq、15.38kg $CO_2$-eq、28.02kg $CO_2$-eq，依次占生产阶段的 58.48%、14.54%、9.56%、17.42%。光伏行业使用阶段的碳排放较低，仅为 4.93kg $CO_2$-eq，为生产阶段的 3%。处置阶段不同情景（情景 1：填埋情景；情景 2：拆解情景；情景 3：热解情景）的碳排放结果见表 7-7。

表 7-7　处置阶段不同情景的碳排放（kg $CO_2$-eq)

| 项目 | 情景 1 | 情景 2 | 情景 3 |
| --- | --- | --- | --- |
| 玻璃 | 0.039 | 0.039 | -5.359 |
| PET | 0.032 | 0.032 | / |
| 其他 | 0.013 | 0.013 | 0.139 |
| 铝合金边框 | 0.041 | -9.961 | -9.961 |
| 高纯多晶硅 | / | / | -47.842 |
| 铝 | / | / | -0.465 |
| 银 | / | / | -0.421 |
| 电耗 | / | / | 7.201 |
| 盐酸 | / | / | 0.039 |
| 氢氟酸 | / | / | 0.421 |
| 硝酸 | / | / | 0.649 |
| 合计 | 0.124 | -9.878 | -55.598 |

## 二、投入产出模型

投入产出法是由列昂惕夫提出的一种可以有效揭示产业间的技术经济联系量化比例关系的定量研究方法。概括地说，"投入产出法"就是以科学的国民经济部门分类为基础，通过适当的统计平衡表和技术经济系数描述各部门间错综复杂的投入产出数量关系，并利用数学方法建立经济模型，进行相应的分析和预测。自 20 世纪 60 年代以来，这种方法就被地理学家广泛地应用于区域产业构成分析,区域相互作用分析以及资源利用与环境保护研究等各个方面。在现代经济地理学中,投入产出分析方法是必不可少的方法之一。

### 1. 方法原理

按照时间概念,可以分为静态投入产出模型和动态投入产出模型。静态投入产出模型主要研究某一个时期各个产业部门之间的相互联系问题,按照不同的计量单位,可以分为实物型(按实物单位计量)和价值型(按货币单位计量)两种。动态投入产出模型则是针对若干时期,研究再生产过程中各个产业部门之间的相互联系问题。本节以静态投入产出模型为例,介绍投入产出模型的基本原理。

能源投入产出模型主要是在对经济—能源关系的描述基础上,研究经济活动与能源利用之间的相互影响(Mi et al., 2019)。能源投入产出法是把投入产出技术的一般原理应用于对能源需求的预测以及对能源结构的转换、分析等方面。能源投入产出表分为经济和能源两个模块,如表 7-8 所示。

表 7-8 能源投入产出表基本表式

| | | 中间使用 | 最终需求 | 总产出 |
|---|---|---|---|---|
| | | 1, 2, 3, ⋯, m | | |
| 中间投入 | 1 | | | |
| | 2 | | | |
| | 3 | $(X_{ij})_{m\times m}$ | $(Y_i)_{m\times 1}$ | $(X_i)_{m\times 1}$ |
| | ⋯ | | | |
| | m | | | |
| 最初投入 | | $(V_j)_{1\times m}$ | | |
| 总投入 | | $(X_j)_{1\times m}$ | | |
| 能源投入 | 1 | | | |
| | 2 | | | |
| | ⋯ | $(E_{kj})_{n\times m}$ | $(E_{ky})_{n\times 1}$ | $(E_k)_{n\times 1}$ |
| | n | | | |

在能源投入产出表中,$X_{ij}$,$Y_i$,$X_j$,$V_j$ 都以货币单位计量,而 $E_{kj}$,$E_{ky}$,$E_k$ 都以实物单位计量。能源投入产出表共有三组平衡关系,其中行方向上两组,列方向上一组。

如果令 $a_{ij} = \dfrac{X_{ij}}{X_j}$,$i,j=1,2,3,\cdots,n$;则 $a_{ij}$ 表示 $i$ 产业对 $j$ 产业的直接消耗系数,$x_{ij}$ 表示第 $i$ 部门对第 $j$ 部门的中间使用,$X_j$ 是第 $j$ 部门的总投入。

$b_{ij} = a_{ij} + \sum_{k=1}^{n} b_{ik} \cdot a_{kj}$,$i,j=1,2,3,\cdots,n$ 表示完全消耗系数,即第 $j$ 部门每生产单位最终产品所直接消耗和间接消耗第 $i$ 部门产品的单位消耗量和。

由直接消耗系数 $a_{ij}$，得到 $x_{ij} = a_{ij} \cdot X_j$，将其代入按行建立的平衡关系式 $\sum_{j=1}^{n} x_{ij} + f_i = X_i (i=1,2,\cdots,n)$，得到如下投入产出模型：

$$\begin{cases} a_{11}X_1 + a_{12}X_2 + L + a_{1n}X_n + f_1 = X_1 \\ a_{21}X_1 + a_{22}X_2 + L + a_{2n}X_n + f_2 = X_2 \\ \vdots \\ a_{n1}X_1 + a_{n2}X_2 + L + a_{nn}X_n + f_n = X_n \end{cases} \quad (7-28)$$

用矩阵变换，上述投入产出方程组模型可转化成：

$$(I-A)X = f \quad (7-29)$$

其中，

$$(I-A) = \begin{bmatrix} 1-a_{11} & -a_{12} & \cdots & -a_{1n} \\ -a_{21} & 1-a_{22} & \cdots & -a_{2n} \\ \vdots & \vdots & \vdots & \vdots \\ -a_{n1} & -a_{n2} & \cdots & 1-a_{nn} \end{bmatrix} \quad (7-30)$$

投入产出模型表明了总产出与最终产品间的基本平衡关系，可以据此由总产出推算最终产品，或者反过来由最终产品推算总产出。

### 2. 模型特征及应用场景

除了对产出和需求的分析，投入产出模型还可以用于评估经济系统中的其他指标，如就业、能源消耗、环境影响等，以提供更全面的经济评估。近年来，主要从两个方面进行有关环境问题的投入产出模型研究，一方面研究的重点是通过在传统的投入产出模型中增加环境污染排放账户、能源使用账户、资源使用账户来分析经济活动的环境资源负荷的绿色投入产出模型，如荷兰统计局开发的包含环境账户的国民经济核算矩（NAMEA）。另一方面研究则是将投入产出分析和生命周期过程分析相结合构建一个综合分析模型以分析产品在其生命周期供应链中的直接、间接、累计的环境影响。

### 3. 方法的步骤

计算间接效应的主要步骤为：①运用模型测算所研究对象的碳排放弹性系数；②运用投入产出模型中的完全消耗系数乘以各碳排放弹性系数，得出产生的间接碳排放效应。

### 4. 投入产出模型案例[①]

（1）问题简述

借助 2005 年、2007 年和 2010 年投入产出表，测算电力、燃气及水的生产和供应业，农林牧渔业，交通运输、仓储和邮政业，以及批发、零售业和住宿、餐饮业对建筑业的间接碳排放效应。

（2）建模分析

通过行业的碳排放量和行业增加值之间的回归分析测算出直接碳排放系数，再借助

---

① 王连，华欢欢，王世伟. 基于投入产出模型的建筑业碳排放效应测算 [J]. 统计与决策，2016(21): 77-79.

2005年、2007年和2010年投入产出表计算出的完全消耗系数乘以行业的直接碳排放系数，得到建筑行业间接碳排放效应。

### （3）计算结果

由建筑业对其他行业的完全消耗系数乘以其他行业的直接碳排放效应得到其他行业对建筑业的间接消耗系数，如表7-9所示。

表7-9 其他行业对建筑业的间接碳排放效应

| 行业对建筑业的间接碳排放效应 | 2005 | 2007 | 2010 |
| --- | --- | --- | --- |
| 电力、燃气及水的生产和供应业 | 2.271324 | 3.060071 | 2.725526 |
| 农林牧渔业 | -6.51921 | -2.48393 | -2.84419 |
| 交通运输、仓储和邮储业 | 4.130928 | 3.844851 | 4.423043 |
| 批发、零售业和住宿、餐饮业 | 0.150303 | 0.116031 | 0.123539 |
| 总正间接碳排效应 | 6.552555 | 7.020953 | 7.272108 |
| 总间接碳排效应 | 0.033343 | 4.537026 | 4.427919 |

## 三、线性规划模型

线性规划模型是一种数学优化方法，用于解决具有线性目标函数和线性约束条件的问题。通过使用线性规划模型，可以进行更加精确的决策和优化，从而提高效率和资源利用。线性规划模型在供应链管理、生产计划、资源分配、投资组合优化等领域有广泛的应用，对于解决实际问题具有重要的指导和决策支持作用。

线性优化模型的基本思路是在满足一定的约束条件下，使预定的目标达到最优。线性规划模型的数学形式是在给定目标函数和约束条件的基础上，建立一个数学规划问题。通常使用向量和矩阵符号来表示目标函数、决策变量和约束条件，通过线性代数的方法进行求解。

### 1. 方法原理

一般来说，线性规划模型的数学形式可以表示为：

最小化（或最大化）目标函数：

$$Z = c_1 x_1 + c_2 x_2 + \cdots + c_n x_n$$

满足约束条件：

$$\begin{cases} a_{11}x_1 + a_{12}x_2 + \cdots + a_{1n}x_n \leq b_1 \\ a_{21}x_1 + a_{22}x_2 + \cdots + a_{2n}x_n \leq b_2 \\ \vdots \\ a_{m1}x_1 + a_{m2}x_2 + \cdots + a_{mn}x_n \leq b_m \end{cases} \quad (7\text{-}31)$$

式中，$x_1, x_2, \cdots, x_n$ 是决策变量；$c_1, c_2, \cdots, c_n$ 是目标函数中的系数；$a_{ij}$ 是约束条件中的系数；$b_1, b_2, \cdots, b_m$ 是约束条件右侧的常数。

求解线性规划模型的目标是找到使目标函数达到最大（或最小）值的决策变量取值，同时满足所有的约束条件。常用的算法是单纯形法，它通过迭代计算目标函数和约束条件的线性关系，不断调整决策变量的取值，直到找到最优解。除了单纯形法，还有其他算法，如内点法、双对偶法等，也可用于特定情况的求解。

#### 2. 模型特征及应用场景

线性规划模型按照约束条件特征和目标函数特征进行分类。按照约束条件特征分类可以分为资源分配问题、成本收益平衡问题、网络配送问题和混合问题；按照目标函数特征分类可以分为成本价值型问题和统计型问题。线性规划模型也被广泛应用于各个领域的决策和优化问题，如生产计划和资源分配、供应链管理、投资组合优化、运输和路径规划（货物配送、旅行路线选择等）、规划和排程（员工排班、生产线调度、项目管理等）、能源和环境管理（电力调度、能源供应链优化和环境污染控制等）、营销策略和定价等。线性规划在各个领域的广泛应用为决策者提供了重要的工具和方法，以便作出有效的决策和优化。

#### 3. 方法步骤

第一步，假设决策变量。第二步，建立目标函数。第三步，寻找约束条件。第四步，模型求解。

#### 4. 线性规划模型案例[①]

（1）问题简述

以天津市投入产出表（2007 年）数据为基础数据，选定我国国民经济和社会发展第十二个五年规划的末年 2015 年作为目标年（即模型中的第 $t$ 年），建立低碳经济模式下天津市多目标产业结构线性规划模型。

（2）建模分析

1）决策变量设定

表 7-10　产业及部门与决策变量对应表

| 三次产业 | | 部门 | 决策变量 |
|---|---|---|---|
| 第一产业 | | 农林牧渔业 | $x_1$ |
| 第二产业 | 工业 | 煤炭开采和洗选业 | $x_2$ |
| | | 石油和天然气开采业 | $x_3$ |
| | | 金属矿采选业 | $x_4$ |
| | | 非金属矿及其他矿采选业 | $x_5$ |
| | | 食品制造及烟草加工业 | $x_6$ |
| | | 纺织业 | $x_7$ |
| | | 纺织服装鞋帽皮革毛皮羽毛（绒）及其制品业 | $x_8$ |
| | | 木材加工及家具制造业 | $x_9$ |
| | | 造纸印刷及文教体育用品制造业 | $x_{10}$ |
| | | 石油加工、炼焦及核燃料加工业 | $x_{11}$ |
| | | 化学工业 | $x_{12}$ |

---

[①] 吕明元，李彦超，宫璐一. 基于线性规划模型的天津市产业结构低碳化转型研究 [J]. 科技管理研究，2014，34（19）：55-58+65.

续表

| 三次产业 | | 部门 | 决策变量 |
|---|---|---|---|
| 第二产业 | 工业 | 非金属矿物制品业 | $x_{13}$ |
| | | 金属冶炼及压延加工业 | $x_{14}$ |
| | | 金属制品业 | $x_{15}$ |
| | | 通用、专用设备制造业 | $x_{16}$ |
| | | 交通运输设备制造业 | $x_{17}$ |
| | | 电气机械及器材制造业 | $x_{18}$ |
| | | 通信设备、计算机及其他电子设备制造业 | $x_{19}$ |
| | | 仪器仪表及文化、办公用机械制造业 | $x_{20}$ |
| | | 工艺品及其他制造业 | $x_{21}$ |
| | | 废品废料 | $x_{22}$ |
| | | 电力、热力的生产和供应业 | $x_{23}$ |
| | | 燃气生产和供应业 | $x_{24}$ |
| | | 水的生产和供应业 | $x_{25}$ |
| | 建筑业 | 建筑业 | $x_{26}$ |
| 第三产业 | | 服务业 | $x_{27}$ |

2）模型所设目标

① 经济增长目标——经济增长最大化：$\max \sum_{i=1}^{n} r_i x_{it}$

式中，$r_i$ 为 $i$ 产业的增加值率 = $i$ 产业增加值 / $i$ 产业总产值；$x_{it}$ 是 $i$ 产业在第 $t$ 期（预测期）的总产值，为模型的决策变量；$n$ 为产业个数。

② 低碳目标——碳排放量最小化：$\min \sum_{i=1}^{n} q_i x_{it}$

式中，$q_i$ 为 $i$ 产业的碳排放强度 = $i$ 产业产值 / $i$ 产业碳排放量；其余符号含义同上。

3）约束条件

① 经济运行约束

经济增长目标约束：$G_{LGDP} \leq \sum_{i=1}^{n} r_i x_{it} \leq G_{HGDP}$，其中，$G_{LGDP}$，$G_{HGDP}$ 分别为第 $t$ 期天津市 GDP 的最低目标值和最高目标值。

投入产出约束：$X - AX \geq Y$，其中：$X = (X_1, X_2, \cdots, X_n)^T$ 为产业部门总产出列向量；$A$ 为投入产出直接消耗系数矩阵；$Y$ 为最终净需求列向量。

产业结构约束：$G_{1L} \leq \sum_{i=1}^{n_1} r_i x_{it} \leq G_{1H}$；$G_{2L} \leq \sum_{i=1}^{n_2} r_i x_{it} \leq G_{2H}$；$G_{3L} \leq \sum_{i=1}^{n_3} r_i x_{it} \leq G_{3H}$，其中：

$n_1$、$n_2$、$n_3$ 为第一、第二、第三产业部门数；$G_{1L}$、$G_{2L}$、$G_{3L}$ 为第一、第二、第三产业的产值的最低目标值；$G_{1H}$、$G_{2H}$、$G_{3H}$ 为第一、第二、第三产业产值的最高目标值。

② 低碳约束：$\sum_{i=1}^{n} q_i x_{it} \leq C_t$，其中：$C_t$ 为第 $t$ 期碳排放量的最大值。

③ 非负约束：$x_{it} \geq 0$。

（3）计算求解

运用 Lingo6.1 软件进行模型求解如表 7-11 所示。

表 7-11　2015 年天津市经济指标及碳排放指标预测结果

|  | 基期 2007 年 | 预测期 2015 年 | 模型设定 |
| --- | --- | --- | --- |
| GDP（亿元） | 5 252.76 | 17 695.73 | 16 256.65～21 103.33 |
| 第一产业比重 | 2.10% | 1.01% | 1%～2% |
| 第二产业比重 | 55.10% | 48.87% | 48%～50% |
| 第三产业比重 | 42.80% | 50.12% | 48%～51% |
| 碳排放量（万吨） | 3 523.75 | 3 981.45 | ≤ 3 981.45 |

由表 7-11 可见，天津市 2015 年全市国内生产总值预期将达到 17 695.73 亿元，较"十一五"时期末年 2010 年的 GDP 总量增长了近一倍，年均增长 13.92%，实现了《天津市国民经济和社会发展第十二个五年规划纲要》中提出的 GDP 年均增速 12% 的目标。

## 第三节　碳金融模型

### 一、PSO-BP 神经网络模型

PSO-BP 神经网络模型是应用粒子群优化算法（PSO）对传统的 BP 神经网络模型进行算法优化的改进模型。PSO 算法是由 Kennedy 等人于 1995 年提出的一种经典的启发式算法，通常用于全局优化问题，其灵感来自鸟群或鱼群的社会行为。它利用一群粒子在解空间中搜索最优解，通过根据自身最好已知位置和全局最好已知位置来更新粒子的位置。PSO-BP 神经网络模型充分利用了 PSO 算法全局搜索能力和收敛速度快的特点，提高了神经网络模型的性能和鲁棒性，同时简化了参数调整的过程。

PSO-BP 神经网络模型可用于解决多种问题，特别是那些需要进行权重和偏置优化的问题，主要包括模式识别和分类、预测和回归、组合和参数优化、强化学习。在碳金融领域，PSO-BP 神经网络模型被广泛应用于碳金融市场预测，包括碳价格预测、碳配额供需预测、政策和市场因素分析，所得预测信息可为参与碳交易和碳市场管理的各方提供支持和指导。

1. 方法原理

PSO-BP 神经网络模型实质上是一种结合了粒子群优化（PSO）算法和反向传播（BP）算法的用于训练神经网络的混合算法。因此，可以从 PSO 算法和 BP 算法两个方面来阐述其基本原理。

（1）PSO 算法原理

粒子群算法的思想源于对鸟群觅食行为的研究，鸟群通过集体的信息共享使群体找到最优的目的地。设想这样一个场景：鸟群在森林中随机搜索食物，它们想要找到食物量最多的位置。但是所有的鸟都不知道食物具体在哪个位置，只能感受到食物大概在哪个方向。每只鸟沿着自己判定的方向进行搜索，并在搜索的过程中记录自己曾经找到过食物且量最多的位置，同时所有的鸟都共享自己每一次发现食物的位置以及食物的量，这样鸟群就知道当前在哪个位置食物的量最多。在搜索的过程中，每只鸟都会根据自己记忆中食物量最多的位置和当前鸟群记录的食物量最多的位置调整自己接下来搜索的方向。鸟群经过一段时间的搜索后就可以找到森林中哪个位置的食物量最多（全局最优解）。将鸟群觅食行为和算法原理对应，如表 7-12 所示。

表 7-12　粒子群算法原理

| 鸟群觅食 | 粒子群算法 |
| --- | --- |
| 鸟 | 粒子 |
| 森林 | 求解空间 |
| 食物的量 | 目标函数值（适应值） |
| 每只鸟所处的位置 | 空间中的一个解（粒子位置） |
| 个体食物量最多的位置 | 个体最优解 |
| 总体食物量最多的位置 | 全局最优解 |

PSO 算法的两个核心要素是粒子的两个属性：速度和位置。速度表示粒子下一步迭代时移动的方向和距离，位置是所求解问题的一个解。速度实际上是一个位置向量，可应用以下公式计算：

$$v_{id}^{k+1} = wv_{id}^k + c_1 r_1 (p_{id,pbest}^k - x_{id}^k) + c_2 r_2 (p_{d,gbest}^k - x_{id}^k) \quad (7\text{-}32)$$

该式子右侧的第一项是惯性部分，由惯性权重和粒子自身速度构成，表示粒子对先前自身运动状态的信任；第二项是认知部分，表示粒子本身的思考，即粒子自己经验的部分，可理解为粒子当前位置与自身历史最优位置之间的距离和方向；第三项是社会部分，表示粒子之间的信息共享与合作，即来源于群体中其他优秀粒子的经验，可理解为粒子当前位置与群体历史最优位置之间的距离和方向。

式子中的参数定义如下：

$N$—粒子群规模；$i$—粒子序号，$i = 1, 2, \cdots, N$；$D$—粒子维度；$d$—粒子维度序号，$d = 1, 2, \cdots, D$；$k$—迭代次数；$w$—惯性权重；$c_1$—个体学习因子；$c_2$—群体学习因子；$r_1$，$r_2$—区间 [0,1] 内的随机数，增加搜索的随机性；$v_{id}^k$—粒子 $i$ 在第 $k$ 次迭代中第 $d$ 维的速度向量；$x_{id}^k$—粒子 $i$ 在第 $k$ 次迭代中第 $d$ 维的位置向量；$p_{id,pbest}^k$—粒子 $i$ 在第 $k$ 次迭代中第 $d$ 维的历史最优位置，即在第 $k$ 次迭代后，第 $i$ 个粒子（个体）搜索得到的最优解；$p_{d,gbest}^k$—群体在第 $k$ 次迭代中第 $d$ 维的历史最优位置，即在第 $k$ 次迭代后，整个粒子群体中的最优解。

粒子位置可应用下式计算：

$$x_{id}^{k+1} = x_{id}^k + v_{id}^{k+1} \tag{7-33}$$

即上一步的位置 + 下一步的速度。

（2）BP 算法原理

BP 神经网络是一种按误差反向传播（简称误差反传）训练的多层前馈网络，其算法称为 BP 算法，它的基本思想是梯度下降法，利用梯度搜索技术，以期使网络的实际输出值和期望输出值的误差均方差为最小。

BP 神经网络的计算过程由正向计算过程和反向计算过程组成。正向传播过程，输入模式从输入层经隐单元层逐层处理，并转向输出层，每一层神经元的状态只影响下一层神经元的状态。如果在输出层不能得到期望的输出，则转入反向传播，将误差信号沿原来的连接通路返回，通过修改各神经元的权值，使得误差信号最小。

如图 7-6 所示，BP 神经网络由输入层、隐藏层、输出层组成。输入层是信息的输入端，读取输入的数据；隐藏层是信息的处理端，可以设置这个隐藏层的层数（在这里一层隐藏层，$q$ 个神经元）；输出层是信息的输出端，也就是我们要的结果。$v$、$w$ 分别为输入层到隐藏层、隐藏层到输出层的权重。

对于图 7-6 显示的只含一个隐层的神经网络模型，BP 神经网络的过程主要分为两个阶段，第一阶段是信号的正向传播，从输入层经过隐含层，最后到达输出层；第二阶段是误差的反向传播，从输出层到隐含层，最后到输入层，依次调节隐含层到输出层的权重和偏置，输入层到隐含层的权重和偏置。

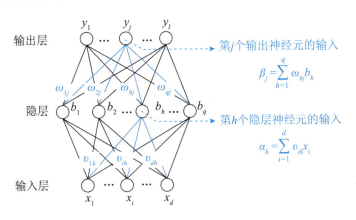

图 7-6　BP 神经网络架构

信号的正向传播过程就是让信息从输入层进入网络，依次经过每一层的计算，得到最终输出层结果的过程。在上面的网络中，可以按照下式计算：

从输入层到隐藏层：$\alpha_h = \sum_{i=1}^{d} v_{ih} x_i + \theta_h$，$b_h = f(\alpha_h)$

从隐藏层到输出层：$\beta_j = \sum_{h=1}^{q} w_{hj} b_h + \theta_j$，$y_j = f(\beta_j)$

式中，$v_{ih}$ 和 $w_{hj}$ 是神经元之间的连接权重，$\theta$ 是神经元的偏置，$f(\cdot)$ 为激活函数。

信号的反向传播过程就是通过计算输出层与期望值之间的误差来调整网络参数，从而使得误差变小。计算误差公式如下：

$$E = \frac{1}{2} \sum_{k=1}^{2} (y_k - T_k)^2 \tag{7-34}$$

对于经典的 BP 神经网络模型，一般采用梯度下降法更新权重与偏置：

$$\Delta w_{ij} = (l) E y_k, \quad w_{ij} = \Delta w_{ij} + w_{ij}$$

$l$ 称为学习率，可以调整更新的步伐，合适的学习率能够使目标函数在合适的时间内收敛到局部最小值。PSO-BP 神经网络模型则采用 PSO 算法更新权重与偏置，大大加快了模型的收敛速度。

### 2. 模型特征及应用场景

PSO-BP 神经网络模型具有以下特征：

（1）综合利用全局搜索和局部搜索能力

PSO-BP 神经网络模型兼具全局搜索和局部搜索的能力。它能够在整个搜索空间中进行全局搜索，同时利用 BP 算法在局部搜索中进行权重和偏置的微调，从而提高模型的性能和收敛速度。

（2）自适应调整

PSO-BP 神经网络模型具有自适应性，能够根据当前的搜索情况和目标函数值智能地调整粒子的运动策略和参数设置。这使得模型能够有效避免陷入局部最优解，提高鲁棒性和泛化能力。

（3）并行计算

PSO-BP 神经网络模型可以通过并行计算加速训练过程，利用多线程或分布式计算技术在多个处理单元上同时进行计算。这种并行计算能力能够显著提升模型的训练效率，特别适用于大规模数据集和复杂的神经网络结构。

PSO-BP 神经网络模型在碳金融中具有广泛的应用场景：

（1）碳排放预测

PSO-BP 神经网络模型可以通过学习历史碳排放数据和相关因素（如能源消耗、产业结构等），进行碳排放的预测。这对于政府、企业和投资者来说都非常重要，可以帮助它们制定合理的碳排放政策、规划碳减排措施，并进行碳市场交易决策。

（2）碳市场分析

PSO-BP 神经网络模型可以用于分析碳市场的价格变化趋势。通过学习历史的碳交易数据和其他相关因素（如经济状况、政策变化等），模型可以预测未来碳市场的价格波动，帮助投资者和交易者制定更准确的交易策略。

（3）碳资产评估

PSO-BP 神经网络模型可以用于评估碳资产的价值。碳资产包括碳配额、减排项目等，其价值受到市场供求和政策环境的影响。通过学习相关数据和市场因素，模型可以对碳资产的未来价值进行预测和评估，帮助投资者进行投资决策。

（4）碳信用风险评估

PSO-BP 神经网络模型可以用于评估碳信用风险。在碳市场中，企业和机构的碳减排行为和碳排放情况都会影响其碳信用评级。通过学习历史数据和相关指标，模型可以进行碳信用风险的评估，为金融机构和投资者提供参考意见。

### 3. 方法的步骤

PSO-BP 神经网络模型构建流程为：

（1）数据归一化，建立 BP 神经网络，确定拓扑结构并初始化网络的权值和阈值。

（2）初始化 PSO 参数，最大迭代次数、种群大小、个体学习因子、社会学习因子、惯性权重等参数。

（3）初始化 PSO 的种群位置，根据 BP 神经网络结构，计算出需要优化的变量元素个数。

（4）PSO 优化，适应度函数设置为 BP 网络预测的均方误差，循环 PSO 优化过程，不断更新最优粒子的位置直至最大迭代次数，终止 PSO 算法。

（5）PSO 算法优化后的最优权值阈值参数赋予 BP 神经网络，即输出最优的 PSO-BP 模型，利用 PSO-BP 进行训练和预测并与优化前的 BP 网络进行对比分析。

### 4. PSO-BP 神经网络模型案例[①]

（1）问题简述

选取欧洲能源交易所公布的 EUA 期货价格作为研究主体，样本区间为 2013 年 1 月 4 日至 2016 年 9 月 1 日，预测碳价。

（2）建模分析

对于代表各类影响因素的样本指标，分别从配额供给、能源价格、宏观经济和碳市场相关产品价格四大维度进行选取。具体而言，在碳价的影响因素中：采用每日成交量反映 EUA 供给；采用电力价格、煤炭价格、石油价格和天然气价格反映能源价格因素；采用 EUA 现货价格、CER 期货价格、历史价格和现货价格反映碳市场相关产品的价格波动对 EUA 的影响；采用欧洲 Stoxx50 指数反映宏观经济景气指数对碳价波动的影响，其代表变量见表 7-13。

表 7-13 碳价影响因素的代表变量及其数据来源表

| 影响因素 | 变量名称 | 变量符号 | 变量含义 | 单位 | 数据来源 |
|---|---|---|---|---|---|
| EUA 供给因素 | EUA 成交量 | VOL | 每日成交量 | 次 | EEX |
| 能源价格因素 | 电力价格 | EPRI | 欧洲电力基本指数 | 欧元/兆瓦时 | 欧洲电交所 |
| | 煤炭价格 | COAL | 欧盟动力煤现货价格 | 美元/吨 | Wind |

---

[①] 蒋锋，彭紫君. 基于混沌 PSO 优化 BP 神经网络的碳价预测 [J]. 统计与信息论坛，2018，33（5）：93-98.

续表

| 影响因素 | 变量名称 | 变量符号 | 变量含义 | 单位 | 数据来源 |
|---|---|---|---|---|---|
| 能源价格因素 | 石油价格 | OIL | 英国布伦特原油期货收盘价 | 美元/桶 | ICE |
| | 天然气价格 | GAS | 英国天然气期货价格 | 英镑/热单位 | ICE |
| 宏观经济因素 | 宏观经济 | STOXX | 欧洲经济风向标指数 | — | Wind |
| 碳市场相关产品 | CER 期货价格 | CER0 | CER 期货合约价格 | 欧元/吨 | ICE |
| | CER 历史价格 | CER1 | 滞后一期的 CER 现货价格 | 欧元/吨 | EEX |
| | CER 现货价格 | CER2 | CER 现货价格 | 欧元/吨 | EEX |
| | EUA 现货价格 | EUA0 | EUA 现货价格 | 欧元/吨 | EEX |

（3）计算结果

运用 Elastic Net 方法对碳价影响因素进行变量选择。在进行降维前先对原始数据进行归一化处理，以消除指标量纲的影响。运用 Elastic Net 方法，结合 AIC 准则，给出了变量选择结果及参数估计值，见表 7-14。

表 7-14　碳价影响因素的参数估计结果表

| 影响因素 | VOL | EPRI | COAL | OIL | GAS | STO | CER0 | CER1 | CER2 | EUA0 |
|---|---|---|---|---|---|---|---|---|---|---|
| 估计参数 | 0.000 | 0.000 | 0.048 | 0.038 | -0.043 | 0.027 | 0.000 | 0.046 | 0.056 | 0.378 |

根据 Elastic Net 方法对碳价影响因素的降维可知，CER 期货价格、EUA 现货价格、宏观经济活动、煤炭价格、原油价格和英国天然气价格与碳价的影响程度较大，经过输入变量的不断调节，选取了拟合结果较优的三个节点作为神经网络的输入，即煤炭价格、石油价格和天然气价格；BP 神经网络的隐含层为三个节点，BP 神经网络的输出层为一个节点，即 EUA 期货价格。利用 Elastic Net 方法得到的主要影响因素对应的 866 条数据来进行训练和测试。为验证模型的稳定性和泛化能力，以不同比例多次划分训练集和测试集，结果表明新方法在不同的测试集上都具有良好的表现。将数据以 4∶1 的比例划分为训练集和测试集，划分训练集为前 716 天的数据，测试集为后 150 天的数据。样本外（测试集）数据的相对误差较小，最高不超过 0.08，大部分维持在 0.05 以下，由此可见 CPSO-BP 网络模型的辨识精度较高，并且模型较为稳定。

## 二、GED-GARCH 模型和 VAR 模型

GED-GARCH 模型是一种金融时间序列模型，结合了广义自回归条件异方差（GARCH）模型和广义误差分布（GED）。GED-GARCH 模型旨在对金融时间序列中的波动性进行建模。它考虑到了金融数据中存在的非正态分布和尖峰厚尾的特点。相比于传统的 GARCH 模型，GED-GARCH 模型使用广义误差分布来更准确地刻画数据的波动性。

向量自回归模型（VAR 模型）是非结构性方程组模型，由 Sims 于 1980 年提出。该模型不以经济理论为基础，采用多方程联立的形式，在模型的每一个方程中，内生变量对

模型的全部内生自变量的滞后项进行回归，进而估计全部内生变量的动态关系，常用于预测相互联系的时间序列系统以及分析随机扰动对变量系统的动态冲击。

1. 方法原理

（1）GED-GARCH 模型方法原理

一个典型的 GARCH (p, q) 模型定义如下：

$$\begin{cases} \epsilon_t = \sigma_t v_t \\ \sigma_t^2 = \alpha_0 + \alpha_1 \epsilon_{t-1}^2 + \cdots + \alpha_q \epsilon_{t-q}^2 + \beta_1 \sigma_{t-1}^2 + \cdots + \beta_p \sigma_{t-p}^2 \end{cases} \quad (7\text{-}35)$$

其中，$v_t iid \sim (0,1)$，$\alpha_0 > 0$，$\alpha_i \geqslant 0$，$i = 1, \cdots, q$；$\beta_j \geqslant 0$，$j = 1, \cdots, p$。

在上面的 GARCH (p, q) 模型中，若假设 $v_t$ 服从 GED 分布，则我们可以得到 GED-GARCH 模型。这里 $v_t$ 需要满足：$E(v_t)=0$，$\mathrm{var}(v_t)=1$，因而有：

$$\begin{cases} \mu = 0 \\ \dfrac{\Gamma\left(\dfrac{3}{p}\right)}{\Gamma\left(\dfrac{1}{p}\right)} p^{\frac{2}{p}} \sigma_p^2 = 1 \end{cases} \quad (7\text{-}36)$$

从而有：

$$\sigma_p = \sqrt{\dfrac{\Gamma(1/p)}{\Gamma(3/p)}} p^{-\frac{1}{p}} \quad (7\text{-}37)$$

即 $\sigma_p$ 可以用 $p$ 的函数来表示，因而在后面的 GED 分布参数估计中，只需对形状参数 $p$ 进行估计即可。

（2）VAR 模型方法原理

假设 $y_{1t}$ 和 $y_{2t}$ 之间存在关系，如果分别建立两个自回归模型，则无法捕捉两个变量之间的关系。如果采用联立的形式，就可以建立起两个变量之间的关系。VAR 模型的结构与两个参数有关，一个是所含变量个数 $N$，一个是最大滞后阶数 $k$。

以两个变量 $y_{1t}$ 和 $y_{2t}$ 滞后 1 期的 VAR 模型：

$$\begin{cases} y_{1,t} = \mu_1 + \pi_{11.1} y_{1,t-1} + \pi_{12.1} y_{2,t-1} + \mu_{1t} \\ y_{2,t} = \mu_2 + \pi_{21.1} y_{1,t-1} + \pi_{22.1} y_{2,t-1} + \mu_{2t} \end{cases} \quad (7\text{-}38)$$

其中 $\mu_{1t}$，$\mu_{2t} \sim \mathrm{IID}(0,\sigma^2)$，$\mathrm{Cov}(\mu_{1t}, \mu_{2t})=0$。写成矩阵形式是：

$$\begin{bmatrix} y_{1t} \\ y_{2t} \end{bmatrix} = \begin{bmatrix} \mu_1 \\ \mu_2 \end{bmatrix} + \begin{bmatrix} \pi_{11.1} & \pi_{12.1} \\ \pi_{21.1} & \pi_{22.1} \end{bmatrix} \begin{bmatrix} y_{1,t-1} \\ y_{2,t-1} \end{bmatrix} + \begin{bmatrix} u_{1t} \\ u_{2t} \end{bmatrix} \quad (7\text{-}39)$$

设 $\boldsymbol{Y}_t = \begin{bmatrix} y_{1t} \\ y_{2t} \end{bmatrix}$，$\boldsymbol{\mu} = \begin{bmatrix} \mu_1 \\ \mu_2 \end{bmatrix}$，$\boldsymbol{\pi}_t = \begin{bmatrix} \pi_{11.1} & \pi_{12.1} \\ \pi_{21.1} & \pi_{22.1} \end{bmatrix}$，$\boldsymbol{\mu}_t = \begin{bmatrix} \mu_{1t} \\ \mu_{2t} \end{bmatrix}$，则

$$\boldsymbol{Y}_t = \boldsymbol{\mu} + \boldsymbol{\pi}_1 \boldsymbol{Y}_{t-1} + \boldsymbol{u}_t \quad (7\text{-}40)$$

那么，含有 $N$ 个变量滞后 $k$ 期的 VAR 模型表示如下：

$$Y_t = \mu + \pi_1 Y_{t-1} + \pi_2 Y_{t-2} + \cdots + \pi_k Y_{t-k} + u_t \qquad (7\text{-}41)$$

$Y_t$ 为 $N\times 1$ 阶列向量，$\mu$ 为 $N\times 1$ 阶常数项列向量，$\pi_1,\cdots,\pi_k$ 均为 $N\times N$ 阶参数矩阵，$\mu_t$ 是 $N\times 1$ 阶随机误差列向量，其中每一个元素都是非自相关的，但不同方程对应的随机误差项之间可能存在相关。因为 VAR 模型中每个方程的右侧只含有内生变量的滞后项，其与 $\mu_t$ 是不相关的，所以可以用 OLS 法依次估计每一个方程，得到的参数估计量都具有一致性。

### 2. 模型特征及应用场景

（1）模型特征

GED-GARCH 模型具有以下特征：

① 弹性波动性建模。GED-GARCH 模型可以更准确地捕捉金融市场中的波动性，相对于传统的 GARCH 模型，它引入了广义误差分布（GED）来刻画非正态分布和尖峰厚尾的特征。这使得模型在描述极端事件和非对称波动时更加准确。

② 长尾分布建模。GED 分布是一种灵活的分布，能够适应金融市场中尖峰厚尾、非正态分布的情况。相比于传统的假设收益率服从正态分布的模型，GED-GARCH 模型更好地反映了金融资产收益率的实际特点。

③ 波动性聚集效应。GED-GARCH 模型能够较好地捕捉到金融时间序列中的波动性聚集效应。波动性聚集是指金融市场中的波动率在时间上有明显的变化和聚集，即大波动率后面更容易出现大波动率的情况。GED-GARCH 模型通过对历史数据进行拟合，能够较好地刻画这种波动性聚集效应。

④ 可解释性。由于 GED-GARCH 模型基于广义误差分布和 GARCH 框架，模型参数具有直观的经济解释。这使得模型结果具有一定的可解释性，可以帮助解释金融市场中波动性的变化和影响因素。

GED-GARCH 模型也有其局限性，如参数选择的敏感性、计算复杂度较高等。

VAR 模型具有以下特征：

① 多变量建模：VAR 模型用于描述和分析多个变量之间的动态关系。相比于单变量模型，如自回归（AR）模型，VAR 模型可以同时考虑多个变量之间的相互作用和影响。

② 没有先验因果假设：VAR 模型不需要预先指定变量之间的因果方向，而是通过变量之间的回归关系来刻画它们之间的相互作用。这使得 VAR 模型更加灵活，能够捕捉到变量之间的复杂动态关系。

③ 波动性聚集效应：VAR 模型可以捕捉到金融时间序列中的波动性聚集效应，即波动率在时间上有明显的变化和聚集的现象。通过引入滞后项，VAR 模型可以在模型中包含过去波动率对当前波动率的影响。

VAR 模型也面临着数据需求较高、模型复杂性控制和缺乏解释性等挑战。

（2）应用场景

GED-GARCH 模型在碳金融中有多个应用场景：

① 碳市场波动性预测。GED-GARCH 模型可用于对碳市场波动性进行建模和预测。通过学习历史的碳市场数据，特别是碳价格的波动情况，模型可以提供未来碳市场波动性的预测。这对碳市场参与者、投资者和风险管理机构具有重要意义，以制定相应的投资策

略和风险管理措施。

② 碳市场风险度量。GED-GARCH 模型可用于评估碳市场的风险水平。通过估计模型参数，并利用实时或历史的碳市场数据，可以计算出碳市场的风险指标，如风险价值（VaR）和条件风险价值（CVaR）。这有助于投资者和机构了解碳市场的风险潜在和可接受范围，从而更有效地管理风险。

③ 碳资产组合优化。GED-GARCH 模型可用于支持碳资产组合的优化和配置。通过结合其他资产类别（如股票、债券等）和资产之间的相关性，模型可以构建多资产组合，并考虑碳市场波动性对资产配置的影响。这有助于投资者在配置资产组合时平衡风险和收益，并充分利用碳市场的机会。

④ 碳期权定价。GED-GARCH 模型可应用于碳期权的定价。通过将碳市场的波动性嵌入期权定价模型中，模型可以计算出合理的期权价格，帮助投资者和期权交易者进行评估和决策。这对于碳金融市场的发展和碳金融产品的推出具有重要意义。

VAR 模型在碳金融中的应用场景主要是：

① 碳市场影响分析。VAR 模型可应用于分析碳市场与其他经济变量之间的相互影响关系。通过建立包含碳价格、碳排放量、经济增长等变量的 VAR 模型，可以研究碳市场对经济的影响以及经济因素对碳市场的反馈效应。这有助于了解碳市场与经济的相互作用，为政策制定者提供参考和决策支持。

② 碳市场预测。VAR 模型可用于对碳市场的未来走势进行预测。通过建立包含历史碳市场数据和其他相关变量的 VAR 模型，可以利用模型对未来碳价格、碳排放量等进行预测。这对碳市场参与者、投资者和政府机构来说都是有价值的信息，可以指导投资决策、政策制定和市场监管。

③ 碳金融冲击分析。VAR 模型可用于分析碳市场冲击对其他金融变量的影响。通过引入碳价格或碳排放量的外部冲击，可以研究这些冲击如何传递到其他金融变量，如股票市场、汇率等。这有助于评估碳市场对金融市场的系统性风险和冲击传导效应。

④ 碳价格波动风险度量。VAR 模型可用于测量碳价格的波动性和风险水平。通过估计 VAR 模型的方差-协方差矩阵，可以计算出碳价格的风险指标，如波动率、风险价值（VaR）和条件风险价值（CVaR）。这有助于投资者和机构评估碳市场的风险水平，并进行风险管理和资产定价。

### 3. 方法的步骤

（1）GED-GARCH 模型建模步骤

① 选择合适的金融时间序列数据，如股票收益率或汇率收益率。

② 根据数据的特点，设定合适的 GARCH 模型阶数和 GED 分布的形状参数初始估计值。

③ 使用最大似然估计方法，通过迭代优化使得模型的参数估计达到最优化。

④ 利用估计得到的 GED-GARCH 模型，可以进行波动率的预测、风险度量和风险管理。

（2）VAR 模型建模步骤

① 数据准备：收集涉及的多个变量的时间序列数据，并确保数据具有平稳性（可通过平稳性检验进行判断）。

② 模型阶数选择：选择 VAR 模型的滞后阶数（lag order），即考虑多少时刻之前的变量作为解释变量。可以通过信息准则（如 AIC、BIC 等）或经验法则进行选择。

③ 参数估计：使用最小二乘法（OLS）等方法，对 VAR 模型的参数进行估计。参数估计过程中可能需要考虑共线性等问题。

④ 模型诊断：对模型进行诊断，包括检查残差的自相关性、异方差性和正态性，以验证模型的有效性。

⑤ 模型应用：利用估计得到的 VAR 模型进行预测、冲击响应分析和方差分解等。预测可以用于未来值的预测和决策制定，冲击响应分析用于研究外部冲击对系统的影响，方差分解可用于评估各个变量对系统变动的贡献。

4. 案例

（1）GED-GARCH 模型应用案例[①]

从国际交易所网站上选取 2014 年 12 月、2015 年 12 月和 2016 年 12 月交割的 3 种欧盟碳期货合约作为分析对象。为方便引用说明，依次编号为 Dec14、Dec15 和 Dec16。碳期货合约收益率序列的基本统计特征如表 7-15 所示。

表 7-15 碳期货合约收益率序列的基本统计特征

| 碳期货合约编号 | 样本数 | 均值 | 最小值 | 最大值 | 标准差 | 偏度 | 峰度 | JB 检验 |
| --- | --- | --- | --- | --- | --- | --- | --- | --- |
| Dec14 | 703 | 0.0170 | −29.22 | 22.46 | 3.5531 | −0.5105 | 13.56 | 3 296.9 |
| Dec15 | 703 | 0.0145 | −29.808 | 17.00 | 3.5044 | −0.6558 | 12.96 | 2 956.8 |
| Dec16 | 470 | 0.0293 | −28.729 | 34.27 | 4.5139 | 0.8664 | 19.49 | 5 384.6 |

在使用 GARCH 模型对样本数据进行实证分析前，须对样本数据进行一系列的数据特征检验，主要包括异方差、平稳性和 ARCH 效应检验。表 7-16 中所有的检验结果均在 1% 的显著水平下拒绝各自相应的原假设，说明 3 种碳期货合约序列的波动情况均不符合同方差假设，即存在异方差。但是，碳期货合约收益率序列的统计结果平稳，且都存在 ARCH 效应，因此符合使用 GARCH 模型的理论条件。

表 7-16 碳期货合约收益率序列的异方差、平稳性和 ARCH-LM 检验结果

| 碳期货合约编号 | 异方差检验 | 平稳性检验 | | ARCH-LM 检验 | |
| --- | --- | --- | --- | --- | --- |
| | 怀特检验 | ADF 检验 | PP 检验 | F 统计量 | $T \times R^2$ |
| Dec14 | 21.11 | −20.78 | −22.18 | 21.36 | 20.78 |
| Dec15 | 13.66 | −20.07 | −22.17 | 13.73 | 13.50 |
| Dec16 | 23.00 | −17.90 | −21.66 | 23.98 | 22.91 |

结合 AIC 和 SC 最小准则，经过多次估计比较，当对 3 种碳期货合约收益率序列采用一期滞后时，AR-MA 模型的拟合最优。接着，采用广义误差分布（GED）下的 GARCH (1,1) 模型检验 3 种碳期货合约的收益率序列，其结果如表 7-17 所示。可以看出，与碳期

---

[①] 齐绍洲，于翔，谭秀杰. 欧盟碳期货风险量化——基于 GED-GARCH 模型和 VaR 模型 [J]. 技术经济，2016，35（7）：46-51.

货合约 Dec16 相比，碳期货合约 Dec14 和 Dec15 的收益率序列的 GARCH 系数更大，表明后两者当期收益率的条件方差更易受到历史预测条件方差的影响；碳期货合约 Dec16 收益率的 ARCH 系数最大，说明碳期货合约 Dec16 的收益率的条件方差相比碳期货合约 Dec14 和 Dec15 更易受到历史信息的影响，即与历史信息有更大的相关性。实证结果表明，3 种碳期货合约的当期收益率均与其历史收益率显著正相关。收益率的条件方差和波动均受各自历史信息的影响，这符合现代金融理论中对弱式有效市场的描述。此外，各方差方程中 $\alpha+\beta$ 的值均接近 1，表明 3 种碳期货合约的收益率序列具有有限方差，属于弱平稳序列，收益波动最终会衰减。根据期货价格的预示作用，3 种碳期货的价格不通过衰减，最终平稳后的合约价格对应弱式有效市场中到期日时的碳现货价格。

表 7-17　GED-GARCH(1,1) 模型的参数估计结果

| 碳期货合约编号 | 均值方程参数 $\lambda$ | 方差方程参数 | | |
|---|---|---|---|---|
| | | C | $\alpha$ | $\beta$ |
| Dec14 | 0.169 | 0.188 | 0.119 | 0.869 |
| Dec15 | 0.162 | 0.169 | 0.099 | 0.889 |
| Dec16 | 0.092 | 0.467 | 0.248 | 0.746 |

（2）VAR 模型应用案例[①]

1）问题简述

运用 VAR 模型分析我国碳配额价格的影响因素。

2）建模分析

选择深圳碳排放权交易所公布的碳配额价格（SZA）作为我国碳配额价格影响因素的研究对象，即被解释变量 $Y$。从国外碳价、国内外能源价格、国内外经济形势、外汇变动四个方面选取了 12 个可能影响碳配额价格的指标，包括：欧洲气候交易所 CER 价格（X1）、欧洲气候交易所 EUA 现货交易价格（X2）；沪深 300 指数（X3）、标准普尔 500 指数（X4）、富时 100 指数（X5）；上海燃油期货合约价格（X6）、大连焦煤期货合约价格（X7）、布伦特原油期货合约交易价格（X8）、鹿特丹煤炭期货合约价格（X9）、英国天然气期货指数价格（X10）；欧元汇率（X11）、美元汇率（X12）。选取各个变量 2014 年 1 月 1 日到 2016 年 4 月 30 日的成交数据，剔除掉变量数据所缺失的日期，共得到 548 个时间序列数据。

在构建 VAR 模型前进行了平稳性检验。检验发现，原始序列均是非平稳序列，而进行一阶差分后变为平稳序列，符合建立 VAR 模型的条件。根据 LR、F 统计量，AIC、SC、HQ 准则确定模型的滞后阶数，在 5% 的显著水平上，5 个统计量中有 3 个统计量认为应建立 VAR（3）模型，因此，最终建立的 VAR 模型变量最优滞后阶数为 3 阶。经计算，被估计的 VAR（3）模型的所有根模的倒数均位于单位圆内，表明所构建的模型具有稳定性。

3）计算结果

利用 Eviews8.0 进行模型参数计算，得到 VAR 模型回归方程参数估计结果，参数估

---

① 周建国，刘宇萍，韩博．我国碳配额价格形成及其影响因素研究——基于 VAR 模型的实证分析 [J]．价格理论与实践，2016（5）：85-88．

计结果明确了各个因素及其滞后期对我国碳配额价格的具体影响大小,初步体现了我国碳配额价格与各影响因素之间的相关关系,具体求解结果如表 7-18 所示。

表 7-18 VAR 模型参数估计结果

| | | | | | | | | |
|---|---|---|---|---|---|---|---|---|
| | D(Y(-1)) | D(Y(-2)) | D(Y(-3)) | D(X1(-1)) | D(X1(-2)) | D(X1(-3)) | D(X2(-1)) | D(X2(-2)) |
| | -0.262 | -0.175 | -0.144 | 0.014 | -0.016 | -0.010 | 0.046 | -0.027 |
| | D(X2(-3)) | D(X3(-1)) | D(X3(-2)) | D(X3(-3)) | D(X4(-1)) | D(X4(-2)) | D(X4(-3)) | D(X5(-1)) |
| | -0.058 | 0.188 | 0.285 | 0.260 | -0.155 | 0.055 | 0.362 | -0.019 |
| D(Y) | D(X5(-2)) | D(X5(-3)) | D(X6(-1)) | D(X6(-2)) | D(X6(-3)) | D(X7(-1)) | D(X7(-2)) | D(X7(-3)) |
| | -0.209 | -0.231 | 0.000 | 0.081 | 0.142 | -0.112 | 0.022 | -0.041 |
| | D(X8(-1)) | D(X8(-2)) | D(X8(-3)) | D(X9(-1)) | D(X9(-2)) | D(X9(-3)) | D(X10(-1)) | D(X10(-2)) |
| | 0.021 | -0.098 | -0.211 | -0.117 | -0.213 | -0.022 | 0.307 | 0.316 |
| | D(X10(-3)) | D(X11(-1)) | D(X11(-2)) | D(X11(-3)) | D(X12(-1)) | D(X12(-2)) | D(X12(-3)) | C |
| | -0.007 | 0.146 | -0.264 | 0.644 | -0.814 | 2.648 | -1.803 | 0.000 |

## 第四节 综合计算模型

### 一、CGE 模型

可计算的一般均衡(computable general equilibrium,CGE)模型由约翰森(Johansen)于 1960 年提出,是一种可同时考虑各经济主体之间、市场之间以及经济主体与市场之间关系的数值模拟模型。CGE 模型旨在通过价格机制将国民经济的各个部门和核算账户有机地联系起来,并建立各经济主体、各类市场之间以及经济主体与市场之间的数量关系,从而可以模拟分析某个冲击对部分或整体经济的影响。CGE 模型不仅可在经济方面进行应用,也可在环境、税收、政策等方面进行模拟研究。

CGE 模型之所以可以被广泛应用,主要在于其独特的优势:

(1)CGE 模型是机理性模型。相较于其他模型,CGE 模型是从理论到数据,从理论出发构建模型,进而寻找相关数据。因此 CGE 建模有着深厚的宏观和微观经济理论基础。

(2)CGE 模型将投入产出法、线性规划、局部均衡模型等多重方法的优势融入其中,弥补了投入产出法中忽视价格机制的弊端、线性规划模型中只能用线性函数表示的不足、局部均衡模型中只能局部分析问题的缺陷。这使 CGE 模型可用线性或非线性函数更加实际地描述各经济主体的经济行为,利用价格机制将各个系统有机结合起来,进而从部分和整体两个角度进行更全面、准确的研究分析。

(3)CGE 模型强调了经济系统内部的协调一体化。在 CGE 模型构建的整体系统内,任一外部冲击都会通过价格机制传导到整个系统,这完美地体现其牵一发而动全身的特点。

## （一）模型基本原理[①]

CGE 模型是建立在一般均衡理论基础上，主要对经济系统中政策变动冲击效应进行模拟分析的一种经济学分析工具。相比其他分析工具，其优点是，将国民经济循环体系的组成部分纳入统一的体系下，分析外部政策冲击，经济体系不断反馈和相互作用后达到的新的均衡状态，相抵原来均衡状态，系统经济变量的变化情况。

阿罗（Kenneth Arrow）与德布鲁（Gerard Debreu）通过抽象的现代数学理论证明了一般均衡理论解的存在性、唯一性和稳定性。由此，构建了比较完整的一般均衡理论体系。但由于阿罗－德布鲁模型证明过程抽象，可以说仅仅存在理论上的意义，距离现实中的经济研究应用还有距离。

可计算一般均衡模型的出现，将一般均衡理论进行了简化与应用化，模型以新古典经济学理论为基础，通过对现实经济体系各个市场中相关经济主体经济行为的刻画（如，生产者利润最大化、消费者效用最大化、产品分配利润最大化或成本最小化，所有市场的供给与需求相等），建立一组方程组，并实现了对所有市场的供给量、需求量以及均衡价格的求解。由此，可以通过变动相关政策参数，方程组从一个均衡状态到另一个均衡状态，作为研究者，可以分析具体政策的实施效果，即经济体系中相关变量的变化情况。

可计算一般均衡模型通过对市场生产者与产品的供给、产品的需求，要素的需求与供给，相关机构部门的收入与支出，以及市场的均衡与闭合方式等宏观国民经济体系的数量化刻画，使完全的国民经济体系具有了计量与模拟计算功能。可计算一般均衡模型主要包括供给、需求以及供求均衡三大基本部分。

供给方面，主要通过生产函数，成本最小化或利润最大化约束条件刻画生产者如何实现要素的需求与产品的供给。国内市场的产品如何通过约束函数，实现国内产品国内供给与进口供给组合的成本最小化。需求方面，模型主要包括中间需求与最终需求，最终需求分为居民需求、企业需求与政府需求三类，模型主要通过消费者效用最大化的效用函数，且支出最小化的约束，实现对供给部门提供的产品的需求。国内市场产品的国内生产需求与进口产品的需求组合，实现需求成本最小化。所有市场的供求均衡是可计算一般均衡模型的核心，即全部要素与产品市场的供给与需求均衡。主要包括要素市场均衡、产品市场均衡、国际收支均衡、投资储蓄均衡、居民收支均衡、企业收支均衡与政府收支均衡等。

## （二）模型主要函数[②]

### 1. 常数替代弹性（CES）生产函数

在 CGE 模型中，主要通过常数替代弹性（Constant Elasticity of Substitution，CES）函数来对生产者在一定技术约束下通过使用生产要素和中间产品来生产最终产出的过程进行描述。CES 函数的一般形式为：

---

① 云小鹏. 能源与环境财税政策影响效应研究 [D]. 中国矿业大学（北京），2021.
② 黎梓言. 碳税与非化石能源补贴政策的影响效应研究 [D]. 重庆大学，2022.

$$F(x, y) = A[\alpha x^\rho + (1-\alpha)y^\rho]^{\frac{1}{\rho}} \tag{7-42}$$

其中 $x$ 和 $y$ 代表不同的生产要素，$\alpha$ 和 $(1-\alpha)$ 分别为 $x$ 和 $y$ 投入的份额参数，$A$ 称为规模参数，可代表技术状况，$\rho$ 为替代弹性相关系数。在生产过程中，生产者为了实现成本最小化，在给定最终产出数量 $q$ 的情况下，生产者的最优生产行为可以由以下方程组推导：

$$\begin{cases} \min c = w_1 \cdot x + w_2 \cdot y \\ s.t. F(x, y) = A[\alpha x^\rho + (1-\alpha)y^\rho]^{\frac{1}{\rho}} = q \end{cases} \tag{7-43}$$

进一步构建拉格朗日等式：

$$\min L_{xy,\lambda} = w_1 x + w_2 y - \lambda \{A[\alpha x^\rho + (1-\alpha)y^\rho]^{\frac{1}{\rho}} - q\} \tag{7-44}$$

对拉格朗日等式中的三个变量分别进行微分，可以得到：

$$\begin{cases} \dfrac{\partial L}{\partial x} = w_1 - \lambda \cdot A \cdot \dfrac{1}{\rho} \cdot [\alpha x^\rho + (1-\alpha)y^\rho]^{\frac{1}{\rho}-1} \cdot \alpha \cdot \rho \cdot x^{\rho-1} = 0 \\ \dfrac{\partial L}{\partial y} = w_2 - \lambda \cdot A \cdot \dfrac{1}{\rho} \cdot [\alpha x^\rho + (1-\alpha)y^\rho]^{\frac{1}{\rho}-1} \cdot (1-\alpha) \cdot \rho \cdot y^{\rho-1} = 0 \\ \dfrac{\partial L}{\partial \lambda} = A[\alpha x^\rho + (1-\alpha)y^\rho]^{\frac{1}{\rho}} - q = 0 \end{cases} \tag{7-45}$$

合并求解得：$\dfrac{w_1}{w_2} = \dfrac{\alpha}{(1-\alpha)} \cdot \left(\dfrac{y}{x}\right)^{1-\rho}$。

转换表达形式得到：$y = \left(\dfrac{w_1}{w_2} \cdot \dfrac{(1-\alpha)}{\alpha}\right)^{\frac{1}{1-\rho}} \cdot x$。

代入生产函数，同时引入 $\epsilon = 1/(1-\rho)$，可以得到要素 $x$ 的需求函数：

$$x^C = \left(\dfrac{1}{A}\right)^{1-\epsilon} \cdot \alpha^\epsilon \cdot \left(\dfrac{w_2}{w_1}\right)^\epsilon \cdot q \tag{7-46}$$

同理：

$$y^c = \left(\dfrac{1}{A}\right)^{1-\epsilon} \cdot (1-\alpha)^\epsilon \cdot \left(\dfrac{w_1}{w_2}\right)^\epsilon \cdot q \tag{7-47}$$

用要素需求函数求出成本函数：

$$c(w_1, w_2, q) = \left(\dfrac{1}{A}\right)^{1-\epsilon} \cdot q \cdot [\alpha^\epsilon \cdot w_2^\epsilon \cdot w_1^{1-\epsilon} + (1-\alpha)^\epsilon \cdot w_1^\epsilon \cdot w_2^{1-\epsilon}] \tag{7-48}$$

进而通过价格和产量的函数关系确定商品供应函数，利润最大化的表达式为：

$$\max \pi_q = pq - c(w_1, w_2, q) \tag{7-49}$$

其最优条件为商品价格等于边际成本，据此得到商品供应函数：

$$p = \frac{\partial c}{\partial q} = \left(\frac{1}{A}\right)[\alpha^\epsilon w_1^{1-\epsilon} + (1-\alpha)^\epsilon w_2^{1-\epsilon}]^{\frac{1}{1-\epsilon}} \tag{7-50}$$

由此，本文得出了在 CGE 模型中生产模块函数的表述形式：

$$\begin{cases} x^c = \left(\frac{1}{A}\right)^{1-\epsilon} \cdot \alpha^\epsilon \cdot \left(\frac{w_2}{w_1}\right)^\epsilon \cdot q \\ y^c = \left(\frac{1}{A}\right)^{1-\epsilon} \cdot (1-\alpha)^\epsilon \cdot \left(\frac{w_1}{w_2}\right)^\epsilon \cdot q \\ p = \frac{\partial c}{\partial q} = \left(\frac{1}{A}\right)[\alpha^\epsilon w_1^{1-\epsilon} + (1-\alpha)^\epsilon w_2^{1-\epsilon}]^{\frac{1}{1-\epsilon}} \end{cases} \tag{7-51}$$

### 2. 国内产品分配的 CET 函数

在开放经济下，国内生产的产品会在国内销售和出口之间进行分配，在 CGE 模型中一般使用 CET 函数来对分配关系进行描述。CET 函数与 CES 函数具有相同的数学表达，强调国内销售和出口之间的不完全替代关系。

$$X_a = A[\alpha D_a^\rho + (1-\alpha) E_a^\rho]^{\frac{1}{\rho}}, \rho > 1 \tag{7-52}$$

其中，$X_a$ 代表总产量，$D_a$ 和 $E_a$ 分别代表商品在国内销售和出口的数量，$a$ 和（$1-a$）分别为它们各自的份额参数。具体分配情况则会受到国内价格 $PD_a$ 和出口价格 $PE_a$ 的相对差异影响，在总产量固定的情况下，企业选择最佳的销售分配组合以实现收入最大化。与生产模块函数类似，通过构造拉格朗日函数进行一阶微分可以得到：

$$\frac{E_a}{D_a} = [\frac{\alpha}{1-\alpha} \cdot \frac{PE_a}{PD_a}]^{1-\rho} \tag{7-53}$$

### 3. 国内商品销售的 Armington 函数

在开放经济下，国内市场销售的商品总量由国内生产国内销售和进口商品两部分组成。在 CGE 模型中这两部分商品之间的关系由被称为"阿明顿条件"的 CES 函数来表示，同样对这两部分商品的不完全替代性进行强调。

$$Q_a = A[\alpha D_a^\rho + (1-\alpha) M_a^\rho]^{\frac{1}{\rho}} \tag{7-54}$$

其中，$Q_a$ 代表国内市场销售的商品总量，$D_a$ 和 $M_a$ 分别代表国内市场销售的商品总量中国内生产国内销售和进口商品的数量，$a$ 和（$1-a$）分别为它们各自的份额参数。它们之间的数量分配同样受到国内商品价格 $PD_a$ 和进口商品价格 $PM_a$ 变化的影响，类似地，通过构造拉格朗日函数进行一阶微分可以得到：

$$\frac{Ma}{Da} = [\frac{\alpha}{1-\alpha} \cdot \frac{PM_a}{PD_a}]^{1-\rho} \tag{7-55}$$

### 4. 宏观闭合法则

CGE 模型的设计需要依据相应的宏观经济理论并结合研究的具体问题形成特定结构，称为宏观闭合。以新古典主义宏观闭合为例，其主要特征是：所有的要素价格和商品价格都由模型内生决定,是完全弹性的;且所有生产要素供给即劳动 $L$ 和资本 $K$ 都充分就业,要素禀赋由外生给定。相关变量和等式设置如下:

$$QLD(WL,WK,P) = QLS(WL,WK,P)$$
$$QKD(WL,WK,P) = QKS(WL,WK,P)$$
$$QLS(WL,WK,P) = \overline{QLS}$$
$$QKS(WL,WK,P) = \overline{QKS}$$

(7-56)

其中,$QLD$ 和 $QKD$ 分别代表劳动和资本的总需求,$QLS$ 和 $QKS$ 分别代表劳动和资本的总供给,且总供给始终等于要素禀赋 $\overline{QLS}$ 和 $\overline{QKS}$。

(三)模型特征及应用场景

CGE 模型是基于一般均衡理论而来的可以计算出均衡解的模型,是一个统称,根据研究尺度不一样可以分为以下几类:

(1)全球模型。其研究尺度是对象全球各个国家或者经济区(如欧盟)。各个国家有自己的投入产出结构,国家之间可以通过贸易、投资、运输等模型设定联系在一起,适合研究国际问题。全球模型有很多,如 GTAP, GLOBE, AIM 等。GTAP 模型是全球模型的代表之一,由美国普渡大学 GTAP 中心开发,拥有世界各国贡献的投入产出表,构建了 GTAP 的数据。GTAP 模型的拓展还有很多模型,如能源 GTAP-E,GTAP-POWER,土地利用 GTAP-AEZ,贫困 GTAP-POV,移民 GTAP-MIG 等。

(2)国家模型/单区域模型。国家模型,或单区域模型:其研究目标只是针对单个区域,如中国、单个省、单个县市。在单个国家模型里,对外贸易处理简单,如不存在双边贸易的情况,其出口需求为 0,所以多数为外生。单个省模型:除了考虑对外贸易外,还需考虑对国内其他省份的输出。以此类推,对于单个县市模型,还需要考虑省内其他县市的需求。

(3)多区域模型。多区域模型是指一个国家有很多个州、省,各个区域有自己的投入产出结构,区域之间通过流入流出(即省级间贸易)联系在一起,如中国多区域模型,详细的可能有 31 个省,100 多个行业,如果继续细分区域,像 CoPS 开发的有 365 个县市区域,160 多个行业。此类模型适合研究区域政策对本区域、对其他区域,对整个中国的影响。

另外,CGE 模型还有静态和动态的区别。比较静态 CGE 模型是分析政策前后两个均衡状态之间的差异,如中美贸易摩擦对中国 GDP 影响为 0.3%,表示发生和不发生中美贸易摩擦之间的差异,即假设中美不发生摩擦,中国 GDP 增速为 6.7%,发生摩擦后中国 GDP 增速为 6.4%,差异为 0.3%。动态 CGE 模型是指如果中美摩擦持续,每年的影响如何,体现了这种差异随时间的一个动态变化过程。

(四)CGE 模型步骤

CGE 模型的构建主要包含以下步骤:

（1）构建基准年度输入输出表。收集和整理基准年度的国民经济核算数据，包括各个产业部门的产出、用于最终消费和投资的总需求、进口和出口等信息。这样可以构建输入输出表，描述各个部门之间的物质和货币流动。

（2）定义模型的结构。确定模型中涉及的各个经济部门和代理，例如产业部门、家庭、政府、企业等。同时定义它们之间的相互关系，如生产函数、需求函数、资源分配规则等。

（3）构建模型的数学表达式。将模型中的各个经济部门和代理之间的关系转化为数学表达式。这通常包括生产函数、需求函数、市场清算条件等。

（4）参数设定和校准。对模型中的参数进行设定和校准，以确保模型能够较好地拟合实际情况。这可能涉及估计价格弹性、生产函数参数等。

（5）假设和政策设定。根据研究的目的和问题，制定相关的政策假设和情景设定。这可以包括政府支出变化、税收调整、贸易政策改变等。

（6）模型求解和模拟分析。通过计算机程序求解模型，得到各个变量和指标的数值结果。对于不同的政策和情景，进行模拟分析，评估其对经济系统的影响。

（7）结果解释和政策建议。根据模拟结果，解释其经济含义，并提出相应的政策建议。这可以包括对经济增长、就业、收入分配等方面的影响和政策调整建议。

需要注意的是，CGE 模型的构建和使用需要充分考虑数据的可靠性和模型的合理性。同时，模型的使用也需要结合具体的经济背景和分析目的，以准确评估政策的效果和影响。

### （五）CGE 模型应用案例[①]

通过 RAS 法（双比例平衡法）实现对能源部门的合理细分，并在对模型结构和外生参数进行合理设置的基础上，构建动态 CGE 模型对我国 2007—2030 年经济增长，能源消费与碳排放的发展趋势与变化特征进行了相对准确的预测分析。

#### 1. 动态 CGE 模型结构

文章所建立 CGE 模型主要包括生产函数模块、贸易函数模块、机构函数模块、动态函数模块和均衡与闭合函数模块。

（1）生产函数模块

生产模块中，生产函数由六个层次的嵌套结构构成，如图 7-7 所示。底层为煤炭开采、焦炭，石油开采、石油加工，天然气开采和燃气的合成；第二层为煤炭、石油与气体能源之间的合成，其合成顺序根据能源之间的可替代性：首先是石油能源与气体能源合成，其次是油气能源投入与煤炭能源投入的合成，然后是清洁电力能源与火电的合成；第三层为化石能源与电力能源的合成；第四层为能源与资本的合成；第五层为资本能源要素与劳动投入的合成；第六层为资本能源劳动投入与中间投入的合成。其中资本能源劳动投入与中间投入的合成采用里昂惕夫生产函数。其他层次采用常替代弹性（CES）函数形式，假设要素市场为完全竞争，投入要素的最优组合模型为

---

[①] 郭正权，郑宇花，张兴平. 基于 CGE 模型的我国能源—环境—经济系统分析 [J]. 系统工程学报，2014，29（5）：581-591.

$$\begin{cases} \min\sum_{i=1}^{n} p_i X_i \\ s.t. V = A(\sum_{i=1}^{n} \beta_i (\lambda_i X_i)^\rho)^{\frac{1}{\rho}} \end{cases} \quad (7\text{-}57)$$

式中，$X_i$ 为生产要素 $i$ 的投入量；$p_i$ 为该要素所对应的价格；$V$ 表示产量；$\beta_i$ 表示要素 $i$ 的份额参数；$A$ 表示作用于所有投入的转移参数；$\lambda_i$ 表示作用于投入要素 $i$ 的转移参数；$\rho$ 表示要素之间替代弹性相关系数。

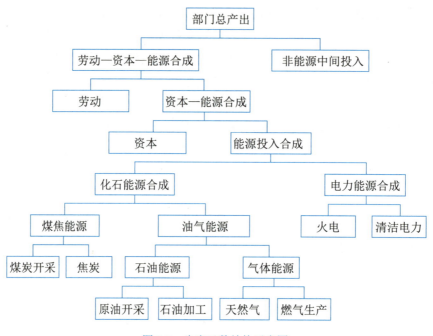

图 7-7　生产函数结构示意图

（2）贸易函数模块

贸易模块中，国内产品分配采用常弹性转换（constant elasticity transformation, CET）函数形式，描述在一定的生产技术约束下国内生产产品在国内需求与国外需求之间分配的最优策略，其形式为

$$\begin{cases} \max(p_i^d q_i^d + p_i^e q_i^e) \\ s.t. Q_i = \lambda_{ei}(\alpha_{di}(q_i^d)^{\rho_{ei}} + \alpha_{ei}(q_i^e)^{\rho_{ei}})^{\frac{1}{\rho_{ei}}} \end{cases} \quad (7\text{-}58)$$

式中，$q_i^d$ 为商品 $i$ 在国内市场上的供给量；$p_i^d$ 为商品国内供给的价格；$q_i^e$ 为商品 $i$ 的出口量；$p_i^e$ 为商品 $i$ 出口的国内价格；$Q_i$ 为商品 $i$ 的产量；$\alpha_{di}$ 为商品 $i$ 国内供应的份额参数；$\alpha_{ei}$ 为商品 $i$ 出口供应的份额参数；$\lambda_{ei}$ 为商品国内供应与出口分配的整体转移参数；$\rho_{ei}$ 为商品 $i$ 国内供应与出口的转换弹性相关系数。

国内产品需求函数采用 Armington 假设，国内产品需求由国内产品与进口产品构成，同时国内生产国内供给的产品与进口产品之间可以相互替代，但是不一定可以完全替代，消费者在进口产品与国内产品之间进行优化组合，以实现成本最小化。优化模型为

$$\begin{cases} \min(p_i^d q_i^d + p_i^m q_i^m) \\ s.t. R_i = \lambda_{mi}(\beta_{di}(q_i^d)^{\rho_{mi}} + \beta_{mi}(q_i^m)^{\rho_{mi}})^{\frac{1}{\rho_{mi}}} \end{cases} \quad (7-59)$$

式中，$q_i^m$ 为商品 $i$ 的进口数量；$p_i^m$ 为进口商品 $i$ 的国内价格；$R_i$ 为商品 $i$ 的国内总需求量；$\beta_{di}$ 与 $\beta_{mi}$ 分别表示商品 $i$ 国内供给与进口产品的份额参数；$\lambda_{mi}$ 为商品 $i$ 国内供给与进口需求的整体转移参数；$\rho_{mi}$ 为商品 $i$ 进口与国内供给的替代弹性相关系数。

（3）机构函数模块

模型中机构主要包括居民、企业和政府。居民模块包含居民收入与支出函数，居民的收入主要来自劳动收入、资本收入和政府的转移支付等；居民支出主要包括居民消费与居民储蓄，居民消费采用 Stone-Geary 效用函数形式。企业模块包含企业的收入与支出函数，企业的收入主要是企业的资本收入；企业支出包括企业对居民的转移支付、企业的储蓄等。政府模块包含政策的收入与支出函数、政府收入主要是政府的间接税、关税和所得税等；支出包括政府对居民的转移支付，政府消费和政府储蓄等。

（4）动态函数模块

模型的动态模块函数主要涉及劳动力的增长，技术进步（全要素生产率）水平，资本的积累以及在部门之间的分配劳动力的增长与技术进步，在模型中都通过外生参数设置。国内对资本在部门之间分配的研究主要采用资本转换系数矩阵，在此，本文采用函数形式，根据各期部门资本的收益率、全社会资本的平均收益率，以及全社会资本的总供给量确定资本在部门之间的分配。动态模块函数

$$S_{t+1}^L = S_t^L(1+\eta_t^L)$$

$$T_{it+1} = T_{i,t}(1+\eta_{i,t})$$

$$K_{it} = \alpha_i^{-\rho}(r_{i,t}/y_t)^\rho K_t$$

$$K_t = \sum_{i=1}^n (\alpha_i K_{i,t}^{(1+\rho)/\rho})^{\rho/(1+\rho)}$$

$$K_{t+1} = K_t - \sum_{i=1}^n K_{i,t} d_i + I_t$$

$$(7-60)$$

式中，$S_t^L$ 表示时期 $t$ 劳动力的供给量；$\eta_t^L$ 表示时期 $t$ 劳动力的增长率；$T_{i,t}$ 表示时期 $t$ 部门 $i$ 的全要素生产率；$\eta_{i,t}$ 表示时期 $t$ 部门 $i$ 的全要素生产率的增长率；$K_{i,t}$ 表示时期 $t$ 部门 $i$ 的资本需求量；$K_t$ 表示时期 $t$ 全社会总的资本供给量；$I_t$ 表示时期 $t$ 全社会总的投资；$r_{i,t}$ 表示时期 $t$ 部门 $i$ 的资本收益率；$y_t$ 表示时期 $t$ 全社会资本的平均收益率；$d_i$ 表示部门 $i$

的资本折旧率；$\alpha_i$ 表示部门 $i$ 资本需求的份额参数；$\rho$ 表示部门之间资本需求的替代弹性相关系数。

(5) 均衡与闭合函数模块

均衡模块包括各种要素市场、商品市场的供需均衡：①劳动力市场均衡。本文选择相对工资为内生变量，受经济政策冲击后，经过工资的充分调整，可以实现劳动力市场的出清，劳动实现充分就业；②资本市场均衡。本文假设资本相对价格为内生变量，受经济政策冲击，经过资本价格改变，资本自由流动，企业充分调整资本存量，最终实现资本的充分利用；③商品市场均衡。每个部门产品的需求（居民需求、政府需求、投资、存货和中间需求）等于总供给。

模型的宏观闭合通过三个主要的宏观恒等关系反映：①储蓄—投资平衡。本文采用新古典闭合规则，即投资由储蓄决定，经济中所有的储蓄都将转化为投资。②政府收支平衡。政府的收入与其总支出的差额为政府储蓄，政府储蓄内生于政府账户的收支平衡。③国际收支平衡。本文选择汇率为内生变量，国外储蓄为外生变量的闭合规则。政策冲击影响汇率的变化，进而影响进出口的变化，以至影响整个经济。

2. 模型部门划分与参数设置

(1) 模型部门划分

根据研究的需求，本文依据 2007 年 42 部门与 135 部门的投入产出表将产业部门调整划分为 23 个部门，能源部门主要包括煤炭开采业、石油开采业、天然气开采业、炼焦业、石油加工业、燃气生产和供应业、火电生产和供应业以及清洁电力生产供应业。其中石油开采业与天然气开采业仅有 1997 年投入产出表是分开的，其他年份公布的投入产出表中只有"石油和天然气开采业"部门实际上，石油与天然气作为异质性很强的一次能源，在生产过程中的投入结构，以及产出产品的分配结构有很大的差别。因此本文以 2007 年投入产出表"基本流量表"的中间使用合计与中间投入合计为控制变量，通过 RAS 法（双比例平衡法，是一种用目标年中间需求合计作为行向量控制量，目标年中间投入合计作为列向量控制量，对基年中间投入结构进行修正，从而得到目标年份投入产出表中间流量或直接消耗系数矩阵的算法），将 1997 年的基本流量表更新，并根据更新表中的"石油开采业"与"天然气开采业"的中间投入产出系数拆分 2007 年的"石油天然气开采业"部门。"石油开采业"与"天然气开采业"部门的居民消费、政府消费、固定资本形成、存货增加、进口、出口以及增加值等数据参考 2007 年投入产出表，以及《中国能源统计年鉴 2008》中中国能源平衡表（标准量）取值。

另外，我国历次公布的投入产出表仅有"电力、热力的生产和供应业"一个部门，一次能源电力（水电、核电和风电等）与二次能源电力（火电）难以通过 RAS 法拆分。本文根据 2007 年全国发电量及其构成比例，按比例拆分 2007 年投入产出表"电力、热力的生产和供应业"部门为火电与清洁电力（水电、核电与风电等）两个部门，由于热力占的比例小而忽略不计。另外，假设煤炭开采洗选业、石油开采业、石油加工、天然气开采业、燃气生产和供应业等化石能源仅投入火电部门，清洁电力部门无化石能源投入。

（2）模型参数设置

本文需要估计的外生参数主要包括替代弹性系数，碳排放系数和动态模块相关参数。

① 替代弹性系数设置

目前 CGE 模型中生产函数、贸易函数中的替代弹性系数，一般通过经济计量方法或者咨询相关专家取得。此处直接参考以前的研究结果并做了相应的调整。

② 碳排放系数估算

$CO_2$ 排放的数据主要是通过对各部门能源使用引起的排放进行核算，排放责任分配规则根据哪个部门使用了能源引起了排放，那么这部分排放就属于该部门。化石能源碳排放系数见表 7-18。

③ 动态模块函数参数设置

本文动态函数模块函数参数主要涉及劳动力增长、全要素生产率、中间投入产出结构、居民储蓄率以及贸易顺差等。此处直接采取投入产出表中部门劳动力报酬作为部门的劳动力的投入，并参考世界银行对中国人口和劳动年龄人口的预测数据和《人口发展"十一五"和 2020 年规划》，对模拟期内三次产业部门劳动力就业的增长率进行设定，模拟期内就业逐步增加，并且第三产业增加明显，到 2025 年实现零增长。

表 7-19　化石能源碳排放系数

| 项目 | 原煤 | 焦炭 | 原油 | 石油加工品 | 天然气 | 煤气 |
|---|---|---|---|---|---|---|
| 缺省碳含量（kg/GJ） | 26.8 | 29.2 | 20.0 | 19.5 | 15.3 | 12.1 |
| 氧化铝（%） | 0.9 | 0.9 | 0.98 | 0.98 | 0.99 | 0.99 |
| 转换因子（GJ/ 单位万元价值） | 533.235 | 294.566 | 27.702 | 77.979 | 164.93 | 239.335 |

注：石油加工品的缺省碳含量为汽油、煤油、柴油、燃料油、液化石油气、炼厂干气、其他石油制品等缺省碳含量的加权平均值。

全要素生产率一般采用索洛残差法和经济计量法估算。很多学者对我国改革开放以来经济增长过程中的全要素生产率贡献做了大量研究。在此基础上，假设全要素生产率在模拟期内多数部门基本一致，2008—2010 年为 2.5%～3.0%，2011—2013 年为 2.0%，如表 7-20 所示。

表 7-20　全要素生产率（%）

| 年份 | 2008—2010 年 | 2011—2015 年 | 2016—2020 年 | 2021—2025 年 | 2026—2030 年 |
|---|---|---|---|---|---|
| TFP 增长率 | 2.5～3.0 | 2.0 | 2.0 | 2.0 | 2.0 |

石油开采业、天然气开采业、清洁电力及农业等部门有略微调整。我国能源资源短缺，石油、天然气等化石能源可持续供应能力不足，煤层气和页岩气等非常规天然气资源探明地质储量与商品量将有比较高的增长，可能成为天然气供应的重要增长极。因此假设石油开采业由于储量与开采地质条件限制，开采成本将逐渐增加，模拟期全要素生产率增长率为零；天然气资源由于非常规天然气的逐渐开采利用，全要素生产率略高于全国平均水平清洁电力能源由于未来技术的不确定性，全要素生产率略低于全国平均水平。

农业部门由于生产集约化和机械化的提高，全要素生产率高于全国平均水平根据中国1992—2007年投入产出表的变化情况，并参考美国和日本中间投入率变化规律，对模型模拟期内中间投入率的变化进行设定。假设居民储蓄率会随着经济发展和社会进步而逐步下降，在模拟期设定到2030年居民储蓄率由目前的38%左右下降约18个百分点，达到20%左右的水平。假设贸易顺差在模拟期内逐渐降低，并在2030年实现贸易平衡。

3. 结果分析

根据模型参数的设置与模拟分析，本文分析了2007—2030年我国国内生产总值、能源消费总量、能源消耗强度、碳排放总量与碳排放强度等变量的发展路径（见表7-21）。

表7-21 国内生产总值、能源消费与碳排放分析表

| 年份 | GDP（亿元） | GDP增长率 | 能源消费总量 | 能源消耗强度 | 碳排放总量 | 碳排放强度 |
|---|---|---|---|---|---|---|
| 2007年 | 266 043.81 | | 265 583.00 | 0.998 | 615 148.72 | 2.312 |
| 2008年 | 291 784.56 | 9.68% | 284 167.41 | 0.974 | 660 032.34 | 2.262 |
| 2009年 | 319 534.13 | 9.51% | 304 393.76 | 0.953 | 708 488.25 | 2.217 |
| 2010年 | 348 977.02 | 9.21% | 326 039.21 | 0.934 | 759 919.82 | 2.178 |
| 2011年 | 378 873.57 | 8.57% | 347 990.11 | 0.919 | 811 920.90 | 2.143 |
| 2012年 | 410 927.86 | 8.46% | 370 806.39 | 0.902 | 865 955.37 | 2.107 |
| 2013年 | 445 106.89 | 8.32% | 394 372.07 | 0.886 | 921 761.50 | 2.071 |
| 2014年 | 481 380.72 | 8.15% | 418 581.23 | 0.87 | 979 101.12 | 2.034 |
| 2015年 | 519 724.50 | 7.97% | 443 339.81 | 0.853 | 1 037 763.70 | 1.997 |
| 2016年 | 560 095.26 | 7.77% | 468 451.98 | 0.836 | 1 097 386.89 | 1.959 |
| 2017年 | 602 500.84 | 7.57% | 493 936.92 | 0.82 | 1 157 956.90 | 1.922 |
| 2018年 | 646 938.82 | 7.38% | 519 737.19 | 0.803 | 1 219 349.89 | 1.885 |
| 2019年 | 693 416.10 | 7.18% | 545 808.60 | 0.787 | 1 281 472.32 | 1.848 |
| 2020年 | 741 949.05 | 7.00% | 572 119.50 | 0.771 | 1 344 259.24 | 1.812 |
| 2021年 | 790 685.52 | 6.57% | 596 432.42 | 0.754 | 1 402 048.06 | 1.773 |
| 2022年 | 841 039.57 | 6.37% | 620 529.75 | 0.738 | 1 459 396.16 | 1.735 |
| 2023年 | 893 030.58 | 6.18% | 644 412.30 | 0.722 | 1 516 308.85 | 1.698 |
| 2024年 | 946 688.13 | 6.01% | 668 090.31 | 0.706 | 1 572 812.60 | 1.661 |
| 2025年 | 1 002 051.62 | 5.85% | 691 582.07 | 0.69 | 1 628 951.83 | 1.626 |
| 2026年 | 1 058 592.06 | 5.64% | 714 867.83 | 0.675 | 1 684 753.17 | 1.592 |
| 2027年 | 1 116 874.21 | 5.51% | 738 002.17 | 0.661 | 1 740 281.05 | 1.558 |
| 2028年 | 1 176 958.19 | 5.38% | 761 019.99 | 0.647 | 1 795 616.71 | 1.526 |
| 2029年 | 1 238 913.42 | 5.26% | 783 961.01 | 0.633 | 1 850 851.71 | 1.494 |
| 2030年 | 1 302 818.49 | 5.16% | 806 869.01 | 0.619 | 1 906 086.38 | 1.463 |

表 7-21 显示，2007—2030 年我国 GDP 依然保持相对高的增长态势，但增速将逐渐放缓。经济增长速度主要取决于劳动投入、资本积累以及全要素生产率。其逐渐降低的主要原因是相对于劳动投入，资本存量积累越来越多，导致资本的边际产出逐渐递减，经济增长速度逐渐降低。

同时，模拟期内能源消费总量与碳排放总量有显著的增加，增长了 3.04 倍；化石能源的碳排放总量增长了 3.01 倍。但是单位 GDP 能耗与单位 GDP 的碳排放逐渐降低，单位 GDP 能耗由 2007 年的 0.998tce/万元逐渐降低到 2030 年的 0.619tce/万元；单位 GDP 的碳排放由 2007 年的 2.312t/万元逐渐降低到 2030 年的 1.463t 万元。总体来说，虽然单位 GDP 的能耗与碳排放明显降低，但能源消耗总量依然持续增长，大量的能源消耗导致的碳排放将带来巨大的环境压力。

## 二、综合评估模型

自然和社会科学的许多领域都涉及连接多个领域和差异的复杂系统，碳中和经济学尤其如此（Mi 等，2017）。在碳中和目标实现的长周期进程中，涉及从大气化学到地缘政治博弈的各种领域，并通过经济全球化的大背景形成了密切、动态变化的复杂大系统。因此，随着近年来不同领域学者、研究人员、政府决策者以及企业家对碳中和理解的不断深入，人们也意识到有必要将不同领域联系起来，全面分析经济活动驱动排放、大气中温室气体排放的浓度、关联气候和水文循环影响，以及这些影响反过来对人类和自然系统的作用，以制定反映复杂相互作用的针对性的模型和政策，气候变化的综合评估模型（IAM，Integrated Assessment Model）也由此提出。

IAM 模型起源于 20 世纪 60 年代全球环境问题研究，并随着气候变化问题在全球范围内受到重视而迅速发展。IAM 是一系列模型的综合集成，旨在模拟人为温室气体排放的社会经济影响及整个生态气候变化过程，通过引入气候变化的减排成本函数和损失函数，对于未来不同减排情景下的成本—效益进行分析，进而得出气候变化在全球范围内的经济影响。IAM 的难点在于如何将社会经济系统与自然生态系统进行耦合，即将损失函数的确定以及气候模块与经济模块之间的耦合。

气候变化综合评估模型中最为著名的便是由诺德豪斯（Nordhaus）提出的 DICE 模型以及在其基础上发展而来的 RICE 模型。在该模型中，首先根据二氧化碳的排放确定未来的温升，并根据伦顿（Lenton）等的调查，设定损害是温度变化的二次函数，并将该损害作为经济系统产出的一个参数耦合到经济产出方程中，以达到气候模块与经济模块之间的耦合。在此基础上，学者也不断丰富损害函数的内容，包括加入其他环境因素、根据地区人口划分权重等，但基本思路与诺德豪斯的 DICE /RICE 模型一致。

时至今日，IAM 模型已成为各大研究机构、政府/非政府组织研究报告中的重要分析及决策工具，例如 IPCC 报告便采用了国际应用系统分析研究所（International Institute for Applied Systems Analysis，IIASA）研发的 Message-ix 模型计算结果。

### 1. IAM 模型的基本原理[①]

IAM 模型系统一般包括三个部分：经济（economy）、能源（energy）、环境（environment），三个部分相互独立，同时又通过特定的反馈传导机制相互关联。因此，IAM 模型的核心内容在于如何通过特定的关联机制实现各项子系统的"集成"（integrate）。这也是不同研究机构研发不同版本 IAM 的核心差别。

（1）经济系统与能源系统的关联

基于对人口、资本、技术这些最主要的宏观经济变量，展望未来 GDP 的增长路径，并进一步把 GDP 的总量路径分解为各个部门的经济活动，主要是三个板块：工业，包括钢铁、水泥、化工等的各年产量；交通，包括各类物流运输、公共及私人交通的公里数；建筑，包括商业、居民部门的电器、供暖、制冷、热水等需求。

以上部分被称为能源系统的"需求侧"[②]，由 GDP 总量分解得到的需求，称为"能源服务需求"（energy service demand）。

（2）能源系统需求侧分解

在微观层面上，以上提到的三部分能源服务需求分别对应具体的生产、消费过程。具体来说，工业部门中的钢铁，对应着炼焦、高炉、延压等环节；交通运输部门中的不同需求，也对应着飞机、火车、大货车、公交等不同运输工具的公里数；建筑部门中的商业、居民供暖，对应着集中供热、煤炉、气炉等不同的供暖技术。

因此，能源需求侧的分解是以经济系统模型的结果（能源服务需求）为输入，要得到最终的能源需求（final energy demand），能源系统模型的任务就是把中间的生产、消费过程刻画清楚，尤其是把整个系统的演进刻画清楚。这样，每年的需求在变，能源系统的效率、用能结构也在变，最终得到的各品种能源消费带来的碳排放，也随之改变。

（3）能源系统供给侧分解

在完成需求侧的分析后，可进一步通过加总工业、交通、建筑三部门的能源需求，即得到各类能源品种的需求总量路径。能源系统的供给侧模型，是计算如何扩张机组和输配网络，在满足能源需求和排放约束的情况下，让总成本最小。以电力系统为例，假设得到 2020—2050 年各部门的电力需求，参考企业和居民的地理分布、过往的负荷曲线形状，可进一步把年度总需求进一步分配为每个地块、每个小时的电力需求。以此为目标，优化未来电力系统的扩张过程，包括：各年度、各类发电机组的新增装机量；各年度的输电、配电网络建设；各机组每小时发电量；可再生能源的发电量。

在完成电力系统模型分解和构建的基础上，还需让电力系统的优化更复杂——部门耦合（sector coupling）。因为存在热电联产，发电机组同时也可以给建筑部门供热，这就需要同时优化供热产量、供热网络的扩张。此外，因为电力还可以用来制氢，这又涉及制氢量、氢气输送网络建设的优化。

（4）以上所有生产、消费过程带来的污染物、温室气体排放，如何在自然系统中扩

---

[①] 本部分内容摘自 https://zhuanlan.zhihu.com/p/373418859，部分内容有改写。
[②] 需要注意，能源系统的需求侧并非只包含以上三大板块，还包含其他领域的能源消费，选取以上三大板块原因在于这些板块占据了国民生产消费领域能源消费的主要部分。

散,带来怎样的影响,需要做出科学评估。

### 2. IAM 模型的基本流程

IAM 的基本流程如下:

(1) 对未来温室气体排放在基准情景以及各种可能的情境下进行预测。

(2) 由温室气体排放量预测未来全球或区域内的温室气体浓度。

(3) 由温室气体浓度变化得出全球或区域内平均温度变化。

(4) 由损害函数评估温升在不同行业带来的经济损失。

(5) 评估不同情境下适应和降低措施的成本。

(6) 比较分析不同情景下气候变化影响的经济成本。

### 3. 代表性的 IAM 模型

目前,根据模型规模的大小,综合评估模型分为四种类型:

第一类是从社会经济活动到气候变化及其对社会经济影响的全过程进行详细分析的大规模综合评价模型。它处于综合评价的核心位置,适用于问题分析和政策效果分析这两个方面的研究,例如,目前日本开发的 AIM、荷兰开发的 IMAGE2 模型、美国国家太平洋西北实验室的 GCAM 模型和麻省理工学院的 MIT 模型等。

第二类是较为详细的模型,以气候变化自然现象、气候变化影响和损害机制为中心的综合评价模型,如 MAGICC,PAGE 模型等。

第三类模型是在考虑气候变化损害时,特别注意分析未来对策的时间表和经济发展最佳途径的综合评价模型,具有结构简单,能在动态最优化模型基础上研究经济发展与气候变化相互作用等优势,如 DICE、MERGE 模型等。

第四类模型结构更加简单,重视与政策制定者的交流,注重系统发展的综合模型,如 TARGETS 模型等。

## 知识专栏 7-1　主流 IAM 模型简介 1

在联合国气候变化框架公约官方网站中介绍了主流 IAM 模型以及综合评估联盟(IAMC)。IAMC 是一个由科学研究机构组成的组织,旨在对与综合评估建模和分析相关的问题进行科学理解。

### 1. AIM 模型

研发机构:日本国立环境研究所

模型简介:AIM 模型是一个由三个模块组成的综合评估模型(温室气体排放模型 AIM/排放、全球气候变化模型 AIM/气候、气候变化影响模型 AIM/impact)。其中第三个模块 AIM/impact 使 AIM 模型具备评估政策影响的功能。此外,该模型还包含一个非常详细的技术选择模块,用于评估在亚太地区引入先进技术的效果。AIM 模型在分析亚太地区新的"更绿色"技术的发展和传播时极为有效。

针对地区:亚太地区

### 2. IMAGE 模型

研发机构：荷兰环境评估局

模型简介：IMAGE 是一个多学科的综合模型系统，旨在模拟全球社会—生物圈—大气系统的动态。它的特殊优势在于，它可以评估旨在减少土地使用变化排放的政策的社会和经济影响。该模型可预测至 2100 年，并具有 0.5×0.5 度纬度的空间尺度网格，用于气候、土地使用和土地覆盖过程，以及社会经济指标的区域级划分。IMAGE 模型可调查全球社会—生物圈—大气系统中的联系和反馈；评估全球政策的后果；分析应对全球变化的各种政策选项的相对有效性。计算结果与评估气候变化缓解政策的社会经济影响有关，特别是对农业经济、土地使用和贸易以及能源需求和供应的影响。

针对地区：全球（分为 26 个地区）

### 3. GCAM 模型

研发机构：全球变化联合研究所（PNNL）

模型简介：GCAM 是一个综合评估模型，专注于世界能源和农业系统，包括许多能源供应技术。该模型主要用于评估与温室气体排放有关的技术和政策在国家和全球背景下的影响；评估不同的技术，包括碳封存；土地利用/农业建模；基本气候变化建模等。GCAM 与分析新的环保技术的发展以及评估现有传统技术的性能有关。在研究技术在全球地区的传播时，该模型也很有用。

针对地区：全球（分为 14 个地区）

### 4. iNEMs 平台

研发机构：北京理工大学

模型简介：iNEMs 平台是由北京理工大学能源与环境政策研究中心自主开发的决策支持系统，于 2013 年年底正式上线。它以美国能源信息署（Energe Information Adminstration, EIA）的国家能源建模系统（NEMS）作为参照，基于 WEB 平台和数据库技术，将北京理工大学能源与环境政策研究中心的研究成果作为开发对象和核心内容，以期实现以下模拟和分析工作：国内能源系统和经济之间的相互作用、国内和世界能源市场之间的相互作用、能源系统和环境之间的相互作用、随时间推移应做出的经济决策等。

针对地区：全球

### 5. IMED 模型

研发机构：北京大学

模型简介：IMED 模型由北京大学环境科学与工程学院绿色低碳研究组（LEEEP）研发，是一套包括经济能源环境资源数据库和模型的体系，目的是以系统和定量的方法，在市区、省级、国家、全球尺度上，分析经济、能源、环境和气候政策，为相关决策提供科学支撑。IMED 模型近年来被系统地应用于综合评价我国国家层面和省级层面的空气污染减排、人群健康、资源效率以及能源和气候政策。

针对地区：全球

### 6. CE3METL 模型

研发机构：中国科学院大学

模型简介：CE3METL（Chinese Energy-Economy-Environmental Model with Endogenous Technological Change by Employing Logistic Curves）是全球综合评估模型 E3METL 面向中国的区域化版本。因 CE3METL 模型继承了 E3METL 最大的特色，即以多方程 Logistic 技术扩散模型为内核来刻画能源系统的多重技术替代和演变关系。模型可以通过 GAMS 软件平台中的非线性优化算法 CONOPT 寻求最优解。模型基准年份设定为 2010 年，跨期优化的运行步长为 5 年（即每 5 年为一期），结果汇报时间区间为 2020—2100 年。

针对地区：中国

### 4. IAM 应用实例

本部分介绍基于 IAM 模型模拟中国 2020—2120 年不同减排力度碳排放量、宏观经济变量的计算实例①。

（1）经济系统

中国经济系统的福利函数为：

$$\sum_q \frac{L_{pq}}{(1+\rho)^q} \frac{\left(\frac{C_{p,q}}{L_{p,q}}\right)^{1-\sigma}}{1-\sigma} \tag{7-61}$$

式中，$\rho$ 表示社会时间偏好概率；$\sigma$ 表示消费的边际效用弹性；$C_{p,q}$ 表示 $p$ 区域在第 $q$ 期的总消费；$L_{p,q}$ 表示区域人口数。

家庭部门：每一个区域都有两种生产要素，分别是资本和劳动。要想得到最优化的方程，即需要在给定的工资 $\omega_{p,q}$ 和租金 $r_{p,q}$ 条件下，达到最优的消费 $C_{p,q}$。$\omega_{p,q}$ 代表劳动工资，租金用的是资本品的租金 $r_{p,q}$。

$$K_{p,q+1} = r_{p,q}K_{p,q} + \omega_{p,q}L_{p,q} - C_{p,q} + (1-\delta)K_{p,q} \tag{7-62}$$

其中，$\delta$ 是资本品的折旧率；$K_{p,q}$ 是资本存量。

最终产品部门：12 个区域中的每一个区都是存在两种生产厂商的，分别是最终品生产商和化石能源生产商。这两种厂商都需要到家户那里获取劳动力和资本品，而化石能源

---

① 本部分节选自：陈丹. 全球加速变暖的 IAM 模型探析 [D]. 湖南科技大学. 2022（内容有删减）。

需要被投入最终品生产厂商里。使用 Cobb-Douglas 函数作为最终品的生产函数，扣掉产出中减排及气候影响的两个部分后的总产出 $Y_{p,q}$ 有：

$$Y_{pq} = (1 - \Delta_{p,q}) A_{p,q} \left(K_{p,q}^F\right)^{\alpha_p} \left(L_{p,q}^F\right)^{\beta_p} \left(e^{-\phi_{1,p}(T_{AT}(q)-\phi_{2p})^2} N_{p,q}\right)^{1-\alpha_p-\beta_p} \quad (7\text{-}63)$$

其中 $p$ 区域减排的成本在总产出的比例用 $\Delta_{p,q}$ 表示。$\alpha_p$ 表示资本的产出弹性，劳动的产出弹性用的是 $\beta_p$。最终品厂商中的全要素生产率用 $A_{p,q}$ 表示，其生产过程需要用的化石能源数量、资本数量和劳动力数量分别用 $N_{p,q}$、$K_{p,q}$ 和 $L_{p,q}$ 表示。$T_{AT}(q)$ 是偏离正常平均气温的一个幅度，参数 $\phi_{1,p}$ 是用来表示受气候的影响大小数值，每个区域的正常平均气温是不同的，用 $\phi_{2p}$ 来区分刻画。

化石能源供应部门：化石能源厂商的生产函数为：

$$N_{pq} = B_{p,q} \left(K_{p,q}^N\right)^{\gamma_p} L_{p,q}^{N^{1-\gamma_p}} (0.013946T^2 - 0.17667T + 5.750) \quad (7\text{-}64)$$

均衡条件：

每个区域的两个要素市场都要出清才能达到均衡，即：

$$K_{pq} = K_{p,q}^F + K_{p,q}^N, L_{p,q} = L_{p,q}^F + L_{p,q}^N \quad (7\text{-}65)$$

（2）气候变化系统

气候—经济系统之间相互作用的联系点：能源消耗会带来大量的有害气体和物质，这些都会污染环境并导致气候变暖，气候变暖又会给整个社会的经济利益产生影响，经济系统会遭受损害，另外也会使得人类消耗更多的资源能源等来保持他们舒适的环境和气温。

化石能源和碳排放：查阅 IPCC 报告中的折算系数。

碳循环：采用模型 RICE-2010 的设定。

气温变化和温室效应：大气的辐射和碳浓度的关系方程如下：

$$F_q = \frac{3.8}{\ln 2} \ln(M_{AQ}(q) / M_{AQ}(1750)) \quad (7\text{-}66)$$

$M_{AQ}$（1750）表示 1750 年大气中的碳浓度，$M_{AQ}$（$q$）表示 $q$ 年大气中的碳浓度。

气候变化带来的经济影响：采用 RICE-2010 模型中的计算方式。

（3）碳减排

温室气体的排放量可通过投入经济资源来减少。以 $\mu_{p,q} \in [0, 1]$ 代表区域 $p$ 的碳减排幅度。为达到碳减排的效果，需要在产出中的投入比例为：

$$\Delta_{p,q} = \cos q_{p,q} \mu_{p,q}^{2.8} \quad (7\text{-}67)$$

$\cos q_{p,q}$ 是 $p$ 区域碳减排带来的成本系数。

设置模拟时间段为 2020—2120 年，借助 Analytic Solver 对数值进行求解，结果和分析如下：

如图 7-8 所示，展现了我国的碳排放量预测轨迹。根据图可知，碳排放量会先增加，增加的速度会慢慢变缓，然后慢慢下降，下降的速度越来越慢，再会出现一个平稳期，时间为 2080—2090 年，然后缓缓下降，拐点在 2050 年左右。这意味着，当下我国的碳排放量会不断持续地增多，在经过一定的减排措施后，当碳排放量越过峰值就会慢慢减少。

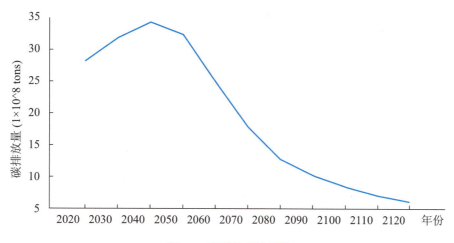

图 7-8　我国的碳排放量

根据模拟计算结果，预期我国减排幅度呈现指数型上升趋势如图 7-9 所示，一定程度上说明当前在新技术应用推广方面存在一定阻力，但随着应用规模的持续扩大将呈现加速上升趋势。

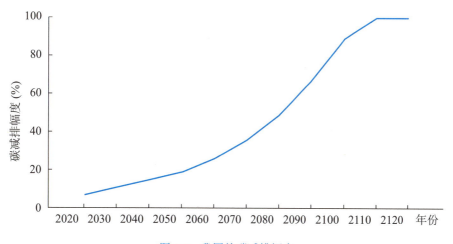

图 7-9　我国的碳减排幅度

## 推荐文献阅读

[1] 梁进，杨晓丽，郭华英等. 碳减排数学模型及其应用 [M]. 北京：化学工业出版社，2020.

[2] 魏一鸣，梁巧梅，余碧莹等. 气候变化综合评估模型与应用 [M]. 北京：科学出版社，2023.

[3] 孙伟，王敬敏. 低碳管理模型及政策评价研究 [M]. 北京：中国电力出版社，2017.

## 课后思考题

1. 请简要总结不同类型碳中和经济模型的特点。
2. 请尝试运用 Logistic 方程，预测我国到 2060 年的碳排放趋势。
3. 请运用生命周期评价方法，评估智能手机的碳足迹。
4. 撰写一份简要的碳中和经济建模研究报告。

# 第八章
# 碳中和经济实践教学

　　本章作为课程教学实践环节,首先介绍碳中和经济学实践教学目标、教学过程以及教学要求。在此基础上,探讨实践教学与科技竞赛关系,以及与碳中和经济学有关的大学生科技竞赛,包括全国大学生创新创业竞赛、全国大学生节能减排竞赛、全国青少年零碳科技竞赛、全国大学生能源经济学术创意大赛等,最后摘编介绍世界知名的碳排放数据库,以期对碳中和经济学实践教学有所帮助。

　　需要指出的是,本章实践教学环节目的是参照大学生科研竞赛模拟训练,让学生了解团队合作的重要性,寓教于乐,强化社会经济实践和课程专业知识综合运用,适度提高同学们的科研素养,包括团队组织、问题表述、专业制作及临场应变等基本功,而不是要求所有选课学生都参与大学生科技竞赛。

# 第一节 碳中和经济实践教学简介

本节结合碳中和经济学教学计划及学时安排，初步探讨碳中和经济学实践教学培养目标、教学过程、实操方式、教学要求。

## 一、实践教学培养目标

近年来，在碳达峰、碳中和国家战略目标实施和有效推动下，碳中和未来技术作为新兴交叉学科得到了快速发展，国内诸多高校相继成立了碳中和未来技术学院以及相应的研究院所，搭建了碳中和未来技术发展的本科人才培养体系，而与碳中和未来发展的相关传统学科，比如资源环境、材料科学与工程、能源工程技术以及经济管理等相关本科和研究生专业培养方案，也开始涉及碳中和经济学、气候变化经济学、低碳经济学等相关教学内容。

本课程授课对象界定为已具有大学本科相关领域专业基础课，且已有初级组队科研经历和基本科研能力的高年级本科生。实践教学环节则是通过结合与碳中和经济学有关的全过程科技竞赛模拟训练，以提高选课学生的学术素养和科研能力为教学目标，包括科研团队组织能力、学术表达能力、专业知识综合运用和科研能力、学术答辩和应变能力等。

## 二、实践教学过程及方式

碳中和经济学实践教学的学习方式是结合课程讲授内容，通过课堂教学提出研讨选题，模拟组织研究小组，以课下协作方式完成初期，再利用课堂教学时间进行模拟答辩和成绩测评。实践教学学时建议为4～6学时，大致分为8个阶段，包括课前准备、提出问题、解析问题、创设情境、梳理选题、调查研究、课堂答辩、综合测评以及强化实训等。

图8-1 碳中和经济学实践教学过程

### （一）课前准备

在课程开始以前，教师可以通过日新学堂、学信智能网以及云平台等本科教学管理信息系统，发布碳中和课程教学资料，包括实践教学方式、教学要求以及相应的辅导材料等。为了节省宝贵的课堂时间，教师也可以采取引导式教学方式提出一些研究选题，让学生思考，尽量做到组织小组或研究团队学习目标查阅一些资料。需要强调的，课程实践教学要不流于形式，更不仅仅是一味传授知识，这就要求教师在课前做好充足的课前准备，如提出创新性问题、搜寻切合课程主题的案例、明确课堂需要讨论环节及注意事项等。

### （二）提出问题

实践教学以提高学生创新能力为主，提出符合课程要求创新性研究问题至关重要。在课程教授过程中，教师还要针对章节理论、知识点，提出哪些需要学生讨论思考问题和研究切入点，并适度寻找好适合本节课的教学案例，最好是能够体现国内碳中和经济发展中的问题及案例。至于如何提出研究选题？在课程教学过程中结合哪些章节内容提出选题，需要结合选课同学专业背景、专业基础以及研究意愿，提前布局小组分组，将不同层次的学生分到各个小组。

### （三）解析问题

在教学过程中，教师要充当好一个课堂引导者的身份，引导学生学会思考问题。如碳中和经济学涉及经济学、社会学、管理学以及相关工程科学等不同学科理论和知识点，要想在较短时间内让学生对学科体系有深层次的认识，首先需要创设情境激发学生兴趣。选课学生读不懂原理概念，有时需要将其与生活中的各类经济现象相关联，把复杂的定义简单化，用学生熟知的经济现象、社会热点来诠释概念。

### （四）创设情境

教师采用信息化教学手段与传统教学手段相结合的方式，创设学生不陌生的情境，能够更好地吸引学生注意力。例如，讲解二氧化碳排放现状章节，学生意识不到二氧化碳排放对于社会生活的巨大影响，教师可以组织观看《地球人类消失之后》《碳循环基本原理》《低碳生活在身边》等环境保护和低碳发展纪录片，这不仅能让学生正确认识人类低碳发展与经济增长之间的关系，切实领悟"绿水青山就是金山银山"的绿色经济理念，还巩固了低碳经济的内涵、低碳产业及配套政策制定的知识。

### （五）梳理选题

学生对于"低碳经济"情境不陌生，才能在课堂上对自己感兴趣的话题发表意见，提出各自研究选题。这个阶段学生提出的研究选题也许不太成熟，但教师要抓住学生高涨的热情，鼓励学生对当下自己感兴趣的社会现象所反映出的问题进行再提炼。通过收集学生的问题，教师能够明确学生所提问题的方向，顺着学生的问题组织教学过程；而学生认领自己感兴趣的现实经济问题，主动讨论、探究疑问的过程利于学生培养自学能力。教师在总结学生反馈的值得关注的热点问题下发给各个小组，例如"如何从国际贸易方面看待碳关税对我国经济的影响？""我国绿色建筑技术理念是如何运用的？"提醒学生做好讨论交流的准备，每个小组依照兴趣优先的原则认领研究选题。

### （六）调查研究

教师首先让组内自主分配工作，着重引导学生从低碳经济理论的方向解决问题，避免思路过度打开，偏离学生学习主线。分配好任务后，成员组织网络调查、实地调查或问卷调查等，展开独立研究，当开始组内研讨时各成员再对困难问题进行讨论，共同找到解决问题的方法。这一阶段，学生掌握的理论知识不扎实或有欠缺，教师要紧跟学生学习进度，及时更新、补充相关理论。

### （七）综合评测

组内问题初步解决后，需要派一名学生代表就解决方案及心得体会进行汇报，汇报期间允许其他小组质疑发问，汇报人对提出的问题答疑，尽量模拟正规答辩要求把控。为更好地控制和协调每一位学生参与到课程中来，汇报采取组内轮换制，即每一轮问题的解答要求不同的成员进行汇报。各组汇报完毕教师作最终总结，对学生取得的成绩进行适当表扬，同时纠正存在的问题，补述低碳经济理论知识。汇报结束后，教师收集学生每一轮问题的支持材料，课后结合小组互评、调查报告、课程论文评分算入期末成绩。

### （八）强化实训

强化实训环节是本课程实践教学真正过渡到科技竞赛阶段的关键，但因为强化实训环节大多在课程学习考试之后，任课教师可根据教学内容和选题不同，需要因地制宜、根据需要重组指导教师和学生研究团队，具体要求也要根据学校实践教学计划和科技竞赛时间点予以制定。

需要说明的是，基于当前本科生学习状态以及针对教师的量化考核体系，让任课教师在课程结束后，继续指导学生开展强化实训也许有点勉为其难。

## 三、实践教学的"教"与"学"

碳中和经济学作为一门新兴交叉学科本科课程，实践教学环节更加侧重学科交叉、科研探索，对任课教师和选课学生有较高的学术要求。结合作者教学体会，并参考相关文献资料（武凯等，2017），就课程实践教学"教"与"学"编撰归纳相关建议供参考。

### （一）实践教学的"学"

"教"与"学"是天然存在的一对矛盾，其中教是外在的，学是内在的，外因通过内因起作用。因此，教师要不断调动学生学习的积极性和主动性，如果学生缺乏学习积极性，根本谈不上实践教学。

学生应具备基本的自学能力。教师只是在教学活动中起主导作用，"教"是为"学"创造条件的，但是仅仅创造条件还是不够。因此，教师应该通过实践教学教会学生自学方法，促使其养成勇于创新意识和"有的放矢"的自学习惯。大学四年，学生能否养成自学的习惯，不仅在很大程度上决定了其能否掌握大学的基本知识点，把知识学通学活，而且影响大学毕业后能否不断吸收新知识，进行创造性研究，从而实现自身不断发展和进步。

学生"学"中要学会融会贯通。当代信息化社会，科技知识和文献资料日新月异，课程学习更趋综合交叉，但限于课堂教学大纲要求以及学时所限，知识体系免不了有些体系固化或时效滞后。在实践教学环节，选课学生要广泛涉猎书本之外专业知识，这样往往能够实现触类旁通、举一反三，打开新的思路。因为他们会主动吸收来自各方面的信息并将它们归纳演绎、融会贯通，并根据事物发展变化及时主动取舍，这就需要教师在实践教学环节关联学生专业基础，基于不同视角引导挖掘学生发现自身的内在潜力和兴趣点。

学生"学"中应自觉提高创新能力。教学实践环节特色就是引导学生创新，而创新有三个基本因素：好奇心、想象力和批判性思维。这三个因素彼此关联、相互影响。好奇心是驱动力，驱动人们探索发现；想象力可以拓展思维空间，超越现实的局限；批判性思维让学生挑战已有的知识，寻找新的答案。以本课程为例，选修碳中和很多出于有好奇心，但对碳中和蕴含的现实问题以及研究空间缺乏深入思考和探索动力，这就需要任课教师在课程不同教学环节进行引导。比如在教学实践环节，教师要引导学生对碳中和内在机理以及社会现实问题进行发散思维和逆向思维，不断在三个创新因素中寻找相应的着力点和切入点。

### （二）实践教学的"教"

任课教师课程教学有两项任务：一是传授知识，二是指导创新。一定程度而言，课程讲授环节对传授知识至关重要，相应的教学实践环节更有指导创新之作用，因此教师在课程教学过程中，在扎实做好课程讲授知识的同时，也要高度重视教学实践环节的创新。

教师在传授知识的同时要注重传授学习方法。在课程学习过程中，学是主动的，而教是被动的。因此，教师应该教会学生怎么学，这是非常重要的一点，一些老师没有弄懂这个道理，强调背诵记忆，不懂得强调思考和质疑。积极思考、积极研究问题才是成就学生未来发展最应该具有的宝贵品质，因此说要不断加强学生学习能力的培养。

教师要让学生明确知识点之间的联系。在课程教学过程中，选课同学不仅学习课程知识点，更重要的是让学生了解到知识点的相互联系和学科发展脉络，比如气候变化经济学、低碳经济学基本概念以及相关知识点，了解与碳中和经济学之间的学科关联。这就要求教师告诉学生"旧知"与"新知"之间的联系，便于学生创造出更多的"新知"。

教师要推进教学与科研共同发展。教师要理解教学内容，这要建立在深厚的基础知识理论之上，同时教师对所教的学科领域中当前存在的问题应该了解，并有强烈的欲望和责任解决问题。教学与科研密切结合、相互配合，教学是培养文明的传承者和接班人，既包括培养继续探索新的科学真理的研究型人才，又包括培养参加社会生产活动、实践真理的人。因此，对课程教学而言，讲授知识是必要的要求，更重要的要求则是通过实践教学环节培养学生的开拓创新能力，切实做到学以致用、理论与实践相结合之作用。某种程度而言，实践教学可反映一个教师对所教学科的理解层次和深度。

总而言之，课程实践教学没有科研作为衬底，就是没有深度和广度的教育，也难以达到课程实践教学的真正预期目标。

## 第二节　课程实践教学为何与科技竞赛关联

大学生科技素质教育已成为我国相关高校努力探索的课题，而大学生科技竞赛作为高校素质教育有效补充，对培养大学生科学精神和创新能力，更好地理解和掌握新兴技术，激发创造力和创新精神，提高科技素质具有十分重要的现实意义。

### 一、课程实践教学与科技竞赛认知

课程实践教学环节是指通过实践活动来让学生更好地掌握学科知识，并培养学生的实际操作能力和实际解决问题的能力，其根本真谛在于它能够培养学生未来从事研究、探索活动的一种思维品质和习惯。实践教学的好处主要体现在难度复杂的学科方向。学生通过课程实践以及实际科研训练，不仅能够加深印象，还能更加真正领悟理论知识所在的实用领域中的应用，使所掌握的理论知识能够得到切实的应用。

近年来，大学生参与科技竞赛积极性空前高涨，不同专业层次和学科门类科技竞赛门类以及研究参赛数量增长趋势明显，其社会影响力和研究生含金量逐年提升。科技竞赛不仅可以激发学生的学习热情和兴趣，同时也可以用来选拔优秀的人才，借助竞赛评选的平台为学生提供更多的机会和平台。作者认为与本课程关联性较强大学生科技竞赛有四项，即全国大学生创新创业竞赛、全国大学生节能减排社会实践与科技竞赛、全国青少年零碳科技竞赛以及全国大学生能源经济学术创意大赛以及全国大学生数学建模竞赛等。

大学生科技竞赛和课程实践教学在形式上有一些相似的地方，但它们的目的和方式是不同的，二者之间是相互促进、互为补充的关系。大学生科学竞赛可以以课程实际教学场景为背景进行，以此来满足实践教学的极大需求。在大学生科技竞赛的过程中，学生需要掌握相关的理论知识，同时还需要运用相关的知识解决实际问题，这些都可以通过实际的实践活动得到较好的磨炼和提高。

另外，实践教学可以通过学科竞赛的形式进行展示，以达到一个更大的平台和更广泛的影响。通过选择合适的竞赛项目，搭建适宜的竞赛平台，对于具有一定实践能力的项目可以公开推广，以在更广泛的领域中形成传授、传播，提高其应用价值。

### 二、大学生为何参加科技竞赛

#### （一）科技竞赛与当今大学生培养目标契合

从人才培养目标来看，大学生培养目标逐渐由应试教育向素质教育转变，即更加注重大学生的科学研究以及创业实践能力，而大学生科技竞赛的目的恰好与这一培养目标相契合。大学生科技竞赛则是大学生创新创业能力培养的载体，不仅能有效促进大学生科研能力提升，对当前固化的大学生培养方式和质量也有一定的促进作用。

## （二）科技竞赛有助于培养团结互助的团队精神

大学生科技竞赛一般由几名学生组成一个参赛队，因其竞赛中工作量非常大，好的分工能够大大提升时间利用效率，参赛队员必须充分发挥各自优势，取长补短，齐心合力，把每个人潜力都发挥到最大，才能交出一份好的答卷。只有每一个参赛成员都必须端正心态，不轻言放弃，使个人智慧与团队精神有机地结合在一起，才能做到有始有终，而这些过程都充分培养了学生的合作意识与团队精神。作为大学生个人来说，能有机会有效组织起来、同心协力，共同完成科技竞赛过程就是一个很值得珍惜和难忘研究过程。

## （三）科技竞赛有助于科研意志培养和学术成果积累

大学生科技竞赛的一般需要在短短几天时间，完成资料检索、思路制定、实验仿真、论文撰写等工作，这是一个开放性探索性较强的工作，既是一种智能上的考验，也是一种意志力与体力的考验。从科技竞赛研究深度和成果水准来看，大学生阶段的科技竞赛的理论水平、技术含量以及实际应用与本科阶段相比都高了许多，所撰写的学术论文一般都能达到学术期刊发表水准，其实物制作一般也能达到申请国家知识产权层次。为此，大学生参加各类科技竞赛对其科研能力培养、学术成果积累具有十分重要的现实意义。

## （四）"以赛促教"有助于提升大学生培养质量

改革开放以来，我国大学生教育在国家的支持下得到了迅速发展，培养规模大幅提高，学位类型与培养模式日趋多元化，这在一定程度上满足了社会发展与国民教育的需要，但同时也出现了专业学科门类固化，大学生跨学科创新能力和适应能力严重不足，一定程度上已成为制约大学生科研成才的"瓶颈"要素，更与"科教兴国"国家战略不相适应。通过科技竞赛模式，可考虑将不同学科门类知识的交叉融合，进一步培养大学生跨学科研究能力。从而做到"以赛促教、以赛促改、赛培结合、重在培养"的竞赛理念来改进大学生的培养模式，达到培养与竞赛相互促进的目的。

需要特别强调的是，当今在不少高校大学生已把参与科学竞赛作为大学学习生活中最重要的一部分，因为参与科学竞赛对保研、奖学金、就业影响非常之大。为此，结合课程学习，让学生尽早了解自己专业的学科竞赛，有助于提前做好赛前准备，以取得优异的成绩和个人更好地发展。

# 三、大学生科技竞赛类别

鉴于科技竞赛对大学生培养和素质教育重要作用，国家、地方省（市、区）以及高等院校相继出台了激励政策和配套措施。大学生科技竞赛是指通过各种形式的知识竞技活动，以促进学生学科知识的全面提升和培养学生团队精神和创新意识为主要目标的教学活动。

根据中国高等教育学会发布的全国普通高校大学生竞赛榜单，国家级竞赛项目有56项上榜，含创新创业、工科、医科、技能等类别。

按竞赛专业层次、学科门类等，对大学生科技竞赛进行以下初步分析：

（1）按组织竞赛级别划分，大学生科技竞赛有国家级、省（市、区）级、专业学会类、企业（个人）以及各高等院校自己主办的科技竞赛。尽管国家级科技竞赛知识性和水准很高，但其他科技竞赛水准也不容小觑，尤其一些专业学会类和企业（个人）组织的科技竞赛因专业特色鲜明，水平较高，也具有很高社会公信力。

（2）按竞赛门类划分，大学生科技竞赛大致可以分为综合类和学科类两种，其中综合类竞赛面向的范围更大，各个专业的大学生均可参加，例如"挑战杯"全国大学生课外学术科技作品竞赛、中国"互联网+"大学生创新创业大赛等；学科类竞赛的要求高一点，需要有相应或相关的专业知识，例如全国大学生数学建模竞赛、ACM-ICPC国际大学生程序设计竞赛等。

（3）按竞赛学科划分，据统计，教育部确认的国家级大学生学科竞赛一共有九大学科，包括全国大学生结构设计竞赛、机械创新设计大赛、工程训练综合能力竞赛、电子设计竞赛、智能汽车竞赛、物流设计大赛、数学建模竞赛、广告艺术大赛以及"挑战杯"中国大学生创业计划竞赛等。也有资料把全国普通高校学科竞赛分为八大学科，即数学类、物理类、化学类、生物类、计算机、经济类、文化艺术类以及工程技术类竞赛等。

（4）按科技竞赛层次划分，高校不仅有大学生层次科研竞赛，也有大学生与研究生兼容类科技竞赛。目前很多科技竞赛是大学生和本科生可以共同参加，只是按专业层次分成不同层次，如全国大学生节能减排社会实践与科技竞赛、全国大学生数学建模竞赛等。

## 第三节  与碳中和经济有关的科技竞赛

作为碳中和经济学课程教学社会实践环节，结合课程教学专业特色，本节简单介绍与碳中和经济学相关的大学生科技竞赛项目，主要包括全国大学生创新创业竞赛、全国大学生节能减排社会实践与科技竞赛、全国青少年零碳科技竞赛以及全国大学生能源经济学术创意大赛等。

### 一、"挑战杯"中国大学生创业计划大赛

#### （一）竞赛概况

"挑战杯"中国大学生创业计划竞赛是由共青团中央、中国科协、教育部、全国学联主办的大学生课外科技文化活动中一项具有导向性、示范性和群众性的创新创业竞赛活动，每两年举办一届。

为进一步落实国家重大决策部署和创新驱动发展战略，充分调动青年学生创新积极性，以创新思维、创新创业教学理论知识、国家创新创业政策等为切入点，使学生初步构建创新思维、能力和知识体系，培养大学生创新精神、创业意识和创新创业能力，营造鼓励青年学生创新的社会氛围。竞赛旨在激发学生创新意识，突出青年主体地位，着力提升学生的学习能力、动手实践能力、创造性思维能力、创业就业能力等，提升人力资源素质，促进大学生全面发展，实现大学生更加充分更高质量就业。中国大学生创业计划大赛

是一个非常有价值的创业平台，对于有创业梦想和创业想法的大学生来说，是一个不容错过的机会。

### （二）参赛作品及选题要求

参加中国大学生创业大赛是一项非常有挑战性的任务，需要全面展示参赛团队的实践能力和时代创新精神。因此，参赛者需要在赛前充分准备和训练，不断完善自己的创业方案和商业计划，提高参赛团队自身的综合素质和竞争力。同时，还需要关注市场动态和行业发展趋势，不断积累经营经验和知识，为未来的创业道路打下坚实的基础。

根据参赛对象，分普通高校、职业院校两类。创新创业大赛参赛对象主要是在校大学生，以团队形式参加比赛，组队人数不超过5人。参赛团队可选两人去进行实验综述和现场答辩。根据参赛项目所处创业阶段、已获情况和项目特点，竞赛分为创意组、初创组、成长组、就业型创业组。参赛专业类别设科技创新和未来产业、乡村振兴和脱贫攻坚、城市治理和社会服务、生态环保和可持续发展、文化创意和区域合作五个组别。

创业计划大赛规定参赛者组成优势互补的竞赛小组，提出一个具有市场前景的产品或服务，围绕这一产品或服务，完成一份完整、具体、进一步的创业计划，以描述公司的创业机会，阐述创建公司、把握这一机会的进程，说明所需要的资源，揭示风险和预期回报，并提出行动建议。创业计划聚焦于特定的策略、目的、计划和行动，对于一个非技术背景的有爱好的人士应清楚易读。

参加全国大学生创业大赛，需要达到如下要求：①需要准备充分的创业项目、商业计划书等材料；②需要具备团队合作、市场营销、财务管理等方面的知识和技能，以及良好的演讲和沟通能力；③了解比赛的规则和评分标准，以便更好地准备和呈现自己的创意和方案。

参赛详见官网：http://www.chuangqingchun.net/.

## 二、全国大学生节能减排社会实践与科技竞赛

### （一）竞赛概况

随着社会经济的高速发展，环境问题也日益突出，节能减排在生活中的重要地位也日益突出。节能减排主要包括节约能源、降低能源消耗、减少污染物排放等产业领域。节能减排包括节能和减排两大技术研发领域，但二者有联系，又有区别。一般地讲，节能必定减排，而减排却未必达到节能目标，所以减排项目必须加强节能技术的应用，以避免因片面追求减排结果而造成的能耗激增，注重社会效益和环境效益均衡。

全国大学生节能减排社会实践与科技竞赛是由教育部高等教育司主办、唯一由高等教育司办公室主抓的全国大学生学科竞赛。这项赛事不仅是被教育部确定的全国十大大学生学科竞赛之一，也是全国高校影响力最大的大学生科创竞赛之一。该竞赛充分体现了"节能减排、绿色能源"的时代发展主题，紧密围绕国家能源与环境政策，紧密结合国家重大战略需求，是一项具有导向性、示范性和群众性的全国大学生竞赛。

### （二）参赛作品及选题要求

参赛对象包括全日制非成人教育的本科生、研究生，不含在职研究生，且必须以小组形式参赛，每组不得超过 7 人。该竞赛没有专业限制，也没有种类限制，但参加节能减排的项目都要从"节能减排，绿色能源"出发，可以是概念、实物、模型、图纸、理论等。

参赛作品分为社会实践调查和科技制作两类，其中倡导大学生深入社会调查，发现国家重大需求，启发创新思维，形成发明专利。将人文素养融合到科学知识技能之中，使学以致用不仅体现于头脑风暴，而且展现在精巧创造。

参赛详见官网：http://www.jienengjianpai.org/Default.asp.

## 三、全国青少年零碳科技竞赛

### （一）竞赛概况

全国青少年零碳科技项目服务于国家碳达峰碳中和重大战略需求，由共青团中央组织开展，竞赛立足"宣传零碳生活理念""推广零碳科技创新知识""引领低碳生活风尚"等三大主题开展创意作品征集。按照绿色生产、低碳生活、零碳教育、区域环境治理改善等四个重点领域，围绕"基于问题的解决方案""立足未来的理念创意""动员群众参与的科技工具"研究体系。面向企事业单位青年科研人员、高校在校大学生，征集、遴选一批符合市场需求、具有较强落地推广前景的零碳科技项目。

### （二）参赛作品及选题要求

全国青少年零碳科技竞赛参赛组织形式由个人或团队构成，参赛作品分为项目、学术论著、创意作品共三个类别，其中参赛作品表现形式分为平面视觉类、产品设计类、影视动画类，但要强调项目自身的可展示性。

竞赛参赛专业领域，必须围绕以下四个领域开展项目设计，每个参赛项目只可选择 1 个组别，不可兼报。

（1）绿色生产。聚焦工业、建筑、交通等领域节能降耗、清洁能源开发利用、碳汇等领域，围绕减碳监测、智慧节能、能源互联网、碳中和创新、碳捕集等开展的项目、理念或技术革新。

（2）低碳生活。聚焦公共交通、绿色消费、国土绿化、资源节约等领域，围绕节水节电节粮、合理消费、低碳出行、旧物利用、减少排放等开展的项目、理念或动员方式创新。

（3）零碳教育。运用大数据、人工智能、物联网、互联网、移动端 APP、小程序等互联网科技手段，面向公众普及减排知识、提高零碳认知能力、增强低碳意识、辅助开展低碳社会实践的项目、理念或互联网工具。

（4）区域环境治理改善。聚焦国家区域生态环境治理战略，围绕碳减排与大气污染防治、固废分类与处理、资源循环再利用等协同领域开展的研究或实践项目、理念或技术革新。

参赛详见官网：www.zyz.org.cn.

## 四、全国大学生能源经济学术创意大赛

### （一）竞赛概况

能源经济学以能源为研究对象，主要研究经济学、管理学、能源经济学、环境科学等方面的基本知识和方法，包括能源战略选择、能源融资、能源预测、能源企业组织等。在国家碳达峰、碳中和国家战略发展进程中，能源经济学已与低碳经济、绿色环保、生态经济以及碳中和经济学等新兴交叉学科形成了有机融合、相辅相成的关系。

全国大学生能源经济学术创意大赛（China National College Students Competition on Energy Economics，以下简称"大赛"）是由中国优选法统筹法与经济数学研究会（以下简称中国"双法"研究会）主管、中国"双法"研究会低碳发展管理专业委员会主办的全国性赛事。大赛创始于2015年，由中国"双法"研究会低碳发展管理专业委员会牵头，由来自全国20余所高校和科研机构联合发起。2023年3月，大赛正式进入中国高等教育学会发布的《全国普通高校大学生竞赛目录》。全国大学生能源经济学术创意大赛已经成为响应国家重大能源战略需求、助力碳达峰碳中和人才培养的重要赛事，业已成为激发大学生科技创新意识、启迪科技创新思维、提升科技创造能力提供梦想起飞的平台。

### （二）参赛要求

大赛面向全国普通高等学校的在校大学生和相关专业研究生，每年举办一次，采用学校初赛、区域复赛、全国决赛等三级赛制。大赛团队在竞赛官网报名参加，要求逐级选拔，不能跨级参加比赛。大赛设专家委员会、组织委员会、仲裁委员会和秘书处，全程负责大赛的学术指导、赛制制定、组织管理、监督仲裁、结果发布等竞赛事宜。

参赛选题领域，主要包括能源经济（含能源金融、能源贸易等）、能源环境与气候变化、能源战略与能源安全、能源市场与监管、能源企业经营管理等，参赛选题类型包括研究论文、调研报告、政策建议、创新创业设计以及能源大数据等相关领域。

参赛作品内容要求参赛团队独立完成，可由1名教师指导完成，研究论文要求内容完整；调研报告内容需要有详细的计算或调研过程，以及充分的论证；参赛作品禁止抄袭，不得直接采用相似的项目研究报告；申报作品禁止使用已有的专利、著作或论文，若引用他人成果须说明并指明出处。

参赛详见官网：http://energy.qibebt.ac.cn/eneco/contribution/.

## 五、与碳中和经济学相关的大学生竞赛

根据2022年中国高等教育学会高校竞赛评估与管理体系研究工作组，正式发布的全国普通高校大学生科技竞赛榜单，笔者概略列出与碳中和经济学实践教学相关的大学生科技竞赛，有兴趣的读者可以登录其官网深入学习（表8-1）。

表 8-1  与碳中和经济实践教学相关的科技竞赛一览表

| 编号 | 竞赛名称 | 组织机构和官方网址 |
|---|---|---|
| 1 | "挑战杯"中国大学生创业计划大赛 | 共青团中央、中国科协、教育部、全国学联 http://www.chuangqingchun.net/ |
| 2 | "学创杯"全国大学生创业综合模拟大赛 | 高等学校国家级教学示范中心联席会和中国陶行知研究会 http://cyds.monilab.com/ |
| 3 | 全国大学生节能减排社会实践与科技竞赛 | 教育部高等教育司办公室 http://www.jienengjianpai.org/Default.asp |
| 4 | 全国大学生数学建模竞赛 | 中国工业与应用数学学会 http://www.mcm.edu.cn |
| 5 | 全国大学生创新创业训练计划年会展示 | 教育部高等教育司 http://gjcxcy.bjtu.edu.cn/Index.aspx |
| 6 | "挑战杯"全国大学生课外学术科技作品竞赛 | 共青团中央、中国科协、教育部和全国学联 http://www.tiaozhanbei.net |
| 7 | 中国"互联网+"大学生创新创业大赛 | 教育部、中央统战部、中央网络安全和信息化委员会办公室等 https://cy.ncss.cn |
| 8 | 全国大学生电子商务"创新、创意及创业"挑战赛 | 教育部高校电商类专业教学指导委 http://www.3chuang.net |
| 9 | 全国大学生市场调查与分析大赛 | 教育部高等学校统计学类专业教学指导委员会和中国商业统计学会 http://www.china-cssc.org/list-180-1.html |
| 10 | 全国高校商业精英挑战赛 | 中国国际贸易促进委员会商业行业委员会 http://www.ccpitedu.org/ |

需要注意的是，国家或省（市、区）级也有诸多不同专业类别、不同层级的大学生科技竞赛。尽管这些竞赛有一定专业要求和选题限制，但随着碳中和经济发展理念已渗入到全国各行各业，大多数大学生科技竞赛都可以挖掘与碳中和经济学科相关的参赛选题，而碳中和经济学相关理论和研究方法自然也有一定的应用研究空间，如全国大学生工程训练综合能力竞赛、全国大学生交通科技大赛、中国大学生计算机设计大赛、全国大学生机械创新设计大赛、ACM-ICPC 国际大学生程序设计竞赛、全国大学生物流设计大赛等。

## 第四节  碳中和经济实践教学常用数据库

20 世纪 70 年代以来，欧美经济发达国家率先研究世界各国温室气体浓度和各国温室气体清单，其中二氧化碳是研究的重点对象。据统计，世界上几乎所有碳排放数据库、数据清单等都是基于《IPCC 国家温室气体清单指南》。

根据百度百科资料介绍[①]，本节内容摘编部分较为权威的常用碳排放数据库，供碳中和经济学课程实践教学参考或作为数据检索教学案例。

---

① 根据"商业新知，自媒体，https://www.shangyexinzhi.com/，2022 年 10 月 26 日"改写。

1. 中国碳核算数据库（China Emission Accounts and Datasets, CEADs）

中国碳核算数据库由中外多所研究机构的科研人员共同开发，展示中国多尺度能源、碳排放及社会经济核算清单的最新研究成果，并提供公开免费的数据下载，供非商业用途研究使用。CEADs 数据库包括能源清单、二氧化碳排放清单、工业过程碳排放清单、排放因子及投入产出表等子数据库。能源及二氧化碳排放清单子库展示了从 90 年代开始的国家 - 省区 - 城市尺度的能源及二氧化碳排放清单；工业过程排放清单子库覆盖 14 种工业过程中排放的二氧化碳；排放因子及投入产出表子库展示了关于排放因子测算及投入产出表编制等方面的最新研究成果。

数据下载地址：https://www.ceads.net.cn/data.

2. 中国多尺度排放清单模型（Multi-resolution Emission Inventory for China，MEIC）

中国多尺度排放清单模型由清华大学自 2010 年起开发并维护，旨在构建高分辨率的中国人为源大气污染物及二氧化碳排放清单，并通过云计算平台向科学界共享数据产品，进而为相关科学研究、政策评估和空气质量管理工作提供基础排放数据支持。MEIC 包括中国大陆各省、市区 1990—2017 年 10 种大气污染物和温室气体的排放数据。

数据下载地址：http://meicmodel.org/?page_id=560.

3. 中国产品全生命周期温室气体排放系数库（China Greenhouse Gas Emission Coefficient Library for Product Life Cycle）

为方便组织机构、企业和个人准确、便捷、统一地计算碳足迹，中国城市温室气体工作组（CCG）组织 53 名专业研究人员，无偿、志愿地建设中国产品全生命周期温室气体排放系数集（2022）并且全部公开。核算、计量和评估产品全生命周期温室气体排放，对于从消费端管理温室气体排放和基于产业链推动碳减排具有重要的意义，也是推动中国实现碳达峰碳中和重要数据支撑。

数据下载地址：http://lca.cityghg.com/pages/i.

4. 世界银行（World Bank，WB）数据库

世界银行集团有 189 个成员国，员工来自 170 多个国家，在 130 多个地方设有办事处。世界银行集团是一个独特的全球性合作伙伴，所属五家机构共同致力于寻求在发展中国家减少贫困和建立共享繁荣的可持续之道。作为面向发展中国家的世界最大的资金和知识来源，世界银行集团所属五家机构致力于减少贫困，推动共同繁荣，促进可持续发展。

数据下载地址：https://data.worldbank.org.cn/indicator/EN.ATM.CO2E.KT?view=chart.

5. 国际能源署（International Energy Agency，IEA）

国际能源署是总部设于法国巴黎的政府间组织，由经济合作发展组织为应对能源危机于 1974 年 11 月设立。国际能源署致力于预防石油供给的异动，同时亦提供国际石油市场及其他能源领域的统计情报。国际能源署成立的目的是促进全球制定合理的能源政策，建立一个稳定的国际石油市场信息系统，改进全球的能源供需结构和协调成员国的环境和能源政策。国际能源署秘书处已经成为全球能源统计的权威。秘书处每月发行一期石油市场报告，一年发行两期全球能源展望，这两种能源报告在世界上都颇具影响力。

数据下载地址：https://www.iea.org/data-and-statistics/data-product/world-energy-outlook-

2021-free-dataset.

### 6. 荷兰环境评估机构全球大气研究排放数据库（Emissions Database for Global Atmospheric Research，EDGAR）

荷兰环境评估机构全球大气研究排放数据库持续根据公开可得的统计数据，为科研工作者和政策决策者提供全球人为排放和排放趋势的独立估计数据清单。这份科学的独立排放数据清单的特点是，从1970年到x-3年世界历史趋势一致，包括所有温室气体、空气污染物和气溶胶的排放。EDGAR提供了所有国家/地区的数据，按主要排放源类别提供排放量，并在全球范围内0.1×0.1网格上进行空间分配。具体来看，EDGAR包括分国家碳排放总量、分部门排放量、单位GDP排放量及人均排放量。在其2020报告中，列出了1990—2020年期间的化石二氧化碳排放以及人均和GDP趋势。

数据下载地址：https://data.jrc.ec.europa.eu/collection/edgar。

### 7. 全球碳预算数据库（Global Carbon Budget，GCB）

全球碳预算数据库详细描述了数据库的所有数据集和模型结果，将对全球碳预算作出贡献的所有数据集集成在两个Excel文件中，一个为全球碳预算，一个为国家层面排放清单。全球碳预算的科学目标是全面了解全球碳循环包括其特征及之间的相互作用。综合当前对全球碳循环的理解，并向世界相关研究机构、政府部门和社会公众提供快速反馈。为世界不同区域/国家碳计划提供全球协调平台，通过更好地协调、明确目标和发展概念框架，加强国家和地区间更广泛的碳研究计划及其他更多相关学科项目的研究。

数据下载地址：https://www.icos-cp.eu/science-and-impact/global-carbon-budget/2021。

### 8. 美国能源信息管理局（U.S. Energy Information Administration，EIA）

美国能源信息管理局成立于1977年，是美国能源部的能源信息数据统计和分析机构，也为美国政府能源决策提供支持服务。EIA进行全面的数据收集，基本涵盖能源领域全部范围，同时进行数据信息丰富的能源分析，包括能源市场趋势的每月短期预测以及美国和国际能源的长期前景等。

数据下载地址：https://www.eia.gov/international/data/world。

### 9. 英国石油公司数据库（British Petroleum，BP）

英国石油公司是一家世界级、综合性的能源生产和研究型企业，业务领域遍及欧洲、北美和南美、大洋洲、亚洲以及非洲等世界各地，涉及范围横跨传统油气和新兴能源上下游产业链，并向世界提供各种能源产品和技术服务。BP每年发布的研究报告不仅对世界能源相关形势进行深入分析，同时公开其收集且使用各类能源相关数据包括排放数据，其中二氧化碳排放数据自1965年起，目前更新至2020年，数据频率为年度数据资料，涵盖了全球92个国家或地区。

数据下载地址：https://www.bp.com/en/global/corporate/energy-economics/statistical-review-of-world-energy.html。

### 10. 美国橡树岭国家实验室二氧化碳信息分析中心（Carbon Dioxide Information Analysis Centre，CDIAC）

相对许多传统的基础学科（例如，气象学或海洋学）数据中心，二氧化碳信息分析中心的范围包括对用户有价值的与温室效应和全球气候变化有关的潜在的任何事物，包括二氧化碳在内的大气中散发的活动气体；陆地生物圈和海洋在温室气体的生物地球化学循环的作用；二氧化碳对大气的散发；长期的气候趋势；作用于植物高浓度二氧化碳的影响；和沿海地区上升的海平面的脆弱性。CDIAC 数据档案库于 2017 年 9 月结束运营，过去 30 多年运作收集的数据正在过渡到新的档案库。

数据下载地址：https://ess-dive.lbl.gov.

### 11. 欧盟委员会联合研究中心（European commission's Joint Research Centre，JRC）

欧盟委员会联合研究中心是欧盟的科学和知识服务研究机构，其发展使命是在欧盟制定政策的过程中提供独立的政策支持。JRC 与欧盟政府决策机构保持密切合作，致力于解决人类社会面临的主要挑战，同时通过开发新方法、新工具和标准促进技术创新，并与欧盟各成员国、科技界和国际合作机构共享其研究成果。JRC 主要业务领域是承担欧盟研发框架计划研究项目，为制定和执行欧盟政策提供科技支持，业务领域涉及环境、能源、交通、农业、安全、核技术和金融等不同门类。JRC 工具和数据库按名称和首字母缩略词分类，但可以通过研究区域、关键字和负责协调特定条目的 JRC 机构进行筛选。

数据下载地址：https://data.europa.eu/en.

### 12. 联合国气候变化框架公约（United Nations framework Convention on Climate Change, UNFCCC）数据库

《公约》在 1992 年 6 月 3 日举行的联合国环境与发展会议上签署，1994 年 3 月 21 日正式生效。《联合国气候变化框架公约》由序言及 26 条正文组成，是世界上第一部为全面控制温室气体排放、应对气候变化的具有法律约束力的国际公约，也是国际社会在应对全球气候变化问题上进行国家合作的基本框架。目前，已有 197 个国家批准了《联合国气候变化框架公约》，这些国家被称为《联合国气候变化框架公约》缔约方。公约规定每年举行一次缔约方大会。缔约方大会是《联合国气候变化框架公约》的最高级别的会议。

数据下载地址：https://unfccc.int/annualreport.

### 13. 世界资源研究所（World Resources Institute，WRI）

世界资源研究所成立于 1982 年，一直致力于提供客观分析、参与政策决策，并在充分考虑经济发展、自然资源与环境的前提下应对全球的紧迫挑战。世界资源研究所自成立以来，基于科学分析，与世界各国政府部门、企业、城市决策者和社区紧密开展长期合作。

数据下载地址：https://www.wri.org/.

### 14. EPA（美国环境保护署）企业气候领导中心

美国 EPA 的气候保护伙伴关系部致力于通过具有成本效益的伙伴关系来减少温室气体 (GHG)，从而在整个美国经济中推进清洁能源和能源效率。作为该承诺的一部分，EPA 的企业气候领导中心于 2012 年成立，旨在通过鼓励具有新兴气候目标的组织确定并实现具有成本效益的温室气体减排来建立气候领导规范，同时帮助更先进的组织推动创新，以减少其供应链内外的温室气体影响。该中心是一个综合资源，可帮助各种规模的组织测量和管理温室气体排放，提供技术工具、经实践检验的指导、教育资源，以及在有兴趣减

少与气候相关的环境影响的组织之间进行信息共享和同行交流的机会改变。

数据下载地址：https://www.epa.gov/climateleadership/about-center-corporate-climate-leadership.

15. 气候观察（Climate Watch）

气候观察是一个在线数据支持平台，旨在为政策制定者、专业研究人员、媒体和其他利益相关者提供他们所需的公开气候数据、可视化和资源，以收集关于国家和全球气候变化进展的见解。这个免费数据支持平台使用户能够创建和分享定制的数据可视化，并对国家气候承诺进行比较。它通过使用开放数据来提高透明度和问责制，为《巴黎协定》应对地球气候变化目标作出贡献，并就世界各国如何加强应对气候变化的努力提供可操作的分析。

数据下载地址：https://www.climatewatchdata.org/da.

16. 全球实时碳数据（Carbon Monitor）

全球实时碳数据库涵盖全球电力、工业、地面运输、航空运输、居民消费等部门排放的高分辨率活动数据，覆盖了以日为分辨率的全球二氧化碳排放量，是目前唯一能够提供日分辨率全球碳排放空间展示的数据平台，可为科学研究和政策评估提供基础数据支持，并大幅度缩短低碳政策的响应时间。实时全景碳地图在基于全球实时碳排放数据库的基础上进一步实现了全球最高时空分辨率的碳排放可视化呈现。

数据下载地址：http://www.carbonmonitor.org.cn.

## 推荐文献阅读

[1] 岑岗，林雪芬. "四步曲"开放型实践教学活动研究与探索 [M]. 北京：中国水利水电出版社，2016.

[2] 张鹏，于菲，武春龙. 大学生科技竞赛实践基础 [M]. 北京：科学出版社，2020.

[3] 穆献中，孔丽，孙喆人. 研究生培养和学术指导教程 [M]. 北京：经济管理出版社，2019.

## 课后思考题

1. 简述碳中和经济学实践教学的基本内涵及其重要性。
2. 结合与碳中和经济学有关科技竞赛，撰写一份科技竞赛申报书。
3. 查阅碳排放权威数据库，了解碳中和经济学定量研究数据体系。

# 参考文献

[1] Kinzig, AP., Kammen, DM. National trajectories of carbon emissions:analysis of proposals to foster the transition to low-carbon economies[J].Global Environmental Change. 1998, 3: 183-208.

[2] Kartha, S., et al. The Right to Development in a Climate Constrained World: Greenhouse Development Rights Framework[M]. Berlin, Heinrich Boll foundation, 2007: 100.

[3] Grossman, GM., Krueger, AB. Economic Growth and the Environ ment[J]. The Quarterly Journal of Economics. 1995, 2: 353-377.

[4] Martin Calvo, M. et al. Climate vs. carbon dioxide controls on biomass burning: a model analysis of the glacial-interglacial contrast[J]. Biogeosciences Discussions. 2014, 2: 2569-2593.

[5] Miremadi, M., et al. How much will consumers pay to go green[J]. McKinsey Quarterly, 2012.

[6] Mi, ZF. et al. Socioeconomic impact assessment of China's $CO_2$ emissions peak prior to 2030[J]. Journal of Cleaner Production. 2017, 142: 2227-2236.

[7] Mi, ZF. et al. Carbon emissions of cities from a consumption-based perspective[J]. Applied Energy. 2019，235: 509-518.

[8] Mi, ZF. et al. Decoupling without outsourcing? How China's consumption-based $CO_2$ emissions have plateaued[J]. iScience. 2021, 24（10）：103130.

[9] Stern, N. Stern Review on the economics of climate change[M].Cambridge University Press, Cambridge, UK. 2006.

[10] Perkins, J. Zero carbon living[J]. Materials World. 2014, 11: 20-21.

[11] Seto Karen C., et al. From Low- to Net-Zero Carbon Cities: The Next Global Agenda [J]. Annual Review of Environment and Resources. 2021, 3: 377-415.

[12] Rees, WE., Wackernagel, M. Our Ecological Footprint: reducing human impact on the earth[M]. New Society Publishers, Gabriola Island, BC. 1995.

[13] Dou, X. Evolutionary pattern, operation mechanism and policy orientation of low carbon economy development[J]. International Journal of Human Capital in Urban Management. 2016, 4: 301-314.

[14] Zerbib, OD. The Effect of Pro-environmental Preferences on Bond Prices: Evidence from Green Bonds[J]. Journal of Banking & Finance. 2019, 98: 39-60.

[15] Zhang, Q. et al. Synergetic roadmap of carbon neutrality and clean air for China[J]. Environmental Science and Ecotechnology. 2023，16: 100280.

[16] 白璐·孙启宏·乔琦.生命周期评价在国内的研究进展评述[J].安徽农业科学.2010, 38（5）：2553-2555.

[17] 比尔·盖茨.气候经济与人类未来——比尔·盖茨给世界的解决方案[M]. 北京：中信出版社，2021.

[18] 常幸.智慧能源与零碳生活[R]. 第七届国际清洁能源论坛报告文集，2018.

[19] 操金泽.零碳乡村建设障碍问题及路径选择[J]. 农业与技术，2023, 10：145-149.

[20] 陈丹.全球加速变暖的 IAM 模型探析 [D]. 湖南科技大学，2022.

[21] 陈冠益, 邓娜, 等.中国低碳能源与环境污染控制研究现状[J]. 中国能源，2010, 4：9-14.

[22] 陈红敏.国际碳核算体系发展及其评价[J]. 中国人口·资源与环境，2011, 21（9）：111-116.

[23] 陈敏曦.碳中和的经济实现路径[J]. 中国电力企业管理，2020（11）：8-16.

[24] 陈健鹏.中国对碳市场的需求并不迫切[R]. 中国经济时报. http://www. emca.cn/BG/ hyxw/qt/20110425101346.html，2011 年 4 月 25 日.

[25] 陈向阳.碳排放权交易和碳税的作用机制、比较与制度选择[J]. 福建论坛（人文社会科学版），2022（1）：75-86.

[26] 陈啸天，王宁. 碳中和领域中外研究热点分析与展望 [J/OL]. 世界地理研究. https://kns.cnki.net/kcms/detail//31.1626.P.20230217.1442.002.html，2023.

[27] 程子欣，秦俊波，李美芝，喻雪琴. 乡村振兴背景下"零碳乡村"发展的影响因素实证分析 [J]. 湖北经济学院学报（人文社会科学版），2022（8）：40-44.

[28] 程乐. 马克思恩格斯生态思想研究 [D]. 东北电力大学，2023.

[29] 成中英. 低碳经济要考虑价值观发展问题，http://finance.sina.com.cn/hy/20100917/2048675590.shtml，新浪财经，2010年9月17日.

[30] 崔奕，郝寿义，陈妍. 低碳经济背景下看低碳产业发展方向 [J]. 生态经济，2010（6）：91-94.

[31] 丁冬梅. 生态城市发展下碳道德的价值维度与实践维度 [J]. 商业经济研究，2016（16）：135-136.

[32] 丁仲礼. 中科院"碳中和"框架路线图研究：提出"三端发力"体系 [W]. 中国新闻网，2021年5月30日.

[33] 杜谩，钱立华，鲁政委. 绿色溢价的概念、分析框架及应用领域 [W]. 微信号雪球，2023年2月7日.

[34] 段茂盛，庞韬. 碳排放权交易体系的基本要求 [J]. 中国人口·资源与环境. 2013，23（3）：110-117.

[35] 范建华：低碳经济的理论内涵及体系构建研究 [J]. 当代经济. 2010（2）：122-123.

[36] 范英，莫建雷，朱磊等. 中国碳市场政策设计与社会经济影响 [M]. 北京：科学出版社，2016.

[37] 冯国会，吴苏洋，常莎莎. 零碳建筑及其关键技术分析 [J]. 节能，2023（5）：68-72.

[38] 冯俏彬. 碳定价机制：最新国际实践与我国选择 [J]. 国际税收，2023（4）：3-8.

[39] 高萍，高羽清. 基于碳定价视角对我国开征碳税的思考 [J]. 税务研究，2023（7）：39-44.

[40] 勾朝阳，吴攀升，林长春等. 基于一元回归模型的平遥古城低碳旅游预测研究 [J]. 绵阳师范学院学报，2015，34（2）：103-108.

[41] 顾倩. 基于低碳理念的生态社区规划研究 [D]. 杭州：浙江大学硕士学位论文，2009.

[42] 光明青年论坛. 碳达峰、碳中和的经济学解读 [N]. 光明日报，2021年6月22日.

[43] 国务院发展研究中心应对气候变化课题组. 当前发展低碳经济的重点与政策建议 [J]. 中国发展观察，2009（8）：13-15.

[44] 国家发展和改革委员会能源研究所课题组. 中国2050年低碳发展之路 [M]. 北京：科学出版社，2009.

[45] 郭正权，郑宇花，张兴平. 基于CGE模型的我国能源-环境-经济系统分析 [J]. 系统工程学报，2014，29（5）：581-591.

[46] 韩立群. 碳中和的历史源起、各方立场及发展前景 [J]. 国际研究参考，2021（7）：29-36+44.

[47] 贺汉魂.《资本论》经济伦理视阈下低碳经济发展研究 [J]. 中国发展，2010（3）：24-28.

[48] 何建坤，周剑，刘滨，等. 全球低碳经济潮流与中国的响应对策 [J]. 世界经济与政治，2010（4）：18-35.

[49] 胡鞍钢. 中国实现2030年前碳达峰目标及主要途径 [J]. 北京工业大学学报（社会科学版）. 2021，21（3）：1-15.

[50] 胡文娟. 浅谈"碳达峰、碳中和"过程中的发展与公平问题 [J]. 可持续发展经济导刊. 2021（3）：12-14.

[51] 胡志伟，肖云. 国际低碳经济制度变迁与道德风险研究 [J]. 云南电大学报，2010（2）：75-77.

[52] 黄栋. 低碳技术创新与政策支持 [J]. 中国科技论坛，2010（2）：37-40.

[53] 黄晶等. 碳中和视角下CCUS技术发展进程及对策建议 [J]. 环境影响评价，2022（1）：42-47.

[54] 姜启亮，吴勇. 低碳经济的实施路径——基于技术创新与政策规制的视角 [J]. 经济研究导刊，2011（1）：191-192.

[55] 金涌，王垚，胡山鹰，等. 低碳经济：理念. 实践. 创新 [J]. 中国工程科学，2008（9）：4-13.

[56] 蒋锋，彭紫君. 基于混沌PSO优化BP神经网络的碳价预测 [J]. 统计与信息论坛，2018，33（5）：93-98.

[57] 兰梓睿：发达国家碳标签制度的创新模式及对我国启示 [J]. 环境保护，2020，48（12）：71-73.

[58] 李春花，孙振清. 零碳社会实现路径研究 [C]. 天津市社会科学界联合会. 天津市社会科学界第十六届学术年会优秀论文集 中国特色社会主义制度和国家治理体系显著优势（上），天津人民出版社，

2020：11.DOI：10.26914/ c.cnkihy.2020.062891.

[59] 李继峰，郭焦锋，高世楫，等．国家碳排放核算工作的现状、问题及挑战 [J]．发展研究，2020（6）：9-14．

[60] 李琨．全球"双碳"背景下的零碳乡村与平衡农业 [W]．商业摆渡人，https: //baijiahao.baidu.com/s?id=1762788343444998579&wfr=spider&for=pc，2023．

[61] 李岚春等．政策工具视角下发达国家碳中和战略行动政策分析及对我国启示 [J]．情报杂志，2021（12）：63-71．

[62] 李琼，尹艺迪．单一碳定价制度和复合碳定价制度实施效果比较研究 [J]．生态经济，2023（7）：22-28．

[63] 李书林等．国际碳税政策实践发展与经验借鉴 [J]．中国环境管理，2023（4）：35-43．

[64] 李叶华．国外碳税机制研究及案例分析 [J]．管理观察，2018（34）：72-74．

[65] 厉以宁，朱善利，等．低碳发展宏观经济理论框架研究 [M]．北京：人民出版社，2018．

[66] 黎梓言．碳税与非化石能源补贴政策的影响效应研究 [D]．重庆大学，2022．

[67] 廖良辉．低碳经济的伦理审视 [D]．湖南师范大学，2015．

[68] 林达．"双碳"目标下数字经济助力低碳消费 [J]．中国集体经济，2022（15）：29-32．

[69] 林淑伟，关松立，蒋长春．内生经济增长、技术外溢及其对碳中和影响机制研究 [J]．西安电子科技大学学报（社会科学版），2021（3）：1-7．

[70] 蔺耀昌．论行政契约在低碳政策执行中的应用 [J]．南京工业大学学报（社会科学版），2010，9（2）：13-17．

[71] 刘耕源等．城市代谢与生态管理 [M]．北京：科学出版社，2020．

[72] 刘俏．"碳中和"给经济学提出哪些新问题 [J]．理论导报，2021（5）：35-37．

[73] 刘俏．滕飞："碳中和"目标下的经济管理研究 [J]．营销科学学报，2021（1）：9-16．

[74] 刘胜．我国低碳技术研发和应用中的困境及对策 [J]．财经科学，2012（10）：84-91．

[75] 刘兴，龙宇洪，黎定军．国内低碳经济研究热点与前沿趋势 [J]．合作经济与科技，2022（3）：23-25．

[76] 刘元春，郝大鹏，霍晓霖．碳中和经济学研究新进展 [J]．经济学家，2022（6）：5-15．

[77] 刘颖，郭江涛，王鹏．低碳经济与碳币论研究 [J]．国际经济合作，2010（1）：49-53．

[78] 刘懿贤．云计算在信息资源配置中的影响——信息资源配置和碳足迹的关系 [J]．信息工程期刊（中文版），2014（4）：116-131．

[79] 柳下再会．以碳之名：低碳骗局幕后的全球博弈 [M]．北京：中国发展出版社，2010．

[80] 卢山冰，黄孟芳．低碳产业政策工具的理论基础 [R]．光明日报，2010年4月13日．

[81] 卢晓彤．中国低碳产业发展路径研究 [D]．武汉：华中科技大学，2011．

[82] 鲁书伶，白彦锋．碳税国际实践及其对我国 2030 年前实现"碳达峰"目标的启示 [J]．国际税收，2021（12）：21-28．

[83] 吕明元，李彦超，宫璐一．基于线性规划模型的天津市产业结构低碳化转型研究 [J]．科技管理研究，2014（19）：55-58+65．

[84] 吕靖烨，王腾飞．碳货币创新路径 [J]．中国石化，2018（9）：28-31．

[85] 马勇．碳达峰碳中和与低碳旅游发展 [J]．旅游学刊，2022（5）：1-3．

[86] 毛涛．碳达峰碳中和背景下绿色供应链管理的新趋势 [J]．华北电业，2022（10）：76-80．

[87] 穆献中．中国低碳经济与产业化发展 [M]．北京：石油工业出版社，2011．

[88] 穆献中，孔丽等．研究生培养和学术指导教程 [M]．北京：经济管理出版社，2019．

[89] 穆献中，吴玉锋，等．生产系统和生活系统循环链接管理理论及机制设计 [M]．北京：经济管理出版社，2020．

[90] 牟书令，王庆一．能源词典（第二版）[M]．北京：中国石化出版社，2005．

[91] [美] 杰里米．里夫金，赛迪研究院专家组译：零碳社会：生态文明的崛起和全球绿色新政 [M]．北京：中信出版社，2020．

[92] 潘家华，罗勇，叶谦，等．中国学者哥本哈根纵论"碳公平" [J]．中国经济周刊，2009（50）：34-35．

[93] 潘家华，张莹. 气候变化经济学导论 [M]. 北京：中国社会科学出版社，2021.

[94] 潘家华，孙天弘. 关于碳中和的几个基本问题的分析与思考 [J]. 中国地质大学学报（社会科学版），2022（5）：45-59.

[95] 彭文生. 碳中和路径及其经济金融含义 [J]. 中国经济报告，2021（4）：90-92.

[96] 卜云峰，蓝式贤. "双碳"背景下的绿色供应链管理研究 [J]. 中国储运，2023（3）：138-139.

[97] 齐绍洲，于翔，谭秀杰. 欧盟碳期货风险量化——基于 GED-GARCH 模型和 VaR 模型 [J]. 技术经济，2016，35（7）：46-51.

[98] 苏佶智，康熙，田欢庆，等. 国外零碳建筑发展研究综述 [J]. 建设科技，2023（8）：77-80.

[99] 孙雯，刘舜，朱旭阳，等. 燃煤电厂烟尘超净排放技术路线及案例 [J]. 能源与节能，2018（5）：80-82.

[100] 陶良虎. 中国低碳经济——面向未来的绿色产业革命 [M]. 北京：研究出版社，2010.

[101] 陶伦康. 当代西方学者低碳经济思想探究 [J]. 商业研究，2010（8）：104-108.

[102] 童裳慧. 碳中和改变世界 负碳经济重塑未来 [N]. 中国环境报（第8版，产业经济），2022年3月8日.

[103] 汪浩瀚. 不确定性理论：现代宏观经济分析的基石 [J]. 财经研究，2002（12）：30-36.DOI：10.16538/j.cnki.jfe.2002.12.006.

[104] 汪福坤. 标准化引导低碳经济健康有序发展 [C]. 经济发展方式转变与自主创新——中国科学技术协会年会，2010.

[105] 王灿，蔡闻佳，郑馨竺，等. 碳中和目标下气候政策研究的前沿问题 [J]. 北京理工大学学报（社会科学版），2022（4）：74-80.

[106] 汪军. 碳管理——从零碳通往碳中和 [J]. 北京：电子工业出版社，2022.

[107] 王连，华欢欢，王世伟. 基于投入产出模型的建筑业碳排放效应测算 [J]. 统计与决策，2016（21）：77-79.

[108] 王美萍. 绿色供应链管理研究综述 [J]. 商场现代化，2023（4）：13-15.

[109] 王文军. 低碳经济发展的技术经济范式与路径思考 [J]. 云南社会科学，2009（4）：114-117.

[110] 王亚茹，许开轶. 围绕"碳中和"的国际博弈与中国因应 [J]. 当代世界与社会主义（双月刊），2022（5）：160-167.

[111] 王毅，魏江，许庆瑞. 生命周期评价的应用、内涵与挑战 [J]. 环境导报，1998（5）：27-29.

[112] 魏文栋，陈竹君，耿涌，等. 循环经济助推碳中和的路径和对策建议 [J]. 中国科学院院刊，2021（9）：1030-1039.

[113] 卫小将. 中国零碳社会建设的社会学之思：内涵、挑战与出路 [J]. 江海学刊，2022（3）：113-121.

[114] 武凯，谢昆，程聪. 大学教育实践过程中需要注意的几个问题 [J]. 文教资料，2017（30）：184-185.

[115] 吴雷. 低碳经济下的银行信贷战略调整 [J]. 金融纵横，2010（7）：36-38.

[116] 谢斐，牟思思. 国内外零碳产业园区建设情况及政策启示 [J]. 当代金融研究，2022（12）：66-73.

[117] 邢继俊. 发展低碳经济的公共政策研究 [D]. 武汉：华中科技大学，2009.

[118] 徐大丰. 低碳技术选择的国际经验对我国低碳技术路线的启示 [J]. 科技与经济，2010（2）：73-75.

[119] 薛进军. 低碳经济学 [M]. 北京：社会科学文献出版社，2011.

[120] 杨家威. 低碳经济中政府补贴的博弈分析 [J]. 商业研究，2010（8）：109-112.

[121] 杨莉. 低碳经济发展可行性及策略探讨 [J]. 现代商贸工业，2009（23）：25-26.

[122] 杨美蓉. 循环经济、绿色经济、生态经济和低碳经济 [J]. 集体经济，2009（10）：72-73.

[123] 杨念，孙文生，王蔚宇. 河北省低碳经济评价指标体系及发展水平评价研究 [J]. 湖北农业科学，2012，51（17）：3917-3921.

[124] 杨书房. 碳中和目标下国际社会政策工具的配置与选择 [J]. 国外社会科学，2022（5）：140-150+198-199.

[125] 杨威，陈晓婷. 中国碳减排研究热点及其演化的知识图谱 [J]. 长沙大学学报，2019（3）：19-24.

[126] 杨维松，范开利. 论低碳经济的法律调整机制 [J]. 理论学习，2010（5）：16-18.

[127] 杨秀. 国际社会建设零碳城市的探索 [J]. 旗帜，2021（4）：83-84.

[128] 虞菲, 冯威, 冷嘉伟. 美国零碳建筑政策与发展［J］. 暖通空调, 2022（4）: 74-82.
[129] 云小鹏. 能源与环境财税政策影响效应研究 [D]. 中国矿业大学（北京）, 2021.
[130] 张佳华, 卞林根等. 碳循环及对气候变化和人类生存环境的影响 [J]. 气象科学, 2006（3）: 350-354.
[131] 张坤民, 潘家华, 崔大鹏. 低碳发展论 [M]. 北京: 中国环境科学出版社, 2010.
[132] 张晴. 低碳经济模式下新兴产业发展探析 [J]. 现代商贸工业, 2010（15）: 11-12.
[133] 张希良等. 中国低碳能源转型系统分析——方法、模型与应用 [J]. 北京: 科学出版社, 2020.
[134] 张希良等. 碳中和目标下的能源经济转型路径与政策研究 [J]. 管理世界, 2022, 38（1）: 35-66.
[135] 张贤, 李凯, 马乔, 樊静丽. 碳中和目标下 CCUS 技术发展定位与展望 [J]. 中国人口资源与环境, 2021（9）: 29-33.
[136] 张小玲, 欧训民. 减缓气候变化经济学 [M]. 北京: 中国社会科学出版社, 2021.
[137] 张孝德. 低碳经济的三个悖论与局限性 [N]. 中国经济时报, 2009 年 12 月 22 日.
[138] 赵若楠, 董莉, 白璐等. 光伏行业生命周期碳排放清单分析 [J]. 中国环境科学, 2020, 40（6）: 2751-2757.
[139] 赵志凌, 黄贤金等. 低碳经济发展战略研究进展 [J]. 生态学报, 2010（16）: 4493-4502.
[140] 赵志耘, 李芳等. 碳中和技术经济学的理论与实践研究 [J]. 中国软科学, 2021（9）: 1-13.
[141] 柘益香, 顾光同. 碳减排价格型工具碳税政策的国际经验借鉴与启示 [J]. 改革之窗, 2023（6）: 12-16.
[142] 郑宇花, 王宝升, 李雪莲. 环境资源产权视角下的碳排放权确认与计量 [J]. 财会研究, 2023（3）: 53-64.
[143] 中国环境与发展国际合作委员会. 中国发展低碳经济途径研究 [M]. 北京: 中国环境科学出版社, 2009.
[144] 中金公司研究部. 碳中和经济学——新约束下的宏观与行业趋势 [M]. 北京: 中信出版集团股份有限公司, 2021.
[145] 周宏春. 中国发展低碳经济是可持续发展的内在要求 [N]. 中国经济时报, 2009 年 12 月 28 日.
[146] 周宏春. 低碳经济学: 低碳经济理论与发展路径 [M]. 北京: 机械工业出版社, 2012.
[147] 周媛, 彭攀. 生态哲学视野下的中国低碳经济 [J]. 理论月刊, 2010（4）: 39-42.
[148] 周建国, 刘宇萍, 韩博. 我国碳配额价格形成及其影响因素研究——基于 VAR 模型的实证分析 [J]. 价格理论与实践, 2016（05）: 85-88.
[149] 周伟铎, 庄贵阳. 雄安新区零碳城市建设路径 [J]. 中国人口资源与环境, 2021（9）: 122-134.
[150] 周玮生, 李勇. 日本零碳目标和绿色发展战略及对中国的启示 [J]. 世界环境, 2023（1）: 87-89.
[151] 庄贵阳. 中国发展低碳经济的困难与障碍分析 [J]. 江西社会科学, 2009（7）: 20-26.
[152] 庄贵阳, 窦晓铭等. 碳达峰碳中和的学理阐释与路径分析 [J]. 兰州大学学报（社会科学版）, 2022（1）: 57-68.
[153] 邹才能等. 碳中和学 [M]. 北京: 地质出版社, 2022.

# 专业名词释义索引

(按书中出现顺序)

| 名词 | 页码 | 名词 | 页码 |
|---|---|---|---|
| 碳 | (2) | 低碳能源 | (25) |
| 碳储量 | (2) | 低碳产业 | (26) |
| 碳储库 | (3) | 低碳经济 | (27) |
| 碳密度 | (2) | 共同愿景 | (28) |
| 大气圈 | (3) | 碳源 | (29) |
| 水圈 | (3) | 碳汇 | (29) |
| 表层碳库 | (4) | 森林碳汇 | (29) |
| 深海碳库 | (4) | 固碳(碳封存) | (29) |
| 碳酸盐补偿深度 | (4) | 物理固碳 | (29) |
| 陆地生物圈 | (4) | 生物固碳 | (29) |
| 岩石圈 | (4) | 草地碳汇 | (29) |
| 碳资源 | (5) | 耕地碳汇 | (29) |
| 碳能源 | (5) | 海洋碳汇 | (29) |
| 碳循环 | (6) | 城市碳汇 | (30) |
| 《京都议定书》 | (9) | 人工碳汇 | (30) |
| 碳通量 | (12) | 碳排放 | (30) |
| 净第一生产力(NPP) | (12) | 碳吸收 | (30) |
| 碳循环经济 | (14) | 碳达峰 | (31) |
| 气候变化 | (15) | 碳中和 | (31) |
| 碳循环失衡 | (15) | 碳抵消 | (33) |
| 碳平衡 | (15) | 碳排放强度 | (33) |
| 臭氧层 | (22) | 碳排放强度指数 | (33) |
| 温室效应 | (22) | 碳信用 | (33) |
| 温室气体 | (22) | 国际碳信用机制 | (33) |
| 低碳 | (23) | 国家/地区碳信用机制 | (33) |
| 联合国气候变化框架公约 | (23) | 独立碳信用机制 | (33) |
| 国际可再生能源机构 | (24) | 净零排放 | (33) |
| 国际能源署 | (24) | 气候中性 | (34) |
| 联合国环境规划署 | (24) | 巴黎协定 | (35) |
| 联合国政府间气候变化专门委员会 | (24) | 低碳经济悖论 | (35) |
| 能源 | (24) | 棘齿锁定机制 | (35) |

| 名词 | 页码 |
|---|---|
| 碳中和经济 | (35) |
| 碳中和经济学 | (35) |
| 公地悲剧 | (37) |
| 绿色经济 | (40) |
| 高质量发展 | (40) |
| 碳生产率 | (40) |
| 全要素生产率 | (41) |
| 经济有序稳步发展 | (41) |
| 产业园区 | (42) |
| 碳中和城市 | (42) |
| 厚尾分布 | (44) |
| 生态文明建设 | (53) |
| 人类命运共同体 | (54) |
| 配置碳排放容量 | (55) |
| 庇古税 | (56) |
| 科斯定理 | (56) |
| 经济效率 | (58) |
| 市场机制失灵 | (58) |
| 政府管制失灵 | (58) |
| "脱钩"理论 | (59) |
| 环境库兹涅茨曲线 | (59) |
| 生态足迹 | (60) |
| 可持续发展 | (61) |
| 循环经济 | (62) |
| 碳中和经济系统 | (63) |
| 负碳技术 | (63) |
| 绿色金融 | (74) |
| 自愿协议 | (88) |
| 非点源污染 | (88) |
| 生态设计 | (89) |
| 共享经济 | (89) |
| 碳排放税 | (91) |
| 气候变化税 | (91) |
| 碳关税 | (92) |
| 环境资源税 | (92) |

| 名词 | 页码 |
|---|---|
| 赤道原则 | (93) |
| 白色证书 | (95) |
| 企业社会责任 | (96) |
| 碳交易 | (97) |
| 排放贸易（ET） | (99) |
| 联合履行（JI） | (99) |
| 清洁发展机制（CDM） | (100) |
| 欧盟排放权交易体系（EUETS） | (101) |
| 美国芝加哥交易体系（CCX） | (101) |
| 碳配额（CEA） | (102) |
| 国家核证自愿减排量（CCER） | (102) |
| 碳税 | (104) |
| 碳定价 | (109) |
| 内部碳定价 | (109) |
| 影子碳价格 | (109) |
| 碳金融 | (112) |
| 碳金融产品 | (114) |
| 碳市场融资工具 | (115) |
| 碳货币 | (115) |
| 碳债券 | (115) |
| 碳资产抵押融资 | (115) |
| 碳资产回购 | (116) |
| 碳资产托管 | (116) |
| 碳金融衍生品 | (116) |
| 碳远期 | (116) |
| 碳期货 | (117) |
| 碳期货合约 | (117) |
| 碳期权 | (119) |
| 碳掉期 | (119) |
| 碳借贷 | (119) |
| 碳市场支持工具 | (119) |
| 碳指数 | (119) |
| 碳保险 | (120) |
| 碳基金 | (120) |
| 碳核算 | (124) |
| 碳排放因子法 | (124) |

| 名词 | 页码 | 名词 | 页码 |
|---|---|---|---|
| 质量平衡法 | (124) | 碳壁垒 | (160) |
| 碳盘查 | (124) | 碳政治 | (160) |
| 碳核查 | (124) | 碳治理 | (162) |
| 预核查 | (125) | 技术经济范式 | (164) |
| 无组织排放 | (127) | 泛低碳经济发展模式 | (164) |
| ISO 14064 | (131) | 碳中和产业 | (164) |
| GHG Protocol | (131) | 静脉产业（第四产业） | (166) |
| PAS 2050 | (132) | 零碳工业 | (166) |
| 个人碳足迹 | (132) | 零碳电力 | (168) |
| PAS 2060 | (132) | 零碳非电能源 | (168) |
| 城市碳足迹 | (132) | 太阳能 | (168) |
| 碳足迹 | (133) | 风能 | (169) |
| 组织碳足迹 | (133) | 水能 | (169) |
| 家庭碳足迹 | (134) | 核能 | (169) |
| 产品碳足迹 | (134) | 地热能 | (169) |
| 企业碳足迹 | (134) | 零碳服务业 | (169) |
| 国家碳足迹 | (134) | 零碳交通 | (170) |
| 碳标签 | (137) | 绿色建筑 | (170) |
| 产品碳标签 | (137) | CCUS | (170) |
| 碳足迹标签 | (137) | 碳汇、生态恢复和保护产业 | (172) |
| 碳减排标签 | (137) | 零碳城市 | (173) |
| 碳中和标签 | (137) | 碳预算 | (174) |
| 公司碳标签 | (137) | 零碳产业园区 | (175) |
| 区域碳标签 | (138) | 零碳智慧产业园区 | (176) |
| 行为碳标签 | (138) | 园区开源 | (177) |
| 绿色溢价 | (140) | 园区节流 | (177) |
| 供给端"绿色溢价" | (141) | 园区碳抵消 | (177) |
| 消费端"绿色溢价" | (142) | 零碳生活社区 | (178) |
| 投资环节"绿色溢价" | (142) | 碳积分 | (179) |
| 合同能源管理 | (146) | 碳积分商城 | (179) |
| 节能服务公司 | (146) | 零碳建筑 | (180) |
| 绿色供应链 | (151) | 被动式建筑 | (181) |
| 生产者责任延伸 | (151) | 低碳建筑 | (181) |
| 绿色发展 | (155) | 超低能耗建筑 | (181) |
| 碳博弈 | (160) | 近零能耗建筑 | (182) |
| 碳泄漏 | (160) | 零碳乡村 | (183) |

| 名词 | 页码 | 名词 | 页码 |
|---|---|---|---|
| 美丽乡村建设 | （184） | 生命周期评价 | （205） |
| 智慧农业 | （184） | 投入产出法 | （209） |
| 碳中和硬发展 | （185） | 线性规划模型 | （212） |
| 碳中和软发展 | （185） | PSO-BP 神经网络模型 | （215） |
| 零碳社会 | （185） | GED-GARCH 模型 | （220） |
| 零碳生活 | （187） | VAR 模型 | （221） |
| 低碳消费 | （189） | 可计算的一般均衡模型（CGE） | （226） |
| 低碳环保 | （191） | 气候变化综合评估模型（IAM） | （237） |
| 低碳旅游 | （190） | AIM 模型 | （237） |
| 低碳文化 | （191） | IMAGE 模型 | （240） |
| 道德风险 | （192） | GCAM 模型 | （240） |
| 低碳道德 | （192） | iNEMs 平台 | （240） |
| 低碳壁垒 | （193） | IMED 模型 | （240） |
| 低碳经济陷阱论 | （194） | CE3METL 模型 | （241） |
| 低碳学术 | （194） | 实践教学 | （246） |
| 碳预测 | （198） | 中国大学生创业计划大赛 | （252） |
| 线性回归模型 | （199） | 全国节能减排社会实践与科技竞赛 | （253） |
| Logistic 方程 | （200） | 全国青少年零碳科技竞赛 | （254） |
| 灰色预测模型 | （202） | 全国大学生能源经济学术创意大赛 | （255） |
| 生命周期 | （205） | | |